唐力行 主编

江南社会历史评论

第十二期

图书在版编目(CIP)数据

江南社会历史评论.第12期/唐力行主编.—北京：商务印书馆,2018
ISBN 978-7-100-16650-8

Ⅰ.①江… Ⅱ.①唐… Ⅲ.①社会发展—华东地区—文集 ②华东地区—地方史—文集 Ⅳ.①K295-53

中国版本图书馆 CIP 数据核字(2018)第 216236 号

权利保留,侵权必究。

江南社会历史评论

第十二期

唐力行　主编

商务印书馆出版
（北京王府井大街36号　邮政编码 100710）
商务印书馆发行
北京冠中印刷厂印刷
ISBN 978-7-100-16650-8

2018年10月第1版　　　　开本 787×960　1/16
2018年10月北京第1次印刷　　印张 20¾
定价:59.00元

《江南社会历史评论》编委会

主　编　唐力行
副主编　钱　杭　徐茂明

编委会成员（按姓氏笔画为序）
　　马学强　王家范　王振忠　井上徹　李伯重　朴元熇
　　朱小田　仲伟民　白井佐知子　刘石吉　池子华
　　巫仁恕　吴建华　陈忠平　邹振环　邹逸麟　邱澎生
　　张海英　范金民　洪　煜　钱　杭　徐茂明　唐力行
　　常建华　滨岛敦俊　熊月之　樊树志　戴鞍钢

编辑部主任　洪　煜　编辑　王　健　申　浩

主办　上海市普通高校人文社科重点研究基地：上海师范
　　　大学中国近代社会研究中心（SJ0703）；上海市重点
　　　学科：中国近现代史（S30404）

稿约启事

一、《江南社会历史评论》由上海师范大学中国近代社会研究中心主办，2009年创刊，自2015年起每年出刊两期。

《江南社会历史评论》是区域社会研究的综合性学术刊物，目前开辟有理论探索、学术评述、江南经济、江南文化、江南社会等栏目。本刊及时反映江南社会历史研究的最新学术成果，欢迎广大史学工作者惠赐佳作。

二、本刊以发表高水平的中文研究成果为宗旨。欢迎有关理论的创新，尤其是本土化社会史理论的建立、新资料的挖掘（包括档案、碑刻、口碑、实物资料等）、社会史的新视野、历史评论等方面的优秀稿件。

三、来稿一般应在15000字以内；重大选题的稿件，字数不限。本刊采取匿名审稿制度，对所有投稿一般在收到稿件两个月内作出处理。一经刊发，奉寄稿酬。稿件一般应于A4纸（36×36字）打印稿，并邮发电子版至本刊编辑部。

四、稿件应遵守学术规范。严格禁止剽窃、抄袭行为。

五、文稿请务必参照《中国学术期刊（光盘版）检索与评价数据规范》（CAJ—CD规范），著录文章题名、姓名、工作单位、关键词、摘要、作者简介、注释、参考文献等项目。

地址：上海市桂林路100号 上海师范大学中国近代社会研究中心
邮编：200234
收件人：徐茂明 洪煜
电子信箱：xumaoming@263.net hongyu1028@263.net

《江南社会历史评论》编委会

江南社会历史评论

（第十二期）

江南经济

1　邱澎生
　　18世纪苏州的工资纠纷与地方政府经济立法

14　戴鞍钢
　　1911年岁末上海及江南的金融恐慌

江南社会

22　钱　杭
　　杨时与湘湖关系刍议

31　吴　滔　阮宝玉
　　清中前期的京口救生与练湖兴废

47　〔日〕夏井春喜
　　关于近代苏州的催甲

74　池子华　曹金国
　　第一次江浙战争与上海红会组织的战事救护

江南文化

95　黄　泳　范金民
　　康熙帝第五次南巡实录
　　——佚名《圣驾五幸江南恭录》解读

114　吴建华
　　书香一叶
　　　　——吴中叶氏的家训家风

136　汪建红　小田
　　儿童社会化阶段的艺术与社会观照
　　　　——依托丰子恺作品的分析

155　何汝云　洪煜
　　民国时期迪士尼在上海的"本土化"
　　　　——以《中国白雪公主》为例

评弹与江南文化

170　唐力行
　　走码头：江南水乡与苏州评弹
　　　　——以常熟为中心的考察

194　申浩
　　"评弹五十讲"与中国评弹学研究

221　彭本乐
　　"苏州评弹与江南社会"讲座随感

227　潘讯
　　评弹口述历史的转型与超越

江南文献考证

233　夏维中　陈波
　　吴贞度与《富春山居图》关系考述

学术前沿讲座

246　王鸿泰
　　谈兵论剑：明代士人的武侠风尚

272 | 陈宝良
　　明代的时尚潮流与物质文化

会议综述

288 | 汪颖奇　彭庆鸿
　　第十一届江南社会史国际学术论坛综述

297 | **2017年江南研究论著索引(期刊部分)**

江南经济

18世纪苏州的工资纠纷与地方政府经济立法

邱澎生

内容提要：18世纪在苏州因应工资纠纷而发生的包括"工资成案"在内的种种经济立法，地方政府虽然主要着眼于维护社会治安与交易秩序，并非想要积极协助商人推展商业，但商人透过会馆公所等团体结社的集体行动，以维护社会治安为名义，仍然可以有效劝说官员，使地方政府不仅没有因为工人罢工而打击商人，反而促使官员颁布了一系列的"工资成案"，借以调和商人与工匠的工资争议。由18世纪苏州与松江地方政府颁布的"工资成案"等经济立法内容来看，商人通过对维护社会治安的特定诠释，其实也能维护自身经商与财产安全。

关键词：官商关系　经济立法　工资纠纷　资本主义　苏州碑刻

布罗代尔（Fernand Braudel）曾以"透明性"与"不透明性"来区别物质生活、市场经济与资本主义三者之间的差异与延续；市场经济与资本主义都以物质生活当中愈来愈占重要地位的商品交换为基础，但市场经济基本上是"一种透明的贸易"，商品由甲地贩运到乙地，"其价格曲线是同步的"，商人的利润"既有保证，亦颇适度"。然而，欧洲在15至19世纪之间由商业资本主义到金融资本主义的逐步成长,则是以"一小部分人的特权"得到国家政权充分支持为其主要特征,少数大商人得以更安全地在包含银行业在内的各种大买卖里获取独占及高额利润,造就了一种"不透明的"而且"具有支配性的"商品交换模式。相较于欧洲由市场经济到资本主义的演变历程,传统中国相当不利于"不透明的"资本主义的顺利发展,布罗代尔根据中国与欧洲的对比评论道:在中国,"过分富有、势力过大的家族定将受到国家的怀疑……尽管商人与腐败的官吏在地方上共谋,中国的国家政权都毫不懈怠地反对资本主义的自由伸展。每当资本主义在有利的条件下成长之时,它最终被可以称为极权的(totalitarian)国家所制服。中国的真正资本主义处于中国之外,譬如说在东南亚诸岛;在那里,中国商人可以完全自由地行事与做主"。① 概括以上的说法,传统中国似乎是一个地方上存在着官员与商人"共谋、腐败"关系但在中央与全国层次上却敌视并且打压资本雄厚商人的国度。

　　布罗代尔对传统中国官商关系的论述有一定的道理,但仍需做进一步的考察与评价。② 本文针对清代前期苏州商人与工匠之间围绕着工资纠纷而发生的一些讼案进行论述,并探究这些工资讼案如何引发了地方政府的修法与立法工作。本文既考察当时地方政府与商人之间的互动关系,也希望能藉以说明当时中国存在的某种"经济立法"现象。

一、从工资纠纷、罢工事件到
　　地方政府的"经济立法"

　　在清光绪二十九年(1903年)成立商部以后,清朝政府才开始积极进行

---

① 〔法〕费尔南·布罗代尔:《资本主义的动力》,杨起译,香港:牛津大学出版社1993年版,第30—37、42页。
② 近年来有学者提出明清中国已经逐渐由"帝制农业社会"演变成"帝制农商社会",并与周边及西方世界的发展变动产生"密切关联"(参见赵轶峰:《明清帝制农商社会研究·初编》,科学出版社2017年版);也有学者认为唐宋以至明清出现了一个"富民阶层"长期发展的总体趋势(参见林文勋、张锦鹏编:《中国古代农商·富民社会研究》,人民出版社2016年版),这些提法对我们深入研究明清中国的"官商关系",都具有颇大的启发性,值得继续深入探索。

《商律》《商标注册暂拟章程》《刑事民事诉讼法》等一系列经济立法工作,而在这一系列修订法律的过程中,清政府也开始主动赋予各地"商会"积极参与经济立法的机会。然而,在清末政府与商会共同修订经济法律之前,在江南等经济发达地区的商人与地方政府之间,其实也曾出现过某种形态的"经济立法",值得予以重视。

17至19世纪之间,苏州、松江等江南经济发达地区的棉布加工等行业经常发生罢工事件,工人也常与其商人老板相互控告,为了维护社会治安与稳定,清政府其实已经多次介入规范工资标准的法令修订工作。同时,苏州、松江的"会馆、公所"等商人团体也曾间接参与了这些修法工作;特别是其中的"钱业公所"更是受到政府委托,既协助增加商人与工匠双方对于工资发放银钱比价的信任,也协助稳定地方上的货币流通秩序。这些举措构成了当时的"工资成案",也构成了地方政府主导的某种"经济立法"。这些"工资成案"与经济立法所反映的一种官商关系,都是在晚清成立商部之前值得注意的重要史实。

苏州的劳资争议事件,多半发生在一些具有较大规模外销市场的手工行业中。自康熙年间以降,这些行业的商人老板即不断面对属下踹匠、机工、纸工屡次要求增加工资的压力。到18世纪,时称"齐行"或是"叫歇"的罢工事件已在多个行业中屡见不鲜。

苏州工业以棉布、丝织以及纸张加工等行业的规模较大。由于出资购买棉布、丝经、纸张等原料进行商品生产,商人便直接或间接地与聘雇的工匠产生了发给工资的主雇关系,环绕着主雇关系而来的种种工资争议,时人多将其称做"商匠争端"[①]。

在清代前期的苏州,"商匠争端"持续发生,商人和工匠往往因为工资谈判破裂而导致严重冲突,甚至出现双方对簿公堂的司法诉讼。根据学者的不完全统计,从康熙九年(1670年)至道光二十五年(1845年)间,苏州至少发生19起工匠抗争、罢工或是控告作坊商人事件,这些事件大都与工资纠纷有关;以

---

① 苏州博物馆、江苏师范学院历史系、南京大学明清史研究室编:《明清苏州工商业碑刻集》,江苏人民出版社1981年版,第75页。

行业区分次数,则踹布业发生10次,丝织业2次,染纸业5次,印书业2次。①这个数字其实并不完全,若再加上乾隆四年(1739年)、乾隆六年(1741年)冶坊业两起工匠"干预把持、讼棍殃民"事件,以及道光六年(1826年)、道光二十七年(1847年)蜡烛店业工匠的"霸停工作、勒派敛钱"事件,还有道光十七年(1837年)金箔作坊业工匠的"霸众停工"事件,②则有记录的清代前期苏州城工资纠纷讼案至少有24件。③ 由此可见此类"商匠争端"在当时苏州应该是经常发生。

在上述"商匠争端"当中,尤以踹匠和棉布商人的劳资纠纷最为激烈。根据棉布加工业某字号商人老板的说辞,苏州城内自康熙三十九年(1700年)四月开始,即出现以下惊人现象:"千百踹匠景从,成群结队,抄打竟无虚日。……各(踹)坊束手,莫敢有动工开踹者。变乱之势,比诸昔年犹甚。商民受害,将及一载。"④康熙三十九年这次罢工事件何以能持续这么长时间?很值得留意。根据官方记录,在这次商匠争议的发生过程中,踹匠还设计或是采用了某种类似于现代的所谓"罢工准备金"的制度:

> 或曰某日齐行,每匠应出钱五文、十文不等。或曰某匠无业……每匠应出银二分、三分不等。而众匠无一不出……积少成多,已盈千万。⑤

---

① 许涤新、吴承明主编:《中国资本主义发展史》第一卷《中国资本主义的萌芽》,人民出版社1985年版,第719页。
② 苏州博物馆、江苏师范学院历史系、南京大学明清史研究室编:《明清苏州工商业碑刻集》,第154页;第268页、第273页;第165页。
③ 关于清代前期苏州各种"商匠争端"基本内容以及工人集体抗争与政府的管控法令,参见邱澎生:《由苏州经商冲突事件看清代前期的官商关系》,《文史哲学报》(台北),43(1995):第37—92页;邱澎生:《18世纪苏州棉布业的工资纠纷与工作规训》,收入唐力行主编:《江南社会历史评论》第3期,商务印书馆2011年版,第239—270页。巫仁恕:《明末清初城市手工业工人的集体抗议行动——以苏州城为探讨中心》,《"中研院"近代史研究所集刊》,25(1998):第47—88页;巫仁恕:《激变良民:传统中国城市群众集体行动之分析》,北京大学出版社2011年版。
④ 苏州博物馆、江苏师范学院历史系、南京大学明清史研究室编:《明清苏州工商业碑刻集》,第63页。
⑤ 同上。

由于踹匠在"齐行"罢工期间无法领取原先的工资,个人或是家庭生计顿陷困境。若棉布商人老板无意沟通工资问题,则将不利于待领工资糊口的罢工踹匠进行长期抗争。因此,发动"齐行"的踹匠乃向其他踹匠收取"钱五文、十文不等"的抗争基金。尽管官员批评踹匠行径愚蠢,不该捐钱参加抗争,但官员也承认:"奈何蚩蚩者流,割肉喂虎,若不自知。"①而在众多踹匠的配合之下,罢工捐款"积少成多,已盈千万",累积起相当多的款数。

或许正是由于这种"齐行"罢工基金的设计或采用,使得康熙三十九年(1700年)这场踹匠"齐行"事件持续甚久,使"商民受害,将及一载",对布商利益造成不小的损害。踹匠甚至还想建造"普济院育婴堂",试图"结党创立会馆",但在棉布商人以妨害苏州治安为由提出控告后,官府禁止踹匠以办善为由成立合法的团体组织②。

尽管官府对踹匠罢工和成立工匠团体一概采取了打击与禁止的基本政策,但是也许同样出诸社会治安的考虑,希望劳资纠纷问题不要往上扩大,地方政府也会在适当时机要求布商增加踹匠工资。不知是不是因为看准了地方政府不愿事态扩大的治安考量,苏州的踹匠也经常以提高工资为由,向地方政府呈情或是直接控告布商。

乾隆二年(1737年),殷裕公等踹匠即以"请照松郡之例"为由,要求县令比照松江府判令棉布商人增加踹匠工资的成案,强制苏州布商增加踹匠工资。稍后,似乎是因为县令处理此事态度不够积极,又有踹匠王言亨等人直接"越控督抚",径直向苏州府上级地方政府提出上控③。乾隆十七年(1752年),御史张若湘曾描写了苏州踹匠这种"上控"官府的行为:

> 踹匠人多,则良匪难分。势众,则心志难靖。即如伊等工食,原系自

---

① 苏州博物馆、江苏师范学院历史系、南京大学明清史研究室编:《明清苏州工商业碑刻集》,第63页。
② 同上书,第66页。
③ 同上书,第74页。

相酌定,并与官事无涉。乃间逢米贵,即群赴各衙门呈请平价,又或请增工食。是其挟众要求,其端皆微兆于此①。

官府害怕人数众多的踹匠因为不满工资过低而罢工以致危及地方治安,所以不得不将原属"与官事无涉"的商匠"自相酌定"工资标准,纳入官府的成案之中。

从康熙到乾隆之间的17、18世纪,苏州地方政府多次介入商人与工匠之间的工资争议,产生了许多有关工资的成案,从而在实际上构成了地方政府的一种"经济立法"。

二、工资成案中的地方政府与商人

康熙九年(1670年),苏州地方政府曾介入商人与工匠之间的工资争议,并产生了一些工资成案。是年,苏州知府"照旧例",重申"每匹纹银一分一厘"的工资发放标准,要求商人与工匠双方遵守此项工资标准,并出示禁令:"店家无容短少,工匠不许多勒。"②这些成案还出现在地方上的某些公共空间,希望能让更多人了解地方官府的此类工资立法,至少到了康熙三十二年(1693年)以前,地方政府已经将踹匠工资标准刊刻在苏州当地的皇华亭上③。

订定踹匠工资成案是苏州地方官府的经常性工作;除了踹布业,官府也介入了其他行业的工资争议,并制定了相关的工资成案。如乾隆二十一年(1756年),苏州元和、长洲和吴县三县知县便联合为纸坊手工业的纸匠工人制定了工资标准:

---

① 张若潅的报告,转录于乾隆十七年十一月二十一日《两江总督江西巡抚鄂容安、江苏巡抚庄有恭谨事》的宫中档奏折。陈国栋最先介绍并讨论了此条史料,见陈国栋,《介绍一件有关长江下游踹布业的史料》,《思与言》,19:2(台北,1981),第135—138页。

② 苏州博物馆、江苏师范学院历史系、南京大学明清史研究室编:《明清苏州工商业碑刻集》,第54页。

③ 同上书,第55页。

长、元、吴三县会议,各坊工价,总以九九平、九五色,按日、按工给发,钱照时价高下。倘敢再将工价折扣给发,请照《不应重》律,杖八十。工匠持伙涨价,应照《把持行市、以贱为贵》律,杖八十。如纠众停工,请予照律问拟之外,加枷号两个月①。

在这份由苏州三位知县共同议定的纸匠工资成案里,不仅规定了工资的白银与铜钱货币种类(白银的"九九平、九五色",铜钱"照时价高下")以及必须"按日"发放,还针对"推、刷、洒、梅、插、托、裱、拖"等造纸手工业的内部不同工艺与工序,分别罗列出二十四项不同工资计算标准并要求"按工"给发②。在此项工资成案当中,政府官员一方面着眼于严惩那些"纠众停工"的工匠,另一方面也警告那些"倘敢再将工价折扣给发"的纸坊坊主,称将对这些违法的商人老板予以"请照《不应重》律,杖八十"的处罚。

在康熙四十年(1701年)至五十四年(1715年)的15年间,官府将踹匠工资由"每匹纹银一分一厘"提高到"每匹纹银一分一厘三毫";并且还制定了某种"浮动式"工资计算标准,将货币工资盯准米粮价格的波动:"其米价贵至一两五钱,每踹布千匹,加银二钱四分。米价一两二钱则止。商店给发工价,每两外加五厘,名曰捐助。"③

地方政府还经常规定商人发放工资的货币形式,希望能更好地保障工匠的权益。乾隆六十年(1795年),元和、长洲和吴县三县共同下令,规定踹坊坊主发给踹匠"踹布工价"的方式:"嗣后,坊户给匠工价,即照(布商)所发陈平九

---

① 苏州博物馆、江苏师范学院历史系、南京大学明清史研究室编:《明清苏州工商业碑刻集》,第90页。
② 同上书,第90—92页。
③ 同上书,第68—69页。有学者曾排比踹匠白银货币工资、当期米价与银钱比价的三方面变动,参见 Paolo Santangelo, "Urban Society in Late Imperial Suzhou," in Linda Cooke Johnson ed. , *Cities of Jiangnan in Late Imperial China* , Albany:State University of New York Press ,1993, p. 111. ; 巫仁恕:《明末清初城市手工业工人的集体抗议行动——以苏州城为探讨中心》,《"中研院"近代史研究所集刊》,25(1998):第65—66页。

八兑九六色银",并且规定布商所发银两应该要由踹匠"自行换钱",不必交由踹坊代理兑换为铜钱("毋庸坊户代为经理")①。官府此举旨在防止布商发给踹坊的白银货币,被踹坊假借代换铜钱的名义赚取银钱比价差额,以避免踹匠实际工资所得受到损失②。道光二年(1822年),元和县知县也对"开庄机户"丝织业商人给付机匠的工资做了规定:"应给工价,如各户用洋,悉照每日钱铺兑价作算,不得图减滋畔。"③当丝织业商人发放"洋银"工资时,地方政府也要求在转换为铜钱工资时,必须要按照本地钱铺采取的当时"兑价"折算发放,以免商人借机"图减"工匠实领工资而造成"滋畔"的工资纠纷与冲突。

在地方政府颁布各种工资成案的同时,相关行业的苏州商人老板也展开了回应行动。面对工匠有组织的罢工和司法诉讼等集体行动,以及地方官员颁布的工资成案,商人也采取各种手段回应,以求解决或是缓解商匠争议。

商人回应手段主要包括两方面。一方面是向地方政府提出控告,请包含讼师在内的法律专业人士撰写更具说服力的控告呈词,针对那些发动罢工甚至想成立工匠"会馆"的踹匠,以诸如"流棍亡命"等恶名强套其人身上,希望审案官员能更加正视这些踹匠对社会治安的可能危害,因而支持商匠争议中的商人一方。④

另一方面,商人则开始成立自己的团体。罢工事件的增加,使得罢工所在行业的部分商人老板之间,形成了愈益密切的共同利益关系;为了应付与日俱增的工匠要求提高工资的集体行动,部分商人捐款建立会馆或是公所专属建

---

① 苏州博物馆、江苏师范学院历史系、南京大学明清史研究室编:《明清苏州工商业碑刻集》,第79页。
② 清代著名学者包世臣也曾指出嘉庆、道光年间民间市场的货币使用习惯:"小民计工受值皆以钱,而商贾转输百货则以银"(包世臣:《安吴四种》卷二十六,第1762页),该记载与苏州棉布字号商人与踹匠各自的货币使用情形基本相符。
③ 苏州博物馆、江苏师范学院历史系、南京大学明清史研究室编:《明清苏州工商业碑刻集》,第25页。
④ 具体例证可见邱澎生:《18世纪苏州棉布业的工资纠纷与工作规训》,收入唐力行主编:《江南社会历史评论》第3期,第262—263页。

筑物,这类商人团体结社活动得以更为制度化。如棉布商人在乾隆三十年(1765年)左右成立了新安会馆,纸业作坊商人在乾隆五十八年(1793年)成立了仙翁会馆,丝织业账房在道光二年(1822年)成立了云锦公所,皆是这类例子。这些由手工业商人老板捐款创立的拥有专属建筑物的商人团体,基本上都成立于18世纪后半叶以及19世纪前半叶之间,与工匠的罢工与诉讼行动基本同一时段,反映了两者之间可能的密切关连。

那些饱受商匠争议之苦的商人在组成会馆或公所之后,开始将政府有利于商人的判牍成案,刊刻在自身成员共同捐款建成的会馆、公所专属建筑物内外。因此,商人联名立碑地点便逐渐由昔日刊立在苏州皇华亭以及广济桥、阊门、玄妙观等市肆闹区,转变为竖立在新安会馆、仙翁会馆与云锦公所等商人团体建筑物里。

棉布、造纸、丝织等行业的商人老板,透过集体诉讼以及成立自己的团体组织,可能还是多少减弱了工匠的集体抗争力度,甚至也令地方政府的工资成案不致太过于影响到这些商人老板的利益。

无论苏州各级地方官员在介入商匠争端或是颁布工资成案时是否有意偏袒布商,至少,由康熙四十年代至乾隆、嘉庆年间苏州棉布等行业工匠"法定工资"的增加幅度变得缓慢这一事实来看,工匠的实质工资所得恐怕并没有因为地方政府颁布的工资成案而获得有意义的增加。

特别是18世纪后半叶苏州米价的上涨,更使工匠工资微幅增加的作用变得极为有限。在美洲白银大量流入和货币流通速度增加的影响之下,18世纪中后期(1738—1789年)的苏州米价,呈现温和上升的趋势,其间米价约上涨了四分之一,①致使工匠实质工资上升幅度有限。

但是,工匠不断向官府控告商人的这些案例,也显示出官员在介入这些工

---

① 全汉昇:《美洲白银与十八世纪中国物价革命的关系》,收入氏著《中国经济史论丛》,香港:香港中文大学新亚书院新亚研究所,1972年,第475—508页,特别见第484页。Yeh-chien Wang(王业键),"Food Supply and Grain Prices in the Yangtze Delta in the Eighteenth Century",in *The Second Conference on Modern Chinese Economic History*,Taipei:The Institute of Economics,Academic Sinica,1989,pp. 423–461.

资讼案时,似乎也不一定只对商人有利而漠视工匠生计。对政府官员而言,介入商匠争端并为双方协议工资而判定成案,主要目的是要维护地方治安。当商人有了会馆公所之后,除了将历次有利商人的判决成案公开刊立以增加成案约束力,是否还会运用会馆公所力量游说政府以获取自身更大利益,值得续予探究。

在判决商匠争端的过程中,苏州府和松江府等地方政府因为长期介入商匠争议而累积了不少工资成案。康熙五十四年(1715年),松江府嘉定县在禁止当地踹匠"齐行"时,即重申所谓的"苏松之例":"踹匠工价平色,各字号不得扣克,其增减悉照苏松之例。"①可见在18世纪初年,"苏松之例"早已成为江南地方官员处理商匠争端时可资援引的重要成案。

三、结论

检视清代前期苏州有关工资争议的经济立法,可以看到地方政府在制定工资成案的过程中,因为官员对地方治安的考量,而同时对商人和工匠双方进行规范。地方官员这种社会治安考量其实有如一把双刃剑,商人固然能在维护治安诉求下要求官府制止工匠以增加工资为名所进行的罢工,但工匠也能从中获益,迫使地方官员在避免工匠罢工频度增加与规模扩大的压力下,促成官府立法保障工匠维持起码生计安全的"法定工资"。

总体而言,晚清以前传统中国政府有关经济立法的特征,主要是着眼于社会治安的考量,在此考量之下,既可以一定程度地保障商人,也可以一定程度地保障工匠;整体来看,这种社会治安考量对地方官员处理商人财产安全问题的影响,还是比较复杂和多面向的。由此而论,无论是有学者强调清代经济行政是以"重农抑末为原则,压制工商业的发展",②或是本文前言引用的布罗代尔对中国官商关系的评论:"尽管商人与腐败的官吏在地方上共谋,中国的国

---

① 上海博物馆编:《上海碑刻资料选集》,上海人民出版社1981年版,第99页。
② 魏向阳:《康乾盛世的扛鼎杠杆:康雍乾时期经济立法纵横论》,首都师范大学出版社1993年版,第183页。

家政权都毫不懈怠地反对资本主义的自由伸展",两种论断恐怕都过于简单。清政府基本上不干预商人在市场进行贩卖和生产活动,而其所以介入工资成案,固然经常是被动地因应工匠和商人双方提呈的诉讼,绝大多数实例并非是政府主动干预商匠纠纷;更重要的是:政府处理商匠纠纷的基本原则,是为避免工匠罢工造成治安危机,很难说是要打击工商业发展。至于地方官员因为商人贿赂而形成的所谓"共谋"关系,虽然确实值得注意,但这种"共谋"关系也经常有其限度,面对工匠罢工与控告商人,地方官仍然必须至少维持表面上的秉公处理。有关清代官商关系在中国各地实际情形到底如何?恐怕需要多做实证分析,要再做推敲并更好地拿捏轻重,不应单由少数证据而推论过头。

如何更好地拿捏清代官商关系?首先,要理解清政府维护社会治安的考量不能直接等同于政府"压制工商业"或是官员"毫不懈怠地反对资本主义的自由伸展"。除了苏州工资成案与相关经济立法的实例之外,可将讨论视角向外做些延伸。

同样出诸维护社会治安的考量,清政府为防止高利贷剥削平民而规定典当业的法定利息上限①。同时,清政府也努力试图管控全国各地铜钱的铸造与流通,希望藉以稳定银钱比价的变动②,这也是着眼货币变动会影响小民和工匠的生计,政府因而予以进行管制。再如明末清初在江南部分地区所进行的"禁革当行"法令改革③,其实也同样着眼于避免引发工商业者反抗官吏侵扰自身财产而联合提呈诉讼甚至是发动罢市,以保障本地的社会治安与交易

---

① 寺田浩明:《清代中期の典規制にみえる期限の意味について》,收入《東洋法史の探究——島田正郎博士頌寿記念論集——》,東京:汲古書院1987年版,第339—366頁。潘敏德:《中国近代典当业之研究(1644—1937)》,台北:台湾师范大学历史研究所,1985年。刘秋根:《中国典当制度史》,上海古籍出版社1995年版;刘秋根:《明清高利贷资本》,社会科学文献出版社2000年版。

② 王业键:《中国近代货币与银行的演进1644—1937》,台北:"中研院"经济研究所,1981年,第10—11页。和文凯:《乾隆朝铜钱管理的政策讨论及实践——兼与18世纪英国小额货币管理的比较》,《中国经济史研究》2016年第1期,第125—141页。

③ 佐藤学:《明末清初期一地方都市における同業組織と公権力——蘇州府常熟県"当官"碑刻を素材に》,《史學雜誌》,96;9(1987):第1468—1487頁。李雪梅:《明末清初工商禁碑与地方法律秩序——以江南地区"禁当行碑"为中心》,《法制史研究》15(2009):第245—275页。

秩序。

　　清政府对粮价的调查与管理政策也是显著例证。由于明代后期部分地区粮食市场逐步发展，粮价变动深刻影响到民众的生计①，特别是城市工匠更容易受到粮价波动影响。由明到清，粮食市场价格波动影响全国众多百姓生计这一经济与社会趋势变得更加显著。出于对全国各地粮价的重视，康熙三十二年（1693年）以后，粮价奏报制度逐步推行②，形成一整套中央与地方政府对米价进行定期调查的汇报制度。由于各级政府对米价的持续关注，这套粮价奏报制度在清代前期卓有成效，非可仅以虚文视之③。清代中央政府对苏州附近地方官上呈的米市价格变动，更是着意记录并且时常检查④。

　　综合来看，以上这些包含工资成案以至粮价奏报制度在内的清代经济行政或是经济立法，政府主要都着眼于维持社会治安与交易秩序的稳定进行，并非是想积极协助商人推展商业以促进国家的经济成长。然而，以本文研究案例而论，在推进经济增长以及维持社会治安与交易秩序的两端之间，清代商人透过包含团体结社在内的种种集体行动，以维护社会治安为名义，让官员不会

---

　　① 一些关心平民生活的有识之士对物价问题愈来愈敏感，17世纪以后，有关本地物价的记录即屡见于时人著述，如《阅世编》《病榻梦痕录》《履园丛话》《一斑录》等。18世纪苏州人朱骏声也屡次在其自订年谱中记录当地米价（朱骏声：《石隐山人自订年谱》，收入氏著《说文通训定声》附录，台北：艺文印书馆1975年版，原作成于咸丰年间，据清本衙藏本影印）。更多官员也清楚见证到商人与物价间的密切相关性，如康熙年间黄六鸿指出：小民日用之需，"若贾贩……里足不入，而物价顿昂，百姓俱受其苦矣"[黄六鸿，小佃行简训释：《福惠全书》卷三十一（书前有康熙三十三年自序），日本诗山堂1850年版，第14页上］。对此问题的深入分析，可见中山美绪：《清代前期江南的米價動向》，《史學雜誌》，87:9（東京，1978），第1274、1297页；岸本美绪：《清代中国的物价与经济波动》"清代中期的经济政策基调——以18世纪40年代的粮食问题为中心"，刘迪瑞译，社会科学文献出版社2010年版，第263—294页。林丽月：《奢俭·本末·出处——明清社会的秩序心态》，台北：新文丰出版公司2014年版。

　　② 陈春声：《市场机制与社会变迁：十八世纪广东米价分析》，中山大学出版社1992年版，第279页。

　　③ 王业键：《清代的粮价陈报制度》，《故宫季刊》13:1（台北，1978年），第53—66页。

　　④ Yeh-chien Wang(王业键), "Secular Trends of Rice Prices in the Yangzi Delta, 1638-1935," in Thomas G. Rawski and Lillian M. Li eds., *Chinese History in Economic Perspective*, Berkeley and Los Angeles: University of California Press, 1992, p.39. 陈春声：《市场机制与社会变迁：十八世纪广东米价分析》，第284—285页。

因为工人罢工而直接打击商人,地方政府最终采取了颁布"工资成案"的方式来调和商人与工匠之间的工资争议。从清代前期苏州与松江累积工资成案的例证看,商人透过对于如何有效维护社会治安的特定诠释,其实也能相当程度地维护自身经商与财产安全,进而让会馆、公所之类的商人团体,慢慢成为一种取得政府法律认可并且能够保护商人利益的公共空间。这个于16至19世纪之间发生在江南等经济发达地区的一种社会变迁趋势,应仍值得学界多予留意并做更多分梳与比较。

(本文撰成,得益于香港特区政府香港研究资助局补助笔者的研究计划,计划名称"十八世纪中期到十九世纪初期苏州与重庆的商事习惯及商业讼案",计划号码CUHK14402414,特此致谢。同时,也感谢李梦琪女士和卢伟基先生协助查找相关史料与论文。)

[作者简介] 邱澎生,香港中文大学历史系教授。

1911年岁末上海及江南的金融恐慌

戴鞍钢

内容提要:武昌起义后,上海及江南曾出现波及面颇广的金融恐慌,给社会经济带来不小冲击,在沪外商也受到了牵连,上海及江浙工商界名流极为不安,这种状况对清末上海及江南的历史走向不无影响。

关键词:武昌起义 上海 江南 金融恐慌

1911年10月10日武昌起义爆发,很快引起全国反响。其间,作为长江三角洲乃至中国经济中心城市的上海及其毗连的江南,一度出现波及面颇广的金融恐慌,并对上述地区清末的历史走向不无影响。以往的相关研究多侧重革命本身及其推进,较少论及此专题,本文拟对这方面内容作补充性梳理[①]。

一

1843年上海开埠后,外国列强青睐上海的一个重要原因,是其深知上海

---

① 以往的相关研究,可参阅熊月之主编:《上海通史》第一卷"导论",上海人民出版社1999年版;张国义:《学术寻踪:明清以来江南社会经济史研究概览(1978—2013年)》,上海人民出版社2015年版;曾业英主编:《当代中国近代史研究(1949—2009)》,中国社会科学出版社2014年版;中国社会科学院近代史研究所主编:《中国近代史研究回顾与展望(2009—2011年卷)》,中国社会科学出版社2016年版等。新近的研究,有宁汝晟:《盛宣怀与武昌起义爆发后的上海金融救济》,《历史教学》2017年第6期(2017年3月下半月刊),该文侧重论述盛宣怀当时为维持上海金融市面的稳定所做出的努力。

地处长江入海口所蕴含的市场潜力和发展前景。在他们看来,"世界未有任何他埠,其潜蓄之供求范围,有如上海之大者"①。第二次鸦片战争后,列强目的部分达到,镇江、九江、汉口相继开埠,外商船只可贸易往来。自长江开放,以上海为起点,外国商船争相驶入。1863年2月21日的《北华捷报》称:"去年一年内,华北(指华南以外的沿海地区——引者注)对外贸易关系一个最重要的方面,是从欧洲和美国开到中国各通商口岸的商船在数量上的大增长,它们从事沿海与沿江的航运,使商船队得到永久性的扩大";"各式各样的轮船参加长江上交通运输业的竞争,从拖曳船到海洋大轮船,从以螺旋摆动机器推动的暗轮,到从美国开来以左右舷引擎推动的大明轮,无不具备。"它们麇集上海,"因为不论各船在抵沪后将再开到哪个地方去,上海是海外开来的一切船只都要停靠的港口"。

此前,美商琼记洋行的"火鸽"号已在1861年4月率先投入长江航运,历时一个月完成了上海与汉口间约500英里的往返航程。当它返抵上海时,琼记洋行得意地宣称他们已"把长江开发了"。其他洋行不甘落后,紧随其后。1862—1863年间,上海约有20家外国商行"每家都经营一二艘轮船,从此长江贸易特别兴旺,大多数行号都想在长江经营船运"。1864年的一份船期表记载,有7家洋行的15艘轮船在长江航线定期行驶,其中美国位居第一,共9艘98250吨,分属旗昌、同孚、琼记洋行;英国6艘8983吨,名列第二。② 上海第一家近代航运企业、1862年开业的美商旗昌轮船公司,经营长江沿岸及中国沿海的客货运输,业务发展很快,后与英商怡和、太古并列早期在沪三大外资轮船公司。③ 其获利丰厚,其中"乔治·泰森是1856年到1868年旗昌洋行的合股人,并帮助创办了扬子江上的轮船航运业。他回国后,成为芝柏昆系统的董事之一和总审计员。还有其他一些人,福士的一个堂弟保罗·福士是美

---

① 《费唐法官研究上海公共租界情形报告书》,熊月之主编:《稀见上海史志资料丛刊》第8册,上海书店出版社2012年版,第335页。
② 聂宝璋:《中国近代航运史资料》第1辑,上海人民出版社1983年版,第260、263、264页。
③ 同上书,第727页。

国旗昌洋行的经理,既为扬子江也为美国海军建造轮船,同时又把他从中国获得的利润源源不断地投资于中西部铁路"①。

这也推动了中国本国轮船公司的兴办,"盖长江未通商以前,商贾运货,行旅往来。悉系雇佣民船,帆樯如织。自有轮船行驶,附载便捷,商贾士民莫不舍民船而就轮船"②。1872年5月30日的《申报》载文指出,由上海至汉口搭乘轮船仅需三日,如坐木船最快也得二十天。上海滩对轮船的优越性已广为人知,"各省在沪股商,或置轮船,或挟资本,向各口装载贸易,俱依附洋商名下"。美商旗昌轮船公司100万两开业资本,有六七十万两是华商投资,后来从中涌现出唐廷枢等一些中国早期实业家。③ 1866年,刘坤一奏称:"九江、汉口通商洋人轮船,往来便捷,商贾懋迁,全恃迅速,华商货物遂多搭附轮船而行,轮船每只装货可抵内地大船数十只。"④中国第一家本国轮运企业——轮船招商局不久也在上海设立,因为面对旗昌轮船公司等企业的经营,李鸿章等人已认识到"为将来长久计,舍轮船公司一层,此外别无办法"⑤。

长江轮运航线的开通,密切了上海与长江沿岸各地原本薄弱的经济联系。随着长江航线联通,频繁的轮船运输和各口岸间定期航线的开辟,以上海为中心和沿江口岸城市为支点,长江沿岸各地的城乡经济往来日益频繁。1886年,在华游历的德国人恩思诺记述:"主要由于扬子江各大通商口岸的开放,1860—1868年上海贸易发生了一个大跃进。上海自己的产品微不足道,却是南北中国和进出口货物的重要集散地。其进出口货物包罗万象,进口商品主要包括鸦片、毛巾、棉布、法兰绒、苯胺颜料、针、火柴、窗户玻璃、灯、钢铁和机器,出口商品则主要包括茶叶、丝绸、药材和草编制品。"⑥其中,汉口的转运港

---

① 费正清:《七十年代的任务》,《现代史学的挑战——美国历史协会主席演说集》,上海人民出版社1990年版,第145—146页。
② 《江西巡抚德馨奏》(光绪十四年四月二十日),中国社会科学院经济研究所藏"清户部档案抄件"。
③ 汪敬虞:《唐廷枢研究》,中国社会科学出版社1983年版,第106页。
④ 刘坤一撰,陈代湘等校点:《刘坤一奏疏》(一),岳麓社2013年版,第51页。
⑤ 丁日昌:《抚吴公牍》卷三十二,第7页。
⑥ 〔德〕恩思诺著,李国庆等译:《清末商业及国情考察记》,国家图书馆出版社2014年版,第53页。

的地位和作用格外突出。恩思诺对此记述道:"此处水运交通极其繁忙,多年以来,扬子江上有四条常规轮船航线,每日有轮船从上海驶来汉口。五月茶季开始时,还会另有20到30条外国轮船沿扬子江而上,以便在这远离入海口600英里处,直接为欧洲和美国进口茶叶。过去几年里,在汉口通过税关的轮船数量,平均每年近800艘,吨位高达80万吨。"①1898年,从上海坐船去汉口的英国人伊莎贝拉·伯德记述道:"18艘优良的轮船维持着每天上海和汉口之间的交通,他们归几家外国公司和一家中国公司所有。"②汉口的仓储业也因此兴盛。1903年6月27日日本驻汉口领事馆的报告记述了两者的关联,称以仓库暂存、保管流通中的货物,是各轮船公司争取客商的重要手段,怡和洋行、轮船招商局及其他轮船公司在汉口分别拥有数量不等的仓库③。

上海繁盛的内外贸易所产生的大量的资金融通需求,促使上海的金融业呈现大发展的局面,形成外资银行和中国钱庄、票号互为援手、鼎足而立的基本格局,"洋商之事,外国银行任之;本埠之事,钱庄任之;埠与埠间之事,票号任之"④。同时,又有保险业的辅助。19世纪80年代,上海已成为占全国对外贸易"货物成交"和"款项调拨"总量80%的贸易金融中心。⑤ 据清末在华实地调查的日本人记述:"上海钱庄的客户,一般分布于宁波、绍兴、苏州、杭州及长江沿岸地方,现在知道的'承裕庄'的客户,即分布于杭州、嘉兴、绍兴、宁波、湖州、苏州、扬州、镇江、清江浦、汉口、天津。"⑥当时,"上海与汉口、天津等大市

---

① 〔德〕恩思诺著,李国庆等译:《清末商业及国情考察记》,第122、125页。
② 裴伟等编:《外国人笔下的镇江》,江苏大学出版社2016年版,第85页。
③ 李少军等编译:《晚清日本驻华领事报告编译》第1卷,社会科学文献出版社2016年版,第384页。
④ 《上海市通志金融编》(上海市通志馆未刊稿),中国人民银行上海市分行编:《上海钱庄史料》,上海人民出版社1960年版,第56页。
⑤ 详见汪敬虞:《十九世纪外国在华银行势力的扩张及其对中国通商口岸金融市场的控制》,《历史研究》1963年第5期。
⑥ 冯天瑜等选编,李少军等译:《东亚同文书院中国调查资料选译》,社会科学文献出版社2012年版,第322页。

场之间的汇兑费用行情每天都在变化"①;"上海输出银子的去向主要是长江一带,次为苏州、杭州。在长江一带,汉口是首要的去向,在二、三、四月,为了收购茶叶,向汉口输送的银子有四五百万两。汉口位于长江中部,是所谓九省通衢、商业枢纽,四川省的贸易货物都要经由此地,因而该省金融也会直接影响汉口,为缓解其银根吃紧,会输送银子。汉口以上海为其根源,通计上海向汉口输送的银子,每年多则七八百万两,少也不下于四五百万两"②。

二

武昌起义爆发后,武汉的金融首当其冲受到冲击。1911年10月25日的报告称:"武汉乃动乱发源地,故其金融界及一般市场所受影响自然甚大,据传一般存款提取及贷款收回告急,官方发行之纸币贬值,民间金融机构之纸币不能流通,旧式金融机构基本关门,各种交易完全停止。革命军并不加害于商民,致力于维持一般秩序,同时宣称自设金融机构,发行纸币,但人们怀疑其能流通与否,市场金融越发吃紧。各国银行及官办银行都设法从上海输送硬通货,但仍告不足。金融界的混乱状况,可以推知。商民狼狈,不做买卖,货物发送中止,各地都在取消订购合同,轮船载货几乎减至十分之一,溯航到汉口者全无。"③

藉长江航运与汉口商贸金融关系向来联系密切的上海,自然受到波及。曾任浙江兴业银行董事长的叶景葵忆述:"当时革命爆发,人心惶急,挤兑挤提,由汉而杭,由杭而沪,情势至为严重。"④其中,"与汉口贸易关系最为密切之上海受到很大影响,各金融机构被大量提款。到(10月)19日傍晚,大清银

---

① 冯天瑜等选编,李少军等译:《东亚同文书院中国调查资料选译》,第322页。
② 同上书,第298页。
③ 李少军等编译:《晚清日本驻华领事报告编译》第5卷,第207—208页。按:本文以下凡称报告不另外注明者,均指该书中编译的日本驻华领事报告。
④ 柳和城编著:《叶景葵年谱长编》,上海交通大学出版社2017年版,第997页。

行、储蓄银行、交通银行及信成银行等被提之款,总额约有200万元,外国银行兑换额约有100万元,银元遂告匮乏。(10月)17日,鹰洋行情骤然暴涨至82两,于是张总督在18日支出新铸货币50万元,向官办银行融资,另从南京得到新货币400万元放出,故得缓其急。各民办银行及40家钱庄最终完全停止支付,据传钱庄不能兑现之钱票约达900万两,倒闭者有二三十家乃至四十余家。在此状况下,商民均戒备而不谈生意,拒绝过手货物,解除合同,溯航之轮船不载货,输入之货物滞留于市场,不能销出。现在正值输入贸易之重要关头,如在平时,运到汉口方面之货物已有不少,但由于此次骚乱,交易断绝,滞销之棉纱、棉布、杂货类颇多"①。唯上海金融业马首是瞻的江南各地的金融也陷于恐慌,"南京要求兑换者亦为数极多,渐有人心动摇之兆","苏州、杭州银行亦遭挤兑,官府对暴动保持戒备"。该报告称:"总而言之,长江流域一带商业遭受巨大打击,虽尚难以确凿可信之数据来显示,但其严重性超出意料,实显而易见。"②

报告显示,10月下旬上述金融恐慌仍在持续,"杭州23日来电称,其后金融吃紧,丝织厂停工,结果有两万工匠失业。典当业者因提防而几乎都停业,贫民疾苦加深,米价一直上涨。26日南京来电称:受武汉暴动影响,该地金融机构遭到挤兑"。上海方面"27日来电称:钱庄每天举行救济市面会议,但尚未见做出决定。从南京运到新货币200万余元,其中约有100万元投放市场,但难以按其面值流通。鹰洋行情在本月报价为83两。钱庄之钱票不能流通,停止支付之钱庄有18家,但因多系富商出资,故可望维持。拆借款较之事变发生时减少约200万两,现在为670万两,外国银行从安全回收考虑,推翻与钱庄谈好之结果,最终当由外国银行实行救济"。③

10月21日的报告载:"武昌革命党起义之报传到该地(指苏州——引者注)

---

① 李少军等编译:《晚清日本驻华领事报告编译》第5卷,第208页。按:张都督指时任两江总督张人骏。
② 同上书,第208—209页。
③ 同上书,第219—220页。

后,谣言四起,人心惶惶。因此,该地不少富人到上海地方躲避,故该地各轮船公司生意出现近来少有之旺盛,数日来增加了拖船数,确为事实。受影响最大者,为该地之金融机构,裕宁官银号等数日来遭存款人及兑换纸币者来袭,导致金银缺乏。"①11月10日的报告描述:"武昌叛乱爆发后,势甚猖獗,武昌、汉阳、汉口落入叛徒之手,人心惶惶,汲汲以保全生命财产为计,汉口地方流通之纸币急剧贬值,尤其是在汉口有很大流通量之官钱局纸币行情猛跌,对现银之需求骤起,从上海向汉口输送之现银为数巨大,对于兑换券之不安情绪影响到各地,上海亦陷于其旋涡之中。……市民面临不稳之压力,不满足于仅将纸币兑换为现银,还要为战乱波及此地做准备,因而寻求便于携带而且不易贬值之物,开始囤积黄金,导致此地金价一时猛涨。"②

在沪外国商人也受金融恐慌牵连,"伴随动乱发生,汉口市场恐慌之报一到上海,首先引起上海金融界之恐慌,上海之钱庄及其他从事汇兑之清商拒绝接受来自汉口及长江流域各地之汇票。上海与内地各地之汇兑关系,上海原本总体上居于债权者地位,钱庄等拒绝接受来自内地之汇票,就使在上海之清商陷入很大困境,不能购进货物,最终向外商请求延期交付先前之订货,而外商一时受损且不说,还担心如果事变持续下去,金融更为混乱,将会完全不能收回货款,由此不得不同意延期交货,外商还向本国要求延期运出货物。进口贸易一度处于中止状态。"③

以李平书、张謇、汤寿潜等为代表的上海及江浙工商界名流,面对武昌起义爆发后江浙沪持续多日的金融恐慌及其对工商各业的冲击,极为不安。如日本驻沪领事报告所描述的:"上海商界随着其主要交易对象汉口方面之骚乱,呈现出各种交易近乎停止状态,对各方面之金融活动停摆……国内外商人并不关心孰胜孰败,只是热望战局迅速终结。"④眼见清廷大势已去,为早日平

---

① 李少军等编译:《晚清日本驻华领事报告编译》第5卷,第246页。
② 同上书,第301、302页。
③ 同上书,第175页。
④ 同上书,第65页。

息恐慌,维持局面,他们或附和了革命,如李平书等人参加了辛亥上海光复,并成为新政权的成员,1911年11月21日,密切关注局势走向的日本驻沪领事馆的报告称:"上海被革命军占领后,在当地实业界有名望之李平书被举为民政总长,南市商务分会总理王一亭被举为商务与交通总长,信成银行总理沈缦云任财政总长,伍廷芳任外交总长,宁绍轮船公司总理虞洽卿任副总长,故有上海实业界头面人物主掌革命军民政、财政之观。"①张謇自陈:"不揣庸劣,刻日与二三同志星驰赴省。军旅之学未学,自有任其责者;至于保安治安,维持秩序,鄙人不敢辞。"②在张謇等人的极力劝说下,时任江苏巡抚程德全宣布与清廷决裂,并出任江苏新政权的都督。此前,曾任沪杭铁路公司总理的汤寿潜已在杭州出任浙江军政府都督。沪苏杭三地,都汇入了辛亥革命的版图,包括金融业在内的经济社会局面渐趋平稳。基于维护其在华权益的考量,在华外国列强也希望促成南北议和即南方革命党人与北方实际掌握清王朝大权的袁世凯势力之间的和谈,12月11日伍廷芳电告黎元洪:"闻驻沪各国领事极望在沪谈判,顷英领电京英使,转商袁世凯饬唐来沪。"③12月13日工部局会议录记载:"董事会获悉,清政府代表唐绍仪将于本星期日抵沪。董事会在讨论后,决定正式通过领袖领事,提出使用工部局市政大厅作为即将举行会议之地点,要尽可能由侦探股作为对于唐绍仪阁下的人身保护工作。"④正是在这样的氛围下,在上海举行的"南北议和"开场,并最终达成对袁世凯有利的结果。

[作者简介]戴鞍钢,复旦大学历史系教授。

---

① 李少军等编译:《晚清日本驻华领事报告编译》第5卷,第388页。
② 张謇:《拟赴省垣宣告江苏父老书》,杨立强等编:《张謇存稿》,上海人民出版社1987年版,第20页。
③ 丁贤俊等编:《伍廷芳集》,中华书局1993年版,第372页。
④ 上海市档案馆编:《工部局董事会会议录》,上海古籍出版社2001年版,第18册,第576页。

江南社会

杨时与湘湖关系刍议

钱 杭

内容提要：两宋之际的著名理学家杨时，与湘湖水库史密不可分。然而，长久以来冠于杨时头上的"创湖"者光环并不恰当，不仅有过誉之嫌，还在一定程度上掩盖了杨时关于湘湖工程方案的综合思考和慎重选择。由于此事关乎湘湖史的学术准确性，故值得略作刍议。

关键词：杨时　湘湖　湘湖工程

在与湘湖水库史密不可分的历史人物中，北宋著名理学家杨时名列第一，被尊为"始成湘湖"者。据宋以后的文献记载，湘湖水库的营建，完成于宋徽宗政和二年（1112年）杨时担任萧山县令时，正是这项工程，将位于县西的这片水域由"自然"转型为"水利"，揭开了真正意义上的"湘湖编年史"。

但是，杨时与湘湖水库的关系并不是没有问题的。

一

杨时（1054—1135年），字中立，宋朝福建路南剑州将乐县（今福建省三明市将乐县）人，宋神宗熙宁九年（1076年）进士。曾任湖北荆州教授，"德望日重,四方之士不远千里从之游,号曰龟山先生"①。杨时先后师从河南大儒程颐、程颢兄弟,与游酢、谢良佐、吕大临并称"程门"四大弟子,以"程门立雪"的美谈,传誉士林。杨时对王安石的人品及许多变法措施持激烈批评态度,把王安石从孔庙的配享从祀序列中贬斥出来的也是他。

不过,杨时又绝非一个气量狭窄的"党争"分子,他曾建议皇帝"明诏有司,条具祖宗之法,著为纲目,有宜于今者举而行之,当损益者损益之,元祐、熙、丰姑置勿问"②,对具体的施政路线颇为实事求是。因此,杨时在宋哲宗绍圣元年至四年(1094—1097年)、宋徽宗崇宁五年(1106年)至大观二年(1108年)、政和二年至三年(1112—1113年)担任浏阳、余杭、萧山县令期间,留下许多"民思之不忘"的"惠政"③。

杨时在萧山县令任上称得上是"惠政"的事迹,就文集和方志所记,一是清理盐政,二是营建湘湖。杨时的作品集《龟山集》中收录了宋钦宗靖康元年(1126年)杨时呈送朝廷的一封奏疏,内容相当广泛,其中一项是根据自己10多年前担任萧山县令时对钱清盐场所作的调查,对如何解决地方盐政困局向皇帝的建议④。就疏文所见,杨时当年可能在职权范围内对"入盐加耗"等导致"亭户窜亡"的陋规有所限制,因而减轻了盐户负担,增加了政府岁课,显然应该属于"惠政"。但关于湘湖的营建,不仅杨时没有在他的13则《萧山所闻》中留下记载⑤,就连与杨时过从甚密、相知甚深、最应该为后人留下杨时生平实录的两位同时代人——受家属委托撰写了《杨文靖公墓志铭》⑥的胡安国(1074—1138年,字康侯,谥文定)、为墓志铭提供基本资料《杨

---

① 《宋史》卷四二八《道学二·杨时传》,中华书局1977年版,第12738页。
② 同上书,第12739页。
③ 《宋史》本传称杨时"历知浏阳、余杭、萧山三县,皆有惠政,民思之不忘",第12738页。
④ 《龟山集》卷一《上渊圣皇帝》,文渊阁四库全书本;《全宋文》第124册,卷二六七五《杨时一·上渊圣皇帝疏》,上海辞书出版社、安徽教育出版社2006年版,第85—86页。
⑤ 《龟山集》卷十三《语录四》;《全宋文》第124册,卷二六七五—二七〇二《杨时》,第81—384页;第125册,第1—139页。
⑥ 《全宋文》第146册,卷三一四九《胡安国四》,第165—170页。

时行状略》①的吕本中(1084—1145年,字居仁)——也都没有提到。《墓志铭》仅有:"知越州萧山县";《行状略》稍多:"知越州萧山县,萧山之人闻先生名,不治自化,人人图画先生形像,就家祠焉。"杨时在萧山整整两年,究竟做了什么,本人不记②,友人不提,令人不解。

有一篇被认为与杨时任职萧山有关的文字,广受湘湖史研究者注意。宋徽宗宣和年间任监察御史、殿中侍御史,宋高宗时任资政殿学士的浙江瑞安人许景衡(1072—1128年,字少伊,号横塘,谥忠简),撰《方文林墓志铭》,收入许氏《横塘集》(即《许忠简集》)中③。墓主方氏,字从礼,新定人,历任信州玉山尉、越州萧山尉、杭州方田指教官等职,是一个"副县级"小官。宋徽宗政和六年(1116年)授散官"文林郎"、大平州司兵曹事,未及赴任即病逝,故尊称"文林"。宋徽宗重和二年(1119年),安葬于天台县太平乡祖茔。许景衡受方从礼之弟方从道的委托,于该年前后写下这篇《墓志铭》,其中有两段文字与萧山湘湖和杨时相关:

> 萧山湘湖湮废久,民田无以溉。从礼亟以浚治,请于有司,而躬督其役。未几湖复,邑人赖其利。……有日,其仲从道自台抵福,曰:"吾兄游最旧且厚惟子,敢请铭。"余谢以非其人。然尝闻诸杨先生中立曰:"仕于州县,诚心爱民,若吾从礼者无几。"从礼小官,又卒不得年,未为当世所知,而独见称于有道者如此,则为从礼家若其朋游,皆可无憾也。故余录其语而铭之。

以官场地位论,方从礼不过是一个负责县内治安事务的"小官",与身居中

---

① 《全宋文》第174册,卷三七八九《吕本中二》,第93—95页。
② 杨时任职萧山期间可能有过一些诗文创作,有学者还列出了几首"在萧诗作"备选,如《过钱塘江迎潮》《新湖夜行》《望湖楼晚眺》《久旱》等。由于杨时作品大多未经编年,如果作品属抒情而非纪实,文中又对"新湖""望湖"之"湖"究竟何指无明确提示,后人除了根据某些旁证资料进行猜测性判断外,其实并无从给以准确认定。较成功的研究成果,参阅林海权《杨时故里行实考》下编《杨时集》诗文编年考证。
③ 《横塘集》卷十九,文渊阁四库全书本;《许忠简集》卷十九,丛书集成续编第126册,第388页。

枢、参与决策的许景衡相比差距甚大,但因为许、杨两人交情很深①,许尊杨为"有道者",加上杨时作为方从礼当年的长官,对方氏有很高的评价,所以就接受了方从道的委托。因有这一层关系在,如果"浚治"湘湖、"邑人赖其利"确是杨时主持下实现的"惠政",无论于公于私,许景衡都无略而不提之理。唯一的可能,方从礼所"请"之"有司",不是杨时,而是别人。

清乾隆《绍兴府志》列杨时前后的几位萧山县令:

王式,天圣四年任。

苗振,景祐五年任。

郭源明,嘉祐六年任,有传。

许旸,丹徒人,元丰六年任,从《县志》补入。

俞昌言,金华人,大观三年任。

杨时,政和二年任,有传。

曾喜,靖康元年任。②

因方从礼去世于政和六年,所以在任期间有可能成为方氏长官的,只有杨时和俞昌言③。疑问仍在:"浚治"湘湖,明明是好事,当事、当时人有何必要闭口不谈?

二

现存最早的杨时年谱,是杨时去世136年后的宋度宗咸淳六年(1270年)

---

① 蔡堂根:《杨时〈与许少尹〉考——兼辨许景衡"召为监察御史"的时间》,《文献》2014年第5期。许景衡字少伊,因于宋徽宗大观末年(1110年左右)至宣和元年(1119年)间授职大名府少尹,故杨时于宣和二年(1120年)致信时尊其为"许少尹"。详见宋胡寅:《资政殿学士许公墓志铭》,《崇正辨·斐然集》卷二十六,《理学丛书》,中华书局1993年版,第562页。

② 清乾隆五十七年《绍兴府志》卷二十七《职官志三·县官》,第619页。明万历十四年《绍兴府志》卷二十八《职官志四·县职》所载较略(第1919页),故不用。

③ 俞昌言,金华府金华县浦口村人。万历六年《金华府志》卷十八《科第》:"俞昌言,大观己丑贾安宅榜,永丰、萧山二县令,金华浦口人。"载《中国方志丛书·华中地方》第498号,第1287页。俞氏任职永丰县令及卸任萧山县令后的情况,文献上均无记载。

将乐县令黄去疾所编《龟山先生文靖杨公年谱》。在"(政和)二年壬辰,公年六十"条下称:

> 四月,赴萧山知县。县有湘湖久湮塞,公劝民浚治,溉田数千顷。先是连年苦旱,是岁大熟,邑民感德,是为公立祠,至今有杨长官庙犹存。①

此文与许景衡《方文林墓志铭》相比,最大的差别是提出"浚治"湘湖的人,由方从礼变为杨时;与吕本中《杨时行状略》相比,则由"人人图画先生形像,就家祠焉",变为"为公立祠,至今有杨长官庙犹存"。至于前后变化的依据是什么?黄氏《年谱》没有交代。

在黄氏编成上述《年谱》70年前、杨时去世66年后的宋宁宗嘉泰元年(1201年),沈作宾等修《嘉泰志》,在记录湘湖概况时既没有提到杨时,也没有提到"杨长官庙":

> 湘湖在县西二里,周八十里,溉田数千顷。湖生莼丝最美。水利所及者九乡,以畋渔为生业,不可数计。②

据黄去疾自陈所编《年谱》的资料构成和写作过程:"访故家得写本……又聚梁溪李丞相诸公祭文、谥议,及水心、东涧所作旧宅记而附之"③,其超出《嘉泰志》所述者,很可能即取自其中的某几种。当然这也不能成为真正意义上的证据,如前所述,毕竟距杨时任职萧山时间较近的北宋末、南宋初文献都没能证明这类记载的合理性。

---

① 黄去疾:《龟山先生文靖杨公年谱》,吴洪泽、尹波主编:《宋人年谱丛刊》第五册,四川大学出版社2003年版,第3403页。
② 嘉泰《会稽志》卷十《湖》,《宋元方志丛刊》,中华书局1990年版,第6889页。
③ 黄去疾:《龟山年谱序》,第3393页。参见林海权《杨时故里行实考》所录宋元明清及当代各类纪念文字。

此外，吕本中《杨时行状略》所说"萧山之人闻先生名，不治自化"一句似乎不合情理，难道"人人图画先生形像就家祠"是杨时浪得虚名？其实，这句话对于准确定位杨时与湘湖的关系是一个重要提示，但准确理解还须结合杨时此前在余杭县的"善政"：

> （杨时）知杭州余杭县，简易不为烦苛，远近悦服。蔡京方相，贵盛，母前葬余杭，用日者之言，欲浚湖潴水为形势便利，诡言欲以便民。事下余杭县，先生询问父老，人人以为不便，即条上其事，得不行。①

问题的关键不是蔡京的借口如何荒唐，而是为什么"欲以便民"的"浚湖潴水"建议，会招致"人人以为不便"的普遍反对？这就要看余杭县父老们举出的具体理由是什么。关于这段故事，自明代以来各版《余杭县志》有详略不一的记载②，细节最清晰的是清嘉庆十三年《余杭县志》所载：

> （杨）时崇宁五年为余杭令，专务以德化民，而于水利犹尽心力。蔡京当国政，其母前葬余杭，以术者言，欲浚南湖潴水为胜，诡言于民便。事下询诸父老不可。时极言沮之，京遂止。盖南湖承天目万壑之流，必平时空虚，然后暴雨洪水骤至能受也。若先潴水，则湖之量已满足矣，一遇急流，势无所容，必泛滥为邑患，此其地形利害，不难知也。独时不畏强御，言于蔡京贵盛之日，人以时为难。后去官，邑人怀其惠，慕其教，因建龟山书院以祀之。③

---

① 吕本中：《杨时行状略》，第93页。
② 参见明万历四十四年《余杭县志》（戴日强修）、清康熙四年《余杭县志》（宋士吉修）、清康熙十二年《余杭县志》（张思齐修）、清康熙二十二年《余杭县新志》（龚嵘修）、清嘉庆十三年《余杭县志》（张吉安修）、清光绪三十二年《余杭县志稿》（褚成博纂）等。
③ 清嘉庆十三年《余杭县志》卷二十一《名宦传》，《中国方志丛书》华中地方第56号，台北：成文出版社1970年版，第285页。

清代余杭著名乡绅严启焴(字楚邻)撰《嘉庆余杭县志举正》①,对这桩公案本身及杨时所作所为有相当深入细致的理解和讨论,值得引证:

> 《杨时传》有蔡京"欲浚南湖潴水为胜"之语;陈善《南湖考》则云"宋崇宁间,蔡京欲请佃业,县令杨时奏阻之",两说迥乎不同。蔡、杨二人之奏疏后世不传,无从考证,但从民生利害论之,南湖之宜浚而不宜佃,不第水利内谆谆言之,即儿童妇女亦无不知之也。时以工役浩繁必须大动帑金,以封疆之臣不敢上请;蔡京奸邪小人,虽为母家私情,亦未必敢以费帑之事轻以上请。若请佃,则为国增赋,可以取悦上心,正如王安石欲泄梁山泊之水同一心肺,容或有之;若果请浚,龟山公正当秉机举行,何反力阻?况所谓浚者,浚深湖底,使水蓄于下,其水面仍然低于溪岸,而塘堰不塞;若水平岸,仍可从石门塘引水入湖,而湖仍可照旧容纳,何患之有?若欲潴水者,不将湖浚深,止将湖堤四面培高,塘堰填塞,使水浮满于上,则水面高于溪岸;溪水骤涨时,湖始不能容纳耳。恐旧志沿袭传写之误,不可不辨也。②

按严氏所说,蔡京一案的焦点,并不是"浚"与"佃"之争,而是"浚深湖底使水蓄于下"与"将湖堤四面培高……使水浮满于上"之争。虽然目标都是为了"潴水",但"浚深"谈何容易?杨时提出"工役浩繁必须大动帑金",是他能提出的合理托辞;更重要的是工程思路的合理性。"将湖堤四面培高"表面上又快又省,但利害相较,后患无穷;既然如此,何必明知故犯?杨时之所以反对"请浚","父老"之所以"人人以为不便"的根本原因,应该就在于此。

杨时是否因此案得罪蔡京而丢官,于史无载③;四年后转任萧山县令时,

---

① 严启焴另著有《余杭县志备补》《余杭县志通载》,民国十一年《杭州府志》(李格撰)卷一七八《前志原委·余杭县志》附。
② 清嘉庆十三年《余杭县志》卷二十一《名宦传》引,第285页。
③ 清嘉庆十三年《余杭县志》卷二十一《名宦传》按:"龟山历官与京相左,其初知余杭、京尉钱塘,约略同时,官位俱卑。京即葬母,何从请佃?时亦安能奏阻?大都旧志流传之语,不加考究。盖龟山先生自有惠政,系人深思,不必论其阻佃南湖之确否也。"第285页。

恰遇方从礼在"有司"支持下"浚治"湘湖并"躬督其役",则完全可能。杨时的态度不得而知,但从"未几湖复"的进度来看,湘湖的工程思路大约还是他曾经反对过的"将湖堤四面培高……使水浮满于上",后世关于湘湖工程概况的描述亦可证明这一点。面对既成事实,杨时也只能表示理解,乐见其成了。一方面,充分肯定方从礼对湘湖的"浚治"是"诚信爱民"之举,另一方面坚持己见,与湘湖保持适当距离,所写13则《萧山所闻》虽无片言正面涉及,却都含深意,值得捉摸。

从广义来说,杨时秉持"不治自化"的态度也是"善政",因为他是立身正、名气大、学问好的道学家,"天资仁厚,宽大能容物又不见涯涘,不为崖异绝俗之行以求世俗名誉"①,没有私心,不求虚荣。因此,对于湘湖的营建而言,杨时不反对就是信誉昭著的"背书",就代表了道德和正义,就让湘湖具备了存在的合理性,所以当地人们就由衷"感德",就"人人图画先生形像",或入家祠,或立公祠。至于后世硬加上的所谓"先生出金"②故事,则不着边际,完全多余。在这个意义上,以杨时于宋徽宗政和二年(1112年)出任萧山县令为湘湖的问世时间,是可以成立的。

三

将"始成湘湖"作为"善政"归功于杨时的时间,不可能是宋代,而应该是明代。湘湖成库之初,蓄水灌溉和库域水利共享的制度还没有健全,实践的效果也不大理想,人们对湘湖水库的功能尚在认识过程中,甚至还颇有微词。因此,迟至明代中期,萧山才修复已废多时的"杨长官庙",重新建起一座专祀杨时的德惠祠,显然是有道理的。据嘉靖《浙江通志》记载:

---

① 吕本中:《杨时行状略》,朱熹:《伊洛渊源录》,文渊阁四库全书本,第94页。
② 如清康熙二年(1663年),毛念恃编《文靖杨龟山先生年谱》,在黄氏《年谱》基础上又补充了一个细节:"邑有湘湖久湮塞,先生出金,劝民浚治,溉田数千顷。先是连年苦旱,是岁大熟,邑民感德,为先生立杨长官祠。"《北京图书馆藏珍本年谱丛刊》第21册,北京图书馆出版社1998年版,第47页。

> 萧山德惠祠,在净土山麓,祀宋县令龟山杨公。……初,龟山浚湘湖,民德之祀公及丞郭一源(引者按:应为郭渊明)于湖口,号"杨郭二长官祠",后废。成化元年,有司请建庙于今所,赐额"德惠"。①

通过文字对杨时"始成湘湖"一说作出正式肯定的时间也是明代,关系人可能是编著了《萧山水利》初集②的明代萧山乡绅富玹,以及明南京吏部尚书魏骥、明浙江提学副使刘釪、明大学士刘珝等。由他们撰写的几篇与杨时事迹有关的文献,被富玹收录在他的《萧山水利》初集中。入清以后,经毛奇龄、於士达的努力③,杨时"始成湘湖"已作为历史定论,成为展开湘湖史讨论的基本前提。

[作者简介]钱杭,上海师范大学中国历史地理研究中心教授。

---

① 嘉靖《浙江通志》卷二十《祠祀志四之二》,《中国方志丛书》华中地方第532号,台北:成文出版社1983年版,第1047页。成化元年,1465年。康熙十年《萧山县志》卷14《祠祀志》:"德惠祠,在湘湖。成化元年赐额,祀宋县令将乐杨时(旧有'杨郭二长官祠',在湖口。自德惠祠祀杨不祀郭,而湖口庙无复举者)。……凡祭与太守祠同。祝词曰:'惟神道德并隆,功业咸著。开湖溉田,御灾捍患。阖邑之民,永沾惠泽。时维仲春(秋),祇脩祀事。灵爽如在,尚祈飨之。"《中国方志丛书》华中地方第597号,台北:成文出版社1983年版,第440页。

② 富玹、张文瑞等编:《萧山水利》初集二卷,续刻一卷,三刻三卷,附录一卷。《四库全书存目丛书》史部第225册。万历十四年《绍兴府志》卷三十三《选举志四·进士》:"成化十七年王华榜……萧山富玹,金事。"《中国方志丛书》华中地方第520号,台北:成文出版社1983年版,第2304—2305页。

③ 毛奇龄:《湘湖水利志》卷一《政和年开湖》,《四库全书存目丛书》史部第224册,齐鲁书社1996年版,第613页;於士达《湘湖考略》附录《湖贤事略》载:"宋邑令杨公时,政和二年,公度地筑堤,均税令得利田,民乐从之,而湘湖始成。"见附录第1页,清道光二十七年(1847年)学忍堂补刊本。

清中前期的京口救生与练湖兴废

吴 滔　阮宝玉

内容提要:明清时期,镇江京口一带是江南漕运的咽喉,由于地势所限,漕船出江需要依靠丹阳县的练湖来调节水位济运。康熙二十六年,有关方面着手设立官造京口护漕救生船、置办义田,并立普生庄户于丹阳县练湖湖滨。练湖不仅成为京口漕运的水柜,而且也成为京口护漕救生的主要经费来源。唐宋以来,练湖曾经历严重的过度开发阶段。康熙末年,为保障漕运水道的畅通,并解决地方上长期以来尾大不掉的土地资源争端,展开了复湖的尝试。在这一历史过程中,国家与滨湖农户、地方士绅以及京口救生组织之间相互博弈,深刻地影响了京口救生事业。

关键词:救生　护漕　湖田

　　明清时期的社会救济一直是学术界关注的问题,但以往学者多将目光集中在仓储及慈善等问题的探讨上,[①]对水上救生事业着墨不多。已有的水上救生研究,主要以长江流域的救生红船为中心展开论述,森田明从设置、发展、运营、财政等方面详细介绍了长江沿线各处的救生事业;[②]蓝勇根据巴县档

[①] 余新忠:《1980 年以来国内明清社会救济史研究综述》,《中国史研究动态》1996 年第 9 期;黄兆宏等:《近十年来清代社会救济问题研究综述》,《长春师范学院学报(人文社会科学版)》2009 年第 2 期。

[②] 〔日〕森田明:《清代水利社会史研究》,东京:国书刊行会,1990 年,第 477—509 页。

案、明清内阁大库档、《峡江救生船志》等材料中大量具体的救生个案,分析了救生制度与社会效果之间的关系;①杨国安则全面系统地考察了清代两湖地区水上救生事业,从中透视清代地方公益事业中国家权力与民间力量的相互关系。②

镇江京口地区位于长江下游,通江连运,救生船的设置同样必不可少,以往学者对此有所涉及。③ 然而,镇江京口一带,是明清时期江浙漕运的咽喉,江南运河的重要入江口,从南至北的漕船必须由此渡江。与长江中上游其他地区不同,漕运因素的影响至为深刻。以往镇江京口救生的研究并未深入探析京口地区救生的漕运色彩,本文试图从护漕救生船的设立入手,通过论述京口救生业的发展演变以及其与丹阳练湖的关系,更深刻地认识在国家漕运制度下区域社会慈善事业演化的复杂性。

一、清代京口护漕救生船的设立

镇江京口位于长江与江南运河的交汇处,既要面对运河淤塞的问题,也要克服长江风浪险恶的难题。京口附近江面狭窄,水流颇为湍急,每年"春秋之间,上流泛涨,山水相搏,触澌而为涡,激而成湍。虽恬风云景,尤惧变生不测"。故有"京口之渡为天下最险"之称。④ 足见京口一带漕船护卫和救生的重要性。明永乐十三年,江南的漕粮由海运改为河运,通过京杭大运河运往北

---

① 蓝勇:《清代长江上游救生红船制初探》,《中国社会经济史研究》1995 年第 4 期;《清代长江上游救生红船制续考》,《中国社会经济史研究》2005 年第 3 期;《清代长江上游红船救生的地位和效果研究》,《中国社会经济史研究》2012 年第 3 期。

② 杨国安:《救生船局与清代两湖水上救生事业》,《武汉大学学报》2006 年第 1 期。

③ 范然:《镇江救生会始末》,《镇江高专学报》2002 年第 1 期;祝瑞洪等:《京口救生会与镇江义渡局》,《东南文化》2005 年第 6 期;胡梦飞:《明清时期镇江地区慈善机构考略》,《徐州工程学院学报(社会科学版)》2014 年第 3 期。

④ 乾隆《江南通志》卷二十六《关津》,《景印文渊阁四库全书》史部 507 册,台北:台湾商务印书馆 1986 年版,第 774 页。

京。最初的运输方式是由民运至淮安,再由卫所运军节级递运至指定仓口。但是由于下西洋、征交趾、修建北京城等原因,运军被大量调离,实际仍由民直接运往北京。为减轻负担,宣德年间改为兑运法,江南地区的漕粮民运至淮安、瓜洲即可,并开始由运军直接到州县交兑,然后再运往京师。至成化初年,正式确定为长运法,江南地区全部的漕粮改由运军至州县交兑,意在减少民运在漕粮运解中的比重。兑运法、长运法的实施具有鲜明的区域差异,主要针对江南地区而提出,也只有在江南得到了贯彻,基本实现了运军至州县水次交兑的运粮方式。而这种运粮方式,在江南亦存在着区域差异。①

江南的漕粮数额庞大,约占全国总额的一半之多,需要借调大量江南以外的运军运输,包括江北直隶二总、南京二总、中都总等。② 这些运军在运输江南漕粮时,采取了不同的运输方式——运军本人至县交兑,但并不驾船,先是雇民船运至瓜、淮、仪真,再换漕船北上。封越健在《明代漕船管理述略》一文中就发现:"成化七年虽改水次交兑,但江北直隶二总和中都总漕船仍寄泊瓜洲坝,只雇民船到水次仓领兑,另外南京二总漕船也在仪真坝寄泊领兑。"③直到万历元年瓜洲建闸,全部的运军才直接驾船至江南的州县水次仓交兑。

因此,在很长一段时间内,明代大部分运输江南漕粮的漕船并不需要过江,过江船只的风险基本上由民船担负,运军只负责在沿途督催即可。另一方面,政府虽然沿途设有官员催护,如宣德二年便规定由侍郎五员、都御史一员催督浙、直等府军民粮运,后设有监兑官,④可是,这些官员的职责更多的只是督催,确保漕粮"过淮、抵京、抵通"的程限。所以,明代京口的护漕并未有正式的官方规定,呈现出重督催轻救护的特征。

---

① 阮宝玉、吴滔:《明清漕粮运输方式实行的区域差异——以州县水次仓为视角》,《中国历史地理论丛》2016 年第 3 期。
② 参见万历《大明会典》卷二十七《漕运》,中华书局 1989 年版,第 199 页。
③ 封越健:《明代漕船管理述略》,《明史研究》第 10 辑,黄山书社 2007 年版。
④ 参见胡克诚:《明代漕运监兑官制初探》,《古代文明》2016 年第 2 期。

到了清代,京口不仅是江南漕粮的渡江口,更是江西九江前后两帮粮船协运江南省漕粮的中转点,①大量漕船在此过江。此外,受气候变化、水流泥沙等因素的影响,海平面逐渐上升,长江河口的位置不断向西推进,南京到镇江段的长江江面越来越狭窄。明清随着长江流域的开发,北流长江又变得缓慢,泥沙堆积,导致长江沙洲的不断发育,江岸持续向南迁移。② 到了清初,新涨的沙洲逐渐连接形成了一个大的沙洲也就是北新洲,将长江分为两个岔道,运输十分不便,京口附近的航运条件进一步恶化,凸显出护漕的紧迫性。

有鉴于此,康熙元年开始规定:京口一带"照淮北之例,严檄沿河镇道,遇粮船入境出境,各分汛地催攒。倘催攒不严,以致任意停泊,即将催攒各官并领运官丁指名参处"。③ 此时多交由地方兵力督催,尚少主动救护,一仍明制。

直到康熙二十六年,才明确规定,由专门的京口总兵官催护漕船过江:"题准责令江镇道督率文武官催攒漕船,酌看风色令渡,如有弁役勒索,将道员一并题参。并令京口总兵官巡视河干催护过江,如遇大风,督令标兵操舟预备,遇有江心船只不能靠岸收口者,设法挽救。"④也正是在同一年,江宁巡抚慕天颜提议仿照民间渡江救生船样式官造十只护漕救生船,并得到了康熙皇帝的批准:

> 江浙漕运过江间遇风涛,应设法救护。查民间有渡生船,甚为有益,请仿其式,造船十只,分泊两岸。漕船遇风并出救护。部议不准,得旨。朕南巡时,亲见京口与瓜洲对峙,往来过渡人等所关甚重,预备船只拯救沉溺,多有裨益。此渡生船只,令如该督所题行。⑤

---

① 福趾:《户部漕运全书》卷五十七《京通粮储》,《故宫珍本丛刊》第 320 册,海南出版社 2000 年版,第 310 页。
② 邹逸麟、张修桂、王守春:《中国历史自然地理》,科学出版社 2013 年版,第 336—340 页;曹光杰、王建、屈贵贤:《全新世以来长江河口段河道的演变》,《人民长江》2006 年第 2 期。
③ 福趾:《户部漕运全书》卷十四《兑运事例》,《故宫珍本丛刊》第 319 册,第 174 页。
④ 同上。
⑤ 《清圣祖仁皇帝实录》卷之一百三十一,康熙二十六年八月乙亥,中华书局 1985 年版,第 416 页。

由此可见，官办护漕救生船的正式诞生，与康熙二十三年的首次南巡难脱干系；而且，可以肯定的是，早在此前，就有利用渡生船进行救生的民间组织存在。然而，从船只的运营管理方式可以明显地看出，官方设立护漕救生船的目的，更多的是保护漕船渡江，而非救生。按照规定，政府只支给漕船过江三个月的工食，其余时间自行谋生："其船分泊两岸，漕船遇风，南北两口船只并出救护。每船募设善水头舵十名，每名月给工食银一两。祇给冬春三个月，漕船过完，听其渡载商民，自行觅食。或过往客商，偶遭风患，一体协救毋许居奇，坐视藉端勒措。违者地方官挐究。"①材料中的"善水头舵"应是由官方雇募的民间人士，在没有护漕任务的季节，他们继续自己原本的船上营生。

此外，这些雇募而来的护漕救生船户，其工食以及船只的修葺费用都出自沿袭自明代的随漕粮征收的过江脚米。此项经费原为一斗三升，后因万历元年瓜洲建闸，省去了雇佣民船的七升，剩下六升折银三分六厘，②亦称"六升米折银"。

很明显，此时官办护漕救生船的重点仍是为漕运保驾护航，在救生方面，官方并未给予强制规定和经费，政府规定的救生似乎只是一纸道义上的附带品。直到康熙四十六年，康熙皇帝第六次南巡，再次下令增设护漕救生船，③才使真正意义上的官办救生付诸实践。此次增设的船只尽管名称上仍然为护漕救生船，但与之前性质上有很大的不同，职能上更多的是救生，而非护漕。

康熙三十六年裁革京口总兵官后，催护漕船的职能便改归副将带领手下标兵管理，④官设护漕救生船的护漕职能也逐渐减弱。这些标兵"既不实心护漕，又多苦累船户"，故在乾隆三十一年，改属丹徒、江都两县管理，"至重运渡江时，不必令营弁坐押，归于京口、瓜洲两岸催漕委员调派督护"。⑤ 而作为雇

---

① 福趾：《户部漕运全书》卷十四《兑运事例》，第174页。
② 康熙《镇江府志》卷十六，《中国人民大学图书馆藏稀见方志丛刊》第15册，国家图书馆出版社2011年版，第330—331页。
③ 康熙《镇江府志》卷四十六《于大中丞捐置普生庄田记》，第619页。
④ 福趾：《户部漕运全书》卷十四《兑运事例》，第174页。
⑤ 光绪《丹徒县志》卷十六《漕运》，《中国地方志集成》江苏府县志辑第29册，江苏古籍出版社1991年版，第300页。

募经费来源的六升米折银,既要支付江兴、新安等卫各帮丁漕船之项行月凑修等银,又要挪作苏太镇金镇五卫帮丁修船之用,①根本不敷护漕救生之用。费用的减少,直接导致了护漕救生船护漕职能的退化。康熙四十六年"京口故有护漕救生船,而少而不敷用"的实际情形便是明证。

康熙四十六年增设护漕救生船性质的改变,主要体现在,这些船只不仅积极参与到了地方慈善救生事业当中,而且船只的雇募和管理均改由地方政府负责。由于造船费用过高,②官府从未有出钱打造的先例,江宁巡抚于准曾给票雇募京口捕鱼船67只,"责令坐守南北两岸并谈家洲头,遇有行舟遭风将覆,随即飞驾救援"。这些船只由官府雇募给食,一船每月给工食银三两,"月中赍票赴府具领"。南岸船只责成照磨官巡查,北岸则责成瓜州巡检司不时巡察。③

此时护漕救生船的重点不再是护漕,而是救生,救生俨然已经成为船户日常履行的主要职责。此前规定船户除去集中三月护漕外,其余时间仍可自行谋生,而此时规定,如果值日船户擅离职守,便会受到严厉处罚:"私行装载,及行舟将覆,不急救援,待其覆溺,始行捞救,怠玩从事者,或被查出,或被首报,严拿船户究明枷责,巡查官不行觉察,严加记过。"④

在救生方面规定完备,救得漂没活人可以得赏,救活一人,经过报验证明之后,水手便可获得犒赏银一两。船只偶遇风大浪急,一时不能救全,打捞起溺死之人的尸体亦有赏,并且设有义冢,专门掩埋无名之尸:"漂淌之尸,务令打捞,得壹尸,赏给银叁钱。如同船之人识认者,每壹尸给棺价银壹两。倘有无同船之人识认者,每壹尸给棺价银壹两,即令详书面貌衣服约略年岁,用木

---

① 乾隆《江南通志》卷七十八《食货志》,《景印文渊阁四库全书》史部第509册,第253页。
② 据康熙《镇江府志》卷四十六《于大中丞捐置普生庄田记》载:"造船壹只以及篷锚绳缆等项应需工料银贰百贰拾余两,计船陆只,共需银壹千叁百余两,每船需水手拾名,每名日给工食银伍分,计水手陆拾名,每年约需工食银壹千捌拾两,又每年油艌修理每船约需贰拾余两。"
③ 康熙《镇江府志》卷四十六《于大中丞捐置普生庄田记》,第627—628页。
④ 同上书,第628—630页。

标写明白,立浅理,以俟亲人识认。如一年内无人认领者,报明本处官,即雇人抬埋义冢,仍置石一方,镌刻年貌竖立,再酌定银壹两。"①

此外,随着漕救生船性质的转变,雇募船户的工食银不再从漕粮的六升米折银中支销,而是在丹阳县置办五百亩田地作为经费来源:"(于准)捐置义田五百亩,价三千金,田在阳邑,以其岁入给工费犒赏,有余则储为来岁之用。"②这些义田由普生庄户耕种,照常完纳钱粮,但免派一切差徭,专门由镇江府的府厅照磨官催收并收贮府库,用以支付救生船户工食银和犒赏。

要之,清初京口官方救生船的设置脱胎于护漕,随着漕粮耗米的挪用和减少,护漕救生船的经费不足,护漕的功能逐渐减弱,改由地方政府直接管理和负责,更多地开始履行地方慈善事业的职责。尤其值得注意的是,运作经费也改从丹阳县练湖湖田田租中支取。而练湖湖田作为京口救生经费的来源,并非是首次。早在明代,京口的各大寺庙就纷纷形成了专设救生船的传统,如明崇祯时期,兴化县李长科在玉山报恩寺山下建避风馆,"募造救生船卜拯溺",具体事务由寺僧长镜掌管,"论生死殊其赏,利济甚众",③呈现出明代京口民间救生传统的另一面相。除此以外,京口著名的金山、焦山等寺庙亦有类似举措。另有迹象表明,京口救生事业与丹阳练湖之间有着千丝万缕的复杂关联。

二、练湖的复、废与京口救生

如前所述,江宁巡抚于准所设京口官设救生船的工费,出自在丹阳县置买的500亩义田。而这些田地与练湖湖田的兴废密不可分,反映出各方势力在争夺水源的过程中所蕴含的国家漕运、农田灌溉以及地方慈善救生事业之间的复杂关系。

---

① 康熙《镇江府志》卷四十六《于大中丞捐置普生庄田记》,第628—630页。
② 同上书,第619—620页。
③ 乾隆《镇江府志》卷之二十《玉山报恩寺》,《中国地方志集成》江苏府县志辑第27册,江苏古籍出版社1991年版,第401页。

镇江京口一带,地势高于苏、常,漕粮从丹徒以上的运道出江,视长江潮水盈缩开启闸坝①。冬季办漕正值枯水之时,运道极易淤塞,张国维在《吴中水利全书》中记载道:"镇江据京口上游,其地高于苏松数十丈,水势趋下,如骏马下坂。所隶三县,丹徒全境绕江,丹阳沿江境少而土,原与丹徒埒,四郊衍漫,皆江潮浊水,易于淤积,去少而来多"②,所以,常常依赖位于丹阳县西北的练湖放水济运,"运河之通塞,常系于湖水之收放,十六水函与七石匣是也。运河之水原系江潮,从京口丹徒二闸而来,若江水涸时,则二闸之水不至,而运河不通,所资者开练湖诸闸之水而已"③。可以说,练湖对于运河的补给功用,集中体现在国家漕运体制对地方资源的全面垄断上。

练湖位于丹阳县西北,濒临运河,据嘉庆《练湖志》记载,从晋代开始便有人对练湖进行了大规模修整,用以农田灌溉。至唐代,滨湖之民筑堤将湖横截,一分为二,分为了上湖和下湖。很长时期内,练湖都是作为水源以助农田灌溉而存在。④ 直到南宋,练湖济漕功能逐渐彰显。绍兴七年,两浙转运使向子諲告称,当时的镇江府吕城夹岗"形势高仰",因春夏不雨,"官漕艰阻"。因此,官员李涧经过查访,发现了济漕与农田水利之间的矛盾,并明确了练湖对于漕运的重要性:"今堤岸弛禁,致有侵佃冒决,故湖水不能储蓄,舟楫不通,公私告病。"他提议,修筑东门、石砀以控制练湖来调节运河水位:"春夏多雨之际储蓄盈满,虽秋无雨,漕渠或浅,但泄湖水一寸,则为河一尺矣。"⑤此时宋廷已经南迁,漕粮北运主要为了军事需求,较北宋时的漕粮数额已经大大减少,因此,练湖济漕的作用对于国家而言并非十分迫切。在元代,练湖的济漕功能虽然同样重要:"江浙行省言镇江运河全籍练湖之水为上源,官司供亿京师及

---

① 张廷玉:《明史》卷八十六《运河下》,中华书局1974年版,第2014页。
② 张国维:《吴中水利全书》卷二十,《景印文渊阁四库全书》史部第578册,台北:台湾商务印书馆1986年版,第740页。
③ 傅泽洪:《行水金鉴》卷一百五十四,《景印文渊阁四库全书》史部第580册,台北:台湾商务印书馆1986年版,第424页。
④ 黎世序:《练湖志》卷一《图考》,嘉庆十五年刻本,第2页。
⑤ 《宋史》卷九十七《河渠志》,中华书局1977年版,第2404页。

商贾贩载,农民来往,其舟楫莫不由此,……若运河浅阻,开放湖水一寸,则可添河水一尺。"①但是,由于元代漕粮主要通过海运运输,练湖对于运河水位调节作用也远没有明清时期那么显著。

自明永乐十三年以后,江南漕粮全部改由河运,而明清江南地区又是国家的赋税重地,四百万漕粮中近一半的数额来自江南。因此,江南漕粮的运输可谓是京师供应的重中之重。这些数量庞大的漕粮多经由江南运河进入镇江京口一带,然后渡江北上,京口一带一直是明清江南漕运的重要通道。所以,从明代开始,一旦京口一带淤塞,即有修筑练湖放水之举。由此可见,练湖作为镇江京口一带江南运河的水柜,用以济漕的需求比宋元更为强烈,维护漕运与盗湖为田的矛盾在明清时期也就显得更为突出。

唐宋时期,有关练湖盗湖为田佃种的记载就层出不穷,然而,这种现象从明后期开始变得越来越严重。森田明详细论述了明末清初的复湖与垦湖之争的过程,他指出,虽然明代有严厉的规定禁止佃占湖田,但是到明末万历、崇祯年间,这些形同虚设的湖禁政策伴随着"与官争利"的豪强的粉墨登场,便失去了效果,明末辽饷的征收更是为占湖为田提供了良机。② 经历战乱之后,盗湖现象到清初则更为恶化,豪强与衙役勾结侵占湖田至九千多亩。顺治九年,巡按监察御史秦世祯在题请复湖文案中就描述道:"自鼎新以来,豪猾与衙蠹表里为奸,奸豪乘经制未备,捏为练湖荒弃。高者可耕,取其租银,以益芦课之税,鼓惑上下,而一时侵佃者多至九千余亩。自侵佃既广,无论占者不能还湖,而占利既多,趋者如鹜,势必百计泄水,恐目前之一望汪洋者不尽变为焦土。"③

从嘉庆《练湖志》的记载中可以清楚地看到,明至清初,练湖一直在为保漕复湖和盗湖为田之间反复。森田明指出,由官方所主导的打着保漕复湖的旗号修建大量水利工程的举措,并未得到很好的贯彻,更未改变练湖被侵占的现

---

① 《元史》卷六十五《扬州运河》,中华书局1976年版,第1633页。
② 森田明:《清代水利社会史研究》第二章"明末清初的练湖之盗湖问题"。
③ 汤谐辑、杨允莱续辑、孙国钧再续辑:《练湖歌叙录》卷一《秦按院题请复湖文案》,民国六年铅印本,第1—2页。

实,这从官方不断重申湖禁的各项政令中或可得到反证。实际情况是,练湖被侵占的速度不断加快,不仅上湖全部被废,下湖也开始波及,其中很重要的一个因素便是国家政府出于财政的考虑表现出了犹豫不决的态度。①

康熙十九年,吏部左侍郎张鹏与其幕僚计乔以增加赋税为由,揭露了练湖"徒有济漕之名,毫无济漕之实"的实情,奏请废湖。江宁巡抚慕天颜认为可行,先从上湖开始围垦升科,下令将上湖招民佃种,下湖低洼处仍然蓄水。②故当年政府便正式下令开垦练湖升科,"上湖丈见田地五千九百八十二亩零,除京口、江宁投诚之人各分给田一千亩应免其上价外,其余田三千九百八十二亩零,每亩上价银三钱,该银一千一百九十四两,应照数征收充饷。再勘前项湖田内有即堪布种田一千八百一亩零,应于二十二年起征,尚待开垦田地四千一百八十亩零,应于二十四年起征"。③其后又陆续告垦,康熙二十四年,于恳准换帖升科等事案内,续垦下练湖和尚圩田滩共四顷二十八亩三分三厘二毫;康熙二十五年于恳恩饬查等事案内,续垦下练湖马家圩田滩七顷四十三亩二分一厘五毫。④

至此,练湖大开合法开垦耕种的大门,虽然其间屡次提出复湖,如康熙二十八年官方再次强调练湖的济运重要性,"夫浙江全省以及苏松常郡各帮运船何止千百余只,总视丹阳为出江门户,每年运船过汛,例在春初,而丹阳河道较苏常等处复高数丈,全恃下湖蓄积之水开放济运,比年来湖既成田,无所蓄,以致泥垫官河,霸迟漕运",⑤但此时国家对赋税财政收入的执着态度占了上风,再加上州县衙役及其家属的侵占作弊,⑥练湖的下湖亦逐渐被开垦殆尽。

练湖的大肆开垦,不仅影响到漕粮的正常运输,而且已经严重威胁到周边

---

① 〔日〕森田明:《清代水利社会史研究》第二章"明末清初的练湖之盗湖问题"。
② 《练湖志》卷二《兴修》,第11页。
③ 《练湖歌叙录》卷二《丹徒张宦请废练湖疏》。
④ 光绪《重修丹阳县志》卷五,《中国地方志集成》江苏府县志辑第31册,第65页。
⑤ 《练湖歌叙录》卷三《窦县主议复练湖详文》。
⑥ 同上。

农田的灌溉。从康熙三十年开始，滨湖用水之民邵日茂等人就连续控诉衙役吴之寅隐瞒私自开垦下湖之田，但直到康熙四十六年康熙南巡视察江南水利时，这个问题才得到了解决。当时的江宁巡抚于准态度坚决，下令将吴之寅等私垦的下练湖田地尽数废除还湖，所收籽粒并盗卖田价追充工料之用。并且规定"如有湖堤泄水之口，俱信星夜堵塞，并将各处湖堤帮筑高阜宽阔坚固，以便聚水灌溉"，①进而保证练湖的灌溉。于准的政令之所以能够推行，是因滨湖农户以包认湖田钱粮为代价，换取水利灌溉权。复湖后，为灌溉周边农田修建了九涵，国家将认粮多寡作为了收放湖水多少的标准：

> 各涵涵洞高广各二尺。头涵计认粮田四千四百亩，应放水一昼夜并两个时辰；二涵计认粮田八千二百亩，应放水二昼夜并一个时辰；四涵计认粮田九千三百亩，应放水二昼夜并四个时辰；又下坝计认粮田三千亩，应放水九个时辰，二共放水三昼夜并一个时辰；八涵计认粮田八千亩，应放水二昼夜；三涵、五涵、六涵、七涵、九涵俱系小涵，地势高阜，水无注蓄，一放即盈，一庠即涸，涸则禀明再放，毋得擅行轻放取咎。②

森田明认为这可能是促使一向对复湖问题踌躇不前的政府下决心动工的决定性因素。③然而，练湖的恢复仍然存在着诸多问题。七年之后，即康熙五十三年滨湖农户王道明等就湖田与金山寺僧人广福争讼，这次争讼展现了练湖与京口救生的微妙关系。

京口的寺庙早在明代就在练湖占有大量的湖田，如万历时期有记载称："丹阳县练湖庄田四十顷，宋大中祥符间，僧祖宣住持时赐，在籍三十顷。"④金山寺在练湖亦设有救生田。康熙时期参与修纂《明史》的姜宸英在《京口义渡

---

① 《练湖歌叙录》卷四《杨邑侯清湖告示》。
② 《练湖歌叙录》卷六《曹邑侯详定放水碑》。
③ 〔日〕森田明：《清代水利社会史研究》第二章"明末清初的练湖之盗湖问题"。
④ 万历《京口三山全志》卷一《田土》，万历二十八年刻本。

赡产碑记》中提及自己六月渡江,登金山寺,"见山足舣舟五六,舟人操楫",当时的金山寺僧深爽指出,这些船只便是由巡抚所设的济渡救生船,船户的工食除了过往商旅捐募外,另外一项很重要的来源就是置办田产①。据金山寺僧人广福的说法,这项田产是康熙二十五年前任布政使刘某所置办,称:"因念工食浩繁,若无恒产供给,不能久存。适值丹阳练湖有开垦之例,即命僧等择于岸边高阜之处,土名马家圩,募化上价开垦七百余亩,招佃耕种,采租以作救生船公食并修理之费。"②经营湖田的具体事务交由金山寺救生庵僧深爽管理。同时在练湖垦佃的,还有避风馆僧人心印和息浪庵的寂玉,田租收入用以备京口救生之费。康熙二十五年之所以能够续垦湖田,是因为有了康熙十九年练湖合法开垦的前提。③ 还有一点更为重要,康熙三十八年,康熙第三次南巡,谕金山寺、避风馆二处寺庙救生田的一切丁银杂派等项豁免,④故称之"此船乃御置之船,此田乃钦赐之田矣"⑤。

  正是有了这道上谕作为尚方宝剑,金山寺和避风馆的救生田在康熙四十七年复湖的过程中,才没有立刻被废除。僧人广福认为,马家圩在高阜之地,且"周围埂现存,与湖乃隔,内自开涵蓄水放水,自为启闭,与大湖毫无干涉",故仍然耕种,"供给救生"。⑥ 在清政府坚决复湖之后,仍然佃种了七年,相安无事。但七年之后,滨湖农户徐子进等将马家圩内涵洞闭塞,导致田被淹没,造成事实上的复湖,于是,便有了金山寺僧人广福与滨湖农户之间的争讼。

  僧人广福认为,巡抚于准复湖的湖田是低凹之处,金山寺田有御赐之名,湖田被淹是滨湖农户贿赂了工房蒙蔽所致;滨湖农户王道明、徐友仁、邵日彩、孙有均等则认为,金山寺僧广福与佃种者暗自勾结,"承书裴肇裕之父裴之焕,

---

① 《金山志》卷九《京口义渡赡产碑记》,清光绪二十七年刻本,第 31 页。
② 《练湖歌叙录》卷七《王邑侯详治奸僧借名救生妄翼佃田集成铁案》。
③ 光绪《重修丹阳县志》丹阳县志卷五,《中国地方志集成》江苏府县志辑第 31 册,第 65 页。
④ 光绪《丹徒县志》卷六《寺观》,第 133 页。
⑤ 《练湖歌叙录》卷七《王邑侯详治奸僧借名救生妄翼佃田集成铁案》。
⑥ 《练湖歌叙录》卷七《王道明徐有仁邵日彩孙有均等呈辩奸僧借词救生妄控佃田文案》。

正系佃田首恶,与奸僧恶同一体",假借救生名义,额外私行开垦佃种湖田。而早在康熙四十七年,江宁巡抚于准复湖之时,考虑到救生之功德,在湖滨买田五百亩以供救生船工食,广福所称的在高阜之处的马家圩亦在复湖田之内:

> 前府(于准)清丈下练湖通共一万一千二百六十余亩,被奸棍报升七千二百二十一亩,私垦四千四十七亩。金山寺僧告佃马家圩救生田,与流蠹裴之焕等朋合七百四十三亩有零,正系七千二百二十一亩以内之田,非另为一项也。迨后奉旨,帮建闸蓄水,四千四十七亩先复为田,而七千二百二十一亩蒙前抚宪于题请并复,且饬滨湖用水田亩一体带完湖赋,则救生田固不得而独存矣。然于抚宪念救生美举不可偏废,因于下练湖将复之时,捐俸三千两,即于湖滨买田五百亩以预抵救生之项。其田租现委本府照磨管理,勒碑府署,则救生田又原未偏废矣。乃金山寺奸僧广广福等与佃湖奸棍,炼成一局,动借救生为题,抹杀宪所买之田,诳宪批查,构蠹捏覆,希图蒙混。殊不思下练湖乃奉旨着湖民认粮全复蓄水之湖,即使救生无田,尚当另议,而况现有于抚宪预为抵补之项哉!但此救生田租,初系寺僧管理,尽多利落以供粮费,今属照厅管理,利落毫无。因与流蠹佃棍拴谋,依仗救生美名,藉词怂邀宪准,以为一动百摇,掀翻湖岸之计耳。①

从以上讼词可以发现,丹阳县滨湖民众将金山寺救生船和官设的护漕救生船混为一谈了。实际上,前者虽为巡抚捐设,但实际运营者仍然为民间寺僧,而巡抚于准于康熙四十七年设立的护漕救生船,则以官方为主导来雇募管理。在新的形势下,为保证南北漕运的畅通,同时使赋税收入不致因复湖而遭受损失,原本以救生的名义免除了一切丁银杂役的金山寺救生田,亦未能独享

---

① 《练湖歌叙录》卷七《王邑侯详治奸僧借名救生妄翼佃田集成铁案》。

优免权,而是被纳入到康熙四十七年实行的用水湖田一体包认钱粮的体制之中。遭受同样待遇的,还有以育婴堂为名垦佃的湖田。① 在新的体制之下,由于湖面增大,湖田萎缩,在应缴赋税总额不变的前提下,单位面积的纳税客体要承担比以前更为繁重的税额,"包认钱粮"遂成为争夺湖田的新利器。经过这次争讼,之前由各方势力私垦的四千四十七亩湖田,在王知县的默许下,被王道明等人认粮升科。王知县坚持认为,那些未经认粮的湖田,"奸民得以借口而觊觎生衅",相反,那些包认钱粮的湖田,则可以"杜奸民告佃之端,湖旁民人永远长沾灌溉之利"。② 由于金山寺在练湖的救生寺田的优免权被彻底否决,不得不全部复湖。在济漕灌溉与保证赋税财政征收的双重压力驱动下,金山寺为救生而设的湖田终于难以幸存。这次救生田的复湖,乃是康熙四十七年政策的延续。

自此,金山寺再无救生船只运营的记载,反而是焦山寺,在此后多有设置救生红船,且屡有义士捐助。康熙年间扬州张宜清和戴氏捐资造救生船一只,委派寺僧雇觅水手管理。到雍正年间,仪征县程封延置朴树湾圩田五十八亩,高田四亩,收入作为救生船经费。③ 乾隆、嘉庆时期,先后添立救生红船三只。④ 乾隆十年维扬汪尔振亦捐费建造救生红船一只,并买下坐落在丹徒县的山地三十二亩五分,作为埋尸之地和经费来源。⑤

然而,以救生为名谋田地的行为仍然未能根除。乾隆十四年苏州巡抚雅尔哈善上奏,称江苏救生船在康熙到乾隆年间增设至了五十六只,而除去江宁县之三山、西江两处近年有抢救犒赏之举,其余多为虚设,申请裁减,其中有丹阳县匡家桥等处救生船三十四只⑥。纵观全国,同时期官设救生船普遍增加,

---

① 《练湖歌叙录》卷七《王邑侯详遏奸民假词育婴图佃湖田文案》。
② 《练湖歌叙录》卷七《王邑侯详治奸僧借名救生妄翼佃田集成铁案》。
③ 吴云:《焦山志》卷十四《焦山尚公书院复归救生船记》,同治四年刻本。
④ 《焦山志》卷十四《焦山重修救生红船记》。
⑤ 《新置焦山玉峰庵救生船红船掩埋枯骨碑记》,原碑立于焦山碑林。
⑥ 内档《兼理工部事务革职留任文渊阁大学士史贻直为裁汰无益救生船只以节浮费事奏折》,乾隆十四年六月十四日。

似乎仅江苏有所减少。① 虽然暂未有确切的史料证明，但这些因虚设而裁减的救生船很可能和金山寺救生船同病相怜。经过这一轮裁减，京口剩下的就只有一开始于准设立的一只护漕救生船了，因有普生庄租息可供工食，所以并未剔除。到了乾隆四十五年，更是增设了四只。②

三、余论

明清以来，练湖济漕作用日益突出，盗湖为田的行为也越来越严重，威胁到了漕运和周边农田灌溉。虽然屡次禁止，屡次复湖，可是并未收到良好的效果，康熙南巡对于长江下游救生事业的一再关注，成为各色人等以救生为名在练湖赢取红利的助推器。垦种练湖的人群复杂而多元，既有京口投诚安插之人，又有丹徒丹阳县民、京口寺僧等人，有人打着慈善救生的旗号，不断扩大其在练湖开发进程中的势力范围。直到康熙四十七年，维持运河畅通、保证国家赋税财政收入的呼声逐渐占了上风，江宁巡抚于准下决心全部复湖。即使是民间寺僧借救生为名开垦招佃的湖田，亦没能幸免，多少影响了寺庙对于京口救生事业投入的热度。但同样伴随练湖的兴废，巡抚于准在丹阳滨湖置办的普生庄却一直发挥着它的余热，官设的救生船直到乾隆末年仍在运作。从这个意义上说，远离京口的丹阳县练湖，长期深刻影响着京口的救生百态。

随着练湖湖田的复湖，道光之后河运的渐停，京口的救生事业又呈现出了另外一种势态，民间势力开始大幅度抬头。同治三年，丹徒县训导徐国桢到焦山接办救生总局事务，租赁焦山印心石屋为局所，改订章程，上自运河大口门外龙窝以东起，下至江都界三江营双江口止，共设救生红船16号，分段巡救；并设丹徒、谏壁、焦山、三江营分局四处，又于龙窝与京口救生会设公所一处，互相稽查。后因经费不敷，减去三船，改由地方设董事会办理。此外，光绪二

---

① 〔日〕森田明：《清代水利社会史研究》附录《救生船》。
② 内档《江苏巡抚吴坛为租息盈余酌请添拨救生船事奏折》，乾隆四十五年六月二十九日。

年浙江余姚商人魏昌寿和其族侄、上虞人经元善,归安沈春辉等人倡建京口义渡①。这些义渡局、救生会与各地商人贸易营生有着密切联系,而其经费又和镇江、扬州芦滩的开发利用有着千丝万缕的关系,②后者体现出与清中前期救生事业类似的维持机制。然而,我们也必须清醒地认识到,清后期京口救生事业的勃兴,并非之前以官方为主导的护漕救生传统的简单延续,自明代即已初现端倪的民间救护组织始终自成脉络,并逐渐成为京口救生事业中不容忽视的主导力量。

[作者简介]吴滔,中山大学历史学系(珠海)教授,博士生导师。阮宝玉,中山大学历史学系(珠海)副研究员。

---

① 光绪《丹徒县志》卷三十六。
② 《府宪承核定瓜镇义渡总局镇扬芦滩地亩按号列后》,光绪三十二年,原碑立于焦山碑林。

关于近代苏州的催甲

〔日〕夏井春喜

内容提要：催甲在乡下替城镇的租栈管理着收租、催租等事宜，日常掌握着土地和佃户，大力发挥着联系租栈的作用。他们的业务很广，包括分发租由，催促佃户上栈，安排使用地保、经造、差役等的催租事宜，报告土地熟荒等几乎所有有关租佃关系的事宜都由他们包办。他们管辖着广大的土地，兼领几家租栈的也不少见。他们大多数是以催甲作为职业的大催甲。因此，催甲和特定租栈、地主的关系是比较淡薄的，反而和所管辖的土地有着相当密切的关系。他们对自己管辖的土地拥有像"股份"那样的权益，也是介于租栈和佃户之间的中间存在。租栈支付给他们的金钱并不丰厚，但是他们取得了介于租栈和佃户中间而产生出来的种种"陋规"。有些催甲实际上相当富有，有些人则当选为县会议员或者乡董，在地方上显赫一时。催甲正是利用了租栈乡绅和官府的权威，才在乡下成为有权势的人。而从另一角度看，如果在乡下没有催甲这样的势力，租栈也不可能把土地和佃户掌握在其控制下。由于催甲在乡下替租栈、地主直接接触佃户进行收租、催租业务，佃户和租栈、地主之间的关系比较淡薄，佃户只意识到了催甲的存在。因此围绕催租、报荒等问题发生业佃纠纷的时候，佃户的怨恨不是向住在城里看不见的地主发泄，而是向平常见面接触的催甲发泄。催甲就成为了抗租捣毁的对象。

关键词：苏州催甲　租栈　抗租

一、前言

太平天国运动被镇压以后,在苏州,地主的城居化、寄生化现象日趋严重,伴随着这样的趋势,以某些官衔为靠山的绅士经营的"管理经营土地和包揽的大规模机构"①——租栈也盛行起来。由于城居化及其所有地的星散性,以及佃户利用这种情况的抗租风潮激化,地主对土地的控制逐渐减弱。这种租栈就是乡绅地主为再加强对土地和佃户的支配而设置的。它不仅经营自己的所有地、受典地,而且接受他人的土地,包揽收租和纳税的业务而收取一定的手续费(约占收租额的5％),具有一种企业性质。

租栈内部有两个机构,一个是在城镇内设置的"账房",另一个是在乡下布置的催甲。账房里有叫做"账房"、"大账"、"师爷"、"知数先生"、"司账"的租栈管理者,和叫做"助理员"、"小账"的辅助职员,他们经营着关于收租、纳税的一切业务,制作多种簿册和文书。在20世纪20年代的昆山县,"大账"的佣金是一年二百元,"小账"的佣金是一百元。他们作为管理租栈的专家而被地主雇佣②。1925年吴县田业会发起建立了租栈职员的福利组织——"吴县田业公会辅友会",处理死去的职员的葬费和照顾遗族的生活③。另外住在乡下的催甲,负责掌管租地和分给由单、催收佃租等业务,也是直接接触佃户的存在。

在清末、民国时期的苏州,因应地主对土地和佃户的掌控力度减弱而设

---

① 村松祐次:《近代中国の地主文書について—その種類と性質》,《近代江南の租棧——中国地主制度の研究》,東京大学出版会1970年版,第7頁。

② 乔启明:《江苏昆山南通安徽宿县农佃制度之比较以及改良农佃问题之建议》,金陵大学农林科《农林丛刊》49号,1929年再版,第38—40页。桂世杭:《租栈》,《罪恶的旧社会》第4辑,上海人民出版社1966年版。陶冶成、杨乐水、梅汝凯:《租栈——血腥的收租机器》,苏南人民行政公署土地改革委员会:《土地改革前的苏南农村》,上海市郊区、苏南区土地改革展览会,1951年。陶煦:《租覈·重租申言·稽古》,参见铃木智夫:《近代中国の地主制》,汲古書院1977年版。天野元之助:《支那農業經濟論》上,改造社1930年版(1978年龙溪书舍改订复刻),第526—527页。

③ 〔日〕夏井春喜:《民国前期苏州的田业会:与吴县田业银行、苏州电气厂的关系》,唐力行主编:《江南社会历史评论》第6期,商务印书馆2014年版。

置的租栈,为了加强对佃户的控制,和官府合作用强制手段建立了收租组织。站在其前头直接面对佃户的就是在乡下负责掌管租地和催收佃租的催甲。在这篇小论里,关于催甲的问题,笔者将从催甲的职责、成为催甲的人和催甲与抗租的关系这三个方面来考察,初步地把近代苏州地主制度的情况弄清楚①。除报纸、地方志等文献资料外,我还要使用在日本收藏的租栈簿册的文书资料②。

二、催甲的职责

催甲最重要的职责,就是代替设置于城镇的租栈,向住在乡下的佃户开展收租、催租业务。

租栈的收租是从把租由(租繇)分发给佃户开始的。担任分发业务的就是催甲。租由上包括有向佃户通知开仓日、租佃面积、折价、纳租额、纳租地点等信息。"金巧记托出由五户"[《德、惠、和、元、兰、时惠租册》(民国十八—二十二年),《徐永安栈》,东京大学东洋文化研究所藏],即金巧记委托徐永安栈发行其支配下的五个佃户的租由,这意味着让徐永安栈管理其五户的收租。"一〇四、一〇五号式户着坟丁杨洪泉耕种,以租作为该丁常年工食,不必出由,证明租册,以便查考"[《彭味初栈装销下册》(民国十六—十八年),《彭味初栈》,一桥大学藏],关于彭味初栈长洲县第八都上十七图佃户杨洪泉耕种的田地

---

① 有关催甲的专题研究甚少。朱小田先生在第10届江南社会史国际学术论坛发表了《论租佃关系的共同体性状——基于1930年代苏州〈打催甲〉的考察》,以1934、1936年的"打催甲"风潮为例,考察农民的共同体意识和社会精英的剖析之间的乖离。在村松祐次先生的研究中,言及催甲的文章也不少,例如《二十世纪初头における蘇州近傍の一租棧とその小作制度——江蘇省吴江县费氏恭寿棧关系"租籍便宜"册の研究》(前揭书,第181—194页等)。笔者拟基于村松先生的成果,超越个别租栈资料的范围,全面地考察催甲的问题。
② 关于日本以及哈佛燕京图书馆收藏的租栈簿册资料,参见夏井春喜《中国近代江南の地主制研究》(汲古书院2001年版)所收的"日本の现存する江南の簿册文书について"以及"ハーバード大学燕京图书馆所藏の租册・鱼鳞册"。

6.1亩,由于其佃租当做该佃户的看坟工食,不须向他收租,因此不发行租由。从这两个资料看,发行租由就意味着进入租栈的管理,所以租册和租由互相对应。在租栈租簿上盖"过"的朱印,这可能是表示已经发行过租由的。另外佃户把应纳佃租还完时,在租由上面会盖上"销讫"或者"完讫"的印章,作为收据保存在佃户的手中。可见租由是租栈和佃户联系的很重要的文书,在租由上面写着催甲的名字,由催甲分发给佃户①。

除了租由分发和通知开仓日等事项以外,催促佃户到"三限"以前赴租栈缴完佃租("上栈"),也是催甲的重要工作。如后面所说的《沈恒丰栈·咸丰九年日收簿》所载的催甲王荣春的收入项目来看,每上栈一石他从租栈领到了"酒钱"14文。这笔"酒钱"就是他催促佃户"上栈"的报酬。

从阳历10月下旬到11月初的霜降、立冬时期,是租栈开始收租的开仓日(民国一十年代以后稍晚到11月中旬左右)。开仓以后大概以十天为期限,划为"头限"、"二限"、"三限",都是佃户赴城镇的租栈去缴租。如在"三限"以前把佃租缴完,按限有减免的优惠。大概开仓每石(或者每亩)减免一斗,头限七升,二限五升,三限三升。过了三限就是"账收",没有减免,和三限以前相反,租栈却要派租船到佃户家催取佃租。有时,府县的差役也被派坐着租船一起催租。如果佃户不能缴租,地主请县府发行"切脚",把欠租佃户押到追租局、田租处分所等机构追比佃户。在这一催租、追租过程中,催甲负责具体安排一切。

关于租栈的催租、追租,村松祐次先生对日本国会图书馆所藏的《吴畲经栈·出切备查》册以及夹在其中的字条进行了分析并写了很重要的论文②。我要从其他租栈文书考察催甲和催租、追租的关系。就催甲和催租、追租的关

---

① 村松祐次:《最近遇目した若干の中国地主制関係文書について——哈佛燕京研究所收藏の租籙その他》,前揭书,第640—659页。此外,日本现存的《范氏义庄》《吴贻经栈》《徐永安栈》的租由上也写着催甲的名字。

② 村松祐次:《清末の江南における小作条件と小作料の催追ついて——江蘇省吳县范氏義莊、同吳畲經棧の"召由"、"承攬"、"租由"、"字条"、"切脚"および"出切備查"册の研究》,前揭书所收。

系来看，我关注了以下三点。第一点，在乡下进行的催租全部事务，都是催甲一手掌管。例如带同府县派遣的差役去乡下催租，计算和垫付其催租的费用，向租栈逐次报告催租情况，等等。夹在租栈簿册里面的字条大部分都是催甲向租栈账房报告其催租情况的文字。从中我们可以了解催甲在乡下进行的催租情况。

　　(1)今来贵差双友，下乡叁天，所赴北四图佃户胡阿土名下现收念元正，又徐增林名下现收陆元正，此致吴贻经宝栈诸位师爷照。十一月初六日周德全条。(《装销民国六年丁巳》，《吴贻经栈》)

　　(2)薛茂生收又一元、曹增富收一元、徐阿虎二元、又二元、吴金虎、丁三、金和收二元、又二元，共洋无元、又五元。二都十图周九百文，东六都下二图地方三百文，付由钱三百五十文，差周钗钱七百文、二百文。十二月廿五日吴栈。(《装销光绪三十年甲辰》，《吴贻经栈》)

　　(1)是催甲周德全同吴贻经栈派遣的官差两个人一起下乡三天催租，从元和县二十三都北四图的佃户胡阿土和徐增林那里分别催得到20元、6元的租钱的报告。(2)可能是催甲张龙生向吴贻经栈送的便条。其内容是在长洲县二都十图等的地方从佃户薛茂生等人那里催取共计10元的租钱，在其催租过程中，向二都十图的周姓人(其可能是地保或者经造)付过900文，又支付租由费用350文，再向差役付过700文和200文。差役从佃户那里催取的租钱也通过催甲交给租栈账房①。带同官差去下乡催租，管理催取的佃租，向差役、地保支付酬劳金，这样，在乡下的催租、追租等业务，都由催甲一手掌管。

---

　　① 《同治五年日收簿》(《沈恒丰栈》，一桥大学藏)有如下的记载："潘廷二月廿一解王荣春、沈万春、王耀廷共钱十三千七百，收钱六千四百，结少钱七千三百。二月廿七，解王荣春、王耀廷、钱廷荣、盛骏山共洋式元、钱六千四百，当收洋式元、六千四百，清(以下略)。"该记载意思是，差役潘廷催取佃租，交给催甲王荣春等，然后催甲向租栈账房缴纳。2月21号，潘廷交给催甲13700文的租钱，但是催甲缴纳租栈的钱只是6400文，不敷的7300文后来结清了。

第二点是，催甲向佃户的催租有时是通过以维持地方治安或者征收田赋为职责的地保、经造进行的。在村松祐次先生分析的"出切备查"字条里面也出现过"协同经保"的文字①。下面，我还将从其他簿册中提出有关地保、经造催租的例子。

（3）来条。佃户北廿六都廿四图邹坤秀二户，本年租米新陈不□共九元，收洋七元，又小洋拾角、钱一千一百，在乡全经造催完结。此致吴贻经宝栈　十一月初九日　陈万益条。（《装销光绪三十三年丁未》，《吴贻经栈》）

（4）来条。前友佃户林万年、周国言二户，共做洋三十六元，当收洋念元，约初六日洋拾六元，地保掮。又林世奎做洋六元、钱四百，当收洋五元，约初六洋壹元、钱四百正。明日到栈面谈。此致为吴贻经宝栈　差□干四天　诸位师爷　台　十月廿五　张才甫字。（《装销光绪三十三年丁未》，《吴贻经栈》）

在(3)中，催甲陈万益向元和县北二十六都二十四图佃户邹坤秀协同经造一起催取新陈欠租9元。在(4)中差役向佃户林万年、周国言催取了佃户应缴36元之一部分20元，剩下的16元佃户约定在十一月六日缴清，同行的地保"掮"（就是保证）其约定。夹在"徐永安栈""松租册"（民国十四年至二十年）里的长洲县一都十四图维圩的催甲张金顺字条（可能是作为发行租由的留底稿），除佃户名字、面积外，还写有经催徐和尚、办粮叶尚宝和"经造陆顺山，住白马涧"。在这里，也可以看到经造和催租有着密切关系。

"吴县所属各图向有经造名目，经催钱粮之外，专代各业户纳税过户。凡过一户，须十余元、数十元不等，为经造之陋规，总计此项为数颇巨"②，苏州的

---

① 村松祐次：《清末の江南における小作条件と小作料の催追ついて——江苏省吴县范氏义庄、同吴会经栈の"召由"、"承揽"、"租由"、"字条"、"切脚"および"出切备查"册の研究》，前揭书所收。

② 《经造革除陋规之恐慌》，《申报》1915年10月7日。

经造是催促业户纳田赋和替业户办过户的。地保也有维持乡村治安①和征收田赋（例如分发易知由单）的职责。在清末苏州，"凡各图地保出缺，须方（顺，差役的名字）禀报，迨经保人接充，亦经方之复查，始得着充。是以每充一地保，必化费百余元以至数百元不等"②。经造、地保都是逐渐演变成占有陋规的"胥吏"的，而他们原来都是与官府征收田赋有关的职役。清朝中期以后，尤其是太平天国以后，随着追租局或者"送官追比"那样的官府和地主共同收租机关的成立，我认为经造、地保的职责也从公方的田赋征收逐渐扩张到私方的收租方面去了。

1911年秋，由于辛亥革命造成的混乱，苏州的收租陷于困境，官府和租栈地主不得不采取"租粮并收"方法。田业会设立的公租局发行了三联单，"一联存局，一联给业户，一联由局发经造，下乡收租"③。由于催甲作为佃户的抗租、袭击对象而陷于机能不全，无法用催甲，于是经造就直接向佃户收取佃租。善堂或者租栈为决定租成进行勘荒时，催甲往往同图董、地保、经造等人一起调查田地的收成。例如，1919年县政府发出了"业田会各绅等，均经公开商议酌定剔荒征熟，责成各该董、保、经造等，速即协同催甲，按图按圩，实地查勘，分别荒熟造具细册，呈候复查办理"的命令④。"荒田"的"召种"也通过地保进行。太平天国时期，苏州也和江南其他地方一样，因战乱的影响，很多田地荒废了。战后官府和绅士为恢复生产着重于召佃垦种。哈佛燕京图书馆所藏《吴公仁栈》租簿里有"今具收管二都九图吴业召佃牌一道，具收到　地保钱增福具"和"十一年出召　地保钱增福"的文字（《长邑正租册竹》，同治七—十一年）。别的地方也有"八年五月二十五日，批地保王佐臣禀，吴裕业田着遵票召种，不得混禀推诿，致干赔租，牌仍发"的文字（《长邑正租册兰》，同治七—十一

---

① 佐伯富：《清代の乡約・地保について——清代地方行政の一齣》，《中国史研究第二》，東洋史研究会，1971年。
② 《图差之神通广大》，《申报》1914年12月2日。
③ 《苏州业户收租之手续》，《申报》1912年1月31日。
④ 《谕令董保查报荒田》，《申报》1919年9月4日。

年)。从这两份资料上可以看出,县政府替租栈发出召佃牌给与地保,地保基于此牌召佃垦种。地保不得"推诿"这种召佃业务。

而对欠租佃户执行的强制处置,地保、经造也参加了。

(5)此户本年转刈茗牌,押令经造、地保,协仝巡警,押割新稻。解见毛谷十一根十八斤,净九百八十五斤,每四元二角,入洋四一元三角七分。付人工、船饭洋二元、钱三二八〇文。酬巡警二元,共付五元三角七分,入收洋叁拾六元。历年积欠一律清仡(《松租册》,《徐永安栈》,民国十四—二十二年)。

(5)这个资料讲的是1925年由于佃户沈根寿历年欠租,县政府批准租栈的呈请发出刈茗牌,命令经造和地保协同巡警到沈根寿租佃的田地强制割稻,扣除人工、船饭和巡警的酬劳,剩下36元充作历年欠租。在所谓"粮从租出"、"送官追比"的官府和地主共同收租状态下,原来以田赋征收为任务的地保和经造逐渐演变为替私人性的租栈收租,管理租栈田地的催甲也通过地保和经造掌握佃户,向佃户进行收租、催租。

第三点是除了地保和经造以外,有时催甲在乡下分配自己的助手来收租、催租。如后所述,有些催甲包揽数家租栈,甚至十数家租栈的业务,管理土地也超过数千亩、一万亩。不过,这样大的范围,一个催甲当然忙不过来,在这种情况下,他们大概会使用一个或者几个助手协助处理业务。"谷号租册"(栈名不详,同治十一年—光绪四年,一桥大学藏)的第一页有如下的记载:"催甲戴锦华,住戴家角,寄信在娄门外陆巷夜航船,送至陆巷镇中市瞿泰南货店转交。催甲张蔚堂,住陆巷镇,寄信仝前,送至公乾茂南货店转交。催甲施彩华,副帮相茂贤,住唐家港西首,寄信航船在北街跨塘日船,送至相城镇小桥头马锦良茶室内转交。"催甲施彩华有副帮相茂贤当助手。这种事例可能是不少的。"既成'大头催甲'之后,有些中小地主也反而要借他们的力量收得较多的田租。而'催甲'自己照顾不及,还雇用伙计,多的三、四人。"①

如上所述,催甲是在乡下替租栈全面掌管收租、催甲业务的。他们有时使用自己雇用的助手,或通过地保、经造等原来负责征收田赋的职役人员,来处理自己的业务。

除收租、催租外,替租栈掌握平时租田和佃户的情况,也是催甲的重要业务。在包括苏州的江南地区,广泛存在的一田二主制被称为"佃农或易,而田主亦不与"②。租栈必须经常掌握佃户和租田的变化等情况,并发行租由来收租。佃户有变化时通过催甲向账房报告。

(6)庚辰十二月二十二日,出计催交新承承揽壹帋,现种王金和,保租黄阿大。(《图号租册》,《王资敬栈》,民国五—十四年,日本国会图书馆藏)

(7)卅一年四月,催陈效章进邹金元承揽,言明常年伍成,力米在外,水旱灾荒迴方大利,由应改出。沈万兴昂注。卅三年催来面订,可以七成算,丁十月初二日,昂又注。(《公租册》,《贝氏租栈》,光绪三十一—三十四年,一桥大学藏)

(8)催云,二十九年由换查甫卿。(《千副册》,《贝氏租栈》,光绪二十五—二十九年)

(6)的文件里,账房向催甲计廷春交给承揽一纸(承种佃户王金和、保租黄阿大)通知佃户已经替换。而在(8)里,账房是从催甲那里接受光绪二十九年(1903年)起佃户替换的报告,改向查甫卿发行租由的。从(7)的资料中,可以看出租佃契约是催甲介乎租栈和佃户之间订约的。光绪三十一年(1905年)

---

① 龚恩裁:《无恶不作的"催甲"》,政协苏州市委员会文史资料委员会编:《苏州文史资料》第1—5合辑,1990年(初版年不详),第363页。

② 陶煦:《租覈·重租论》,参见铃木智夫:《近代中国の地主制》,前揭书,第209页。

承种当初,田地还比较荒废,租米就订约五成。到了三十三年(1907年),由于田地逐渐成为熟田,所以催甲陈放章去账房当面改订为七成。这样催甲在乡下平常掌握佃户的情况,如果佃户替换、土地变熟的话,就去向租栈报告。有时,催甲还介乎租栈和佃户之间订约租佃契约。

对于租田的情况,催甲常常替租栈掌握。太平天国以后,一部分租栈实施了比较大规模的清丈①,此外由催甲的丈量也随时进行着。

(9)步见田宽,因该佃隐缩之故,已巳年催甲轧出,报告到栈,加五分。("义租册",《徐永安栈》,民国十四—二十二年)

(10)此形问疑舛错,须得问催窃放。(《龙山租册》,《范氏义庄》,同治四—八年)

(9)中,催甲把佃户隐匿的租田轧出报告,租栈就加上5分。(10)中称同治四年(1815年)实施鱼鳞册的图形可能有错误,恐怕催甲秘密隐瞒了给佃户提供的方便,因此必须向催甲问一下。负责丈量的催甲隐瞒租栈给佃户便宜的例子还有。

(11)十一都二十九图,换租册做四十四号,许阿荣无由。毛催(毛茂春)隐缩。八年垦荒田八分。(《天平下、典桥》,《范氏义庄》,同治四—九年)

除了田地面积以外,租田的熟荒情况、租额和免米也是租栈通过催甲报告而掌握的。

(12)催甲徐鸣。据催报,熟二亩、毛荒七分。(《附各号租册》,《范氏义庄》,同治三—七年)

---

① 例如,《范氏义庄·龙山租册》同治四—八年(日本国会图书馆藏)里有太平天国后丈量的详细鱼鳞册。

(13)据催云,熟一亩五分五毛、荒一亩五毛。(《附各号租册》,《范氏义庄》,同治三—七年)

这两件资料都是催甲报告田地的熟荒情况的。这样的资料比较多。

(14)据催佃云,老额每亩九斗,实五石四斗。(《白门租册》,《范氏义庄》,同治八—十三年)

(15)庚申年冬,由顾催(顾大兴)来栈,仝该佃订定上栈销由,计免柒斗。(《恭号租册》,《王资敬栈》,民国五—十四年)

(16)催云,本年换曹阿龙,言明五年内照额七成,无灾限,以后格免四斗。(《祥四租册》,《贝氏租栈》,光绪二十五—二十八年)

(17)廿四年言明上栈销籴格让二斗三升改。二十五年催云,言明上栈销籴改免米三斗六升五号。(《千副册》,《贝氏租栈》,光绪二十五—二十九年)

在(14)中,由于催甲向租栈报告原来的租额是每亩9斗,根据该报告,同治五年的减租后的租额就是1石9斗8升6合。(15)—(17)都是免米的记载。免米也因催甲和佃户"订定"或者租栈由催甲报告而决定。如(7)的例子,由开垦成为熟田,其租额也因催甲的报告而提高了。

遭到灾害时,佃户的报荒以及其勘灾也是催甲办理的。租簿上有佃户报荒的记载。例如,"十四年九月十二日,来报死稻"("栈名不明",光绪五—十四年,一桥大学藏),"八月初六,佃户来报荒"(《仓租册》,《贝氏租栈》,光绪八年)等。这样的报荒大都是佃户告诉催甲后,催甲向租栈报告的①。如上述,催甲协同地保、经造等实施勘灾,所以"歉收年的租成由他们的报告决定,因此他们

---

① 报纸上有如下的新闻:"目前太平桥、沈店桥及田泾乡等处,下十七都二、三等图乡民,聚集一百数十人,至催甲陈嘉玉(该催甲管领四十五家租栈之田,约有万余亩)家,声称本届田稻,已被虫灾,租米止可酌予完纳四、五成。若仅减让一成,则易知籴单一律退□(回?)不收云云。该催甲即与其余各催甲等,至苏向各租栈报告"(《农民抗租风潮详志》,《申报》1917年11月18日)。

利用其权利向佃户任意勒索"①的弊病也时有出现。

催甲也处理佃户和租栈之间的纠纷。

(18) 该佃解田租处分所押追后,病故在医院内,由催许三保、尸亲蒋阿海商恳,贴洋一百元,以前所欠租米,情让免究,以后照由上栈。(《松租册》,《徐永安栈》,民国十四—二十年)

松字 101 号佃户华阿早在 1932 年因欠租被押追到田租处分所,那时生了病死在医院里。于是也许发生了死者亲属和租栈之间的纠纷②。在这起纠纷中,租栈并不出面,由催甲许三宝(保)替租栈和死者亲属蒋阿海商量一下,代租栈给死者亲属 100 元,还约定把以前的欠租全部豁免。

如上看来,催甲是根据自己在乡下替租栈掌握的租田和佃户的情况和变化,安排和处理收租、催租等一切业务的。他们比较了解田地的实质情况,所以有记载称,"查吴县之田单向不作凭,凡业户卖买者,均以催甲及佃户为凭,即长元二境之田,亦大率类此"③。随着地主寄居化的发展,租栈掌控租田和佃户越来越难了,而催甲则扮演着替城镇的租栈在乡下掌控租田和佃户并将其紧紧拴在租栈控制下的角色。村松祐次先生指出:"租栈虽是城市化、大规模化,但是意外地拥有着对土地和耕作农民直接强力的支配。"④这种租栈的强力支配如果没有催甲的存在也是不可能的。

---

① 天野元之助:"蘇州の小作制度",《支那農村慣記》,生活社 1942 年版,第 130 页。

② 这种纠纷并不罕见。"农佃抗欠田租,例得送官追比。昨闻苏垣丰备义仓,一佃抗租拘押。旋因病释回,送至中途毙命。尸亲闻信来闹,由义仓给洋二十元而去。又陆绅家亦有一佃押毙,佃属以养育乏人,央人赴绅家恳求洋四百元,绅允给讫事遂寝。忆上年城内某绅家,以押毙佃户,该属将绅家门窗什物,悉行毁坏。乡间某姓家,押毙佃户,甚至房屋尽被拆毁。曾经臬宪朱廉访出示,严禁藉尸图诈等因。实以佃户在押病毙,亦事之常若,毙命后必将业户家中打尽,再索数百金千金之资,以厌其欲,此风断不可长"(《欠租类志》,《申报》光绪十二年十二月二十四日)。

③ 《吴县验契情形详述》,《申报》1914 年 2 月 19 日。

④ 村松祐次:《最近遇目した若干の中国地主制関係文書について——哈佛燕京研究所收藏の租簿その他》,前揭书,第 673 页。

三、成为催甲的人

  在乡下替租栈掌管租田和佃户的催甲究竟是什么人来充任的？村松祐次先生把成为催甲的人分为两种，一种是出身贫苦佃户的小催甲，另一种是往往住在市镇管辖数家租栈的专业大催甲①。我也认为清末民初苏州的催甲大致可以分为这两种，那么，哪种催甲比较普遍呢？

  农民或者租栈的佃户，以及和地主有关系的人成为催甲的例子并不少。在昆山县，"士不能耕，则以田贷于乡农，而分食其一岁之穫曰租米。有田者曰业户，承种者曰佃户。业主又择乡农之谨愿者，使守田曰经催。农事既毕，业主书其受租月日，以授经催曰由单"②。地主在佃户中选择老实人做了经催即催甲。

  在租栈簿册上也发现了催甲租佃租栈的租田的例子。例如，贝氏租栈守字、礼字、邦字的催甲陆大奎租佃长洲县下十七都一图昼字圩5.199亩(《守字租册》，光绪二十五—二十九年)和1.840亩(《礼副册》，同前)的两块土地。管辖贝氏租栈、彭味初栈、王资敬栈、吴贻经栈和赵守成栈五家租栈的计廷春，也租佃了元和县北三十一图朱张圩0.600亩(《守字租册》，《贝氏租栈》)和0.180亩(《装销光绪二十五年己亥》，《吴贻经栈》)的两块土地③。此外，范氏义庄的催甲蔡大庆、徐永安栈的催甲许三保也是租佃各义庄、租栈的土地。设置在吴江松陵镇的租栈周爱莲栈的催甲金龙生把自己的田地寄托给周爱莲栈④。在太平天国进攻苏州的时候，陈孚益为避难到他胞兄达甫的租栈催甲徐和尚的家里去⑤。这种例子中，催甲和租栈之间可能有着一点私人的关系。

---

  ① 村松祐次：《二十世纪初头における苏州近傍の一租栈とその小作制度——江苏省吴江县费氏恭寿栈关系"租籍便宜"册の研究》，前揭书，第192页。
  ② 《昆新两县续补合志》卷一《风俗》，民国十二年刊。
  ③ 从面积来看，这块土地可能是宅基。
  ④ 夏井春喜：《中華民國期江南地主制研究》第四章第二节，汲古书院2014年版。
  ⑤ 陈孚益：《余生记略》，瓜蒂庵藏明清掌故丛刊，上海古籍出版社1983年版，第272—273页。

但是，通过阅读租栈簿册，我认为上面提到的催甲是农民、佃户，或者和特定租栈有私人关系的情况是比较少的。其理由为，第一，一个催甲管辖的田地面积和范围相当广大。表1是光绪二十五年(1899年)《吴贻经栈·装销》和民国十九年(1930年)《徐永安栈·催领册》两本簿册所记载的催甲的管辖面积和范围。从这张表上可以看出，虽然有几个人管辖的面积比较少，不及50亩，但是大多数催甲都超过了100亩，甚至有杨桂林这样的管辖件数超过360，面积也超过了1000亩的催甲。拿其管辖范围来看，只有一个都很少，大多数都跨过两三都管领，最多的是杨桂林、茅进山的6个都，跨过4个都的也有11人，在33人中占三分之一。赵云山、周富来、浦仰韩、张才甫、钱叙福、吕阿根·陈同生(长洲、元和两县)、陆春梅(吴县、长洲两县)管辖范围超过了两个县。

表1 催甲的管领面积和范围

1.《吴贻经栈·装销》光绪二十五年。

催甲名	件数	面积	租米	地域（县都）
张添福	21	50.588	52.714	(长) 1、2
赵云山	56	118.980	127.192	(长) 8、9 (元) 9
周富来	109	217.852	228.482	(长) 上14、下14、15、半19 (元) 23
马元兴	142	353.031	366.099	(长) 东6、西6、7、11、12、上14
陆春堂	205	325.307	332.592	(长) 12、东13、西13
苏裕春	123	296.823	297.177	(长) 下14、东18、西18、中18
赵春山	49	102.278	107.039	(长) 下14、下17
张俊良	29	72.745	70.451	(长) 东18、北19
张大春	46	121.304	122.045	(长) 13、下14、下17、中18
浦仰韩	17	35.961	37.578	(长) 北19 (元) 下21、东22
袁菊堂	4	15.000	11.390	(吴) 13
计廷椿	101	255.510	274.883	(元) 24、29、北31
姚松亭	65	160.609	171.621	(元) 29、中31、北31
张纪方	120	289.268	307.299	(元) 半19、上25、下25
陈万益、陈万源	51	117.504	125.929	(元) 下25、北26、29
曹仁卿	68	199.905	216.852	(元) 上20、中20、下20、北26
茅进山	120	325.784	335.312	(元) 下21、东22、西22、23、24、上25
吴惠卿	134	439.463	457.952	(元) 中19、东19、南19、半19、上21
张才甫	129	295.203	303.438	(长) 下14 (元) 上17、西22
何星如	28	86.738	92.097	(元) 南19、半19、上21、下21
合计	1617	3879.853	4038.142	

2.《徐永安栈·催领册》民国十九年

催甲名	件数	面积	租米	地域（县都）
杨桂林	360	1016.285	1045.500	（长）2、4、5、东6、7、8
张金仁	128	222.655	235.909	（长）1、2 （长）3、5
陆春梅	44	156.279	162.838	（吴）21
周洪高	82	351.614	357.305	（长）3、4
许三保	57	302.808	300.549	（长）4、5
徐瑞福	19	71.599	71.736	（长）东6、7
马耕福	6	22.946	22.421	（长）东6
杨春初	18	66.891	67.820	（长）东6、7
顾绍祥	18	49.278	52.224	（长）11、12
钱叙福	66	122.919	130.351	（长）1、8 （元）9
吕阿根、陈同生	215	431.139	451.482	（长）11、上14、下14、15 （元）上17、23
杨厚甫	55	154.660	158.458	（元）上25、下25、北26、29
姚仲清	1	2.350	2.328	（长）东18
合计	1069	2971.423	3058.921	

第二，成为复数租栈的催甲人员占着相当大的数量。表2是在日本现存租栈簿册以及美国哈佛燕京图书馆所藏簿册和租由上摘录出的兼领两家租栈以上的催甲。其中计廷春,有廷春、庭春、廷椿三个名字,赵珊梅也有珊梅、三梅两个名字,由于他们管辖的田地互相重复或者邻接,我们肯定他们都是同一人物。从表2看,计廷春兼领五家租栈(贝氏租栈、彭味初栈、赵守成栈、王资敬栈、吴贻经栈),吕阿根四家(徐永安栈、蒋承恩栈、丁树善栈、李世德栈),包括这三个人,兼领两家租栈以上的催甲有23个人。其中"逐年租米成色总簿"(《吴公仁栈》,哈佛燕京图书馆藏)上有赵云山的名字,和吴贻经栈以及哈佛燕京图书馆藏郑树德栈租由上的催甲相互一致。但是考虑到同治八、九年和清末民初时期的差异以及吴县和长洲、元和的地域不同,不能肯定是同一人物。在日本现存租簿中记载催甲名字的有12租栈,和哈佛燕京图书馆的租由11租栈、租簿2租栈合计,一共有23租栈(吴归耕栈重复)。在这23租栈中约有催甲270人,除了吴江的(《租籍便查》,《费恭寿栈》,东洋文库藏)54人,苏州的催甲大概为225人左右,其中,兼领两家以上的有23人,约占十分之一左右。在其他簿册上没有发现催甲的租栈,就是《范氏义庄》、《沈恒丰栈》、"谷号

表 2 兼领两家租栈以上的催甲

催甲名	租栈	所藏机构	年代	地域（县都）
王耕山	彭味初栈	一桥大学	民8?*、16、17	（元）半19、23、24
	赵守成栈	东洋文库	民20	（元）半19、23、24
魏凤台	王资敬栈	国会图书馆	民5—14	（元）上21、下21、上25、下25
	潘丰和栈	国会图书馆	民10、11	（元）南19、上21、下21、上25、下25、29
瞿福堂	彭味初栈	一桥大学	民8?、16、17	（长）9、15、半19（元）上17
	赵守成栈	东洋文库	民20	（长）9、15（元）9、上17、23
虞岳廷	王资敬栈	国会图书馆	民5—14	（长）12
	潘丰和栈	国会图书馆	民10、11	（长）12
计廷春	贝氏租栈	一桥大学	光25**—29	（元）北31、中31
	彭味初栈	一桥大学	民8?、16、17	（元）29、北31、中31
	赵守成栈	东洋文库	民20	（元）24
（庭春）	王资敬栈	国会图书馆	民5—14	（元）24
（廷椿）	吴贻经栈	国会图书馆	光25—民13	（元）24、29、北31
顾大兴	王资敬栈	国会图书馆	民5—14	（元）中19、东19、半19
	费恭寿栈	东洋文库	民11	（元）东19
吴锦祥	彭味初栈	一桥大学	民8?、16、17	（吴）1、6、8、14
	赵守成栈	东洋文库	民20	（吴）6、14
徐慕椿	王资敬栈	国会图书馆	民5—14	（元）东19、下20
	费恭寿栈	东洋文库	民16—18	（元）东19
沈杏泉	彭味初栈	一桥大学	民16、17	（长）西13
	吴贻经栈	国会图书馆	光25—民13	（长）12、西13、东13
孙文祥	彭味初栈	一桥大学	民8?、16、17	（元）下25、北26、27、29、北31、中31
	王资敬栈	国会图书馆	民5—14	（元）中31、南31
	潘丰和栈	国会图书馆	民10、11	（元）24、29
张惠堂	彭味初栈	一桥大学	民8?	（元）下17
	吴贻经栈	国会图书馆	民3—6	（元）下17
张耕堂	王资敬栈	国会图书馆	民5—14	（元）上21、东22
	吴贻经栈	国会图书馆	光25—民13	（元）中19、南19、半19、上21
赵珊梅	贝氏租栈	一桥大学	光25—29	（长）9（元）9
（三梅）	彭味初栈	一桥大学	民8?	（长）9（元）9
程瑞福	彭味初栈	一桥大学	民16、17	（长）11
	赵守成栈	东洋文库	民20	（长）11
姚介福	彭味初栈	一桥大学	民8?	（元）29、北31、中31（吴江）28
	吴贻经栈	国会图书馆	民1—13	（元）29、北31、中31、南31
杨松亭	贝氏租栈	一桥大学	光25—29	（长）下14、西18
	吴贻经栈	国会图书馆	光28—30	（长）下17
梁甫高	彭味初栈	一桥大学	民8?、16、17	（元）下21、上25、下25
	赵守成栈	东洋文库	民20	（元）下21、上25、下25、北26、北31
顾文荣	王资敬栈	国会图书馆	民5—14	（长）12、上14
	吴归耕栈	哈佛租由	民19	（长）15
徐浩泉	徐永安栈	东京大学	民14—20	（长）15
	李世德栈	哈佛租由	民10、18	（长）9
赵云山	吴贻经栈	国会图书馆	光25—民1	（长）8、9（元）9
	郑树德栈	哈佛租由	民9	（长）9
陈同生	徐永安栈	东京大学	民14—22	（长）11、上14、下14、15（元）上17、23
	顾惠誉栈	哈佛租由	民19	（长）9
浦松安	王资敬栈	国会图书馆	民5—14	（长）北19
	吴归耕栈	哈佛大学	民5—10	（长）东18、北19（元）下21、东21
吕阿根	徐永安栈	东京大学	民14—22	（长）11、上14、下14、15（元）上17、23
	蒋承德栈	哈佛租由	民19	（长）9
	丁树善栈	哈佛租由	民19	（长）9
	李世德栈	哈佛租由	民20	（长）9

*此处民8意为民国八年，以下类推。　　**此处光25意为光绪二十五年，以下类推。

租册"、"栈名不明"以及哈佛燕京图书馆的五种租由和吴公仁栈 10 租栈。除了哈佛租由以外,都是从同治到光绪初期的。据文献资料,1920 年代,苏州有着 1000 多家租栈①,如果统计这一千家租栈的催甲,兼领复数租栈的比例可能相当地高。报纸资料上就有兼领 45 家租栈土地约一万亩的陈嘉玉②。清末民初以后,专业催甲越来越多,一个催甲兼领复数租栈的租田的现象可以说相当普遍。第三,在租簿上个别催甲管辖田地的变化,和租栈管理字号的变化大致一致。表 3 是吴贻经栈催甲计廷春的管辖字号和其田地件数的变化。除自己田地外,租栈还受委托替他人管理田地,因此其管理字号(即业户)和田地每年都有一些变动。吴贻经栈也从光绪二十五年到民国十三年这 26 年间有很多字号的出入。就计廷春管辖的范围看,26 年间连续管辖的只有祭、潘和公三个字号而已。在光绪二十五年和光绪二十八年之间,友怡、季、伯、月、裕和慧六个字号脱离了计廷春的管辖。其中,友怡、季、伯、月四个字号完全脱离于吴贻经栈的管理,裕和慧两个字号管理面积也大大减少,脱离了计廷春管辖的部分。由此,我们可以说定计廷春管辖字号和其田地的变化与吴贻经栈管理字号有着密切关系。光绪二十八年以后友怡、季等字号田地并不是脱离计廷春的管辖,而是由于脱离吴贻经栈的管理,因此无法在簿册上看见,大概仍然是由计廷春管辖的。光绪三十一年友于字号 4 件变为述公字号,同样,光绪三十三年、宣统二年怀和利字号分别变为增玉和永字号。从表 3 上,也可以看出同一田地的业户字号变化并未影响催甲的管辖。所以我认为相比催甲和租栈,或者催甲和业户字号,催甲和其管领田地有着更密切的关系。如上述资料所述,在买卖田地时以佃户和催甲为凭,这些可能表明催甲和其管辖的田地有着特别的关系。

再看在吴贻经栈同一田地内催甲的变更情况,如曾发生吴惠卿(光绪二十五年)→陈万玉(光绪二十八年)→郑文卿(光绪三十一年)→张耕堂(光绪三十二年)这样在数年内变更了 4 个人的情况,但是大部分情况下是一个催甲长期

---

① 刘君煌:《吴县租佃问题》,方显廷编:《中国经济研究》,商务印书馆 1938 年版,第 375 页。
② 《农民抗租风潮详志》,《申报》1917 年 11 月 18 日。

安定地管辖的。变更时后来的催甲大概是接受了前催甲管辖的全部田地,同姓的场合也比较多,例如姚松亭→姚介福、茅进山→茅新安以及张才甫→张惠堂等。下面是徐永安栈的催甲变更情况。顾调卿→张永泉、周洪高、陆春梅(再张永泉→周洪高),徐浩泉→吕阿根·陈阿同,杨春荣、邹金虎→杨嘉宾·桂林。这些催甲的变更,同上述催甲和其管辖田地的密切关系对照起来,我认为催甲对管辖田地拥有着"股份"那样的权益,同姓人(大概是儿子或者侄儿)继承其业,或者别人可以用钱买。

表3　计廷春管领字号和其田地的变化

字号\年	光25*	光28	光29	光30	光31	光32	光33	光34	宣1	宣2	宣3	民1	民2	民4	民5	民6	民11	民13
祭	3	3	3	3	3	3	3	3	3	3	3	3	3	3	3	3	3	3
友公	10	10	10	10	10	10												
友于	4	4	4	4	述公4	4	4	4	4	4				5	5	5		
有怡	2																	
友增	4	4	4	4	4													
季	23																	
和	18	18	18	18	18		18	18	18	18	18							
伯	2																	
潘	4	4	4	4	4	4	4	4	4	4	4	4	4	4	4	4	4	4
月	1																	
正	2	2																
蒿	4	4	4															
公	7	7	7	7	7	5		5	6		6		6		6		6	6
裕	6																	
慧	10																	
怀		10	10	10	10	增玉10	10	10	10									
学		1	1	1	1	1		1	1	1	1							
利		3	3	3	3	3	3	3	永3									
厚						4	3	3										
寿							38	22	22	22	22	22	22	22	22	22	19	19
茂	1																	
合计	101	70	68	64	64	68	89	73	71	58	40	40	40	40	40	40	32	32

*本栏光25意为光绪二十五年,宣1意为宣统元年,民1意为民国元年。以下类推。

综上所述,我认为苏州的大多数催甲不是一般农民、佃户或者和租栈有着特定关系的人,而是对于其管辖的田地有着像"股份"那样的权益且兼领几家租栈超过都或者县境的数百数千亩田地的专业人士。他们往往以市镇的茶馆、商店为据点或者联络处进行活动。例如,吴贻经栈的催甲王耕山联络处是"(管辖)八十一户,官渎桥西块䞍阿云茶馆内",还有上面所说"谷号租册"催甲戴锦华的是陆巷镇中市瞿泰南货店,张蔚堂的也是同镇公乾茂南货店等。他们不是市镇的居民,就是常常和市镇往来而在市镇内有活动据点的人。1930年代,天野元之助先生曾指出:"本来催甲只负责分发租由的任务,后来替地主代收租米了。从此催甲之中发生了中饱、勒索的弊病。于是原来数百的苏州催甲被淘汰,现在减少到数十人了。"①催甲的专业化程度也因此越来越强。

究竟什么人能成为这些专业催甲呢?《申报》上载有如下的报道:"前元和县属斜塘镇,有金詠仁者,素来把持地方公务,在本镇势力甚大。有催甲张百泉,即凤岗者,财产虽胜于金,然因素充贱役,又目不识丁,故终居金下。近来张之子,不惜巨万,极力运动,张凤岗竟被选为县会议员,其子被选为本乡公所乡董,是以金之权力全失。金遂以张凤岗父子欺诈等词,胪列证据,赴吴县地方检察厅,呈请起诉。"②实际上在宣统三年(1911年)举行的"长元吴自治筹备委员会"当选名单中有"斜塘乡一人张凤岗"③。1912年9月举行的吴县县议会名单里也有"斜塘区张凤岗"④。由此可见,张凤岗家境殷富,在只有1个名额的斜塘地区当选为议员,一定具有相当大的权势。虽然金詠仁和张凤岗的诉讼结果尚不清楚,但是张凤岗大概以后仍会在斜塘地区保有相当大的势力,5年后在1918年的报纸上又发现了他的名字:"县属斜塘乡董张凤岗,近被该乡金尔昌等多人,开具该董劣迹,禀请县公署撤换。"⑤原来,县议会被解散后,他又当起了乡董。关于张凤岗成为催甲的一事,《贝氏租栈·千副册》(光绪二十五—二十九年)上出现有"张栢泉"的名字。他管辖着元和县上二十一都十九图(1件)、下二十一都六图(2件)、七图(2件)、二十三都十一图(1件)上二十五都五图(19件)二十二图(11件),一共34件、98.096亩。斜塘镇"北斜塘(县东十五里,今已所市)"在上二十五都九图⑥。从管辖田地的分布情况以及

---

① 天野元之助:《蘇州の小作制度》,《支那農村襍記》,前揭书,第130页。
② 《催甲充议员之诉讼》,《申报》1913年4月4日。
③ 《苏垣县自治选举纪要》,《申报》1911年8月2日。
④ 《吴县县议会议员提名录》,《申报》1912年9月12日。
⑤ 《乡董被控》,《申报》1918年9月3日。
⑥ 《苏州府志》卷三十《乡都图圩村镇二》,光绪九年刊。

"百"和"栢"的发音相同来看,贝氏租栈催甲张栢泉和《申报》上的张百泉即张凤岗,可以肯定是同一人。

另外也有显示催甲相当富有的资料。1917年秋天,在江南由于二化螟虫大量地滋生,很多地方的稻田遭受了严重灾害。因此各地纷纷发生闹荒,如下所说,苏州也发生了毁坏催甲家屋的事件。"斜塘乡民,目前又将催甲严顺昌之房屋,焚去二十四间。晚间又将催甲张永泉、杨厚祺、魏阿三等三家房屋,一并烧毁……昨各催甲来城报县,请求莅勘查办。闻损失约有六、七千元之钜云。"① 斜塘镇被毁坏的4家催甲的损失达六七千元之巨。由此也可以看出他们的富裕情况。

专业催甲虽在报纸上被称为"贱役",但其实他们是相当富有的,有的人还如张凤岗那样成为县议员或者乡董,在当地有着相当强大的权势。他们有时还有"副帮"自己的助手,使用地保、经造等人替租栈开展管理租田以及向佃户收租和催租的业务。所以他们与其说是一般的农民,不如说在本地是有相当权势的"头面"人物。他们既当城镇的租栈——有官府背景的乡绅代理人,又借着其威势来蓄积财产成为本地的有权势人物,而租栈也只能通过有权势的催甲管理,才能把租田和佃户紧紧地掌握在其控制下。

1950年初土地改革时期被处决的李和尚,"今岁六十岁,十七岁时开始帮地主收租,十九岁独当一面,包收斜塘租米,依靠反动官府势力统治当地四十多年,手下豢养一批爪牙,勾结当地反动军警,武装下乡,为地主追租追粮,残酷地压迫与搜刮劳苦农民,当地被害的农民不下数百家,而李和尚则已滚剥了一千多亩田地,成为当地数一数二的大地主"②,通过催甲业务成了大地主。那么催甲的收入究竟有多少呢?这里再从簿册上考察一下。沈恒丰栈簿册上具体记载着租栈给催甲支付金钱的情况,在这里,仅就王荣春的例子来看一下。同治四年厚字;全完租额 39.977 亩,力米每亩 3 升 1.199 石,每石折算

---

① 《闹荒风潮激烈》,《民国日报》1917年11月25日。
② 《吴县人民法庭首次开庭审判恶霸地主李和尚》,《苏南日报》1950年10月31日。

3000文，支付3597文。先收未清（即一部征收）租额120.629亩，实征47.752石，征收率33％，支付力米3564文。不纳租米的田地没有支付过。包括德字，王荣春同治四年的管辖面积大约400亩左右，力米收入为12129文，相当于买到4石多的糙米的金额。同治五年计算方法改变后，按石支付，上栈每石4升，账收每石3升，但是按照折价计算，大概支付每亩3升左右。其他租栈也一样，"催甲共领亩分厘毫每亩给中米叁升"（《费恭寿栈·光绪叁拾叁年溥新号便查》，东洋文库藏），"施彩华经看田肆拾玖亩柒分壹厘肆毫，力米壹石玖斗玖升，经催每亩得参升"（《谷号租册》）。催甲的最大收入是力米，按照缴纳租米的情况，每亩或者每石得到或4升或3升。国民革命以前这项力米是作为附加租米由佃户缴纳的。沈恒丰栈和谷号租册也都从佃户那里征收每亩4升的力米，其中划出3升作为催甲收入支付。1928年这种力米从佃户变成业户负担了。除力米外，催甲收入还有佃户上栈时的酬报。咸丰九年（1859年）王荣春按照开仓日上栈1石得到了"酒钱"14文。不用说，这笔酬劳是对于催甲向佃户催促在开仓日的缴纳而支付的。另外，有时候对催甲带着差役去佃户家催租也支付一些酬劳。

以力米为主的催甲收入并不算多。就王荣春来说，他大概按照缴纳租米得到每百亩糙米2石左右的酬劳。再看差役潘廷同治七年的收入，他干活32天，每天得900文，一共得到28800文，还有收两次酬仪两元，和王荣春比较起来，收入超过4倍。由此我们可以看出催甲的收入并不多。的确，管辖面积越大其收入也越多，可以证明富裕催甲的存在。但是若只看催甲的正规收入——力米和其他酬报，我们可能找不到如"财产胜于金"的张凤岗或者被毁额超过数千元那样的富裕催甲。除了从租栈那里作为管辖费接受的力米以外，催甲可能会在租栈和佃户之间得到相当多的不正规收入。据天野元之助先生的调查，在吴县，"歉收年租成是由他们（催甲）的报告而决定，所以他们利用这种权利，向佃户任意勒索"[1]。在常熟县，"佃户与地主之间不能发生直接

---

[1] 天野元之助：《蘇州の小作制度》，《支那農村襍記》，前揭書，第130頁。

关系,有催头、地保、账房等中间人之存在……催头及地保,亦可仗地主之势力,向佃户威吓,佃户惟有允以相当条件,请其在账房前要求暂缓缴租"①。催甲平常熟悉租田的熟荒情况,租成的上下也被掌握在他们的手中,有时从佃户那里收取有些钱减免租米或者暂时缓征。这样,由于催甲介于租栈和佃户之间,替城居化、寄生化的地主在乡下掌握租田及佃户,通过分配租由、收租、催租等业务,在其中也发生了一种"陋规"。我认为尽管租栈给他们支付的力米、酬报等正规收入比较少,但通过这种"陋规",他们能获得相当多的金钱,成为如上所述的富有者。因此催甲管辖田地是像"股份"那样同姓(大概是父子)继承或者买卖的。

四、催甲与抗租

上述在乡下替租栈掌握租田和佃户的催甲,与清末民国时期时常发生的抗租有什么关系呢?

先看有关收租人参加抗租的例子。1912年冬金山县的抗租是因租栈账房的司账鼓动而发生的。"金山县有乡民蒋某者②,向充吴宅帐席,因事为吴辞退,回乡后即自称农业会会员,集众演说,要求减租理由,乡民多为所惑,旋即鸣锣聚众,阻止乡农运米输仓。如来缴租者,须自下乡清算,以为如此办法,则成色可由我而定。"③蒋积云基于他的账房经验,鼓动农民不去地主那里缴租,反而让地主下乡收租,以此来要强迫地主减免租米。

还有地保、经造等人联合佃户发动抗租的例子。1917年在遭受二化螟虫害的长洲县东北部太平桥、沈店桥、泗泾等处发生的抗租,"系二十图地保王亦安、东二十二都乡民葛景良、查子林、吴德甫等为首,并有地痞流氓人等,从中煽惑"④,主谋者之一是地保王亦安。为对付抗租而举行的田业会会议上,有

---

① 实业部中国经济年鉴编纂委员会编:《中国经济年鉴续编》,商务印书馆1935年版,G124页。
② 《金山乡民闹组详情》《申报》1912年12月26日)里所载蒋的名字叫"积云"。
③ 《金山县乡民闹组风潮》,《申报》1912年12月22日。
④ 《农民抗租风潮详志》,《申报》1917年11月18日。

报告称:"各乡虽有虫伤,收成尚有七八分,报荒各乡民,不无串通经造,从中教唆",会议通过了"将刁劣经造惩办"的决议①。

笔者尚未发现催甲参加抗租的资料,但这并不意味完全没有联合佃户、鼓动抗租的催甲,但是我认为这样的事例是个别的、例外的。从资料上看,催甲反而是抗租的打击对象。笔者拟从1911年辛亥革命和1917年这两年的抗租事件来考察一下这些情况。

1911年夏秋,江南地区遭受水灾,各地纷纷发生了闹米风潮。随着10月10日武昌起义,11月5日江苏省宣布独立,政局一时陷入混乱。伴随着灾害和这种政治混乱,佃户的抗租暴动也相继发生了。谣言也随之出现,"乡农无知,误以上粮免征,田租亦可豁除"②。这个时候抗租暴动的打击对象,就是催甲、区董、图董、经造这些在乡下和佃户直接接触的人们。以下是当时报纸上的相关报道:"各乡农民,皆有今年不愿还租之议,致各业户发出租由,各经造、催甲不敢发催。讵昨日娄门外外跨塘催甲华兆棠家内,因发给租由,竟被乡民聚集多人,纷赴华家,将各物件搬取一空,闻约值二千余金,并当时伤及主仆二人。"③"外跨塘、真仪、官渎里等处,现各乡民抗租甚力,所有催子、经造房屋尽遭拆毁。"④"乱势遂以燎原,旬日以来东自甪直、唯亭、外跨塘以及娄门,北自太平桥、田泾、湘城、蠡口、胡家宅,南自尹山、郭巷、斜塘、车坊以及葑门,与毗连吴江、昆山两县所有区、图董、催甲百数十家,悉行捣毁。"⑤"乡民愈聚愈多,竟将外跨塘、唯亭二处催甲各家,全行打毁,寸草不留,米屯房屋,尽付一炬。今已延及斜塘、车坊、尹山、郭巷、葑娄门外、甪直等处,所遇区董、图董、催甲各家,见人即打,见物即毁。长邑太平桥、蠡口、胡更等处,亦闻

---

① 《虫荒影响租粮》,《民国日报》1917年10月12日。
② 《带警收租之恶举》,《民立报》1912年7月11日。这是杭州的事例。但是看报纸上载有"乡镇愚民,惑于免租之谣"(《新苏州之四乡近闻录·枭匪之专横》,《时报》1912年1月12日)的新闻,可见苏州也有同样的谣言。
③ 《新苏州之新军纪》,《时报》1911年12月18日。
④ 《吴下之谈片》,《民立报》1912年1月2日。
⑤ 《苏州抗租风潮》,《时报》1912年1月2日。

风响应。"①抗租首先在苏州东郊外跨塘发生,后波及到东部、东北部的整个地区,几乎所有区董、图董、催甲的家都被捣毁了。催甲损失甚巨,"竟有催甲聚众,自向(田业会?)董事强逼赔偿,并勒索现洋情事"②。对于佃户的抗租暴动,苏州民政长宗能述强力镇压,惩办了"首犯",并采取了租粮并收的办法,到了1912年2月中旬,在一定程度上把抗租弹压下去了。在实施租粮并收时,由于催甲被摧毁,其职能中止,县政府和田业会实行了用经造代替催甲、分给公租局三联单征收租米的措施。

　　1917年,苏州、松江、嘉兴等江南地域早稻收获比较顺利,但是由于二化螟虫虫害蔓延,主要农作物晚稻出现歉收。因此各地纷纷发生了抗租暴动。松江有自治委员房屋被捣毁的事件③,苏州的捣毁对象就是催甲。抗租暴动首先是在东北部的油泾发起的。"该处吴德甫、吴德福兄弟二人,倡议收取田捐,作为办事经费,号召本地无赖人等,专与催甲为难。各农民等误信煽惑,以致蔓延各处,酿成绝大风潮。"④接着"至(农历)十月初二日,(苏州东郊车坊)各乡民等,竟鸣锣聚众,约有一二千人,每人持稻草一紮,至催甲濮影乔、史甫泉(有和贝氏租栈催甲史富全同一人物的可能性)、姚金标、朱姓、张姓、王姓、李姓各家放火,致将各家住宅,焚烧殆尽,延及邻居十余家,损失共一万余"⑤。对催甲的捣毁此后波及到陈墓、郭巷、斜塘、车坊,还延及到尹山、唯亭、湘城、甪直等处。其情形比辛亥革命时期更严重,"苏属本年虫荒,各乡焚毁催甲房屋,前后已有七次,迭志本报。讵前晚车坊乡催甲沈银桥、沈杏桥家及唯亭乡催甲顾梯臣、顾鸣岐家,又被乡民纵火焚屋,损失不赀。各催甲鉴此情形,租事均不顾问,本城各栈家,虽已开仓,然上栈还租者,寥寥无几,较往年仅占百分之四、五⑥"。于是田业会邀请各家租栈栈主"讨论抚恤催甲办法。现决议按

---

① 《粮租之风潮》,《民立报》1912年1月3日。
② 《苏州民政长新政记》,《时报》1912年1月27日。
③ 例如《饬提闹荒乡民》(《民国日报》1917年11月14日)等。
④ 《闹荒案犯审办情形》,《申报》1918年1月1日。
⑤ 《农民抗租风潮续志》,《申报》1917年11月21日。
⑥ 《闹荒又起风潮》,《民国日报》1917年11月27日。

照各栈原看田亩之催甲,每亩概提大洋二角,作为抚恤"①。

　　从上述1911、1917年的事例中,可以看出催甲成为抗租捣毁的对象的情况。这种情况在清末民国时期屡屡上演②。为什么在苏州催甲成为了抗租捣毁的对象呢?第一个原因是地主的城居化、寄生化的发展。随着地主城居化的发展,替业户管理租田而包揽租粮的租栈也逐渐盛行,业户和佃户的关系越来越淡薄,几乎没有私人关系了。租栈对租田和佃户的管理也如上所述是通过催甲进行的,佃户平常接触的是催甲,分发租由、收租、催租等的事情都是催甲做的,佃户直接意识到租栈的存在只是去城镇缴租(就是上栈)时候而已。所以佃户意识到催甲是地主的代理人,而且也是替地主在乡下发挥地主权势的人。佃户的怨恨不是对着住在城里看不见的地主,而是向平常见面接触的催甲发泄。第二个是以收租、催租为主的乡下租佃业务大概都是由催甲包办的。1913年初,催租委员王某"对于抗租佃户,严行追比,以致乡民咸有怨言",偶尔一个佃户被追押后发病死去,"突有地方棍徒,藉端扇惑,聚众数百人,拥至催甲苏安山家,毁屋滋闹,团结不散"③,对严行追比的怨恨之发泄,不是向催租委员,而是向催甲的缘故也是由于催甲是实际担负催租业务的。佃户的减免要求通过催甲向租栈报告,租栈决定的租成也是由催甲向佃户通知。催甲由于介于租栈和佃户之间,有着相当的分量,因此得到比较丰厚的额外收入。催甲对管辖土地具有像"股份"那样的权益。对佃户来说,催甲就是可怕的第一道门。第三是大多数的催甲不是一般的农民,而是专家。清末民国时期的抗租不是完全自然发生的,而是如报纸上所说"在六泾土地庙,聚众结盟,以图抗租、抗粮"④,"(吴江同里)该镇所属共有七十二圩,竟联合结盟,抗不还租"⑤,具有一定程度上的组织性、计划性,成为把一般农民也都卷进其中的全

---

① 《集议抚恤催甲》,《民国日报》1917年12月3日。
② 关于1930年代的情况,参看朱小田先生前揭论文。
③ 《苏属唯亭镇乡民滋事》,《申报》1913年1月14日。
④ 《粮租之风潮》,《民立报》1912年1月3日。
⑤ 《派兵剿办同里闹组莠民》,《时报》1912年1月12日。

地区性运动。催甲成为这种抗租捣毁的对象就意味着佃户没有把催甲看成是自己的同伴或者是同样的农民。在居民大都是佃户、自耕农的乡下,催甲却是城居地主的代理人,有时和官府差役一起追押农民。没有发生事件的时候,佃户和催甲的关系在表面上呈现出风平浪静状态,一旦发生歉收、动乱,其平静状态就毁坏了,催甲变成了替租栈和官府来让百姓发泄怨恨的对象。

既然如此,催甲并没有完全成为被捣毁的对象。1934年江南遭受大旱害,因"各乡催甲报荒不实。且勘荒不公,突然聚众暴动,举火焚毁各乡催甲及乡镇长房屋三十余家,造成四乡恐怖状态"①。在这个捣毁催甲暴动中有以下的事件。"此项暴动农民,即向东北前进抵陆泾村催甲查凤奎家预备放火。但查凤奎平日对乡间公益事向来热心,时有捐助。附近各村农民,于(10月)二十日夜起,即自动集于查家,为之保护。查亦宰猪两头,摆酒招待。当暴动农民冲入该村,查家正群众开怀畅饮,闻讯即各携农具,出而迎敌,于是双方发生大械斗,结果暴动农民败退。"②如上提出的资料(10)里可以看出催甲秘密地给过佃户一些方便的可能性。催甲还在报荒中能上下其手决定租成,这些事也意味着有时催甲能为有些佃户提供一些方便。有些催甲要考虑保持和同村同乡人们友好的关系,对乡间公益事情有着积极捐助等活动。于是才有像查凤奎那样同乡农民保护催甲的事例。这也可以说明催甲和佃户关系的另一方面。催甲住在乡下,和其地区的农民建立过什么样的关系,是否具有共同意识,这决定了抗租时的佃户行动。

1950年土地改革的时候,有些催甲被划为地主成分而被成为打击对象。一方面共产党政府为了掌握乡村基层政权要排除旧时代有权势的人们,于是在乡下有权势的催甲也和乡镇保甲长一起被列入了打击的对象。另一方面替地主进行收租、催租的催甲也就正合于一般农民容易看得见、想得起的地主阶级压迫、剥削的"阶级教材"。

---

① 《农民暴动风潮已平催甲继续分租勘荒》,《申报》1934年10月27日。
② 《农民暴动风潮平息》,《申报》1934年10月23日。朱小田先生提起这种事时也说"佃农与催甲俨然成为一个利益共同体"。查凤奎的名字在《彭咪初栈》两本簿册里面可见。簿册里面的管辖土地是元和县南十九、上二十一、下二十一、东二十二都。

五、结语

　　清末民国时期,为了应对业户的城居化、寄生化而设置的租栈,建立了官府和乡绅共同的强大收租体制。这种租栈,正如村松祐次先生所说,意外地、强有力地掌握住了土地和佃户。而在乡下为这种强力控制提供保障的就是催甲的存在。

　　催甲在乡下替城镇的租栈管理收租、催租等事宜,平时则掌握着土地和佃户,充分发挥了联系租栈的作用。他们的业务范围很广,包括分配租由,催促佃户上栈,安排使用地保、经造、差役催租等事宜,报告土地熟荒等几乎所有与租佃相关的事宜他们也都包办。他们管辖着广大的土地,兼领几家租栈的也并不少见。一般来说,他们中的一部分是贫苦农民、佃户担任的零散催甲,但是大多数是以催甲作为职业的大催甲。因此,催甲和特定租栈、地主的关系比较淡薄,反而和所管辖的土地有着相当密切的关系。他们对自己管辖的土地具有像"股份"那样的权益,也是介于租栈和佃户之间的中间存在。租栈支付给他们的金钱谈不上丰厚,但是他们取得了介于租栈和佃户中间而产生出来的种种"陋规"。有些催甲实际上相当富有,一部分人当选为县议员或者乡董,在地方上显赫一时。催甲正是利用了租栈乡绅和官府的权威,才在乡下成为有权势的人。而从另一角度看,如果在乡下没有催甲这样的势力,租栈也不可能把土地和佃户掌握在其控制下。

　　由于催甲在乡下替租栈、地主直接接触佃户进行收租、催租业务,佃户只意识到了催甲的存在,和租栈、地主之间的关系比较淡薄。因此围绕催租、报荒等问题发生业佃纠纷的时候,佃户的怨恨不是向住在城里看不见的地主发泄,而是向平常见面接触的催甲发泄。催甲就成为了抗租捣毁的对象。另一方面也有地区农民保卫催甲房屋的事例。催甲住在乡下,和其地区农民建立过什么样的关系,是否具有共同意识,决定了抗租时的佃户行动。

　　[作者简介]夏井春喜,日本北海道教育大学名誉教授。

第一次江浙战争与
上海红会组织的战事救护

池子华　曹金国

内容提要：本文共分四个部分。第一部分探讨江浙战争期间上海红十字组织体系的建构，尤其是"遍地开花"的分会，这些分会是江浙战争的产物，同时也为战争救护的顺利推展，创造了条件。第二部分从战地救护、医院救伤、资遣与赈济三个主要方面，论述了战事救护的基本情况，认为江浙战争中，总会总办事处统筹安排，上海各地分会积极配合，前后救治伤兵、难民数千人，救护难民近10万人出险，掩埋尸体数百具，圆满完成了救护任务。第三部分对江浙战争救护成功的原因进行了分析，认为救护准备充分、配合有力、社会各界鼎力支持、其他慈善组织的配合，是成功的主要原因。第四部分论述了江浙战争救护对红十字事业发展的影响，认为江浙战争救护对红十字会自身发展的影响是多方面的，既有对总会在上海生存与发展的影响，也对上海地区红十字运动的高涨以及可持续发展具有重要作用。

关键词：中国红十字会　江浙战争　红十字事业　上海地区

江浙战争也称"齐卢之战"，是指江苏军阀齐燮元和浙江军阀卢永祥之间发生的战争，前后两次，即1924年9月的第一次江浙战争和1925年1月的第二次江浙战争。限于篇幅，本文仅对上海红十字会组织救护第一次江浙战争的史实进行梳理，以就教于方家。

一、江浙战争与上海红十字组织体系的建构

1924年9月3日,江浙战争爆发。皖系浙江督军卢永祥因通电反对曹锟贿选总统为直系所不容,在曹锟、吴佩孚授意下,直系江苏督军齐燮元、安徽督军马联甲、江西督军蔡成勋、福建督军周荫人结成攻浙联盟。双方投入的兵力各近10万人。3日上午10时许,两军前哨相遇于黄渡、安亭间,"各放排枪,正式接触"。① 苏军为宫邦铎部约一营一连,浙军为杨化昭部约一营。战前,苏浙两军都进行了相应的战争部署。

苏军方面,齐燮元联合皖、闽、赣等省直系势力,四路进军。齐燮元任总司令,亲率三路军队:一路攻打上海,由宫邦铎、马玉仁等担任指挥;一路攻广德,以王普等任之;一路守宜兴,以陈调元等任。第四路军由孙传芳统领,攻仙霞岭。

浙军方面,卢永祥浙军联合上海、福建皖系武装力量,组成浙沪联军,分为南北两路。北路由卢永祥任总司令,下设三军:淞沪方面,由何丰林、臧致平、杨化昭等担任指挥;长兴、合溪一带,由陈乐山担任指挥;泗水一线,由王宾担任指挥。南路则由张载扬任总司令,潘国纲任副司令,"坚守杭州,并负责联络奉张"。②

战争持续了一个多月,直到10月12日,卢永祥宣布下野,齐卢之战结束。江浙战争,以浙军失败而告终。

江浙战争,"官兵战死,无辜人民罹难,军费消耗,物资被劫,损失之重直使人痛心疾首"。③ 为救护伤兵难民,上海除中国红十字会总会总办事处、沪城分会之外,战区各地亦纷纷组织分会,犹如"遍地开花"。大致情况如下:

---

① 丁中江:《北洋军阀史话》第4册,中国友谊出版公司1992年版,第152页。
② 来新夏主编:《北洋军阀史稿》,湖北人民出版社1983年版,第298页。
③ 涂开舆:《齐卢之战松江、青浦战区暴行录》,载中国人民政治协商会议江苏省委员会、文史资料研究委员会编:《江苏文史资料选辑》第18辑,江苏古籍出版社1986年版。

吴淞分会：初建于 1911 年。此次江浙之战，吴淞风声日紧，战祸难免，吴淞绅商乃与公共防疫医院西医曹思勋对吴淞分会进行重组，将"徽章、制服、器械、医药等备就"①，设办事处于镇西荳市街救火会内，并筹商四明公所为被难妇孺收容所。战争一爆发，则由"总会派员至淞，会同救护队员出发"②，赶往前线施救。

嘉定分会：9 月 1 日成立，项如松为会长（戴思恭代理）、朱吟江为副会长、顾吉生为理事长，分会设立了收容所和临时医院。

娄塘分会：9 月 2 日成立，举印沽伯为会长，王侍庭、陈仲衡为副会长，殷子盘为理事长，所聘医生印七襄、张应芹即于 9 月 4 日由上海携带药品前往战地，开始了救护行动③。

南翔分会：9 月初成立，朱庚石为会长。南翔分会成立后，救护掩埋，全力以赴。9 月 18 日，朱庚石会长专程"至总会报告掩埋赴嘉服务情形，于下午五时，仍搭兵车赴翔"。④

青浦分会：9 月 3 日在明伦堂成立，徐熙春任会长，有会员 310 人⑤。

大场分会：宝山大场于 9 月 4 日组建分会后⑥，即"由陆、王两会长召集大会，讨论救护事宜。当即组织救护队，设立疗养院及收容妇孺暂留所，向沪上汽车公司包定汽车两辆，逐日前往战地分投营救"。⑦

宝山分会：据《申报》报道，9 月 8 日宝山代表陈石和到中国红十字会总办事处要求设立分会，"按照章程缴费立案，领取旗章，正式成立分会"。⑧ 宝山分会由袁叔畲任会长，会所设于一高小学内，"经费由地方公款内支拨"。⑨

---

① 《吴淞筹备红会之续讯》，池子华等主编：《〈申报〉上的红十字》第 3 卷，安徽人民出版社 2011 年版，第 22 页。
② 《红会救护之筹备》，《申报》1924 年 9 月 2 日。
③ 《娄塘红十字会分会昨讯》，池子华等主编：《〈申报〉上的红十字》第 3 卷，第 32 页。
④ 《救护中之伤兵难民》，《新闻报》1924 年 9 月 19 日。
⑤ 参见冯学文主编：《青浦县志》，上海人民出版社 1990 年版，第 716 页。
⑥ 《大场红会之救济讯》，池子华等主编：《〈申报〉上的红十字》第 3 卷，第 77 页。
⑦ 《大场红十字分会之救护情形》，池子华等主编：《〈申报〉上的红十字》第 3 卷，第 69 页。
⑧ 《各地纷纷要求设立红会分会》，池子华等主编：《〈申报〉上的红十字》第 3 卷，第 36 页。
⑨ 《本埠新闻二》，《申报》1924 年 9 月 11 日。

泗泾分会：9月24日，松江泗泾镇派员到总会总办事处，商定成立分会①，公举李文来、徐淮清为正副会长，汪启愚为理事长，程访湖、秦雨生为正副议长，"组织救护队，往就近各战线，救护伤兵及难民"。②

闵行分会：10月1日，闵行代表徐亚伯前往总会总办事处，商定成立分会③。10月2日举行成立大会，"举定乔念椿为正会长，徐亚伯为副会长，马柳江为理事长，潘村山为理事，顾鹭云、吴履平为正副议事长。并经议定组织救护、掩埋各队及疗养、收容等所，分别进行"。④

南汇分会：据《申报》报道，10月5日"组织分会者，有南汇红十字分会会长徐光禄，到总办事处接洽一切"。⑤说明南汇分会在10月5日即组织成立，但成立大会在10月11日召开，"爰于本月十一日在该会（即二高校）开成立大会。下午一时开会，到会者四五百人，公推杜顺之主席，宣布开会宗旨，徐会长报告筹备经过情形，县长代表王警官致词勖勉。教育局、县议会、县商会、商会代表鞠会长致词极力赞助，来宾会员相继演说，语多热心感慨，后由该会职员劝募经费，县长代表慨捐数十元，继起者非常踊跃，达数百元云"。⑥

鲁家汇镇分会：10月5日成立，因"南汇鲁家汇镇，接近浦南战区。现由该镇绅商组织红十字分会，已与总办事处庄得之理事长接洽妥善，选举西联乡议长徐光禄为会长，王保康为副会长，李宝然为理事长，徐庆之为资产委员，并由分会长聘任秦葆青为文牍员，徐典文为书记员，徐信孚为会计员。业已组成救护队，克日前往战地救护伤兵，一面组织难民收容所云"。⑦

莘庄分会：10月8日，"借孙氏粟阁为会所，开成立大会"，公推金石声、荣善钧为正副会长，孙翰青为理事长，阮书华等6人为理事，丁又新、何永江

---

① 《红十字会消息》，池子华等主编：《〈申报〉上的红十字》第3卷，第64页。
② 《泗泾镇组织红十字分会之经过》，池子华等主编：《〈申报〉上的红十字》第3卷，第77页。
③ 《红会救护之昨讯》，池子华等主编：《〈申报〉上的红十字》第3卷，第71页。
④ 《红十字会闵行分会成立》，池子华等主编：《〈申报〉上的红十字》第3卷，第776页。
⑤ 《红十字会救护消息》，池子华等主编：《〈申报〉上的红十字》第3卷，第79页。
⑥ 《南汇红十字分会成立》，池子华等主编：《〈申报〉上的红十字》第3卷，第92页。
⑦ 《南汇组织红十字分会》，池子华等主编：《〈申报〉上的红十字》第3卷，第82页。

为资产委员,钱亦庄、陈花孙为正副议长,并议员18人,"随即呈报总会遵章进行"①。

胡家镇分会:10月9日,"组织分会者,有松江县胡家镇"②。

胡家桥分会:10月10日,奉贤胡家桥分会正式成立,正会长徐伯勋,副会长唐护行,理事长何志梅,"连同正会员等名单,昨均向总办事处报告矣"③。

三林塘分会:当地士绅组织,初名"红十字会支会",10月13日"报告成立,以备救护云"④。但支会(部)与体制不符,10月14日总会总办事处函请易名"中国红十字会上海分会三林乡办事处"。函称:"得悉三林乡汤君拟在该乡设立分会支部,办理救护,事属可行。惟按照定章,应以中国红十字会上海分会三林乡办事处为名义,不得称为支部,其办事人应称为正副主任,亦不得称为正副部长,案关全局,务希注意转知遵照云云。"⑤

上述分会的组建是江浙战争的产物,同时,分会组织的"遍地开花",也为战争救护的顺利推展创造了条件。在上海中国红十字会总会总办事处的主导下,沪城分会、吴淞分会以及新建各分会,协同配合,开始了大规模的救援行动。

二、上海红十字组织的战争救护

(一)战地救护

在第一次江浙战争中,嘉定受害最深,全邑34镇乡全部遭受冲击。据调查资料称,"两军相持之地,以嘉境为最广,战线最长,历时最久,剧战最多"⑥。

---

① 《莘庄红十字分会声明事实》,池子华等主编:《〈申报〉上的红十字》第3卷,第103页。
② 《红十字会消息》,池子华等主编:《〈申报〉上的红十字》第3卷,第84页。
③ 《各团体之救济与讨论》,《新闻报》1924年10月11日。
④ 《浦东三林塘红会分会成立》,池子华等主编:《〈申报〉上的红十字》第3卷,第92页。
⑤ 《救济中之伤兵与难民》,《新闻报》1924年10月15日。
⑥ 娄东、傅焕光、黄允之:《江苏兵灾调查纪实·嘉定县》,江苏兵灾各县善后联合会1924年编印,第1页。

因此嘉定战场救护成为江浙战争救护的中心。嘉定分会及属镇娄塘、南翔分会，都积极从事兵灾救助。总会、沪城分会也尽其所能，以为支援。

中国红十字会嘉定分会在9月1日成立后，立即投入救护工作。9月7日，嘉定分会"以该地粮食不给"①，特派人至沪采办面包以及药品，并运送难民200人至沪。同时，设立妇孺收容所、掩埋局及临时防疫医院，治疗伤病员，"并发动居民清除街道、河流中的脏物，掩埋遗尸"。②项如松会长、朱吟江副会长、顾吉生理事长在沪募款接济，"救护船只，络绎于途"。③据统计，嘉定分会先后遣送难民万余人；至9月29日，掩埋局已收殓死尸128具。

嘉定娄塘分会作为一个乡镇分会，在救护行动中发挥了重要作用。娄塘地处浏河、嘉定之间，两军此处争战最为激烈，伤亡累累。9月4日，两军在嘉定激战，娄塘分会随即前往协助嘉定分会救护。6日前后，嘉定浙军与太仓苏军在黄渡连续激战，"西北乡、娄塘等处乡间人民，无法逃避、狼狈不堪"④，娄塘分会派救护员雇大舟3艘，载运难民300人抵沪。12日晨，娄塘分会救送难民三大船，共400余名。16日，又送出难民千余名，分载大船2艘、小船7艘，由救护员张国英及职员唐耀环、陆道生、潘子久等护送至沪。18日，救护队张应芹医生等6人赴嘉定救出难民男女老幼计60余人。经全体职员的努力，娄塘分会连日救护难民4600余名，其中，运沪难民有3000余人，经旅沪同乡招待，分别安插于江宁公所、太王庙、纱业公所等处。此外尚有千余人留本镇，分派各庙宇留养，娄塘分会皆悉心照料，考虑到"粮少人多，恐有断绝之虞"⑤，遂派人至沪采办。

娄塘分会还设立了临时医院，聘请印七襄、张应芹医生负责诊治。分会对疗伤事宜十分热心，"附近乡民被流弹及土匪击伤者，每日到院医治多至一二十人"⑥，重伤者，则一律运赴天津路红会医院诊治。该分会中西医士先后施

---

① 《红白两会救护》，《民国日报》1924年9月8日。
② 杨于白主编：《嘉定县志》，上海人民出版社1992年版，第923页。
③ 《嘉定红会至昆山红会函》，池子华等主编：《〈申报〉上的红十字》第3卷，第78页。
④ 《娄塘镇红会救护难民来沪》，池子华等主编：《〈申报〉上的红十字》第3卷，第34页。
⑤ 同上。
⑥ 《娄塘红会救护重伤难民到沪》，池子华等主编：《〈申报〉上的红十字》第3卷，第57页。

诊计 3862 人次，其中西医诊视 3000 余人次，中医 862 人次，救治受伤难民 284 号，"经治见效，颇得军民感激"。① 掩埋方面，娄塘分会共收殓尸身 30 余具。

南翔分会驻沪办事处李功孚、顾吉生、胡湛华等，9 月 11 日召集紧急会议讨论组织营救部，救济难民，分为两组：甲组乘长途汽车赴大场，乙组乘专轮拖民船至南翔。黄渡连日大战，"阵亡兵士，被害农民，尸首急需掩埋，免至酿为时疫"②，南翔分会还派员组成掩埋队前往施救。

总会总办事处、沪城分会对嘉定战场救护施以援手。黄渡、嘉定、南翔、马陆等地位于战争前线，伤兵甚众，总办事处便派遣救护队前往救护，其他分会也将重伤伤员送沪医治。9 月 3 日，黄渡、安亭间发生战事，有伤兵数人移至南翔，总办事处救护总队长牛惠生率领队员 20 余人前往救治，轻伤者在南翔车站医治，重伤者运往吴淞海军医院。据报道，从 9 月 7 日至 10 月 14 日，总会医院共救治嘉定黄渡、嘉定（城厢）、南翔、马陆等地伤兵 1200 余人③。

掩埋方面，9 月 11 日，张卜雄等乘专车赴黄渡督率队员，掩埋阵亡兵士。另外还派徐乙藜医生、庶务员王锦城等人赴嘉定掩埋，历经数日，12 月 9 日才返沪。救援队共计掩埋嘉定遗尸 18 人，黄渡 7 人，外冈 2 人，马陆 9 人，"皆用石灰覆盖深葬，有查考者均用标杆插记"。④

嘉定战场之外，遭受池鱼之殃的上海周边各地，依托分会，展开积极救援。

在宝山，宝山分会成立后，便将城中贫苦妇孺一百七八十人先行运沪收容。大场分会成立后设立疗养院及妇孺暂留所，并向沪太汽车公司包定汽车两辆，逐日开往战地营救。分会张初吉医生率队员屡入前线，自 9 月 6 日起，

---

① 《娄塘红十字分会之成绩》，池子华等主编：《〈申报〉上的红十字》第 3 卷，第 108 页。
② 《掩埋队赴南翔》，《民国日报》1924 年 9 月 15 日。
③ 据《救护伤兵与难民》（《申报》1924 年 9 月 8、9 日）、《慈善家之救济兵民》（《申报》1924 年 9 月 10 日）、《慈善加之救济兵民》（《申报》1924 年 9 月 10 日）、《红十字会昨讯》（《申报》1924 年 10 月 14 日）、《红会昨日无锡兵到》（《申报》1924 年 10 月 16 日）等资料统计。
④ 《红会派员赴黄渡掩埋放赈之报告》，池子华等主编：《〈申报〉上的红十字》第 3 卷，第 114 页。

先后救出受伤士兵 40 余人,由疗养院临时安置后转送总会医院治疗。大场分会张行五、邢宾仪等救护队员在浏河、罗店、大场、嘉定等处,先后救出难民达四五千人。

在松江,因该地"南濒大海,北连苏宁,东通沪渎,西接浙江,又是沪杭铁路的重要车站"①,因而两军争战激烈,损失惨重。松江战事发生后,总办事处立刻派员救护,10 月 12 日,总会派救护队队长李景畴率领医士、救护员、夫役等 20 余人,出发松江救护。22 日,总会救出松江佘来庙难民数百人。

松江分会成立后,在保婴阁小学成立红十字会收容所,收容受伤难民 300 余人,并雇船护送至上海红会医院诊治。②

松江泗泾分会 9 月 24 日成立后,雇定民船 14 艘,专为青浦、松江一带及本镇避难人民之用。分会成立第六天,昆山有难民 59 人到泗,红会除一一收容外,还将伤病者送入临时医院医治。

松江莘庄分会,10 月 8 日成立后,在颛桥和祖师堂分设办事处。13 日,该会在松江附近马桥、沙江一带收容难民千余人。14 日雇民船 3 艘输送当地难民抵沪避险。③

10 月 6 日,闵行分会乔念椿会长派员乘"闵馨"、"闵南"小轮 2 艘及民船 4 只,分往松江、叶榭救济难民。④ 12 日上午松江前线开火,闵行分会雇民船两只前往救护。10 日,红会所拨小轮在松江等地载运难民数百人运沪避难。11 日,上海县马桥、沙江开火后,男女难民,充塞于途,闵行分会前往收容,数达千余。宝山大场分会也曾派员乘火车往松江一带救护。

在青浦,城厢附近妇女老幼不及逃出者约有 2500 余名,均避入青浦分会。青浦分会初设收容所 3 处(县立第一小学校、县立初级师范学校、明伦堂),计

---

① 朱曜辉:《松江红十字会工作回忆》,政协松江县委员会文史组编:《松江文史》第 9 辑,第 53 页。
② 同上。
③ 《红十字会消息》,池子华等主编:《〈申报〉上的红十字》第 3 卷,第 92 页。
④ 《红十字会之救护》,池子华等主编:《〈申报〉上的红十字》第 3 卷,第 81 页。

收容妇孺 2372 人,后又在佘山教堂设收容所收容 300 余人,另送往上海至圣善院收容 382 人,送吴县分会收容 99 人。另外,青浦分会还附设伤兵疗养院,治愈伤兵和流弹所伤之难民 134 人。疗养院每日诊治内外科,日有八九十号,"以痢疾疟疾为多"①。

沪城分会的救护成绩在各分会中特别突出,救护队不畏艰险,前往松江、嘉定、太仓等前线救护,分会医院也克尽天职,竭力救伤。9 月 6 日,沪城分会在南市陆家浜施粥厂,设难民收容所,由慈善团凌伯华担任。下午 1 时,沪城分会特派滕劲等职员会同德国医生史国藩、吴天民赴松江救护②。12 日晨,沪城分会派员乘长途汽车驶赴浏河等地,广收被灾男女老幼,有亲友者准其自由投奔,其他分送大南门外施粥厂、城内肇嘉路药业公所等处安置。13 日,沪城分会在松江等地救出伤兵 13 名,送入上海新普育堂临时医院医治。15 日午后 1 时,沪城分会用汽车装载受伤兵士 3 名,由乔家浜送往上海公立医院医治。23 日,沪城分会在南翔、黄渡一带救出伤兵 21 名,"皆形容憔悴,或伤手臂,或伤双足"③,送往上海医院和新普育堂医治。因松江战事激烈,10 月 9 日,沪城分会殷受田副会长特率救护队前往救护,在闵行救得难民 5 人,小孩 1 人,交煤炭公所留养院留养。

(二) 医院救伤

在战地救护中,为治疗伤兵伤民,战地各分会往往设立红十字临时医院。这些医院实际上也起到了临时救急的作用,但在重伤治疗方面,临时医院在设备、医药等方面存在明显不足,总会总办事处及时组设了 13 家红十字医院,保证了救伤工作的有效进行。总会各战地救护员和各地分会所救伤兵,除伤势较轻者就近医治外,其他伤兵大都送至总会医院医治。

---

① 《青浦红十字分会之成绩》,池子华等主编:《〈申报〉上的红十字》第 3 卷,第 110 页。
② 《沪城红会分会救护队昨日赴松》,池子华等主编:《〈申报〉上的红十字》第 3 卷,第 32 页。
③ 《沪城红会救护伤兵》,池子华等主编:《〈申报〉上的红十字》第 3 卷,第 63 页。

两军交战,伤亡在所难免,总办事处预做准备,将总医院、天津路时疫医院等作为医治伤兵之所。战争爆发后,医院救治行动紧张有序地进行。9月3日下午,总办事处接上海沪军使来电,"嘱开救护专车,往南翔载运伤兵"。① 救护队当即前往。4日,红会救回浏河伤兵13人,牛惠生医生将轻伤者留时疫医院,至于伤重者,"须用爱克司光照取枪弹"②,便转送至总医院医治。总医院"将三等病房一律改作伤兵之用"③。5日下午,天津路时疫医院已收有伤兵30余人。"伤兵由汽车运到时,先由医生在车内检验,凡有一线之希望者,均搭入医院救治。"④

6日,总医院已有重伤士兵60人左右,即将住满,而伤兵陆续运来,该院紧急施工,搭盖大席篷,铺设地板作临时病房,预计可住200人。是日,时疫医院已有伤兵约70余人。总办事处还在西藏路时济医院医治伤兵,至6日,已有70人左右,而医院总伤兵数已达200余人,这些伤兵以浙军为主,苏军只有1人。

伤兵与日俱增,三医院难以容纳,总办事处乃连日增设临时医院近10处。9月5日,总办事处借宝山路商务印书馆俱乐部,开办临时救治诊所。7日,所救浏河、黄渡伤兵300余人,医院无法满足需要,牛惠生医生又与南洋医院、斜桥医院接洽设立临时救护处。8日,上海各医院之伤兵已达600余人,总办事处遂借南市上海公立医院、新普育堂共同医治。总办事处还与同仁医院妥商,设红十字会第七医院。鉴于第二医院医生日夜手术,异常辛苦,乃与第七医院商定,"凡遇重伤者,则在第二、第七两院间日轮流开刀"。⑤

10日,总办事处以小南门南洋医院为第八伤兵救护院;15日,又借北市医院为第九临时养伤所,该院主治前线患病士兵,设立当日即留治22人。17

---

① 《红会之驰救伤兵》,池子华等主编:《〈申报〉上的红十字》第3卷,第24页。
② 《红会医治伤兵之昨讯》,池子华等主编:《〈申报〉上的红十字》第3卷,第26页。
③ 同上。
④ 《红十字会医院之救护忙》,池子华等主编:《〈申报〉上的红十字》第3卷,第28页。
⑤ 《红会组织第七伤兵救护院》,池子华等主编:《〈申报〉上的红十字》第3卷,第35页。

日,再添两处临时医院,一为南市护军营亚东医院,一为法租界金神父路广慈医院。20日上午,庄得之、王培元向粤商医院院长周清泉等商借该院为红会第十一临时医院,并由该院医生孔锡鹏、许华凤进行医治。又经总办事处争取,宝隆医院也成为红十字会医院。至此,总会前后所设医院已达13家之多。这些医院各有所长,各尽其职,积极救治伤兵,取得显著的成效。据统计,9月10日,红会医院伤兵数已达444人,11日有伤兵565人,14日为570人,16日则为605人。据《申报》报道,从9月10日到10月12日,总会医院每日所救伤兵最多达920人,最少也有444人,尤其是进入10月,战事愈加激烈,各医院无不人满为患。①

红十字会并不局限于救治本院伤兵,还积极与其他机关接洽,尽最大可能发挥救伤作用。比如,红十字会就治疗管理问题与军方接洽,希望军署"派人常驻调查,以资襄赞"。② 还协助吴淞总军医院治疗伤兵,连日"各处送吴淞伤兵颇多、房屋不敷安插"③,7日上午,军医院将送来之伤兵,"悉数退回上海红十字总会医治"④。8日,吴淞军医院特开专车,将重伤兵士10余名送往总会医院治疗。红会还指导其他慈善组织参与救护,如时济医院便负责中国济生会难民暂留所卫生事宜,医生乐文照每日前往济生会所设英租界之第三、四、五、七及灵学会等五暂留所视察,"遇有传染病或重症,即分别送各医院医治"⑤。

松江战事吃紧时,红会第五医院新普育堂之松江分院也成为红十字会临时医院,陆伯鸿教士为主任,周学文任总干事,俞橘芳为医务主任,张绅汝等为

---

① 参见《救济兵民消息》(《申报》1924年10月1日)、《救济伤兵与收容难民》(《申报》1924年10月2日)、《各慈善团之救济讯》(《申报》1924年10月3日)、《红十字会消息》(《申报》1924年10月4、9、12日)、《红十字会昨讯》(《申报》1924年10月8、11、13日)等等。此数据系笔者根据1924年10月1日至10月13日《申报》有关江浙战争中总会主要医院救护情况报道统计得出。
② 《红会救护伤兵之忙碌》,池子华等主编:《〈申报〉上的红十字》第3卷,第34页。
③ 《吴淞军医院之消息》,《申报》1924年9月8日。
④ 同上。
⑤ 《红会担任各难民所卫生事宜》,池子华等主编:《〈申报〉上的红十字》第3卷,第80页。

董事。分院成立后,新普育堂即派医生、看护、夫役等多人前往疗治伤兵,并救济松江一带难民,大有应接不暇之势。该院前后疗养战地伤兵达2000余人。

沪城分会的医院救伤,亦功不可没。9月29日,沪城分会在肇嘉路太平街喻义堂药业公所设立了临时医院,至30日下午已救治黄渡、浏河等地伤兵六七十名。因伤兵较多,沪城分会又借新舞台设伤兵第二留医所,将轻伤者转送疗伤。10月9日,太平街临时医院收到伤兵27人,10日前后,已有伤兵200余人。沪城分会乃设立第三疗养所。11日,沪城分会医院收治松江明星桥、新桥、莘庄及嘉定伤兵16人。15日,又收治伤兵3名,伙夫1名。战争期间,沪城分会医院共有伤兵300余名,该会无不根据伤情,设法救治,救伤期间,医院负责人张近枢还请德国医学堂教授彼得希米德带学生协助医治。

(三) 资遣与赈济

10月12日,第一次江浙战争结束,但救援并未停止,难民资遣与赈济等事宜随之提上了日程。

资遣工作是善后救援的一个重要方面。10月中下旬,嘉定分会在沪募集经费,将难民安置回乡,"对断炊缺衣者发给粮食、衣着,对房屋被毁无家可归者资助重建,对贫苦农民发放春耕资金"。① 娄塘分会也积极遣送运沪难民回籍,25日,备民船8艘,遣送800人,待原船返沪后陆续遣送。沪城分会将临时医院留养之伤兵资遣回籍,购得船票,"分别路程远近,酌给川资"②,至11月4日,已遣送伤兵数十名。12月17日,沪城分会资遣伤兵31人,18日又遣送25人。松江第五疗养所于11月5日关闭,"其一般妇孺以及流落松地之男子,亦一律资遣回里"。③

战后赈济,刻不容缓。10月12日,宝山分会召开大会,与会者有邑绅袁

---

① 杨于白主编:《嘉定县志》,上海人民出版社1992年版,第923页。
② 《沪城红会医院消息》,池子华等主编:《〈申报〉上的红十字》第3卷,第106页。
③ 《红会第五疗养所定期结束》,池子华等主编:《〈申报〉上的红十字》第3卷,第106页。

观澜、会长袁叔畲、张乾三、董载生及驻会理事长陈六奇等 10 余人。大会就募捐、赈济等问题进行磋商。① 11 月,宝山城中各米铺存米告罄,宝山分会董载生、陈六奇等商借公款洋 500 元,赴沪采办籼米,在办事处设立平粜局,每日上午 8—11 时平价出售,"由各米伙轮流服务,以维民食"。②

安亭"居民房屋尽遭毁损,衣食均无着落"③,吴江震泽分会特赶做大小棉衣 100 套,由庶务长周述先等交安亭分会代为分送。

总办事处不仅积极协调战地救护,而且善后资遣、赈济,尽心尽力。其间,特派徐乙藜医生率队赶赴嘉定放赈,针对各慈善机关尚未赈济之贫苦者,发给"衣米、现洋、面粉、锅只等物"④,病者为其诊治给药,"悉经各绅董派员协同地保指引调查"⑤,监督分发。

难民衣食紧张,生活窘困,美国红十字会⑥特向各处呼吁,筹集衣被褥 9300 余件,白米 95 石,山芋 100 石,悉数分发难民。如 11 月初,美红会派员数人赴安亭之北望仙桥镇察看灾情,挨户调查难民人数,并详载表册,"一俟调查竣事,即赴昆报告"⑦,并购备急需品,实行赈济。

"卢何下野,沪局一变"⑧,而难民依然流离于途,总会总办事处职责攸关,特在南市设收容所 10 处,以便收容。为统筹进行,提高效率,总办事处明确规定了救护车路线,由南市至法租界者,一为高昌庙杀牛公司敏体尼荫路,二为南市十六铺;北市至英租界者,一为北河南路界路,二为克能海路界路,三为北四川路靶子路。收容、资遣,井然有序。

---

① 《宝山红十字分会开会》,池子华等主编:《〈申报〉上的红十字》第 3 卷,第 90 页。
② 《宝山红会附设平粜局》,池子华等主编:《〈申报〉上的红十字》第 3 卷,第 105 页。
③ 《红会运送棉花》,《民国日报》1924 年 11 月 24 日。
④ 《红会派员赴黄渡掩埋放赈之报告》,池子华等主编:《〈申报〉上的红十字》第 3 卷,第 114 页。
⑤ 同上。
⑥ "美国红十字会"系江苏教会同仁为战争救护所设。齐卢之战,江苏破坏相当严重,省长韩国钧特邀南京各教会及青年会中西领袖磋商救济事宜。1924 年 9 月 10 日,教会同仁正式成立美国红十字会,后遵章更名为"中国红十字会难民救济会"。
⑦ 《昆山红会调查望仙桥灾情》,池子华等主编:《〈申报〉上的红十字》第 3 卷,第 105 页。
⑧ 《红会规定救护车路线》,《民国日报》1924 年 10 月 15 日。

总之，江浙战争中，总会总办事处统筹安排，上海各地分会积极配合，圆满完成了救护任务。

三、江浙战争救护成功的原因

江浙战争期间，上海地区红会组织遍地开花。这些分会都积极投入战争救护，在总会统筹下，前后救治受伤兵士、难民数千人，救护难民近10万人出险，掩埋尸体数百具①，取得了战事救护的圆满成功，得到社会各界的肯定，如时论所云，"各地士绅组织红会，办理战地救济救护事宜，热心救险，殊甚嘉尚"。② 为褒奖红会办事人员，总会总办事处特定制一种饭碗，上刊"江浙战争救护纪念"八字。

救护成功的原因，当然很多，其中有三点尤其值得注意。

其一，救护准备充分，配合有力。

江浙战争是江浙地方军阀矛盾日益激化的结果。当江浙战争不可避免，总会总办事处积极展开行动，一方面组织多支救护队，组织相关人员，置备器具，设立联络队，分赴各战区进行救援，另一方面与各战地联系，组设地方红会，给他们提供救护经费和经验的支持。在总会的统筹安排下，各地分会纷纷兴起，这些分会成为救援的新生力量。他们的加盟在壮大红十字会救援力量的同时也便利了红会与地方的联系，有利于救护工作的顺利开展。事实证明，分会的普遍设立为战地救援成功奠定了组织基础。

人事配备和经费筹集是组织正常运作的两大关键。总会经历了20年的发展，人事配备齐全，协调能力大大增强。沪城分会、吴淞分会也都是上海地区的"老牌"分会，组织较为完善，在自身发挥强大能量的同时，也为新设分会提供了"样本"。

---

① 这只是笔者通过查阅相关资料得出的不完全统计，或有缺漏，实际救护绩效当更为突出。
② 《韩省长颁赠红会匾额》，《锡报》1924年12月17日。

在经费方面,主要有来自捐款、会费和政府的补助。为了缓解经费压力,红十字会十分注重报刊媒体的劝募作用,类似《中国红十字会总办事处乞募江浙兵灾急赈启事》(1924年9月7日),《中国红十字会总办事处劝募兵灾捐款启事》(1924年9月21日、10月5日)等在《申报》等报刊上屡见不鲜。通过此种方式,呼吁社会各界奉献爱心,得到了广泛响应。捐款源源不断,为红十字会提供了重要的物质保证。

会员交纳的会费也是红会经费的一个重要来源。根据《中国红十字会章程》规定:凡独捐洋1000元以上,或募捐洋5000元以上,可以举为名誉会员;凡纳捐洋200元以上,或募捐洋1000元以上,可举为特别会员;凡纳年捐5元满6年者,或一次纳捐25元者,可照章认为正会员。① 1922年第二次会员大会的修正章程增补"普通会员,一次纳捐十元以上者","学生会员,纳捐一元者"②。总体上,会费与会员数目成正比,会员数目越多,所交会费也越多。此外,政府还对红十字会救济进行补助,如江苏省长韩国钧多次拨款赈济难民。

总会在人员和经费上的制度安排也便利了其对各地分会的指导。在实地救护过程中,总会派往各地的救护队和各地分会紧密联系,并对战地救援工作进行指导,在经费上也给予支持,如总会曾允许红会留取半数会费归当地分会支配。

地方分会大都由地方绅士组成,战争中的地方绅士或许存在为求自保而加入红会的自我考虑,但他们不愧为一方精英,他们不怕艰难,不顾危险,以旅沪同乡会为依托,捐资输财,在红十字精神的感召下,竭力为救护事业奔走呼号。总会与地方分会,分会与分会之间不分畛域,密切配合,尽最大可能实现了绩效的优化。在嘉定、昆山等地,处处可见相互配合、协同救护的感人画面,为江浙战争救护的成功提供了有力的保障。

---

① 参见中国红十字会总会编:《中国红十字会历史资料选编(1904—1949)》,南京大学出版社1993年版,第224页。

② 同上书,第230页。

其二，社会各界的鼎力支持。

战争是一种严重的人道危机。战争给人们带来的各种伤害激发了国人慈善之心，社会各界积极响应总会号召，施以援手。通过检索《申报》可以发现，许多善士慷慨捐款，红十字会也对这些善士的慈善行为，在授予相应级别会员称号的同时，登报鸣谢，如《中国红十字会敬谢哈少甫大善士寿筵助赈 200 元》(1924 年 9 月 7 日)、《中国红十字会敬谢诸大善士捐助灾赈台衔列后》(9 月 26 日)、《中国红十字会敬谢卫授经君》(9 月 26 日)、《中国红十字会总医院敬谢诸大善士捐助江浙兵灾台衔列后》(10 月 5 日)、《中国红十字会沪城分会救护伤兵临时医院敬谢各大善士台衔列后》(10 月 8 日)、《中国红十字会总医院敬谢诸大善士捐助江浙兵灾台衔列后》(10 月 12 日)、《中国红十字会沪城分会救护伤兵临时医院第二次敬谢各大善士台衔列后》(10 月 20 日)、《中国红十字会敬谢陆少嵩率子孙等大善士筵资捐助灾振洋二百元》(10 月 20 日)、《中国红十字会沪城分会救护伤兵临时医院第三次敬谢各大善士台衔列后》(10 月 25 日)、《中国红十字会敬谢恒丰面粉厂捐助洋一千元》(10 月 26 日)，不胜枚举。①

其三，其他慈善组织的配合。

社会各界对红会的支援还表现在其他组织与团体对江浙战争的救援上，他们的救援缓解了战争带给红会的压力，有利于其救护目标的圆满实现。江浙战争期间，先后投入救护的社会组织不少，江苏基督教士组织美国红十字会协助救护，类似红十字会的还有白十字会②、蓝十字会、黄十字会，此外，基督教会、联益善会、旅沪同乡会、保卫团等许多组织也投入到救护中。传统慈善组织、国外慈善力量的加入大大减轻了红会的救援压力，使红十字会可以更多地集中力量致力于营救伤兵难民、掩埋尸骸和善后救援等工作。在浏河、昆山

---

① 这些感谢均来源于《申报》，详细日期文中括号已注明。
② 根据《民国日报》《申报》等媒体报道，"中国白十字会"也称中国济生会白十字救济队。笔者认为，"白十字"是中国济生会参照红十字会，为救护之便而采用的旗号。

等许多战场,基督教士、旅沪同乡、联益善会都为救护做了许多工作,为救护成功贡献了重要力量。

比如说,白十字会在战争期间着重于难民的救济,大大缓解了红十字会难民救济的压力。战争中,白十字会派出多支救济队活跃在南翔、松江等地。如在南翔,9月11日上午,白十字会特派队员夏小谷、葛雄夫等数人在四马路外滩,乘金和小轮,另挂拖船3艘出发,将难民运载来沪,"俾免流落"①。17日晚,白十字救济队派朱醒亚等赴南翔救济。20日夜,南翔难民颇众,会员朱醒亚、姚书绅、张贻孙、陈子范等不顾危险,随带汽油船一只,民船数只,由上海苏州河出发,向南翔、马陆、石冈门一带救护难民,救获156人。所救难民除投奔亲友外,其余百数十人,均安插于各暂留所。10月11日晨,队员朱醒亚、李云门等又雇船两只出发南翔。10月3日,队员郑廷甫、潘子卿等乘帆船向松江出发。13日,队员姚书绅等3人至松江泗泾、七宝等处营救难民300余人,收容于第十所;9月20日前后,队员夏小谷,在战浜桥、西柿梢等处,救出难民130余人;10月11日,队员郑廷甫等还雇船两只前往上海南桥救护。

白十字会还在永锡堂、怡和货栈、振华堂、大王庙、静安寺等10处设立收容所。各收容所每日忙不停息,妥善安置收容来所的难民。遍布上海的白十字会收容所,不仅收容各支救济队所救难民,还收纳附近各地前来投奔的难民。战争期间,收容所的救济工作几乎从未停息。

白十字会还积极协同红十字会进行救护。如9月8日,白十字会协助嘉定分会救济难民,不但设法放船前往,还将嘉定分会送到之难民200余人,接纳在该会暂留所留养。15日前后,娄塘分会载来难民200余人,专函恳求济生会收容,济生会白十字队特将之运往大王庙第四暂留所安置。

白十字会的支持有效缓解了红十字会压力,为红十字会江浙战争救援提供了有力支援。无怪乎时人对白十字会高度评价,云:"此番所组织之白十字

---

① 《济生会》,《民国日报》1924年9月12日。

会,厥功甚伟,既从战地施救,又将妇孺收养,不使有流离失所之苦,其热诚宏愿,良堪钦佩。"①

四、江浙战争救护与红十字事业发展

江浙战争救护对红十字会自身发展的影响是多方面的,既对总会在上海的生存与发展,也对上海地区红十字运动的高涨以及可持续发展,起到了重要作用。

从总会方面说:江浙战争发生在中国红十字会成立20周年之际。经历了20年的风雨历程,中国红十字会的救援行动发生了深刻的变化,而此次江浙战争救援,使人道行动更加成熟,这主要体现在:

首先,注重救护筹备。一方面统筹全局,组设救护队、收容所,置办药品,并积极办理会员入会事宜,还预备上海海格路总医院、天津路时疫医院、西藏路时济医院等负责救伤,并且多次登报为救护募集资金。另一方面,总办事处与地方军政长官接洽,请求为地方救援提供便利。所有这些方面,都充分表明总会对救护筹备工作的重视,也为此后的战事救护积累了经验。

其次,注重拓展分会。江浙战争期间,整个长三角地区都受到战争威胁。仅靠总会势单力薄,总会总办事处按照红十字会的发展模式,吸取在"二次革命"、"护国战争"等救护中的经验,与各地联系设立分会,并得到了地方士绅的积极支持。正因为如此,分会很快在江浙战区发展起来,仅上海地区就有近20处。这些分会中有县级,也有乡镇级,基本覆盖了所有战区。总办事处及时给予分会旗帜、徽章,在救护药品、交通工具以及经费上给予支持,制定章程对妇孺收容所的设立进行规范,并派出多支救护队分往各地协同救护。这也反映出总会救护水平发展到一个新的阶段。

再次,注重社会动员。战争救援需要全社会的参与,尽最大可能整合社

---

① 《福建路商联会致济生会函》,《民国日报》1924年9月13日。

会资源是救护成功的一大关键。总会充分认识到这一问题的重要,在战争期间利用媒体,多次进行社会动员,及时公告各地灾情,发动社会各界捐款捐物或直接参与到救护中来。显然,前述众多的慈善捐助和各种组织团体的广泛参与离不开中国红十字会的社会动员。这也表明,红十字会逐步走向成熟。

从上海地区红十字运动发展而言,江浙战争救护行动,使上海地区红十字运动空前高涨,出现了前所未有的新局面,为上海红十字事业的可持续发展,奠定了基础。

首先,从分会数量看,江浙战争以前,上海地区只有沪城分会、吴淞分会。而到了江浙战争期间,嘉定分会、青浦分会、宝山分会、闵行分会、南汇分会、黄渡分会、金山分会等县级分会和娄塘分会、南翔分会、大场分会、泗泾分会、鲁家汇镇分会、莘庄分会、胡家镇分会、胡家桥分会、三林塘分会等乡镇级分会也如雨后春笋涌现。这些分会,既是战争救护的依靠力量,也是上海地区红十字事业发展的"资本"。

其次,救护积极性有了明显的提高。自红十字会登陆中国以来,已进行了不少救援活动,如战争救护、水灾和火灾救助、时疫防治等等。这些救护活动,加强了人们对救护的认识,也提高了人们的救护应急水平。沪城分会就是典型的例子。在江浙局势日益紧张之时,沪城分会未雨绸缪,进行救护准备。《申报》报道说,1924 年 8 月 30 日,"沪城红十字分会,亦以江浙军事,召集救护队员,在分会讨论一切,筹备药品,整装待发。并与红十字总会议定,担任自沪江至嘉兴一路救护事宜。昨日已派员前赴松江、枫泾一带,察看医院及驻扎地点,一俟报告,即当出发"。[①] 应急响应迅速。战争爆发后,立即派出救护队、掩埋队,开赴前线,并设立临时医院、疗养所、收容所,收治伤兵难民。整个行动及时而高效,反映出沪城分会战事救护的能动性。

再次,从救护水平看,江浙战争十分惨烈,造成了严重损失,这也要求红十

[①] 《沪城红会分会即将出发》,池子华等主编:《〈申报〉上的红十字》第 3 卷,第 20 页。

字会能够提供全方位、高水平的救援。沪城分会做到了这一点。沪城分会与中国红十字会总会总办事处同城，其发展受到总会的积极影响，救护经验较为丰富，江浙战争中，沪城分会就体现出较高的救护水平。战前，沪城分会以伤救急伤科毕业生为主体，设立了两支救护队，派往上海南车站、松江布置，还商定上海公立医院为临时总医院，并查勘地点，设立收容所。实地救护中，沪城分会救护队前赴松江、太仓、嘉定等战场，救护许多伤兵和难民脱险，如9月13日，救出松江等地伤兵13名，23日救出嘉定伤兵21名，10月9日救出难民6人。沪城分会还在太平街喻义堂药业公所、新舞台等地设立临时医院，救治伤兵数百名。该会还派掩埋队前往徐家汇、漕河泾等地，掩埋尸骸40余具。其他如嘉定分会、娄塘分会等都在救护伤兵、救济难民、掩埋尸骸等方面做出了重要贡献。显而易见，上海地区红十字会救护的水平有了很大提高。

又次，从救护主体看，红十字会救护成绩的取得离不开红会领袖人物的作用。江浙战争主要战场在长三角地区，因此，红十字会以上海为中心组建了许多红会组织，取得了令人瞩目的成绩。在救护过程中，也涌现了一些杰出的红会组织，如沪城分会、嘉定分会等。这些红会组织之所以能积极有效地进行救护与红会本身领导人有莫大关联。如沪城分会的夏应堂会长、殷受田副会长，是战事救护的强有力的组织者，安排井井有条，一丝不苟，且自始至终，亲力亲为。《申报》曾报道这样一则消息："沪城红十字会夏、殷二会长，以沪埠战事，虽已停止，而沪杭路线各地，运来伤兵难民尚应接不暇，昨日仍派各队员在南火车站守候，以便接运伤兵难民。惟该会临时医院，连日所收伤兵，共有三百余名。九亩地第二疗养院所留伤兵五百余名，满坑满谷，几无隙地。夏、殷二会长，昨日检点二处伤兵，有逾额者数十名，均系无伤，系苏军缴械后放出，该兵无处容身，托名寻友，于忙乱时混入。虽无枪械，但无管束之人，恐防滋事，经该会具函报明淞沪警察厅后，于昨日下午，将无伤之逾额散兵，一并点出，令将军衣脱去，每名给以元色新棉袄棉裤一套，并每名给大洋半元，派员押送令其自往城外旅馆居住，另谋一小营生，安分度日，不得违法强抢，自罹法网。各兵均称谢再三,作揖而去。"① 如此恪尽职守,人道关怀,令人感动。再如嘉定分会原推举项如松为会长,朱吟江为副会长,顾吉生为理事长,后因该三人有其他事务缠身,由戴思恭代理会长职务,负责会中一切事务。戴思恭上任后,便组织职员投身救护,筹办面包、药品等,并组织救护队、掩埋队,设立临时防疫医院,还发动居民清除街道、河流脏物。据统计,在戴思恭的指导下,该会先后救获难民万余人,掩埋尸骸百余具。连日炮弹袭击,嘉定损失惨重,戴思恭还想方设法联络昆山红会,请求代陈昆山军方减少火力,"为嘉邑稍留元气"②。没有这些杰出的红会领导人的积极作用,救护工作不可能顺利进行。

总之,历经江浙战争血与火的洗礼,上海红十字运动出现了前所未有的新气象,分会组织的大量涌现,在保证了救护使命完成的同时,也为上海红十字事业的可持续发展积累了"正能量"。毫无疑问,江浙战争救护,是上海红十字运动一个新的转折点,开创了上海红十字事业发展的新局面。

[作者简介] 池子华,苏州大学社会学院教授,博士生导师;上海师范大学近代中国社会研究中心、阜阳师范学院皖北文化研究中心、德国杜伊斯堡-艾森大学东亚研究院客座教授。曹金国,苏州园区二中教师。

---

① 《红会昨日之救护讯》,《申报》1925年1月15日。
② 《嘉定红会至昆山红会函》,池子华等主编:《〈申报〉上的红十字》第3卷,第78页。

江南文化

康熙帝第五次南巡实录[*]
——佚名《圣驾五幸江南恭录》解读

黄 泳 范金民

内容提要：未曾留下作者姓名的《圣驾五幸江南恭录》一书，是有关康熙皇帝第五次南巡的最为客观真切的记录，该书类似于康熙帝南巡期间的起居注，用白描手法写成，并不粉饰，也不遮掩，细致具体、形象生动地记录了康熙帝五届南巡途中的言动起止，既有皇帝行庆施惠、关心民生的内容，也有各地为迎驾而极尽铺张、踵事增华的内容，还有皇帝大量收受臣民贡献的古董礼品、频频欣赏戏曲表演，以及民间拦驾叩阍等尴尬场面的内容，全面地展示了此次南巡的实际情形，其史料价值迥出其时各种记载之上。

关键词：康熙帝 第五次南巡 《圣驾五幸江南恭录》

关于清代康熙帝和他的孙子乾隆帝的各各六次南巡，学界已有丰富的研究成果，大致褒扬康熙南巡积极因素者多，均肯定康熙南巡意在整治河工、了解民情、关心民生。然则对于康熙帝六次南巡，即使是其中某一次的具体情

---

[*] 本文为2010年度国家社科基金重大项目"江南地域文化的历史演进"(10&ZD069)的阶段性成果。

形,学界其实并未述说清楚,至其六次南巡,是否前后一样,始终在解决国计民生大事,始终秋毫无犯体恤民生,始终相当俭约、不事奢华,则也殊少见人置论。

  记录康熙帝南巡情形者,大约有三类:一是官方记录,如《清实录》;二是皇帝及扈从接驾官员的个人记录,如康熙帝御撰有《南巡笔记》①,记录其于康熙二十三年(1684年)初次南巡时的一路观感印象;江南提督杨捷的《迎驾纪恩》和《迎驾记》两文,同记二十三年初次南巡事;王士禛的《迎驾纪恩录》,记其扈从皇帝二十八年二次南巡山东河南境内事;大学士张英的《南巡扈从纪略》,记其扈从二十八年二次南巡,却多记其个人一路颠簸之状,而于銮驾内容反少笔墨;三次接驾的江苏巡抚宋荦,有《御书恭纪》和《谢恩疏》,记录了皇帝第三第四两次南巡期间赐书赐匾恩惠②。三是民间笔记,如清中期无锡人钱泳《履园丛话》丛话一《旧闻》,追记康熙帝六次南巡概要。这些著述,多颂扬之辞,而于皇帝巡行起居、接驾排场等,不是极为简略,就是干脆未提,未能彰显南巡基本情形;而托名金谢山的《康熙南巡秘记》③,所记多为康熙帝南巡时期演义类故事,虽事多有所本,究非史实。上述记录之外,另有苏州人沈汉宗于三十八年第三次南巡当年编成的《圣驾阅历河工兼巡南浙惠爱录》(简称《惠爱录》)④,该书记载该次南巡最为详细,内容极为丰富,反映全面。但作者编纂宗旨在颂扬朝廷之德泽、皇帝加惠小民之恩沛,所见所闻则"从京报小抄而集",实际上并非当时实录,其真实性也会打点折扣。

  幸运的是,在随驾扈从人员的记录中,有《圣驾五幸江南恭录》一书⑤,逐日记录了康熙帝第五次南巡的全过程,自饮食起居、言动起止、临幸景点、皇帝

---

  ① 康熙帝御撰《南巡笔记》,收入《圣祖仁皇帝御制文集》卷二十,编入《四库全书》,后转收入乾隆《江南通志》。
  ② 宋荦:《西陂类稿》卷二五、三七,《景印文渊阁四库全书》第1323册。
  ③ 收入《稗史丛书》,上海进步书局印行,1916年初版,1922年第五版。
  ④ 该书收藏于台湾"国家图书馆",承江苏第二师范学院中文系刘欢萍博士提供复印件,深致谢忱。
  ⑤ 《圣驾五幸江南恭录》,收入汪康年《振绮堂丛书》初集,该刊本又收入《丛书集成续编》第25册,上海书店出版社1994年版。

心情,到君臣对话、百姓瞻仰天颜、皇帝广施恩沛等,极为细致,相当具体,而且描摹真切,形象生动。由该书所记人物、地点、日期、时辰,物品内容、数量,皇帝传旨内容、口气,反映皇帝心情的"不悦"、"大悦"、"天颜大悦"、"大怒"、"看视良久"、"笑容满语而过",揣度皇帝旨意的"有不善之意"、"有升用之意"等词来推度,从文字算不上雅洁畅明来衡量,该书当出于最接近皇帝的有一定文化水平的随扈人员。作者似不愿留下姓名,好像并不秉奉为尊者讳之类执笔信条,而是无论正面反面、积极消极的内容,无不实时照录,只想留下一份全面客观的原始记录。这样一份原汁原味的"起居注",提供了《清实录》等官方记录和宋荦等深获皇帝宠信的大臣的记录所缺失或隐讳的诸多内容,展示了康熙帝南巡特别是第五次南巡的实际面貌,从而为我们了解该次南巡的真实情形提供了不可或缺的记录,弥足珍贵①。

一、各地踵事奢华恭迎圣驾

康熙帝第五次南巡,自二月初十日从京城出发上船,到五月二十七日回京,前后 105 天,在其六次南巡中,历时最长。其间自三月十二日抵达扬州,十四日过江进入江南,五月初一日返程离开镇江,初七日离开扬州,在繁华地段 54 天,在江南 46 天,周览各地,游玩尽兴。各地官员为恭迎圣驾,使出浑身解数,尽量奉迎,踵事增华。

三月初九日,銮舆行至乌沙河,淮安绅衿百姓备进万民宴,盐场备彩亭七座迎接。② 十二日乘舆进扬州城,乡绅生监耆老迎接,进献鲜果不等,"皇上大喜",着内监接收。行至高桥,老人恭进万民宴。泊舟后,总漕桑奏请圣驾往炮

---

① 振绮堂主人汪康年于宣统二年将该书刻入丛书中时,撰写跋文谓,壬辰(光绪十八年)入京会试时,于人案头得见是书,"虽记巡幸,然旁见侧出,颇足考见当时情事,而我仁庙之勤政爱民于此亦得窥见一斑……全书虽于叙事外不著一语,然颇有言外之意",颂扬康熙帝南巡业绩的同时,似也能从此书中看出一些另类情节。

② 《圣驾五幸江南恭录》,第 6 页。以下为免繁琐、节省篇幅,凡引此书只在正文中附注页码。

长河看灯船。随后往平山堂各处游玩,幸天宁寺。晚上抵宝塔湾泊船,驻跸众盐商预备御花园行宫,入夜,"行宫宝塔上灯如龙,五色彩子铺陈,古董诗画无记其数,月夜如昼"。(第 7 页)十四日过瓜洲四闸,有京口八旗官兵弁旗妇跪接,耆老百姓结彩,香案迎接。(第 8 页)至金山寺驻跸,大殿上,京口将军二都统率领旗营各官延僧启建庆祝万寿道场 21 天,榜上有督抚提督江宁将军学院等位职名。十五日,开船往苏州,为庆贺万寿,镇江耆老士民进献樱桃万民宴果品等物,上令内监收樱桃,又公进御宴一百桌。(第 9 页)一路由常州府至浒墅关,"沿河彩亭戏台迎接"。(第 9 页)十七日,皇船经过浒墅关,有苏州生员耆老人等及故事抬阁并官兵迎接,沿途河边一带数里设戏台演戏恭迎。(第 9 页)御驾由阊门进城,"民家门首各设香案,过街五彩天篷张灯结彩恭迎"。十八日,早朝庆贺万寿,扈从大臣等俱上朝叩祝庆贺皇上万寿圣节;江南、浙江、江西、河南、山东各省乡绅王泽弘等、彭定求等、朱彝尊等俱赴行宫叩贺万寿,进献长生果山景、樱桃肉山景、彩亭、烛酒、荤素、蜜饯、小菜、果点、古玩等色;瑞光寺、华山、虎丘各寺院僧人十余起,每起数十名,圆妙观道士 48 名,各用长幡宝幢香花鼓乐,俱赴行宫祝颂万寿,各设有万寿道场;苏松常镇淮扬等属臣民各设黄幡恭祝万寿,各献荤素果点食物,各色百盘,又献故事孩童抬阁七座,俱赴行宫祝寿;又有各属耆老数百人因蒙恩赐黄衣帛粟肉,俱赴行宫叩谢。(第 10 页)二十一日,圆妙观建万寿皇坛,圆通道场令法官道士 48 名赴行宫祝颂圣寿无疆。皇上同皇太子、十三阿哥宫眷驸马及随驾大臣女眷俱在行宫前登舟,令妇女俱穿五色彩衣彩裙摇船出葑门,前往虎丘。至虎丘,"皇上登山游玩,俱设灯彩",有百姓妇女百余口跪接宫眷,随令引道问话。(第 13 页)前往松江,二十四日行经昆山马鞍山,有方丈僧人震济率众僧起建祝寿道场,在彼叩见,圣心甚喜。从山后步行下山,至徐秉义花园,"民家门首各设香案灯彩迎接圣驾"。(第 15 页)二十五日抵松江钟贾山,"松江士民老人及提标官兵沿塘站队二十里叩迎,又有抬阁十六座及舞花踹高丢钹走马等项",皇上亲看甚悦。(第 15 页)四月初三日抵杭州,一路凡"圣驾经过地方城郭村镇处所上下马头,俱搭五彩牌坊及桥梁搭盖天篷,又因……万寿牌祝谢圣恩";塘栖一带,有孩童装扮故事抬阁十六座,又有彩亭四座,内清吹奏乐演戏;省城八十、九十、一百等岁老人在沿途一带;又有抚协两军都守千把率领马步官兵30队,每队设香案一座,披执各跪迎圣驾;其新马头起至城内行宫一带,有绅衿士民盐、木二商绸缎布匹各典商在大街一带盖造彩亭牌坊十余座;两岸居民挨户悬灯结彩,摆设香案迎接。(第19页)初四日,"省城耆老数百人备彩亭迎进万民袍,并果品点心蔬菜一百盘,未收"。辰刻,"皇上乘轿皇太子宫眷出行宫,由大街过鼓楼,进城隍牌坊,上吴山,幸紫阳山各处游玩"。(第20页)初五日,圣驾行幸洋坝头大街一带,"见有两岸居民俱排设香案,悬灯结彩,又有仁、钱二耆老民人执香呈献时果蔬菜跪迎,皇上甚喜,不打,任民瞻仰,照常生理"。(第20页)初七日,皇上一行出涌金门至西湖,上龙舟,开行,幸岳坟,登岸,往玉泉观鱼。又幸天竺、云林二处。观玩毕,仍至岳坟上船,往湖心亭各处观玩。一路"灯船奏乐演戏"。晚在西湖孤山行宫驻跸,"其十景塘湖塘桃柳树上,俱悬灯,湖内有灯船"。(第23页)初八日,晚在湖内观灯。(第24页)初九日,御舟开往湖内各处观玩,有山阴县百姓备清吹灯舟,周围俱结灯彩牌坊,内有孩童女子扮王母蟠桃八仙叙会福禄寿三星故事来省恭迎圣驾,至行宫前划舞。晚上仍在西湖行宫驻跸,"次往放鹤亭各处观玩"。(第24页)二十二日,皇上自龙潭行宫起驾,前往江宁,经过离江宁城三十里的东流,"沿途俱有黄篷,张灯结彩,抬台演戏,并抬阁装扮故事数十座,及装扮捉法猴会踹高跷走软索扒杆卖解打花鼓人等跳演,迎接圣驾,又上江七府三州士民数千人逐府备有黄彩亭锦帐颂言共数十余抬跪迎"。(第30页)至孝陵卫,"有省城乡绅耆老贡监生员恭迎圣驾,上大悦"。"又有外县黄衣耆老同着省黄衣百姓人等数万人拥道迎接,又有舒城县监生沈弘祚跪献万年有道颂册页"。(第31页)二十三日,上江各府并省城耆老士民人等在行宫各献万民宴,督协两标各营官兵俱赴行宫进献万军宴,"俱不收"。(第32页)二十四日,"传皇上行幸龙潭行宫驻跸,因建造行宫不甚整齐,有不善之意,令督院委江宁府连夜往龙潭星速料理,预备齐整,伺候皇上回銮"。(第36页)二十五日,驾至孝陵卫,江宁府八县盐商薛又锡等搭盖彩棚牌坊迎接,"皇上甚喜……笑容满语而过"。幸报恩寺,路过三山街,"见伍家牌楼彩棚,圣驾甚喜,随命停车,看视良久"。(第37页)五月初一日,御舟到三岔河,上岸进行宫游玩,驻跸御花园行宫,"众商加倍修理,添设铺陈古玩精巧,龙颜大悦"。(第44页)

　　一路南下,经过城市淮安、扬州、镇江、苏州、杭州、江宁以临幸之地,均搭盖彩亭牌楼,张灯结彩,装扮抬阁,扮演吉祥娱乐故事,临近驻跸之地,沿岸或沿路迎接队伍绵延二三十里,行经之处,居民门首摆设香案,跪伏恭迎。各地行宫摆放古董书画,铺陈精巧。夜幕降临,扬州宝塔湾行宫、苏州虎丘塔、杭州西湖湖心亭、江宁报恩寺塔,灯火璀璨,照耀如同白昼。因时值万寿前后,镇江、苏州、杭州以及昆山近郊,均有祝寿道场,铙钹盈耳,颂祝之声不绝。各地更使出浑身解数,竭尽所能,热烈欢迎的场景日形隆重,愈形奢华。淮安是乡绅生监耆老迎接;镇江由八旗官兵弁旗妇跪接;苏州不但生员耆老人等及故事抬阁并官兵迎接,沿途数里设戏台演戏恭迎,民家门首各设香案,过街五彩天篷张灯结彩恭迎,而且妇女俱穿五色彩衣彩裙摇船出葑门前往虎丘;松江灯彩更胜他处,士民老人及提标官兵沿塘站队20里叩迎;杭州动员社会各阶层,孩童装扮故事抬阁,内设清吹奏乐演戏,八十、九十、一百等岁老人沿途跪接,抚协两军都马步官兵列队三十,摆设香案,披执跪迎,绅衿士民商贾人等,盖造彩亭牌坊十余座,居民挨户悬灯结彩,摆设香案迎接,耆老数百人备彩亭进万民袍;江宁不但省城士民全力迎驾,而且上江七府三州士民数千人逐府备有黄彩亭锦帐颂言跪迎,外县黄衣耆老同着省黄衣百姓人等数万人拥道迎接,又有舒城县监生沈弘祚跪献万年有道颂册页,上江各府并省城耆老士民人等在行宫各献万民宴,督协两标各营官兵俱赴行宫进献万军宴。一路上巡行途中,几乎天天开宴百桌,吃物玩物纷陈,戏曲清唱,丝竹之声不绝,遍设坛场,祝寿颂圣之音四起。对此大事铺张的奢华做法,皇帝不但未像前此南巡时发出约束性禁令,而且内心赞许,予以怂恿,加以肯定。此次南巡途中,描写皇帝心情"大悦"、"大喜""甚喜"、"喜欢"、"天颜大悦"、"龙颜大悦"等喜悦心情的文字在文中共有20余处,而数处就出现在接驾过程中。如前往述,乘舆进扬州城,乡绅生监耆老迎接,进献鲜果,"皇上大喜"。在昆山马鞍山附近,见有方丈僧人起建祝寿道场在彼叩见,"圣心甚喜"。驾幸杭州,见有两岸居民俱排设香案,悬灯结彩,又有仁、钱二耆老民人执香呈献时果蔬菜跪迎,"皇上甚喜"。抵达江宁孝陵卫,有省城乡绅耆老贡监生员恭迎圣驾,"上大悦";盐商等搭盖彩棚牌坊迎接,"皇上甚喜……笑容满语而过";过三山街,见伍家牌楼彩棚,"圣驾甚喜,随命停车,看视良久"。驻跸扬州御花园行宫,因盐商加倍修理,添设铺陈古玩精巧,"龙颜大悦"。因接驾隆重,各地官员获得皇帝褒奖。在松江,因"松城灯彩更胜他处",传旨赐江提张克食二盘,绫字一幅,玻璃古玩。(第16页)在杭州,因浙省各官办事勤慎,到处预备料理,在湖心亭赐布政司郎御笔字扇一把,诗一首,对联一副。(第24页)各地官府揣摩皇帝心思,迎合皇帝好尚,是以互相比攀,踵事增华,务求胜于前面的接驾排场而不已。

此次南巡,康熙皇帝其实颇有游玩赏景情趣。三月十三日,皇上在扬州行宫写字观看,御笔亲题:"朕每至南方,览景物雅趣,川泽秀丽者,靡不赏玩移时也,虽身居九五,而乐佳山水之情,与众何异。但不至旷日持久,有累居民耳。所以一日而过者,亦恐后人借口实而不知所以然也。"(第8页)一语道出了此次南巡的真实意图。

说到康熙帝南巡的排场和奢华,实有逐渐升级升华的过程。康熙二十三年初次南巡,将到苏州,"御舟已入邑境,县令犹坐堂皇决事"①。二十八年二次南巡,到扬州,"见闾阎之间供张甚盛,上命撤之";到无锡黄婆墩,时已暮,"墩上悬灯数百盏,下映河水甚可观"。② 直到入城,"街巷始结灯彩",南京"地方官装饰舟船以待",尚而不用③,因秦淮人家张灯焚香,将及一里,烦扰了百姓,皇帝意存不安④。三十八年第三次南巡,"自姑苏驿前,虎邱山麓,凡属驻跸之所,皆建锦亭,联以画廊,架以灯彩,结以绮罗,备极壮丽",时人称其华丽程度逾前十倍。适逢万寿圣诞,"于诸山及在城名刹广列祝圣道场"。⑤ 苏州

---

① 钱泳:《履园丛话》丛话一《旧闻》,中华书局1979年版,第13页。
② 张英:《南巡扈从纪略》,《小方壶斋舆地丛钞》第一帙,第282页。
③ 《清圣祖实录》卷一三九,康熙二十八年二月甲子,第30页,中华书局影印,1986年,第4390页。
④ 张英:《南巡扈从纪略》,《小方壶斋舆地丛钞》第一帙,第282页。
⑤ 钱泳:《履园丛话》丛话一《旧闻》,第14页。

织造府新建行宫,有四殿:"一以赤金箔粘于墙,为之泥金殿;一以诸奇香屑涂于壁,故名香壁殿;一以真石青色刷于墙,为之列翠殿;一以方圆明镜镶嵌于壁,故名通明殿。于内供设奇珍古玩,瑶草仙花,不能尽述,其制作之巧,规模宏壮,悉皆织造李公心思所至,意想精微。其御用什物,厨房茶房,进奉之物,悉称圣意。故有金言曰:'甚亏你用心收拾,老太太甚喜。'"①四十四年第四次南巡,江苏巡抚仍为宋荦,"一切行宫彩亭集照旧例"②。四十六年第六次南巡,江苏巡抚于準为迎驾,"欲拆民房开广地基,又虎丘山门外俱买房屋,广砌码头,而且虎丘山上特起行宫",苏州织造李煦因而提醒不要过于铺张。③ 看来,皇帝南巡如此奢华,第三次南巡是转折点,以后三次只是在旧例的基础上踵事增华、水涨船高而已。然则其奢华之程度,有赖此《圣驾五幸江南恭录》具体描摹下来,极为珍贵。

二、进宴看戏

康熙帝对戏曲抱有极大兴趣,雅有欣赏能力,对昆腔、弋阳腔等时尚曲调都颇感兴趣。南巡时的漕运总督、两淮盐运司、江南提督、苏州织造和江宁织造,通常蓄有戏班,云集名伶高手,演出水准一流,苏州织造还兼管统领民间戏曲表演的老郎庙的事务。皇帝南巡时,有戏班随驾,御舟上一路演出,驻跸各地,这些朝廷钦派的官员纷纷进献名角,盛宴之时,名角的表演经典剧目,也就极为正常,十分方便。

三月初九日,御驾驻跸漕运总督衙门行宫,演戏十一出,"系选程乡绅家小戏子六名演唱,甚好,上大悦"。(第6页)十二日,在扬州行官,"演戏摆宴"。(第7页)十七日,在苏州织造衙门行宫,"织造李进御宴名戏等"。(第10页)十八日庆贺万寿,"进宴演戏,皇上亲点太平乐全本"。(第10页)十九日文武

---

① 沈汉宗编:《惠爱录》上,第48页。
② 钱泳:《履园丛话》丛话一《旧闻》,第15—16页。
③ 李煦撰,张书才、樊志斌笺注:《虚白斋尺牍笺注》一七《致江苏于大中丞》,中华书局2013年版,第46页。

大臣晚朝,"进宴演戏"。(第12页)二十日,"行宫内传清客演唱串杂剧"。(第13页)二十一日晚回行宫,上朝,"进宴演戏"。(第13页)二十二日,晚,上朝"进宴"。(第14页)二十五日,驻跸江南提督张云翼建造世英堂行宫,"江提张进宴演戏"。(第15页)二十六日,"江提张进宴演戏。(第15—16页)二十七日,回行宫,"江提张进宴演戏"。(第16页)四月初三日,在杭州织造府行宫驻跸,"织造敖进宴演戏"。(第19页)初七日,在西湖湖心亭,下午,"灯船奏乐,演戏"。(第23页)十二日,御驾自杭州回至苏州,"苏州耆老士民人等及官兵站队叩迎,沿途十里,三台演戏共迎,有龙舟故事迎接",驻跸织造府,"织造府李进宴演戏"。(第25页)十五日,"织造进宴,命清客串演杂戏"。(第27页)十七日,"晚朝,进宴演戏"。(第29页)二十二日,在江宁织造行宫,"进宴演戏"。(第31页)二十三日,"织造进宴演戏"。(第32页)二十四日,"织造进宴演戏,文武各晚朝"。(第36页)二十五日,"各官晚朝,织造府进宴演戏"。(第37页)二十八日,晚抵镇江,"将军马进宴演戏"。(第42页)二十九日,"将军进宴演戏"。(第43页)五月初二日,在扬州,"两淮盐院曹进宴演戏"。(第43页)初三日,"两淮盐院曹进宴演戏"。(第45页)初四日,"上即行宫内荷花池观看灯船,进宴演戏"。(第45页)初五日,"文武官员晚朝,进宴演戏"。(第45页)初六日,"晚朝,进宴演戏,其一切事宜皆系商总程维高料理。又提督张每日进宴进膳,上甚喜,大悦。谕光禄云:'提督张所进食物,味甚精美,可照样制备。'并将提督制膳厨役"。(第45页)"送至御膳房船上,沿途跟随教导众膳房制办筵宴等情。"(第46页)初八日,御舟抵淮安,过杨家庄,"有漕院桑预备龙舟十只在河内划舞,又岸上搭有戏台数处,演戏迎接"。进城,"漕院进宴,因天雨未做戏,上止命女乐清唱,至二更时安歇"。(第46页)

康熙帝自淮安开始看戏,历经扬州、镇江、苏州、松江、杭州、江宁等城市,驻跸下来,均看戏欣赏,总共看戏至少28场。其中在苏州,南下时连续五天看戏,在松江连续三天看戏,回程时在苏州又有三天看戏;在江宁连续四天看戏;在镇江连续两天看戏;在扬州连续五天看戏。檀板一响,名角登场,成为南巡江南名城时的规定节目。

康熙三十八年第三次南巡,皇帝在淮安、扬州、常州、江宁等城甚至御舟上也曾经常看戏,而且也是驾临苏州当天就看戏,但未曾在一个地方连续数日看戏,显然,第五次南巡时,皇帝观看江南戏曲表演的兴致和频率远胜于以前历次南巡。

苏州是丝竹之乡,戏曲表演人才荟萃,器具齐备而又精良。苏州织造李煦平时就承担着为皇帝选送演员和准备丝竹器具的任务。康熙三十二年十二月,李煦奏报:"念臣叨蒙豢养,并无报效出力之处,今寻得几个女孩子,要教一班戏送进,以博皇上一笑。切想昆腔颇多,正要寻个弋阳好教习,学成送去,无奈遍处求访,总再没有好的。今蒙皇恩特着叶国桢前来教导,此等事都是力量做不来的,如高厚洪恩,真竭顶踵未足尽犬马报答之心。今叶国桢已于本月十六日到苏,理合奏闻。"硃批:"知道了。"① 五十二年九月十八日奏:"臣煦等于八月初八日奉到上谕:谕李煦、曹頫,朕集数十年功,将《律历渊源御书》将近告成,但乏做器好竹。尔等传于苏州清客周姓的老人,他家会做乐器的人,并各样好竹子多选些进来,还问他可以知律吕有人一同送来。但他年老了走不得,必打发要紧人来才好。特谕。臣等遵即传于苏州清客周启兰,着他选择做乐器的人。周启兰年老不能行走,谨举荐钱君达、张玉成二人知道律吕,会做乐器。臣等差家人护送上京,伏候谕旨,并将各样竹子进呈。第此等竹子,俱产浙江,必于冬间取起方好,今年来苏州的俱已卖完,一时未有佳者。目下正值冬天,臣已差家人往产竹地方前去寻觅,俟一得,随即星赍进上。"② 五十二年十二月二十四日,李煦又奏:"窃臣煦与曹頫奉旨采办灵璧磬石,并做乐器竹子。臣煦等即钦遵奉发之单,采办箫笛竹二千根。臣煦又另备五千一百根,一并开单恭进,以备选用。而采办之竹,俱老清客周万谟经手。至于磬石,灵璧县未有现成,已经选工到山赶紧采取,俟一齐全,即星飞进呈。"硃批:"知道了。未见竹子,难说好歹。"③ 由此可见,李煦一直在不时地向皇帝进呈戏曲人才及丝竹器具。

---

① 故宫博物院编:《李煦奏折》,中华书局1976年版,第4—5页。
② 同上书,第146页。
③ 同上书,第152页。

三、收受古董礼物

康熙帝此次南巡，一路收受臣民所献礼品，尤其是古董古器，为数甚为繁夥，其他南巡记载，几乎从未提及，而《圣驾五幸江南恭录》则多有记述，具体如下：

三月初九日，圣驾驻跸总漕衙门行宫，各乡绅道府等进古董小菜各物，"一概不收"。（第6页）十四日，圣驾驻跸金山寺，将军马三奇、江宁织造曹寅、随驾大学士张玉书公进御宴100桌，将军马进古董等物，上收古书一部，洋漆杯二只。又进解子鲫一盆。都统蔡进古董等物，上收古书四部，并说："朕一路来，所收书甚多，俱不及你的，你的眼力好。"都统赵进古董等物，上收古书一部。曹寅进古董等物，上收玉杯一只，白玉鹦鹉一架。张玉书进古董等物，上收古书一部，古瓷笔架一枝，火腿80只，皮蛋20桶，蜜饯百花酒100坛，小菜俱不收。（第8页）稍后，淮安知府杨朝麟进古董诗物，皇帝收古书一部。扬州府盐商进古董60件，又进皇太子40件，各宪也进皇太子古董物件不等，将军二都统恭进皇妃贵人宫主扬州香毯香袋各种异样名香头油等件。（第9页）十六日，皇船经过常州府，江南提督张云翼"进献花园古董皇船二只"。（第9页）十八日在苏州，早朝庆贺皇上万寿圣节，"各官进献古董玩器礼物，点收不等"；江南、浙江、江西、河南、山东各省乡绅王泽弘、彭定求、朱彝尊等俱赴行宫叩贺万寿，"进献长生果山景、樱桃肉山景、彩亭、烛酒、荤素、蜜饯、小菜、果点、古玩等色"；龙江关税监督萨载"进献古董24件，皇上收四件，汉玉万寿长春台盏一对，万鹤手卷，娇黄大盘十二面，成窑把碗二只，余俱不收。又献皇太子力鼎山河暖手壶握，又进十三阿哥成窑钟罍对，董字手卷一个，俱收"。（第10页）十九日，"江南皇本商汤元丰、王永祥、叶嘉茂、俞程芳进献古董十色，皇上大悦，收宋李通大画一幅，字画名扇十柄，竹器二件"，江苏巡抚宋荦"进献馒头馍馍各四盘，小菜一百瓶，上随俱收，甚喜"。（第12页）二十日，各官上朝请安，宋荦启朝，进献皇上鱼酢鸡羹鸭脯等四色，随行司道各官进献古董名字手卷古炉磁器古董等色，各点收三色。（第12页）二十一日，皇上在苏州行宫，各官上早朝请安，江苏按察使高必弘进献玉杯古玩，抚标中军林政进献官窑罗汉一尊、红毛玩景小船一只、名字手卷古书四色。（第13页）二十六日在松江，各乡绅上朝，"各进古董玩器诗赋，内有翰林沈宗敬进献古书二部，高曜进古玩，王图炳进小菜400瓶，俱收"，张棠进董字玉杯等色。（第16页）四月初四日在杭州，副都御史海宁县人陈诜，进献古董小菜。将军督院抚院司道公进满席40抬，"督院提督北关布按二司各进古玩"。（第20页）初七日，温州镇李进画眉白鹇各一对，蜜浸果品100瓶，并柑子青果橘子等色。杭州将军诺罗布进古玩12件，皇上只收檀香佛董字成藏经手卷，并谕："你在浙做官清廉，难为你了。"侍卫方熹、葛宜、黄尊周，俱系杭州人，进花鸟4种，果品克食各8抬，皇上甚喜，谕道："淮扬一路来，看过许多盆景，不如你们进的，收拾得很好，全收了。"（第22页）十二日，皇上自杭州回至苏州，总漕桑差官来苏，进献鲜鲥鱼二尾，大樱桃二篓。宋荦进献古书古画二色，（第25页）十四日，宋荦进献古董小菜等色，浙江都司缪进献纸花木鸭求鹅五菜花果盒喜炮高升等色四箱12篓，浙江嘉善县景德等寺僧人进献古炉。（第26页）十五日，宋荦进百花糖、绿豆、芥菜、鸭脯四色，原任苏州营守备叶定邦跪献水晶印红粉蕲艾等色。（第27页）十六日，宋荦进献苜蓿菜、蒲耳菜二色。（第27页）二十二日在江宁，江宁将军都统进献满席炸点克食数十抬，江宁织造曹寅进献樱桃，皇上大悦，云："朕要进过皇太后，朕才用。"（第31页）二十三日，两江总督阿山进献大缎广纱宁绸统绫各160端，古玩30抬，川马30匹，又进皇太子古玩20抬，进皇贵妃宫主香囊香毬香枕梳妆香油绒线等色，"俱候收"。另有新任安徽布政使郑煜进献古字画安垫等色，江宁知县陈进献古董册页并鹦哥画眉八哥，上江各府贡监生童名士人等赴行宫进献诗赋册页，将军都统各进马匹古玩，八旗固山进献烧食炸点共百抬，"上命分赏随驾大人官员文武官员"。（第32页）二十四日，安徽巡抚刘光美进献活鲟鳇鱼四尾、活鹿四对、锦鸡二笼、新茗10瓶，"候收"；原任四川总镇郑侨柱，原任安徽布政使张四救，原凤庐道李钟麟"各进古董古书册页等色，上点收不等"；福建王万祚之子王德敬进古画炕屏二架，自来火手枪四杆，"不收"；（第35页）商人薛天锡等前赴行宫叩进万寿龙袍褂并古董八色，"苏大人传旨'上看视古董，收成窑红鱼把碗一对'，余未收"。（第37页）二十

七日,原任四川重庆总镇郑启朝进古书古画六色。(第40页)

　　皇帝对于各个阶层贡献的礼品,凡吃食、小菜、时新果品等,一般均予接收,转而分赐随员群臣;对节令特产如樱桃等特别喜欢,转而尽孝进献皇太后;对于进献的古董书画,大体上进献者较为穷困者、贡品档次不高者,不收或点收,而对地方高官如八旗将军、总督巡抚、位高乡绅及盐商等富贾,或进献品物稀世珍品,往往照单全收,如对鉴赏家、江苏巡抚宋荦及两江总督阿山所进数量繁多的古玩,就未见不收或拒收。然而无论如何收法,皇帝收受古董书画等物,胃口日益增大,数量日益众多,途径日益广辟,则是不争的事实。

　　康熙收取臣僚和地方绅士古董书画,自然并非始于此次南巡,康熙三十八年第三次南巡,皇帝就曾收过不少。正月十七日,车驾出发之前,在畅春苑,太仓人、吏部侍郎王掞的儿子、翰林王奕清进献赵子昂六体千字文一卷,李成雪图一幅,董其昌楷书《黄庭经》一册,行书《桃源行》一卷。皇帝高兴地说:"你家原是江南有名的旧家,知道你家里家教极严,就是进的物件,赵字董字,都很好,朕喜欢,收了,这画带回去罢。"①二月十五日,在苏州行宫,定慧和尚进见,献古董二事。皇帝说:"生受你来献东西。"(第49页)二十五日在杭州织造府行宫,浙闽将军、都统、督抚、提镇各位进献古董书画马匹色物,上云拣收留下。(第63页)四月初二日在苏州,松江人翰林沈宗敬呈进其父文恪公遗迹大字应制诗一轴,行楷应制诗一轴,临兰亭帖一手卷,临米家帖一手卷,楷书北斗经一册,楷书心经一卷,临天马赋一卷,行书池上篇一卷,楷书内庭副本对联一副,各体佳扇十握。皇帝为之动容,说:"你父亲这些字俱好,都收了,将来都要刻在御帖上。你进的扇,书画得甚好。"②初三日在苏州郊区木渎镇,前翰林院汪琬之子汪穀贻接驾,进献汪琬所著文集,并汪琬曾用过之宋版书一部,宋砚一方,元人名画一轴,砚山一座。皇帝说:"这文集是你父亲的,书是您父亲读的,朕通收了,余下都是你父亲的东西,还你取回去罢。"(第7—8页)十九日,在镇江金山寺,在任大学士张玉书进献董其昌字一轴,古砚一方;京口将军马进献

---

① 《惠爱录》上,第12—13页。
② 《惠爱录》下,第3页。

玻璃盏混元珠二色；原任京口将军董进献樱桃二担，钢剪160把，红头绳一包，传旨"俱收下"。(第29页)第三次南巡虽也收了不少古董书画，但范围和数量均有限，皇帝还有所节制，大臣进献者还不普遍，臣工还未像这次挖空心思，不失时机。

康熙皇帝喜好古董书画，接受臣僚进献，自然也不限于南巡之时。时任苏州织造李煦和江苏巡抚宋荦则是有名的鉴赏高手。宋荦擅墨妙，精赏鉴，时人褒赞为"性嗜古，精鉴赏，名人书画一见即别真赝"①。任江苏巡抚13年，接驾三次(三十八年、四十二年、四十四年)，深得皇帝信任，不仅治理地方深受百姓拥戴，每次接驾也让皇帝极为满意，皇帝赐字赐匾，时获褒奖，宋荦利用接驾和平时坐镇文献之邦的良机，不时进献珍物名品，自是常见。担任苏州织造30余年的李煦，善书懂画，赏鉴古玩水平也非泛泛，既深谙皇帝的嗜好，又懂得进呈的合宜时机，因而常常为其他官员如何贡献讨好皇帝提出建议。康熙帝第六次南巡的四十六年春，李煦就曾致信时任江西巡抚的张廷尉，称："进呈古玩，必须真正出色之物，方可恭献。今阅各件，甚属平常。某与诸要津斟酌，俱云此事原以讨好，若持此等东西冒昧进呈，窃恐不能取悦。某忝在骨戚，何敢贻误？今幸六飞临浙，回苏之期尚宽。速觅绝顶珍玩，真正古器，候圣驾到苏之日，再为商量进呈，庶乎事望有济。"②紧接着，代为觅得合适礼物后，再次致信张廷尉，称："今适有如意一枚，自觉珍重可观，或即将此买就，再以现在之物拣选数种，汇以进献。盖与其后时又不若先时之为妙也。"③

皇帝平时经常接受李煦、曹寅、宋荦等官员的书画雅献，现在南巡亲莅文物古董重地，精心选择圣心所喜爱的精品，既满足了其嗜古欲望，也给大臣提供了讨好邀宠的大好机会。在此情形下，如果大臣再不孝敬，奉上祖传精品，未免太不开窍，固执不通了。

---

① 余金撰记，李桓辑：《国朝耆献类征初编》卷四六《卿贰六》，广陵书社影印，2007年，第2752页。
② 李煦著，张书才和樊志斌笺注：《虚白斋尺牍笺注》二四《致张廷尉》，第63页。
③ 李煦著，张书才和樊志斌笺注：《虚白斋尺牍笺注》二五《又致张廷尉》，第65页。

四、时有拦驾叩阍之事，大煞风景

　　康熙帝此次南巡，时际升平，行庆施惠，自不待言，驾幸各地，皇帝乐见感人场景。

　　三月二十三日晚抵昆山三里桥驻跸，昆山各乡绅徐秉义率子侄徐树穀、徐树本、王喆生等及耆老人等恭迎圣驾。（第14—15页）二十九日起驾至王宦花园，有王鸿绪子侄叩迎皇上进园游玩，王宦恭进御宴。（第19页）当年在紫禁城承命、南书房议事的老臣，如今在其家乡携带子嗣觐见天颜，皇上甚至临幸其庭园，该是何等荣耀之事！四月初六日在杭州，山阴县耆民王锡元弟兄五人，长、次系双生，同年80岁，老三78岁，老四76岁，老五75岁，兄弟五个人瑞率子侄17人孙18人，叩见皇上，称上次南巡曾驾幸浙省，蒙赐肉帛，今赴朝谢恩，请驾幸越地，"随召问话，上甚喜，赐宴并赐弟兄五人缎锦各一匹，又赐匾'一门人瑞'四字"。（第22页）初七日，皇上顾念老臣，大发爱心，赐詹事府陈元龙"南陔日永"四字，户部尚书徐潮"怀存堂"三字，都察院陈诜"五箴堂"三字，户部汤右曾"扶质堂"三字，学士徐元正"修吉堂"三字，并各人一匾，众老臣领御笔谢恩而出。（第23页）这些场景，凸显君臣之间天子与百姓的和融情深，着实感人。四月十四日在苏州，浙江钱塘县生员王曾其、名士朱镶二人，前因在浙获御赐"文字端楷"，皇上对他似甚喜欢，随从奉旨各赐御箭一枝，二人执此随驾来苏，并献手卷诗赋。（第26页）二十六日在江宁，皇上从太平门城墙下来，回行宫，至碑亭巷，有102岁张姓妇人带80岁、70岁儿子二人接驾，上令侍卫查看，果系老年，即赏10两银子。其地又有天主堂，门首恭进西洋字册页履历黄折，銮驾停车，"顾问良久"。又御试西洋语文，"天颜大悦"，随命御前太监李带领随驾入行宫，奉旨着养心殿大人张常住照管，候旨宣用。（第39页）二十七日，銮驾幸灵谷寺，该寺和尚晓苍率引众僧叩接，皇上至大殿礼佛，赏看各处古迹，"晓苍奏对甚合，上心大悦"。（第41页）回城，有在省乡绅河间知府许天馥送驾，皇上问何以在家，回奏丁父忧回来。皇上又问：丁忧几年了。回奏二年了。"銮舆已过，又令侍卫李公驰马跑回问话，良久复旨，天颜甚喜"。

（第 42 页）这些盛世胜事，加上各地苦苦挽留多待些时日的舆论民意，定然使皇帝印象深刻，龙颜大悦。

然而此次南巡，并非全是赏心悦目之事。此次南巡，清朝已进入全盛期，表面看来，天下太平，黄淮安澜，地方奠安，社会稳定，士民乐业，皇帝自然最想行庆施惠，与民同乐，共赏丰亨豫大的盛世美景，但偏偏屡屡发生与主旋律不和谐的煞风景之事，令天子和群僚不无尴尬。

龙舟启航的第一天，即二月初十日，行至新堤地方，即有候选州同孙恩元、周忻、徐云、盛候等 48 人请捐补通仓事例叩阍（第 3 页），上命将本收阅。三月十六日，圣驾经临常州时，有附居嘉兴的福建泉州府监生黄永清叩阍，呈递建言 15 款，"奉旨绑交督臣审供"。（第 12、26、40 页）二十一日，在苏州，有常熟山人杨子岳妻叩阍，具告翰林院赵徵介倚势冒认伊夫为仆，"即交巡抚收审"。（第 13 页）四月初一日，皇上自松江行幸浙江，舟抵嘉兴西门驻跸，有湖州百姓等叩阍，事为保留清廉湖州知府陈一夔，"奉旨发浙江提抚审明具题"。（第 19 页）前往至皂林地方，又有二人叩阍，"即绑交督院讯明供回奏"。酉刻，过石门换纤开船，有孤贫人 20 余名设香案接驾，"各赏银一锭"。（第 19 页）十二日，皇上自杭州回程，至苏州灭渡桥地方，有原任江西饶九道滕天绶叩阍，情因大计荐举官员一案误被革职，"奉旨绑交两江总督审供回奏"。又有崇明县民郁为、上海县民郁登先为海关额外苛征钱粮，民人盛世奇为钱粮赔纳坍江田地钱粮屡年赔纳而叩阍两起事件，"传旨绑交总督审明回奏"。（第 25 页）二十二日，在江宁城，有四川黜革举人金志学献册泣奏，询问之下，原来金志学是安徽宣城人，举人功名因故被革，要求就近考试，想以哭诉让皇帝知道。传谕："你不必哭，准你童生应试，果然诗字好，可赴江宁府报名。"（第 31 页）二十五日，皇帝礼佛后回江宁城内，有湖州民人潘云琯因领乡绅本银二百两到江宁贸易，在途中被劫，因而叩阍，"上令绑交督院审供回奏"，后皇帝"怜其穷苦，赏银四十两，令其回籍"。（第 39 页）又有原任扬州同知马骧为因护理淮扬道篆务被总河误参革职而叩阍，"上发中堂查明回奏"。（第 36 页）二十六日，有城守千总翟基龙为盗案革职叩阍，恳求开复情由。（第 39 页）二十七日，在灵谷寺附近，有黄快军丁数百人在彼叩阍，求免丁银，上云："朕已免过你们，人来告甚么?"即召督院阿询问:"朕数次南巡,每见百姓来告丁银,曾发你查明具题免过,为何百姓今又来告么?"回奏:"捐免军丁系逃亡故丁赔累钱粮,已邀特恩免过,现在丁银未曾全免。"上即特恩免除。(第41页)

銮驾叩阍,律条明禁,每次南巡时,皇帝也总是谕令官员,重申禁令。但此次南巡,在谕令不准在御驾前叩阍的情形下,仍有十余起叩阍事件,特别是在此次南巡终点站江宁城,一连三天有数起叩阍,恐怕任何人都始料未及。控诉范围涉及官府苛征、田亩不实赔纳钱粮、经商本钱被劫,官员被不公正对待、军丁银赔累、百姓呼吁保留清官、主仆关系、地方建言等。所控事件虽有各种情委,但瞅准机会到御驾前叩阍实属小题大做,极不得当。虽然皇帝对每起事件,或着官员审明回奏,或亲自查询清楚,件件有着落,对情有可原情实者付与同情,对正当要求者予以满足,但叩阍此类极端行为,既有违律条,又不是时候,所以皇帝大多是下令"绑交"相关官员处理,严重者如黄永清建言更乱成章,予以流三千里重处。无论如何,在南巡途中发生的这十余起叩阍事件,不啻太平盛世的杂音,从各个角度折射出当时的官场实况、民间生业和社会百态,对于皇帝,恐怕也是一帖清醒剂。

皇上南巡,巡行哪里,赏什么景,自然一概出于圣裁,但事实上皇帝并不能随心所欲,如愿以偿。四月二十六日,皇上驾幸太平门,登城阅视城垣,停车观看后湖景致。下城墙,欲由太平门顺道至观星台北极阁游玩。探路江宁章京启奏,此小路,銮舆难行,"上不悦,即回行宫"。回宫后,即差侍卫马抬銮轿往太平门验看至北极阁一路可否行走。勘察一番后,侍卫禀复,经过比量,銮舆可行,"上大怒,差大人立拿探路江宁正白旗胡章京、厢蓝旗刘章京绑至行宫,先令侍卫将章京乱打一顿,次将章京二员发刑部大人在朝门外审讯拦阻圣驾情由。当经拟罪回旨。上谕:章京二员锁解进京发落"。(第39页)北极阁后湖赏景,皇帝第三次南巡时曾两次登临,六年后再想旧地重游居然未能如愿,皇帝心情恼怒可想而知。揆度其情势,皇帝其实不想冤枉办差人,但也绝不允许欺君瞒上之行为。皇帝先是对探路章京的挡驾行为"不悦",一经坐实其违忤实迹,则"大怒",而立予处责。二十七日,皇帝从太平门上城,原欲至得胜门下,因台城城垣拆卸,未曾巡阅,"上不悦"。(第40页)未能像第三次南巡一样,两登台城赏览玄武湖景致,只因非人为因素,不便发作。此次南巡,记录皇帝"不悦"、"不喜"、"大怒"等心情的,只有5处,居然3处出现在皇帝未能如愿临幸之处。

五、余论

　　康熙帝此次南巡,本欲验证仲庄闸改建于杨家庄后黄河入海之水通畅情形,早在车驾出发之前的正月十八日,皇帝首次提出:"要往南或看杨家庄仲家闸,指示方略,船去船来,不扰军民,该去不该去?"(第1页)二十日,又上谕吏户兵工四部,在全面交代此次南巡的目的和宗旨时提到:"朕念民生,加意河道,屡行亲阅,一切疏浚修筑事宜悉经周详指画,获告成功。前黄河之水往往倒灌清口者,皆由仲庄闸与清口相对,骆马湖水势湍激,遂逼黄流灌入清口,朕视河时躬临相度,命河臣移仲庄闸改建于杨家庄出口。工竣之后,河臣报称河水畅流入海,绝无倒灌清口之患,朕尚未经亲闻,今欲特莅其地,察验形势,用筹善后之规。其中河、黄河、运河有应加修防者,亦随用指示,以图经久。"(第1页)但实际上,南巡期间,皇帝只在三月初"沿路阅视河工,到韩庄闸。上差大人往徐州看闸河工,皇上由台庄至宿迁中河一带顺看河工赴淮";初五日,"上看白洋河工程";初七日,"圣驾至桃源看工";(第5页)初九日,"圣驾开舟,看王家营工程"。(第6页)回銮时,于五月初六日传旨总河张鹏翮,"面问河工利弊,逐一回奏",随后,"欲观看高家堰各处石工等情"(第45页)。真正在河实地的时间不到十天,停留的时间很短,而绝大部分时间是花在了游山玩水、欣赏戏曲、品尝美食、收受古董、接受臣工和地方士绅瞻仰天颜上了。乐佳山水之情,身居九五的康熙帝与官员百姓相同,因此每见川泽秀丽者,无不赏玩移时。这一点,康熙帝实话实说,透露心声,反不像那些官方和官员的记载,遮遮掩掩,有所顾忌。南巡途中的诸多实际情形,或者说实际面貌,被官员、官方记载忽略和有意隐讳了的情形,正有赖《圣驾五幸江南恭录》此类当时实录保存了下来,实是幸事。三百年后,天壤间尚存此类真切记录,吾辈研究者,真该额手相庆。大约光绪二十二年(1896年),振绮堂主人汪康年在该书梓刻前,将其送给友人陈三立,后者看后发表看法,谓"《五巡录》亦无甚好看,不过收礼、听剧二事,稍令人羡慕而已"①。散原老人对此书并不很感兴趣,却也注意到所载有"收礼"、"听剧"二事值得注意。康熙帝南巡之后,其孙乾隆帝效法乃祖也六次南巡,屡屡接受臣民特别是两淮盐商的报效进贡,各地亦精心营建行宫并大事装饰铺陈,搭盖彩棚以博皇帝欢心,还雇请戏班为皇上演出,令南巡游玩的色彩更加浓烈,声色奢华日甚一日。南巡因此成为不少大臣特别是地方要员进贡邀宠的绝好机会。前后观照,其风实兴起于康熙帝的后几次南巡,此后水涨船高,逐次跃升至无所底止。

[作者简介] 黄泳,苏州大学社会学院历史系博士研究生。范金民,南京大学特聘教授、历史学院博士生导师。

---

① 上海图书馆编:《汪康年师友书札·陈三立》三,上海书店出版社2017年版,第1807页。

书香一叶
——吴中叶氏的家训家风

吴建华

内容提要：吴中叶氏家族自北宋以来，人口众多，支派繁衍，人才辈出，素为书香门第，久负盛名，成为中华叶姓的佼佼者。他们秉承叶梦得《石林家训》与《卯峰叶氏家训》的谆谆教诲，重视人品修养与治生之道，并将两者结合，形成了独特的优良家风，这也是中华姓氏家族文化中宝贵的精神财富。

关键词：吴中叶氏　石林家训　卯峰叶氏家训　家训　家风

苏州吴中叶氏从北宋形成，最早聚居于太湖洞庭东山岛，后裔分支逐渐扩展到苏城、昆山、吴江、常熟，浙江慈溪、湖州、杭州及上海等地区。经过长达千余年的改朝换代，世事沧桑，吴中叶氏人口繁衍，支派茂盛，并由起初的官宦退居，书香门第，到以后的业农经商，科举仕宦，书香绵延不断，人才兴盛，文化发达，发展壮大成为天下闻名的江南望族。其经久传扬的叶梦得《石林家训》以及其他自立家训，塑造了族人的行为规范，构筑了叶氏家族的精神文化根基，形成了良好家风，进而促进了吴地社会文化发展，影响深远。

一、吴中叶氏家族发展与人才辈出

（一）家族发展与早期人才

吴中叶氏源出春秋楚国叶公沈诸梁。东汉末叶望于建安二年（197年）避乱，从青州渡江，居住丹阳郡句容，成为江南叶氏始祖。

叶望曾孙叶琚，曾任钱塘（今浙江杭州）县令，爱民如子，被号"叶父"。生四子：硕、俭、游、愿，各自开宗立派，子孙散处江南各地。

叶琚次子叶俭，晋散骑常侍、折冲大将军。东晋建武元年（317年）任括苍（今浙江丽水）太守，解组后迁居松阳卯峰怀德里。传到叶乾昱，生子道兴。再递传到第九代叶逵，就是吴中叶氏始祖。

叶逵在杭州钱氏吴越国（907—978年）做官。宋太平兴国三年（978年），他随吴越国归顺赵宋，以功授刑部侍郎，徙居乌程（今浙江湖州）。叶逵嘉赏太湖山水，有别业在洞庭东山，便再次迁徙。他娶乌程羊氏，永嘉郡侯女，封永安郡太君。叶逵有三子：元颖、元辅、参。叶元颖，宋朝议大夫，还居祖地处州（今浙江丽水）。其余两个儿子留下来，子孙散布吴中各地，叶逵便被尊为迁吴一世祖。

第二世叶元辅，宋淳化三年（992年）进士，光禄寺卿。他居住在东山南，被尊为南叶始祖。子一：纲。

叶参，又名叶元参，宋咸平三年（1000年）进士。天圣二年（1024年），以尚书刑部郎中任职苏州。迁广西提刑，改知越州、湖州，终光禄卿。他生二子：清臣、清甫（一子蒙叟，吴县知县）。叶参退休后定居苏州，居第在天庆观东面，中有七桧堂。其后裔始居东山北，尊他为北叶始祖。

第三世叶元辅子叶纲，宋天禧三年（1019年）进士。金紫光禄大夫，赠少师。他自湖州迁往苏州吴县。子四：羲叟［贡元，朝政大夫，赠太师、魏国公。生四子：勤（宋熙宁九年进士，知庆德军，奉议大夫）；助；效（丰城令，赠光禄卿。

生子三：长子梦龄，宋朝奉郎，归安知县。梦龄长孙笺，宋朝奉大夫，知台州军州。梦龄次孙柲，宋宣议郎。叶效次子莘，宋朝奉大夫，子一：枋，宋朝请郎。叶效三子蘷，宋政和五年进士，仕乌程县，朝散大夫）；劢（宋熙宁九年进士，徽猷阁待制学士，通议大夫。子二：长子著，宋进士，宜奉大夫。著次子橺，修德郎。著三子梦之长子籔，嵊县知县，知台州，提举常平茶盐事。劢次子䐲，生一子松，宋安吉知县）］、温叟、尧叟（青州知府。子一：励，追赠大理寺评事。子二：长子松年，宋政和五年与蘷同榜进士）、深叟（嗣叶增次子季谦，后世开松江派）。

叶参长子叶清臣，居住东山北，号称北叶。宋天圣二年（1024年），以《云瑞纪官赋》考取进士第二。他才学优长，两入翰林奉职。历任签书苏州观察判官事、两浙转运使、翰林侍读学士等。卒，赠左谏议大夫。《宋史》有传。子四：均（宋集贤校理，知洪州、苏州。生四子：长子挺，宋朝请郎，知岳州。三子拯，后开北叶嵩下派）、圻［一子：授。授三子允明，宋元符（1098—1100年）进士，吏部左侍郎。玄孙：镒，通议。镒子一：豫，临安京兆。叶豫传第四世善赞，明初官太子傅，三月不仕，归隐东山纪革村，开纪革派］、原、增。

第四世有叶温叟，叶纲次子。宋嘉祐二年（1057年）与苏轼同榜进士。杭州转运使、节度使。子一：勋，朝奉郎，光禄寺丞。勋孙：棣，知颍州、苏州。

第五世有叶助，叶羲叟次子。宋进士，睦州、建德县尉、达州司理参军、颍州副职。娶晁氏，新城县令晁端友女，晁无咎姊妹。生二子二女。长子蕴，即叶梦得。

第六世叶梦得，字少蕴，晚号石林居士。宋绍圣四年（1097年）进士。历经宋哲宗、徽宗、钦宗、高宗四朝，历官翰林学士、户部尚书、尚书左丞、江南东路安抚制置大使、建康留守、崇信军节度使等，仕途先顺后踬，几起几落。在高宗朝官居要职高位，时局危难，被委以重任。他与儿子同心，倾心致力于长江抗金防务，筹措军饷，干练理财。他在民政、军政、财政等方面均有建树。晚年退隐吴兴弁山，以诗酒娱老，享寿72岁。赠检校少保。这种职衔属于南宋文武重臣才能得到的崇高殊荣。入《宋史·文苑传》。

作为两宋之交的名臣、著名学者、文学家、大藏书家,叶梦得嗜学博洽,尤工于词,著述丰赡。他不仅于国治理建有政绩,于学术文化创有鸿业,而且子孙昌盛,于中华叶氏传承、叶姓文化弘扬光大,影响深远。他是吴中叶氏最具代表性的人物。① 他娶周穜之女,《清波杂志》作者周煇的从姑。继配徐氏、金氏。他有十子:栋、程、模、楫、橹、缮、绘、绶、絺、绰。

叶梦得长子叶栋,宋秀州通判,朝议大夫。子二:筹,朝议大夫;箕出嗣叶橹。

叶梦得次子叶程,临安府通判、永州太守,中奉大夫。始居东山。子三:节、箕、筠。叶节,中奉大夫。后裔为徐杨赘派。子二:长子嵘,迪功郎。叶箕,奉议大夫。子二:岠、峋。叶岠之后开后巷派及分橘园支。叶峋之后开派最多,有细湖头派及分下站水门支、茅园派、照厅下派、前巷派、陈湾(澄湾)派、大湖头派、洞庭西山支头岭派及分郡城支、蒋湾派。派中分派,支中分支。前巷分派有横弄、圈门、唐股村、前场、三山、陆巷、上屋、上屋杨湾、下屋、叶巷支。大湖头分派有北望、白沙、王舍支。叶巷支有黄垆分支。叶筠,宋司封郎中。子一:岫,其后代开中巷派、常熟派、南叶嵩下派、同里派。同里派分派汾湖支。汾湖支有枫泾分支。

叶梦得三子叶模,宋秘阁修撰、右宣义郎。充江南东路安抚制置大使司书写机宜文字,提举两浙西路盐茶兼权常州,右朝散大夫。领兵驻守马家渡,抗击金兵有功,附《宋史》父传。因父亲有赐地在昆山石浦,曾迁居其地。子二:长子簶,承事郎,宁国通判。生四子;次子岱,倡平长;四子嵤,溧水县丞。叶嵤裔孙叶锡,广州提举。叶锡子叶汝州、松、燈,三代贡元、提举。叶燈孙景祺。景祺子22世叶兰,迁湖州郡城,开湖州派。叶模次子笞,宋乾道二年(1166)进士,朝奉大夫。子一:崧,宋庆元二年(1196)18岁举进士。奉议郎,秘书监。子一:溉。叶溉子一:西发。叶西发,宋宝庆二年(1227)进士,著作佐郎,端平中知枢密院事。子二:大用、大全。叶大用能诗赋,子叶兰。叶兰明初由昆山

---

① 详见吴建华:《两宋之交吴中名人叶梦得》,载《中国家谱文化》,凤凰出版社2014年版。

避乱于松江南汇,子叶春。叶家行支、新场支由此出。此为昆山兰公派。叶大全,因论贾似道奸恶,故叶梦得赐田尽为所夺。子叶苗。此为昆山苗公派。据说叶大全子叶李,出赘华亭。宋景定中临安府学生,成为杭州人。元世祖召拜尚书左丞。入《元史》本传。

叶梦得四子叶楒,承事郎。子一:簀,太府卿、直宝谟阁,江东提刑,朝请大夫。

叶梦得五子叶櫓,宋承务郎,开慈溪派。嗣叶栋次子叶簀,又生子叶第。

吴中叶氏是叶逵次子叶元辅(南叶)、三子叶(元)参(北叶)之后。除了北叶嵩下派、纪革派、松江派是叶清臣之后,几乎全是南叶叶梦得之后的支派。尤其以叶梦得次子叶桯、三子叶模的后代人口最盛,支派最繁。此外有新安派、嘉定安亭派、杭州派、青浦重固派。吴中宣统叶谱共得24派。

由上可知,吴中叶氏从叶逵以来,到12世,通过与不少名门联姻,子孙科举进士、仕宦高官,着实不少。这一个从浙南迁徙吴中,定居太湖洞庭东山,再往太湖流域周边蔓延的科举仕宦世家,一开始就名声显赫,起点很高。

据清宣统《吴中叶氏族谱》记载,从第2世至第9世,宋代时的吴中叶氏有诸贡1人,进士15人:2世叶元辅、叶参,3世叶纲、叶清臣,4世叶温叟,5世叶勤、叶助、叶劭(与勤同榜),6世叶梦得、叶蘷、叶著(劭子)、叶松年(与蘷同榜)、叶允明,8世叶笘及子9世叶峦,各有历官事功,见上所列。

吴中叶氏子孙后来也务农习贾,像东山叶氏就成为洞庭商帮名族。然而,其一叶书香缕缕不绝,仕宦累累不断,人才辈出,并随着迁徙在不断壮大。

(二) 分派人才辈出

吴中叶氏开派分支发展,随着改朝换代,家族兴衰,波折起伏,而书香门第的基质存在,使人才苗长成长,承接宋元盛势,依然旺炽,无可阻遏,体现在政治、文化方面最为卓著。

1. 科举仕宦人才兴旺

据宣统《吴中叶氏族谱》记载,从第9世至宣统,各分派支科贡人才明细如下:

后巷派举人1人。

细湖头派诸贡1人,举人1人,进士1人。

苏州郡城支诸贡3人,举人6人,进士3人。

支头岭派举人1人,武举人1人,进士1人。

茅园派举人2人,进士1人。

蒋湾派诸贡13人,举人1人。

照厅下派举人1人。

横弄支诸贡1人。

圈门支诸贡2人。

唐股村支诸贡1人,举人1人。

上屋支诸贡5人,举人2人。

下屋支举人2人。

叶巷支诸贡3人。

白沙支诸贡1人。

王舍支诸贡1人。

中巷派举人1人。

嵩下派举人1人。

吴江同里派诸贡9人,举人8人,进士2人。

吴江汾湖支秀才95人,诸贡37人,举人17人,进士9人。

常熟派诸贡3人,举人5人,进士4人。

湖州派诸贡2人,举人8人,武举人3人,进士3人,武进士1人。

叶家行支诸贡2人。

南汇新场支诸贡16人,举人5人,进士3人。

昆山派诸贡23人,举人11人,武举人1人,进士8人,武进士1人。

慈溪派举人7人,进士1人。

松江派诸贡3人。

纪革派诸贡5人,武进士1人。

新安派诸贡8人,进士1人。

安亭派诸贡3人,举人1人,进士1人。

北叶嵩下派诸贡1人。

以上吴中叶氏分派,24支派中,22支派出诸贡143人,几乎每个支派都有贡生;20支派出举人82名,内武举人5名;13支派出文武进士41名,包括武进士3名。他们的仕宦情况部分详见前文。

就吴中叶氏进士而言,宋进士3名:昆山叶酉发;新安叶棨,宋景定三年(1262年),翰林承旨;安亭叶渊,宋宁宗进士,知州。他们没有被列入总派计算。明代16人,内武进士1名;清代22人,内武进士2名。实际上,连同2—9世宋代15人,则进士共56名,其中宋代18名。于是,其进士以清代最盛,其次是宋代、明代。

从分派进士论,则以汾湖9名最多。昆山8名,加上武进士,也是9名。昆山进士清代有探花叶方蔼,科名很高,通族可比的,只有宋代叶清臣,曾是进士第二。常熟派4名。湖州派加上武进士,也是4人。郡城支、新场支都是3名,同里支2名,其余支派都是1名。

2. 分派文化望族声名远扬

昆山叶氏科场官场十分显赫,并有武举人武进士。

叶盛,明正统十年(1445年)进士,吏部右侍郎,谥文庄。入《明史》本传。他清修博学,崇尚名节,节制个人嗜好,出入常常步行。生平最仰慕乡贤范仲淹,中堂寝室都挂设他的肖像。他立志忠君为民,从不计较个人得失。平生酷爱读书抄书刻书,是著名学者、文学家、藏书家、版本目录家。

叶重华,叶盛六世孙,崇祯元年(1628年)进士。任济宁兵河道副使。广西按察使未赴任,转太常少卿,谢归。

叶方恒,重华子,清顺治十五年(1658年)进士,官山东济宁道。循父遗教,治理河防,卒于官所。

叶方蔼,方恒弟,顺治十六年(1659年)探花。官至刑部右侍郎,卒于任。谥文敏。入《清史列传》。叶方蔼以高第中进士,就以文章受知于顺治帝。家居昆山时,有人密陈他居乡不法之事,顺治帝将事情交给江苏巡抚田雯复核。田雯以乡评入告,顺治帝表态:"朕本来就知道方蔼不会如此的。"他以后侍从康熙帝,久侍讲幄,启沃勤劳,直内廷,眷遇优渥。他天性廉谨,死后,人们发现他以板扉为卧榻,用四只瓮头做支脚,布帐多有补缀,清贫得无法殓葬。子叶淳,康熙二十七年(1688年)进士,官检讨。

叶方蔚,方蔼弟,终生读书吟咏。叶奕苞,方蔼从弟,能诗善画,著述藏书。叶鉴,重华玄孙,乾隆十三年(1748年)进士,四川罗江知县。

汾湖叶氏书香门第最盛,自明中期叶绅之后十余世,濡染家学,书香不绝。

叶绅,明成化二十三年(1487年)进士,任至尚宝司少卿,卒于官。他居官关心民瘼,谨重称职,敢言直谏,曾弹劾宦官李广"大奸""八大罪",弹劾尚书徐琼等12人。入《明史》本传。他善于持家,十分重视教育子孙。

叶可成,嘉靖三十二年(1553年)进士。南京工部虞衡司主事。为官廉直有声。谋划抗倭,屡建奇功,取得吴江胜墩大捷。任蒲州知州,以奇计断清冤狱。

叶重第,万历十四年(1586年)进士,官至贵州提学佥事。任玉田知县时平反冤狱,存活17人,百姓感恩戴德,特立叶公祠。他居乡孝悌,居官廉洁,以"清白"题堂名,正己治家。死后无积蓄,妻、子靠卖田度日。

叶绍颙、叶绍袁,明天启五年(1625年)同榜进士,与叶重元子叶绍冕,同以诗文才华著称,被称为"汾湖三秀"。

叶绍颙初官行人,后任浙江道御史,颇有政声。巡按广东,荡平海盗。终官大理寺卿。明亡,隐居避世将近30年。子叶吴楫,康熙二十四年(1685年)进士,直隶文安知县。

叶绍袁,重第子。工部虞衡司主事。他是父亲挚友、廉吏袁黄(了凡)养子,受袁黄影响很深。中进士后,他不受老乡、内阁首辅阉党头目顾秉谦招纳,放弃入选庶吉士,就受教职,人称迂腐。其实他恪守"清白"家风。崇祯三年(1630年),他以母老为由,告归隐居汾湖,囊空如洗,得妻弟资助,才得成行。明亡后,出家杭州为僧。叶绍袁有奇慧,著作多种,是著名文学家。他的夫人是戏曲家沈璟侄女沈宜修,女作家,生八子五女,而七子四女都有诗文传世。子叶燮,淡泊功名。清康熙九年(1670年)进士,官至宝应知县。廉直爱民,诗文冠绝一时,以诗歌文论《原诗》著称。入《清史列传》。叶绍袁女叶纨纨(1610—1632年)、叶小纨(1613—1657年)、叶小鸾(1616—1632年)三姐妹,乃明末女性文坛的三颗明星,一代才女。

清初叶继武,字恒奏,惊隐诗社主将。

叶舒崇,绍袁孙。康熙十五年(1676年)进士。内阁中书。诗文名震一时,最擅长骈文,与叶燮并称"大阮小阮"。

汾湖叶氏以名节立身治家,子孙相传,世代书香飘逸;为官敢作敢为,清廉有声;为学有诗文相传,以文学闻名,并有英华早发的女性文艺群体,被柳亚子誉为"汾湖诸叶,叶叶交辉",璀璨我国文学戏曲界。

南汇新场叶氏人才辈出,其中以叶有声、叶映榴等人最著名。

叶有声,明万历四十四年(1616年)进士,由知县擢任给事中,因弹劾宦官魏忠贤被罢官。崇祯初复官,官至左副都御史。

其季子叶映榴,清顺治十八年(1661年)进士。康熙二十七年(1688年),武昌士兵哗变。他以湖广粮储道代理布政使才3天,自刎而死。特赠工部侍郎,谥忠节。入《清史列传》。映榴曾孙叶承,雍正五年(1727年)进士,浙江常山知县,善绘画。

苏州郡城叶氏一门书香。

叶初春,明万历八年(1580年)进士。任礼科左给事中,因疏救他人被免官,与长洲吴之佳、昆山张栋并称"吴中三谏"。熹宗时追赠光禄少卿。见《明史·李献可传》。

初春曾孙叶子循,清顺治四年(1647年)进士,几任知县,称惠政。有子十人,能以诗书传家。次子叶万、孙叶佳中,均中举人。

初春玄孙叶长扬,康熙五十七年(1718年)进士,编修。

湖州叶氏父子一门,进士高官,兼有武进士武举人,能文能武,且不丢读书著述,家风延续。

叶佩荪,清乾隆十九年(1754年)进士,官至湖南布政使。勤政之余,勤学沉思,尤喜学《易》,善治古《易》。入《清史列传·儒林》。

子叶绍楏,乾隆五十八年(1793年)进士。授编修。升广西巡抚。因对部下失察,被降为员外郎等职。他一生恬淡,嗜好诗词。

佩荪子叶绍本,嘉庆六年(1801年)进士,编修,历官山西布政使、鸿胪寺卿。他兴趣只在诗词,诗以唐人为宗。

现当代东山叶氏涌现出很多党政军高级人才,其中师局级以上有20人,如上海市人大常委会主任叶公琦、民国抗日义士叶云乔空军少将;高级职称有77人,分布在科技、教育、医学、经济、文艺、体育、工商各界。① 如详细统计吴中叶氏各分派的各种人才,则愈加壮观。

(三) 名人众多

作为中华叶氏举足轻重的一支,吴中叶氏的人才在政治、文化、商贸方面较多。政治名人,如宋名臣叶清臣(1003—1049年);元东山叶德新(？—1367年),吴王张士诚政权右丞;明昆山叶盛(1420—1474年)、吴江汾湖叶绅(1440—1505年);清昆山叶方蔼(1629—1682年)、上海新场叶映榴(1642—1688年)。

横跨清末民国两个时代的叶楚伧(1883—1946年)乃周庄(今属昆山)人。他11岁时,母亲王氏去世。母亲临终前一再叮嘱他要有德有才,为人器重。身为辛亥革命老人、南社先贤、文化新闻界名人,他半生为文,半生做官,以国民党要员终老。他不忘自己是个文人,常常对人说:"做人不可露锋芒,作文章却不可不露锋芒。"有次回家为父母筑墓入葬,举行仪式时,周庄警察局长派警察来。他讲:"我是本乡本土人,用不着排场,不必劳苦你们。"谢绝了局长的好意。抗战胜利后,苏州和周庄有人逢迎他,要在苏州建楚伧公园,改周庄为楚

---

① 参见杨维忠、薛利华主编《东山大族》中的东山叶氏部分人才名录,广陵书社2008年版,第107—110页。

伧镇,他知道后大为不满,责令收回。

文化名人,则有宋叶梦得、清初戏曲家叶稚斐、叶绍袁(1589—1648年)、叶燮(1627—1703年)、叶佩荪(1731—1784年)等。还有志趣高淡、一生潜心朴学的晚清学者叶廷琯以及清光绪十八年(1892年)进士、吏部主事、著名学者叶德辉(1864—1927年)。

现代文化名人有叶圣陶(1894—1988年),著名作家、教育家、出版家。他教子有方,要他们自小就要"好好地说话,好好地做事",清清白白做人,认认真真做事。子女"三叶",叶至善、叶至美、叶至诚,文采斐然,事业卓著。叶至诚之子叶兆言则是当代著名作家。

科技名人有名医、清东山的叶明绅,其发明的"清宁斋"丸药膏丹,远近闻名,惠贫济民,受人称道,父子世业。

富商巨贾则有元末庆十四,夫妻为人敦厚,由布衣起家,在吴江同里以操舟为业,经营得法,不数年,富甲一方。晚清东山叶懋官(1832—1890年),行商四方,参与创办天津招商局。晚清民初东山叶翰甫(1845—1917年),经营盐务、钱庄、典当得法,获利丰厚,而能热心家乡慈善,捐建祖祠、祭田、义庄,修谱、办学。清末民初,在金融业领域,叶扶霄、叶秀纯、叶铁生、叶振民等东山叶氏在上海都做得很成功。

在致力教育、培养人才方面,则有元叶顒,他以解元任浙江和靖书院山长;清靖江教谕叶尧夔,他精心办学,兴起文风;清末民初叶梦熊,光绪举人,在沛县、桃源任训导,并捐俸助学,又在苏州学校任教,一生培养人才。东山叶氏嘉庆时有4所私塾,民国带头办新学,创办务本、南阳、东吴3所小学,教育族人及乡里子弟。叶铁生以父亲叶翰甫家训"君子务本,本立道生"作为务本小学校训,勉励子弟成才。

由上而知,如此众多颇具特色的人才,其中不乏重量级人物,源源不断地汇聚于叶逵的吴中叶氏一门。这一方面与江浙地区人杰地灵、文风兴盛有相当大的关系,另一方面则是他们秉持先祖天赋,接受自叶梦得以来的长期严格家教、后天又努力不懈的结果,因而他们才能够为人刚直,为官清廉,为学才华横溢,经商道义为先,助人为乐,受人称颂,载入史册。他们做到了持盈保泰,无愧于先世享有并贻赠的美善家声。

二、吴中叶氏的家训

吴中叶氏历经千余年的发展壮大,人才辈出。其以家训延续家风,对于保持家族声望起到了重要作用。清宣统三年(1911年)的《吴中叶氏族谱》凡66卷52册,卷帙浩繁,其中专列家训一卷,刊录叶梦得家训和《卯峰叶氏家训》,内容丰富多彩,颇具特色。

(一)叶梦得的《石林家训》

叶梦得(1077—1148年)在55岁时,效仿北齐颜之推《颜氏家训》,撰写《石林家训》《石林治生家训要略》,总称《石林家训》。它与宋代袁采的《袁氏世范》一样,是中国家训中非常有名的篇章,不仅常常被其他支派的叶姓族谱转抄,还总是被其他姓氏的家族提及,并被其他姓氏家族在制定本家族的家训时加以效仿。它在宋代已经流传,却没有宋刻本,只凭谱牒传抄,由"族中嗣贤书万本,读万遍,有以引之勿替",经其裔孙、吴县洞庭东山族中一再传抄、版刻,"子孙世世永守,不能藏之名山,而能传之其人",传之久远。①

《石林家训》一卷,原有18条,从乾隆末年至今,只存下12条3000多字。这是石林先生选取平日训导儿子的话语、论说叶姓祖先的遗德、古今言行,略微疏记,以成"家法",规劝子孙常常记诵、践行的。他以修身、力学、尽忠、保孝、读书、慎言、友爱、忠厚之道勖其后人,可师可警,有劝有戒。仔细品味,会令人如受电击,心灵震颤,如饮甘霖,回味无穷。

石林先生谆谆告诫的内容,有"修身要略以戒诸子"、"性善说喻子弟"、"不

---

① 叶德辉:《重刻石林家训序》,清宣统三年(1911年)夏,载叶梦得:《石林家训》,清宣统三年叶氏观古堂校刊本。

贰过说喻诸子"、"尽忠实录以遗子孙"、"戒诸子侄以保孝行"、"因仲子叶柽、叶模出仕,以忠谏之义谕其行"、"勉幼子力学解"、"避难缙云以乐自况"。他采用儒家砥砺个人修养的原则,以孟子性善说作为人生哲学,指导进行社会交往,处理社会复杂关系,通过"修身"自律的手段,达到孔子最得意的弟子颜子那样,坚决自戒,不第二次犯同样的错误,即"不贰过"的平常却又至高的境界,人人就可以成为圣人。叶梦得身体力行了这种儒家信念,还殷切希望传子传孙,作为治家的出发点,进而养成吴中叶氏优秀的人口道德素质。

尽忠、保孝、力学,是叶梦得立身行事的三大法宝。他列举亲身从政经历,袒露真切心声,毫无愧色,期望子孙像自己那样,无愧于国、家与自我。

叶梦得说自己刚成进士,职位低卑,便能抗言直议,以励劲节,因此屡历清要。而两入翰林时,注《忠经要义》一册,修纂《名贤宗德论》一册,修陈《匡君十要策》十道,纂陈《忠义录》十卷、《劝民务本论》二卷。转职户部,专司国课,而当时天下无田不税,无农不耕。于是请削陈恕,置营田,使贡敛征收有定则,经费支出有规定,上自国家,下到庶民,不会有不足。于是转职吏部,专司铨选,考核选拔官吏。他或以他们的言论而褒扬,或以他们的政事而荐举,度德擢任,量才授职,进退人才,合于三科之法,守《虞书》之训,绝无散主不一、更革不常、沽名求进、报冤市恩的人,于是铨选的方法定了。"法者,一定而不可易者也。神而明之,存乎其人焉耳!"因此自己又得以加爵左丞,直到引例致仕。

归结起来,自己"自初任逮致仕,兢兢以尽忠自持。凡吾宗族昆弟子孙穷经出仕者,当以尽忠报国而冀名纪于史,彰昭于无穷也"。一介书生,以读书科举起家从政,要时时刻刻用心做到的,就是"尽忠报国"而已,并且要敢于行"忠谏之义"。"今吾子勿以出仕为悦,而以谏君为悦;勿以谏君为悦,而以忠谏为悦,庶免素餐怠事之殃。"他深知两个儿子的性格:叶柽"径情直行而病于委曲",叶模"有劲节而无要略"。所以要他们"各宜勉励,毋忘临行告诫之训"。

叶梦得大力弘扬孝行,认为"夫孝者,天之经也,地之义也";忠孝一致,"孝必贵于忠"。告诫儿子们:"汝等读书,独不观圣人之言,浑是教人一个孝悌忠信,且只是一个孝字,无处不到。故曰:'求忠臣必于孝子之门。'汝等能孝于亲,然后能忠于君。忠孝不失,庶克尽臣子之职矣。"

叶梦得要求儿子们勉力读书学习。叶梦得认为,读书是为了修身养性,到达知晓天性的程度,不是为了做官才学习的。他认为人的天资秉性得之于天,学问得之于人。资性是由内出的,就是遗传的,而学问是由外入的,就是后天学得的。自诚即明性,而自明即诚学。颜回不迁怒、不贰过,都是后天人情,不是先天的天性所导致的。不尽到天性的程度,不是好学。若是自满,则自我停止了。大禹不自满,所以成为圣人。他的幼子天性聪明,不过叶梦得说他千万不可自恃这天性而要小聪明,不肯下恒心勤敏用功读书,先有干禄之念!"'学而优则仕,仕而优则学',将见有时而仕,无时而不学。"先要学习,学习有余才可以从政,不然到从政的时候却没有时间学习了。应该学习两位出仕的兄长,他们是学习好了才从政的。

读书学习,立志成才,不是先想着做官。首先要存高远志向,以做贤圣自许,置功名于度外,常常谦虚不自满。"汝当常若不足,不可临深以为高也,更不观汝兄学至而始仕?汝何不笃志以希贤圣,自相期负,而置功名于度外?自今而后,当以吾言修省而造就大成,以慰吾之望乎?"

奉行以上训条,则得君子终身之乐,无小人一朝之忧,这是叶梦得理想中子孙应该过的生活,包括优裕的物质与精神生活。他通过"避难缙云以乐自况"一条,加以阐述,讲自己"自读书至出仕,心与道同,道与行偕,而无悖礼之忧"。

在《石林家训》里,叶梦得有"又家训后四条",涉及读书,慎言,忠孝首当勿欺(包括处家,事亲勿欺,兄弟辑睦),友爱出于至诚(宽以待人,不记人之过恶),也是以儒家风仪、君子心怀,深切叮咛告诫,要求子孙生活充实,讲究待人接物之道,这样方能持家长久,且无后顾之忧。

叶梦得撰写《石林家训》的意图是将修身、力学、尽忠、保孝、读书、慎言之道等理论与自身体会经验用家训的形式记录下来,留传后代,劝勖子孙,各自"诵之,思之,蹈之,守之,毋忽","岂徒成吾宗,亦以成吾族也",从而达到光大本宗本族的效果。它们都是"诚于中,形于外,不徒托空言而已"。① 就像后人评说的"皆由学问心术以成己成物,诏其子孙",不仅让叶氏子孙"能述祖德而诵清芬",而且旁人将"此册可家置案头,奉为金鉴,非独叶氏子孙所当宝贵也"。② 的确,叶梦得"所言皆平常之理,而老实透亮,易入而难忘,尤切切以记人之过恶为戒"③,具有深远的立身做人的意义。

后来,叶梦得撰写《石林治生家训要略》14 条,专论"治生",就是治理生计,即从事谋生、持家之道。他对关于"治生之意、持家之道、婚嫁田产"之事,本着开放开明的态度,不遗余力,谆谆教导,传授待人接物、立身成家、兴家立业、葆家长盛的基本要诀。今天看来,有些内容已经失去了其存在的社会环境,但是,透过它的实质可以发现,许多人生哲理、处世之道放在今天看依然有其价值。

叶梦得深知子孙的立足之本在于治生,所以首先强调"治生"的重要性:人生一辈子,首先应当学会治生,就是好好学会日常生活。

> 人之为人,生而已矣。人不治生,是苦其生也,是拂其生也,何以生为?自古圣贤,以禹之治水,稷之播种,皋之明刑,无非以治民之生也。民之生急欲治之,岂己之生而不欲治乎?

但是"治生"有道,不是靠钻营和损人利己,就是人有不知,却天神明鉴,祸福非常。"治生非必营营逐逐,妄取于人之谓也。若利己妨人,非唯明有物议,幽有鬼神,于心不安,况其祸有不可胜言者矣,此岂善治生欤?"最好的治生是像古人,以诗书礼乐与义理养心之类,是以文化养心,以心灵统辖具体的谋生,提升谋生的境界,"得以为圣为贤,实治生之最善者也"。

叶梦得特别指出:尽管治生的样式,士农工商,会因人而异,择业而从,而治生的目的都是相同的。作为四民之首的读书人,治生尤当超越农工商,作为

---

① 上引均见叶梦得:《石林家训》,清宣统三年叶氏观古堂校刊本。
② 《石林家训》黄鏓序,清道光二十五年(1845 年)四月。
③ 《石林家训》潘曾沂序,清道光二十五年夏。

表率。"治生当择其善者而从之,其不善者而改之。"

治生各有不同。"出作入息,农之治生也。居肆成事,工之治生也。贸迁有无,商之治生也。膏油继晷,士之治生也。然士为四民之首,尤当砥砺表率,效古人体天地育万物之志。今一生不能治,何云丈夫哉!"

这里叶梦得明确主张四民都为治生,道理是同一的,都应首当治生,颇有务实功利的思想,而且四民在治生上没有地位高低之分,士只有成为治生表率,首先治好生计,才能体现其"四民之首"的表率功能。孔门弟子是以品行而不以贫富来区分贤愚的。士切不可作腐儒,不懂生计,这样不仅对社会不利,而且会害了家庭家族,更害了自己。

最后,他详细开列治生的态度和内容清单:"要勤"、"要俭"。俭是"守家第一法"。"故凡日用奉养,一以节省为本,不可过多。宁使家有赢余,毋使仓有告匮。且奢侈之人,神气必耗,欲念炽而意气自满,贫穷至而廉耻不顾,俭之不可忽也若是夫?"还有,"要耐久"、"要和气"、"置田产"作为基本。"自奉宜俭。至于往来相交,礼所当尽者当及时尽之,可厚而不可薄。"

关于治家要诀,则内容较多,涉及较广,包括夫妻相处之道、联姻原则、居家服饰、交往人等、选管家、理家财、济亲友等,内容具体且得法可行。

例如,关于夫妻相处之道,叶梦得强调:"内人贤淑者难得,当交相儆戒,以闺门肃若朝廷为期。至于六婆尼师,最能耗家,须痛绝之!首饰衣服虽宜从俗,而私居之时亦不可华侈相尚。不唯消费难继,亦非所以惜福而传后也。"而"妻亡续娶及娶妾生子,俱不幸之事,鲜有不至乖离、酿成家祸者,切宜慎之"。

安排子女婚姻,关乎子孙天性遗传,家风延续。"无家教之族切不可与为婚姻。娶妇固不可,嫁女亦不可。此虽吾惩往失痛心之言,然正理古今不异。记礼者云:为子孙娶妻嫁女,必择孝悌、世世有行仁义者,如是则子孙慈孝,不敢淫暴;党无不善,三族辅之。故曰:'凤凰生而有仁义之意,狼虎生而有暴戾之心。两者不等,各以其母。'呜呼!慎戒哉!"

治生好了,自己生计有了保障,应适时懂得"知止知足";财富求之不尽,越富越会觉得绝不足,但贪得无厌则不足取,尤其不能逾分,"逾分者颠",就是颠覆毁灭;财富生不带来,死不带去,则应当共享,接济亲友。叶梦得以《颜氏家训》为借鉴,视治生获取生活得以保障的财富为手段,而不是人生的目的:

> 予曾见《颜氏家训》,大约有一子则予田产若干、屋业若干、蓄积若干,有余则每年支费,又有余则以济亲友,此直知止知足者也。盖世业无穷,愈富而念愈不足,此于吾生何益?况人之分有限,逾分者颠。今吾膝下亦当量度处中,未足则勤俭以足之,既足则安分以守之。敦礼义之俗,崇廉耻之风,其于治生庶乎近焉。

"量度处中,未足则勤俭以足之,既足则安分以守之。敦礼义之俗,崇廉耻之风",这才是治生的要义和境界。

《治生家训要略》原本刊刻在浙江松阳《卯峰叶氏广远宗谱》,只在族内家谱刊载,世代流传,"他书绝不见"。清末续谱时才被裔孙叶德辉抄出,刊有单行本。①

叶梦得的治生家训将家人的道德修养与治生之道紧密结合,赋予中国家训以新的内容,改变了北宋以前大凡家训都不谈治生的风气,开创了吴中叶氏独特的家训家风。这是一笔宝贵的精神财富,着实让叶氏子孙得益匪浅。

叶梦得家训出于南宋吴中,至今已有885年,大部分内容今天看应当还是不无教益的。它关系到叶氏子孙在吴地的生活与行事,对于吴地社会与风尚推进起着潜移默化的正面功效。时及清代,其裔孙叶廷琯、外迁湖南的叶德辉,其乡绅吴县潘曾沂、嘉定黄鋐等,都在研读推崇石林家训,这并非偶然。②

---

① 上引均见叶梦得:《石林治生家训要略》,载《石林家训》,清宣统三年叶氏观古堂校刊本。
② 参见吴建华:《叶梦得的〈石林家训〉与吴文化的现代化》,载《吴文化与现代化》,凤凰出版社2011年版;《叶梦得〈石林家训〉述论》,《江南社会历史评论》第四期,商务印书馆2012年版。

(二)卯峰叶氏家训

《卯峰叶氏家训》共 20 条,包括孝、弟、忠、信、仁、义、廉、耻、勤、俭、恭、恕、礼、乐、诗、书、公、和、忍、让。每条都开宗明义,通晓明白。

孝首百行,顺亲为先。

弟敬而顺,兄爱而友。

忠为尽己,忠为不欺。

信不食言。仁义礼智,非信不成。

仁为善长。人爵焉能敌天爵之崇。[①]

义与利反,义胜而肥。

廉以立志,凛辞让不贪之心。

耻乃羞恶之心,关系终身节概。

勤劳稼穑。勤则不匮。

俭贵中礼。俭近于人。

恭以远耻。恭则不侮。

恕思明德。行以明恕,恕以行忠也。

礼以节人而主敬,礼以行义而求宜。

乐以发和而安德,防佚以仪节。

诗以言志,诗以达意。

书以导事,帝王心法。

公则无私,公则生明。

忍是容德处世良图。

和气致祥,乖气致戾。

让之为德,与争相反。

[①] 《孟子·告子》以"仁义忠信,乐善不倦"为天爵,"公卿大夫"为人爵,认为人爵随天爵,天爵重于人爵。

其中,属于德行之本的有 16 条,属于文艺之末的有 4 条(礼乐诗书)。因为"明其本末,知所先后,初学入德之门也,堪与《石林家训》相为表里",因而宣统吴中叶谱加载了它,为了"与族人君子共勉旃"。

这 20 条家训的撰写不知起于何时何人之手,被记载在叶氏家谱中,时间应该不短了。今天读起来,文辞深奥,引证解说,颇有文采,而又确实不容易读通。但总的看来,这些内容完全以儒学为主旨,融合传统文化精义,结合中国历史事例,意在浓缩传统文化历史精华,训诫族人,速成明白修身、齐家、治国、平天下的本领。

而其中有的家训条目今天完全可以作为廉政文化建设的有益借鉴。
如廉:

廉以立志,凛辞让不贪之心。廉以临财毋苟得、求多之计。砥砺廉隅,取予行廉。法公廉、贞廉、鸡廉之衷,惕藩身、焚身、亡身之惧。虽无欲实难,切不可唯利是视!世之伤廉、寡廉、小廉、不廉者,可不戒哉!观逃富、贺贫、反锦、反璧,皆足表清白之吏。其廉节正直,一道同风,岂不伟欤!学者可不争自濯磨?故杨(震)公却金以养廉;(陶)侃母封鲊以训廉,若仲子,恶能廉?

"砥砺廉隅"是中国历代弘扬的优良廉政传统。

如耻。知道羞耻、难为情,是人类与畜生的区别所在,家训认为"耻能改行从善,实为百行堤防"。"教人砥行立名,守正以远耻、免耻。"人贵在"行己有耻","存之则进于圣贤,失之则入于禽兽。耻之于人,大矣哉!此念一释,何所不至!故人不可以无耻"。

如公。认为这是"古今共由之道,人己并行之轨"。

如俭。认为就是"节制"。"奢易俭难","戒奢以俭"。

还有一些内容利于和谐社会秩序的构建。

如和。"内治性情,外应人事。""天地惟其和也,故能生成百物。国家惟其和也,故能罗集祉祥懿夫(吉祥美好)。""大同大顺,和之至。""夫妻反目,兄弟阋墙",都不是和。"中为天下之大本,和为天下之达道,致中和,天地位,万物育矣。圣人之赞化育而参天地也,惟在和。"

如让。

凡人不让,志在于得。而能让者,不妨于失。不畏失者,转有得。期于得者,不免失。虽当仁不让,亦较射(比赛射箭)必争,以不让为让也。且夫家庭兄弟间,尤当以让为主。唐虞、泰伯以天下让。(伯)夷、(叔)齐、吴(季)札以国让。洒泪息争,推田相让,兄肥弟瘦,让枣推梨,中分财产,宁取荒芜,共聚厅堂,务同寝息,则以家让。"终身让路,不枉百步。终身让畔(田界),不失一段。"是无时无处无人不当让也。(孔)子曰:"能以礼让为国乎,何有(何难之有,有什么难)?"列子曰:"让一得百,争十失九。""一家让,一国兴让。"是为人惟在让。①

三、吴中叶氏的家风

综合叶梦得《石林家训》与叶氏卯峰家训来看,吴中叶氏家训坚持强调了两个方面,一是人品修养,二是治生之道,并将两者结合,形成独到的家风。

人品修养就是个人立身处世的为人之道。家规家教首先重视人品修养,就是德行教育,伦理道德教育,即人品教育,此是立身之本。每个有家教的人家都有基本的要求,与整个民族、国家、社会的主流意识保持高度一致,并且会有个性特征,融进家族先世的实践经验,成为教子训孙的有益教材、传家之宝。吴中叶氏家训的内容崇尚人伦,弘扬美德善性,推重儒家学说,当在传统文化的主流范畴之内。

治生之道就是谋生之道。家规家教在人品教育的同时注重治生,即谋生,

---

① 上引均见宣统《吴中叶氏族谱》卷二《卯峰叶氏家训二十条》。

即是职业技能技巧的教育,相当于今天的职业教育,以便确保个人生存与家族延续具备物质根基。治生作为家训要义,从宋代开始叶梦得就以此训诫子孙,这在吴中书香叶氏中是十分突出的。或许正是因为吴中叶氏的起点就是仕宦书香之家,读书做官,廉直自律,砥砺人品很重,著书立说,以文化创造、文化教育为事业传家,重视了精神修养,所以还需强调应该以物质生活为基本依托,必须牢记谋生之道。在叶氏看来,读书人更应该成为农工商等行业之人正当谋生成功的典范。

人品道德教育与治生职业教育两者并不矛盾。在职业中,从业者的基本人品修养处处能够体现出来,这就是基本职业道德。职业道德的底线其实就是人伦道德的底线,知廉耻、做人的底线。因而人品教育是职业教育的基础,职业道德是人伦道德的具体化、多元化、社会化,而且必然要用人伦道德作支撑。人品高尚,正直诚信,有礼貌,有爱心,小者于家孝悌和睦,大者于外忠于国家;轻者尊老爱幼,乐于助人,重者建功立业,舍生取义。立身处世成功,则在职业谋生时,加上必要的技能技巧,自然容易成功。反之,做人都丧失人格,寡廉无耻,从事职业谋生纵然坑蒙拐骗,成得一时,恐怕也是倏忽急逝,最终害人害己,落得身败名裂。这其中的谋生职业,包括了治学从政、农工商贸等各行各业。

吴中叶氏家训以历史人物的成败事实为例,反复强调了人品修养各种美德的重要,其实就是为了保证立身处世取得成功。而叶梦得直截了当地训诫子孙以性善为核心,以治生为支撑,并以个人亲身经历为样板,加上历史经验,系统概括了这两者的重要性及其关联。

汾湖叶氏从始祖创业,治生富裕,转向读书科举,到叶绅获得成功,改变家声,成功转型。可是叶绅卒后,家道日落。其孙、太学生叶可与慨然说:"显亲、养亲事,两重。株守占毕,如菽水何?"意思是说,显亲扬名,奉养双亲,这两件事情一样重要。但安守读书、奉养双亲的粗茶淡饭怎么解决?他果断放下读书架子,"独任生计,与僮仆共甘苦。久之,故业尽复"。[1] 为了养亲,他独自担

---

[1] 道光《分湖小识》卷二,载《分湖三志》,广陵书社2008年版,第138页。

当治生重任,取得成功,保证了读书有物质支持。而叶重第在科举仕宦之外,重视置田,用农业保家治生,身后为妻子留下土地千亩作为生活依托,使叶绍袁能甘守做官之清贫,一大家子能省心从事文学活动,生活无虞,恪守家教清白,书香延续。这就是治生不忘读书,读书不忘治生,两者并重,使人品教育与职业教育良性循环,有好祖训取得的好结果。

信奉性善,以自己本性善良,深信人性善良,作为社会交往的基本量度,信奉仁义礼智信五常是永恒的人伦之性,就容易与人相处,容易被人相处,由此推行仁政,建设诚信社会,治理国家,这是孟子学说的闪亮点。可见叶梦得是信奉儒家学说的儒雅君子。

吴中叶氏用此常理训诫子孙,从基本的做人开始,就是做人要正派,一身正气,和蔼慈善,宽容,爱憎分明,遵法守纪。将它落实在治生上,就是做事踏踏实实,做官忠于职守,清正廉洁,经商诚信,读书勤快认真,要做真学问。作为崇儒重教、诗书传家的书香门第,叶氏族人又注重读书藏书著书①,能够以较高文化素养提高治生水准。

吴中叶氏传承千余年来,不仅人口繁衍,而且将人品教育与职业教育结合的家规家教世代熏染,形成优良家风。正是在这种家训家风熏陶之下,从政者正直清廉,爱国恤民;从文者博学儒雅,文采流芳;从商者忠义诚信,乐善好施,涌现出一批批杰出人才,为国家政治、文化、社会等各方面做出了重要贡献。

[作者简介]吴建华,苏州大学历史学系教授。

---

① 参见吴建华、殷伟仁:《叶姓藏书文化简论》,《苏州大学学报》2005年第6期。

儿童社会化阶段的艺术与社会观照*
——依托丰子恺作品的分析

汪建红 小 田

内容提要：丰子恺的民国儿童图像显示了其观照社会人生的独特眼光。在艺术观照下，占据人生社会化初始阶段的儿戏，在在可见赤子之心，处处显现人类本真，弥足珍贵。在社会观照下，丰子恺笔下的儿童世界，其实是"从反面诅咒成人社会的恶劣"。在丰子恺看来，初始社会化就是着力造就永不失其赤子之心的"大人"和"大丈夫"。为此，在社会层面上应营造艺术氛围，涵蕴艺术趣味，归复人生之常情；在家庭环境中，家长（特别是母亲）须不断拂拭世俗的尘翳，身体力行，承担起挽回已然放失的赤子之心的神圣使命。丰子恺对儿童社会化的观照不但保存了逝去年代的孩童图像，更重要的是，透过这种观照，还折射出了特定时代的社会环境和部分知识精英颇具特色的教化理念。

关键词：初始社会化 艺术观照 社会观照 丰子恺

孩童在与社会环境交互作用的过程中理解和扮演社会角色，即所谓初始社会化，历来是教育社会学所关注的论题。在初始社会化过程中，如何尊重成长中孩童的主体独立性，而非屈从于既定的社会程式，则是论题的焦点问题之

---

* 本文为江苏省教学研究课题"基于核心素养的微历史研究"（2017JK12-L116）阶段性研究成果。

一。作为艺术教育家的丰子恺,热爱、亲近、深入理解儿童生活,并且"设身处地"地加以体验,①然后,从生活的局部和片断出发,"选择和构想出富于代表性的也是最精彩的东西,而且运用的是自然的也是独创性的方式来表现……特殊情势之下的儿童的情绪、愿望和幻想";②这是"一种与日常生活不同的"观察事物的视角,既是艺术的观照,③亦为社会观照。在此艺术与社会观照之下,丰子恺的民国儿童图像成为中国社会史的特别影像,显示了丰子恺洞察社会人生的独特眼光。

一、"不失其赤子之心"

心的存在与否是人与动物的根本区别之一,"心固是形之主,但心亦不在形之外。禽兽动物,都有身有形,但不一定有心"。④ 基于此,丰子恺准确认识到"心"在社会化过程中的关键地位:"人类有文化,有精神,有灵感,不但一个肉躯而已。大智,大慧,大圣,大贤,与夫恶徒,白痴,奴隶,走狗,所负的躯体是一样的,所异者只是一个心。"⑤这是包括了知识、意志和感情的综合体。⑥ 根据丰子恺的思想体系,如何使得成长过程中的儿童"不失其赤子之心",是成功进行社会化极其重要的方面。

"赤子之心"即"孩子本来的心",明言之,就是儿童纯洁无疵、天真烂漫的真心。她"是从世外带来的,不是经过这世间的造作后的心"。⑦ 实际生活中

---

① 丰子恺:《〈子恺漫画选〉自序》,丰陈宝、丰一吟、丰元草编:《丰子恺文集》(4),浙江文艺出版社、浙江教育出版社1992年版,第547页。
② 王朝闻:《〈子恺漫画选〉后记》,丰子恺:《漫画的描法・子恺漫画选》,湖南文艺出版社2001年版,第186页。
③ 丰子恺:《艺术与革命》,丰陈宝、丰一吟、丰元草编:《丰子恺文集》(4),第322页。
④ 钱穆:《中国思想通俗讲话》,生活・读书・新知三联书店2002年版,第27页。
⑤ 丰子恺:《告母性》,丰陈宝、丰一吟、丰元草编:《丰子恺文集》(1),浙江文艺出版社、浙江教育出版社1992年版,第78页。
⑥ 丰子恺:《艺术的学习法》,丰陈宝、丰一吟、丰元草编:《丰子恺文集》(4),第71页。
⑦ 丰子恺:《告母性》,丰陈宝、丰一吟、丰元草编:《丰子恺文集》(1),第79页。

的儿童皆抱有此赤子之心。试看游戏中的儿童,常常全神贯注,废寝忘食,竟至"忘我"之境:

> 哭的时候用全力去哭,笑的时候用全力去笑,一切游戏都用全力去干。干什么事的时候,把除这以外的一切别的事统统忘却。一旦拿了笔写字,便把注意力全部集中在纸上。纸放在桌上的水痕里也不管,衣袖带翻了墨水瓶也不管,衣裳角拖在火钵里燃烧了也不管。一旦知道同伴们有了有趣的游戏,冬晨睡在床里的会立刻从被窝钻出,穿了寝衣来参加;正在换衣服的会赤了膊来参加;正在洗浴的也会立刻离开浴盆,用湿淋淋的赤身去参加。①

沉浸在游戏的兴味之中,孩子们进入了"忘我"的三昧之境,便无暇顾及生活琐事与社会习惯了。这是儿戏?无疑;深入剖析儿戏中的"忘我"境界,丰子恺禁不住发问:

> (儿戏)与农夫的为收获而热中于耕耘,木匠的为工资而热中于斧斤,商人的为财货而热中于买卖,政客的为势利而热中于奔走,是同性质的

---

① 丰子恺:《谈自己的画》,丰陈宝、丰一吟编:《丰子恺文集》(5),浙江文艺出版社、浙江教育出版社1992年版,第466—467页。

么？不然,他们没有目的,无所为,无所图。他们为游戏而游戏,手段就是目的,即所谓"自己目的",这真是艺术的!①

"儿童的游戏,犹之成人的事业";②在艺术观照之下,儿戏因为其中的"赤子之心"显现出与成人的"事业"迥然相异的高贵品质:"大人们一切活动,都是有目的的,都是为利己的,都是卑鄙龌龊的,安得像他们的游戏的纯洁而高贵呢!"③

游戏中的儿童往往不计利害,人我无分,物我无间,即所谓"无我",丰子恺十分欣赏这种"宗教"式的虔诚态度。譬如,他们常常与狗为友,对猫说故事,为泥人啼笑,或者不问物的所有主,擅取邻儿的东西,或把自己家里的东西送给他人;世间万物,在孩子们看来原是平等的,一家的。④ 在一个寂寞的春昼,一位卖小鸡的担笼吸引了丰家及邻居的孩子们;卖鸡人揭开鸡笼,但见:

一个细网的下面,蠕动着无数可爱的小鸡,好像许多活的雪球。五六个孩子蹲集在笼子的四周,一齐倾情地叫着"好来！好来！"……许多小手伸入笼中,竞指着一只纯白的小鸡,有的几乎要隔网捉住它。⑤

回忆这一场景时,丰子恺不自觉地将之置于艺术观照之下:"一瞬间我的心也屏绝了思虑而没入在这些小动物的姿态的美中,体会了孩子们对于小鸡的热爱的心情。"⑥在物我无间的情怀里颤动着一颗颗赤子之心。

从许多人不屑一顾的、有时被讥笑为"傻气"的"儿戏"中,丰子恺发现,其

---

① 丰子恺:《告母性》,丰陈宝、丰一吟、丰元草编:《丰子恺文集》(1),第76页。
② 丰子恺:《闲》,丰陈宝、丰一吟编:《丰子恺文集》(5),第426页。
③ 丰子恺:《告母性》,丰陈宝、丰一吟、丰元草编:《丰子恺文集》(1),第76页。
④ 丰子恺:《谈自己的画》,丰陈宝、丰一吟编:《丰子恺文集》(5),第466页。
⑤ 丰子恺:《作父亲》,丰陈宝、丰一吟编:《丰子恺文集》(5),第258页。
⑥ 同上。

中的许多行为只有在"自由广大的儿童世界"中才能出现：孩子们见了天上的月亮，会认真地要求父母给他捉下来；见了已死的小鸟，会认真地喊它活转来……这等被成人看作不可能之事，他们认真地要求，志在必得！甚至用放声大哭来要求。照他们的热诚和欲望，屋顶统统可以拆除，以便在家里随时望见月亮、鹞子和飞机；眠床里应该有泥土，种花草，养着蝴蝶与青蛙，可以一觉醒来在野外游戏……①在孩子们的心境中，这些事都是可能的；惟其可能，所以认真地要求。由此可见，他们的心境，比成人"广大自由得多"。② 丰子恺企慕这种孩子们的天真生活，艳羡他们自由而广大的世界，只是屈从于现实的社会规则，已经"忘却人类的本性"，而艺术的观照唤醒了人们：儿童的赤子之心其实是人类本性的活化石。

孩童总是要长大进入社会的。经过初始社会化，丰子恺期望他们成为两种人：

一是"大人"。"大人者，不失其赤子之心者也"；③朱熹进一步申论："大人之心，通达万变；赤子之心，则纯一无伪而已。然大人之所以为大人，正以其不为物诱，而有以全其纯一无伪之本然。是以扩而充之，则无所不知，无所不能，而极其大也。"④初始社会化之后还禀赋着赤子之心的"大人"，便会"能动地拿这心来观察世间，矫正世间，不致受动地盲从这世间的已成的习惯，而被世间所结成的罗网所羁绊"。⑤ 遗憾的是，成人社会里葆有赤子之心的"大人"实在微乎其微："在世间，永没有逢到像你们（指儿童——笔者注）样出肺肝相示的人。世间的人群结合，永没有像你们样的彻底地真实而纯洁。"⑥这样的抱怨，既针对民国社会现实，更泛指复杂而矛盾的人性。

---

① 丰子恺：《谈自己的画》，丰陈宝、丰一吟编：《丰子恺文集》(5)，第467页。
② 丰子恺：《告母性》，丰陈宝、丰一吟、丰元草编：《丰子恺文集》(1)，第77页。
③ 《孟子·离娄下》。
④ 朱熹：《孟子集注卷八·离娄章句下》，朱熹：《四书章句集注》，上海书店1987年版，第110页。
⑤ 丰子恺：《告母性》，丰陈宝、丰一吟、丰元草编：《丰子恺文集》(1)，第79页。
⑥ 丰子恺：《给我的孩子们》，丰陈宝、丰一吟编：《丰子恺文集》(5)，第256页。

另一种人是"大丈夫"。成"大丈夫"者,不拘限于"实际的生活和世间的习惯",具备充分的想象力,敢作敢为,不屈不挠。丰子恺觉得:"孩子们都有大丈夫气,大人比起他们来,个个都虚伪卑怯……人世间各种伟大的事业,不是那种虚伪卑怯的大人们所能致,都是具有孩子们似的大丈夫气的人所建设的";好在世世代代出现了一些"孩子们似的大丈夫",抹去历史的尘翳,凭借"空想的欲望",才有了建筑、交通、医药、机械等种种抵抗自然的建设,否则,"恐怕人类到今日还在茹毛饮血呢"。①

不难看出,不论"大人"还是"大丈夫",最重要的品质在于,不失其赤子之心。

二、"诅咒成人社会的恶劣"

艺术源于生活。丰子恺的画文固然是艺术,对其画文进行艺术的观照可见赤子之心,但置身于现实世界,丰子恺却不闻车马喧腾;闻其何能尔?我们需要与丰子恺一道,进行社会的观照。

丰子恺成长于温软江南,家里有"田数十亩",开有一间染坊店,可称诗书礼仪之家。② 父亲丰鐄曾有《扫墓竹枝词》记丰家下乡扫墓情形:"风柔日丽艳阳天,老幼人人笑口开,三岁玉儿娇小甚,也教抱上画船来。双双画桨荡轻波,一种春风笑语和。"③"玉儿"是丰子恺的小名;他70岁时对"幸福的儿时"仍记忆犹新。④ 在丰子恺的心底,一直存有这种生命的桃花源。1927年在日本东京遇见的"一件很小的事"使他永远不能忘怀:夏夜里与朋友一起散步,一位伛偻的老太婆向他们求助,希望有人能帮她搬一会儿手里的重物。面对素不相识的路人提出这样唐突的要求,丰子恺后来想了很多:"那老太婆的话……是

---

① 丰子恺:《谈自己的画》,丰陈宝、丰一吟编:《丰子恺文集》(5),第465—468页。
② 参见盛兴军:《丰子恺年谱》,青岛出版社2005年版,第1—4页。
③ 丰子恺:《清明》(1927年),《丰子恺自传》,江苏文艺出版社1996年版,第1—2页。
④ 丰子恺:《忆儿时》,丰陈宝、丰一吟、丰元草编:《丰子恺文集》(1),第137页。

关系深切而亲爱的小团体中的人们之间所有的话,不适用于'社会'或'世界'的大团体中的所谓'陌路人'之间";然而,"假如真能像这老太婆所希望,有这样的一个世界:天下如一家,人们如家族,互相亲爱,互相帮助,共乐其生活,那时陌路就变成家庭。"这样的世界,在后来的日子里"常常"使他"憧憬"。①

心远地自偏。青少年时期的社会化大大影响了丰子恺的创作倾向。怀揣着对桃花源世界的向往,丰子恺的艺术眼光一开始并没有投注于现实社会:最初描写古诗,接着描写儿童百相。在随笔中,在漫画中,他"处处赞扬儿童",变成了"儿童崇拜者"。丰子恺后来反思说:"那时,我初尝世味,看见所谓'社会'里虚伪矜恣之状,觉得成人大都已失本性,只有儿童天真烂漫,人格完整,这才是真正的'人'。"其实,丰子恺非常清楚,成人社会不只有光明的一面,还有残酷悲惨、丑恶黑暗的一面,只是他"不忍描写,一时竟把他们抹杀了"。② 有论者分析道,这在某种程度上是对现实世界的逃避:

> 在现实生活中,这种理想化的大同社会几乎难以实现,于是便又一头扎入纯真得连他自己都觉得惊异的儿童世界。这类作品,如《从孩子得到的启示》、《华瞻的日记》、《儿女》、《忆儿时》等等,读者很容易体会到跳动在丰子恺胸中的一颗赤子之心。他用人间的隔膜与儿童的天真相对照,反映自己对理想生活的向往,寄托自己的情感。③

事实上,丰子恺的儿童生活图像不止于描画赤子之心。按照佛教的说法,对于世间生活有"显正"和"斥妄"两途;天真儿童相属于显正之作,渐渐地,作为"斥妄",丰子恺也为苦难的儿童写照。《兼母的父》(漫画)中的乞丐一脸愁苦,而背上的孩子却一无所知,甚至还歪着头在兴致勃勃地看景致。在《两家

---

① 丰子恺:《东京某晚的事》,丰陈宝、丰一吟编:《丰子恺文集》(5),第127—128页。
② 丰子恺:《漫画创新二十年》,丰陈宝、丰一吟、丰元草编:《丰子恺文集》(4),第389页。
③ 陈星:《丰子恺新传——清空艺海》,北岳文艺出版社1998年,第104页。

的父亲》(漫画)中,放学路上,两个携手而行的孩子发现了他们的父亲:一个拉着黄包车,气喘吁吁;一个坐在黄包车上,悠然自得。《孤儿与娇儿》(漫画)则异曲同工:孤儿院前,一个孤女跨入院门的一刹那,回眸便见被父母搀拥的同龄人,不知她作何感想?在一个乡人狂欢之夜,丰子恺"描取(了)这般惊异的现状"——《鼓乐》:

> 一个孩子背着一面鼓向前跑,鼓手跟在后面一面打去,好像追杀败将一般。孩子跑得越快,后面打的追得越紧;孩子立停了让他打,他就摆开步位,出劲地痛打一顿。孩子背后受痛打,前面管自吃芝麻饼。饼上的芝麻跟鼓的"同,同,同,同"而纷纷地落下,他伸手接住了芝麻,慢慢地用舌舐食。①

阶级关系就这样残酷地蛀蚀着赤子之心。1934 年根据一位读者来信,丰子恺画成漫画《穷小孩的跷跷板》,由此想到世间小孩之苦:"在这社会里,穷的大人固然苦,穷的小孩更苦!穷的大人苦了,自己能知道其苦,因而能设法免除其苦。穷的小孩苦了,自己还不知道,一味茫茫然地追求生的欢喜,这才是天下之至惨!"②菩萨心肠的丰子恺受不了这样的刺激,因此,他始终保有对赤子之心的欣赏和向往。在抗战逃难途中,避居贵州遵义时,丰子恺给孩子们讲过一个"赤心国"的故事:一位军官和很多百姓一起为躲避空袭钻进山洞,不料炸弹落在洞上面,岩石塌下来,所有的人都被压死,只有军官因为躲在洞的深处而幸免于难。但出口已被堵住,他只有往洞的深处走,最后竟出得洞来,发现自己来到了一个仅有 500 人的美丽的"野人"世界。这里的人都有一颗赤心;王的赤心最大,官的赤心略小,民众的更小。对于饥饿、寒冷或灾难,所有的赤心能同时感受到。"赤心越大,感觉越灵敏",如果其中有一人感到不适,

---

① 丰子恺:《鼓乐》,丰陈宝、丰一吟编:《丰子恺文集》(5),第 377—378 页。
② 丰子恺:《穷小孩的跷跷板》,丰陈宝、丰一吟编:《丰子恺文集》(5),第 350 页。

王便设法找到那人,为其解决问题,于是大家都感到惬意了。后来军官回到家乡,"心里永远憧憬着赤心国里的和平幸福生活"。① 从中不难窥见,即使在战乱岁月里,丰子恺的心里也像那位军官一样,憧憬着赤心国,正如他一直憧憬着的儿童世界。1946 年丰子恺自陈:"当时的意识"其实是"从反面诅咒成人社会的恶劣"。② 这个成人社会之所以需要诅咒,完全是因为其扼制人性的专制环境。18 世纪法国启蒙主义思想家卢梭执著于自然主义教育,轻视"文明的价值",完全出于其"人生而自由"的资产阶级理念。因为在此之前的专制环境之下,没有人认为儿童的美德,如自发性、纯洁、力量、欢乐,可以看作是值得赞美和培养的特点。③

三、"归复人生之常情"

社会环境是先于个人而存在的。从孩子呱呱坠地的那一刻起,他(她)就被置于一个既定的社会关系网络之中。这样的关系之网,牢结了世间万物,使得人们在把握某一事物之时,"总要牵动无数的线,带出无数的别的事物来,使得本物不能孤独地明晰地显现"出来;④成人世界的大多数迷着于这烦人的"世网",丧失了赤子之心,缺少"像孩子世界中所见的不屈不挠的大丈夫气,却充满了顺从,屈服,消沉,悲哀,和诈伪,险恶,卑怯的状态"。⑤ 初始社会化不会因为丰子恺的失望而停滞。他无奈地承认,孩子的"黄金时代有限,现实终于要暴露的。这是我经验过来的情形,也是大人们谁也经验过的情形"。⑥ 既

---

① 丰陈宝、丰一吟编:《爸爸的画》第 4 集,华东师范大学出版社 2001 年版,第 117 页;丰子恺:《赤心国》,丰陈宝、丰一吟编:《丰子恺文集》(6),浙江文艺出版社、浙江教育出版社 1992 年,第 284—300 页。
② 丰子恺:《漫画创新二十年》,丰陈宝、丰一吟编:《丰子恺文集》(6),第 389 页。
③ 〔美〕尼尔·波兹曼:《童年的消逝》,吴燕莛译,广西师范大学出版社 2004 年版,第 85 页。
④ 丰子恺:《剪网》,丰陈宝、丰一吟编:《丰子恺文集》(5),第 94—95 页。
⑤ 丰子恺:《谈自己的画》,丰陈宝、丰一吟编:《丰子恺文集》(5),第 470 页。
⑥ 丰子恺:《给我的孩子们》,丰陈宝、丰一吟编:《丰子恺文集》(5),第 256 页。

要造就"大人",就得面对现实,为此,丰子恺寻觅到两把剪破"世网"的剪刀:

> 庶几仿佛于儿童这个尊贵的"赤子之心"的,只有宗教与艺术。故用宗教和艺术来保护,培养他们这赤子之心,当然最为适宜。从小教以宗教的信仰,出世的思想,勿使其全心固着于地面,则眼光高远,志气博大,即为"大人"。否则,至少从小教以艺术的趣味。音乐,绘画,诗歌,能洗刷心的尘翳,使显出片刻的明净。①

在这里,丰子恺并不是希望人人"出世",亦非完全指望以宗教来呵护赤子之心;宗教服从于造就"大人"的目的,而艺术则是造就"大人"的手段;两者既有层次的区别,也有性质的不同,共同构成初始社会化的必要内容。

在丰子恺看来,艺术的根本在于一个"情"字,"有情即有艺术"。在日常生活中,人们所用之心,大都在"知识"和"意志"两方面,难得用感情去欣赏事物,即难得以艺术的眼光去观察和享受生活;晚清以来,更是如此:"世变多端,人事烦琐,逐末者忘本,循流者忘源,人各竭其力于生活之一隅,而丧失其人生之常情",亦即丧失了赤子之心。而欲挽回这赤子之心,丰子恺提出,营造艺术氛围,理解艺术精神,涵蕴艺术趣味,从而归复人生之常情:

> 出"艺术"之深宫,辞"艺术家"之尊位,对稚子而教之习艺,执途人而与之论美,谈言微中,亦足以启发其生知之本领,而归复其人生之常情。是则事事皆可成艺术,而人人皆得为艺术家也。②

1927年丰子恺在出版《子恺画集》时,以漫画《留春》表达了他挽回赤子之

---

① 丰子恺:《告母性》,丰陈宝、丰一吟、丰元草编:《丰子恺文集》(1),第79—80页。
② 丰子恺:《〈艺术漫谈〉序》,丰陈宝、丰一吟、丰元草编:《丰子恺文集》(3),浙江文艺出版社、浙江教育出版社1990年版,第293页。

心的愿望。南宋词人高观国词曰:"屈指数春来,弹指惊春去。檐外蛛丝网落花,也要留春住。"憧憬于儿童生活的丰子恺,痴心地要为儿童"永远地挽留这黄金时代在这册子里。然这真不过像'蛛丝网落花'略微保留一点春的痕迹而已"。① 有意思的是,这一回丰子恺在蜘蛛网的中心画上了自己,而非蜘蛛;痴心于天真的儿童生活,于此可见一斑。

挽回赤子之心需要营造艺术氛围。比如音乐,"中国人往往视音乐为茶余酒后的娱乐物,消遣品;不知音乐研究的严肃与音乐效能的深大"。② 芒种时节,一种歌声从屋后的田坂里飘进窗来:"上有凉风下有水,为啥勿唱响山歌。"辽阔的大气共鸣着,风声水声伴奏着,显得这歌声异常嘹亮,异常清脆,令人心旷神怡。③

1935年秋日的一天,丰子恺与两个小女儿至西湖山中游玩,忽然遇雨,于是进了一家茶馆喝茶避雨。茶越冲越淡,雨越下越大。"山色空濛雨亦奇",一种寂寥的趣味牵引了丰子恺的感兴;而孩子们无法领会这种趣味,山中遇雨,一味怨天尤人,愁苦万状。丰子恺无法状说他所体验的境界,更不愿使孩子们

---

① 丰子恺:《给我的孩子们》,丰陈宝、丰一吟编:《丰子恺文集》(5),第256页。
② 丰子恺:《告母性》,丰陈宝、丰一吟、丰元草编:《丰子恺文集》(1),第80页。
③ 丰子恺:《芒种的歌》,丰陈宝、丰一吟、丰元草编:《丰子恺文集》(3),第497页。

"大人化"而体味他的感兴。这时,恰好茶博士坐在门口拉胡琴。丰子恺借来胡琴,拉了起来:

> 在山中小茶店里的雨窗下,我用胡琴从容地(因为快了要拉错)拉了种种西洋小曲。两女孩和着了歌唱,……引得三家村里的人都来看。一个女孩唱着《渔光曲》,要我用胡琴去和她。我和着她拉,三家村里的青年们也齐唱起来,一时把这苦雨荒山闹得十分温暖。①

天人合一,"乐以教和";丰子恺感慨系之:

> (胡琴)这种乐器在我国民间很流行,剃头店里有之,裁缝店里有之,江北船上有之,三家村里有之。倘能多造几个简易而高尚的胡琴曲,使像《渔光曲》一般流行于民间,其艺术陶冶的效果,恐比学校的音乐课广大得多呢。②

用艺术的眼光观察事物,并将之应用于精神生活,丰富人生的趣味,接受艺术的陶冶。艺术的精神正在于此。与日常的眼光不同,艺术的眼光是"看取物象的本身",需要着意理解:

> 造物主给我们头上生一双眼睛,原是教我们看物象的。但他曾经叮嘱我们:"要用眼睛看物象的本身,又看物象的意义!"小孩子出生不久,分明记得这句话,看物象时都能注意其本身。③

随着初始社会化的进程,人们常常不看物象的本身,而转看物象的意义了:

---

① 丰子恺:《山中避雨》,丰陈宝、丰一吟编:《丰子恺文集》(5),第560页。
② 同上书,第561页。
③ 丰子恺:《艺术修养基础》,丰陈宝、丰一吟、丰元草编:《丰子恺文集》(4),第72页。

譬如一只茶杯,你看见了但想"这是盛茶用的器皿,这是我所有的,这是几毛钱买来的"等,便忘了造物主叮嘱你的上半句,而只记得下半句了。还须得能够静静地观赏茶杯,看它的形状如何,线条如何,色彩如何,姿态如何,才是看见茶杯的本身。①

"物象的本身"并非另有一个世界,而是实际存在的世界,重要的是人们观察物象时的心态。古人咏儿童诗句云:"对境心常定,逢人语自新";丰子恺解释道:"对着一种境地心能够常定,便是说对着物象能够撇开其意义而看见其本身的意思。逢着人说出话来自会新鲜。便是说看见物象的本身,故能说别人所不能说的话。"②常定的心中,包含着一颗赤子之心。

至此,我们明白,在初始社会化中,艺术精神的理会,艺术趣味的涵蕴,并不是外在技能的机械强迫,而是内在本能的有机激活,不妨视之为赤子之心的回归,人生常情的归复。③ 其实,艺术的观照在某种意义上就是赤子之心的回归。丰子恺认为,有两种艺术观照的方式,充满着儿童般的赤子之心:一是"断片的看法"。胡适说,这好比大树干的横断面,看见一片便可想象大树的全体。以王维诗:"君自故乡来,应知故乡事。来日绮窗前,寒梅着花未?"丰子恺分析道,诗只说梅花开了没有,由此却可以窥见离人思乡之心;表面上看,它好像天真烂漫的小孩子讲的零星细事,但并非真个无关大体的零星细事,因为以此可以"小中见大,个中见全"。"断片的看法"犹如儿童一样天真烂漫。④ 另一种方式谓之"直线的眼光"。比如观察一座建筑物,"倘是小孩,这眼光大都是直线,只射在房屋及苹果树的表面。他只看见屋顶的形状,墙的形状,窗的形状,树的形状以及它们的色彩"。丰子恺郑重地指出,直线的眼光就是艺术的眼

---

① 丰子恺:《艺术修养基础》,丰陈宝、丰一吟、丰元草编:《丰子恺文集》(4),第73页。
② 同上书,第74页。
③ 丰子恺:《艺术的眼光》,丰陈宝、丰一吟、丰元草编:《丰子恺文集》(4),第377—378页。
④ 丰子恺:《艺术修养基础》,丰陈宝、丰一吟、丰元草编:《丰子恺文集》(4),第80页。

光;艺术家在观察物象时,眼光的确同儿童的一样,所以,德国艺术思想家歌德被人称为"大儿童"。①

四、"求其放心而已"

在初始社会化过程中,作为教化权威的父母扮演着十分重要的角色,他们的行为直接关系到赤子之心的得失。孟子云:"学问之道无他,求其放心而已矣。"②所谓"放心",即放失了的赤子之心。环顾儿童生活的环境,丰子恺发现,许多家庭尽行"放心","常人抚育孩子,到了渐渐成长,渐渐尽去其痴呆的童心而成为大人模样的时代,父母往往喜慰;实则这是最可悲哀的现状!因为这是尽行放失其赤子之心,而为现世的奴隶了"。③

赤子之心的放失,常常出现在父母的不知不觉言行之间,体现在日常细节之中。漫画《晨出》中的两个孩子不明白:早晨出门的父亲,为什么总要戴上一

---

① 丰子恺:《艺术的眼光》,丰陈宝、丰一吟、丰元草编:《丰子恺文集》(4),第377—378页。
② 《孟子·告子上》。
③ 丰子恺:《告母性》,丰陈宝、丰一吟、丰元草编:《丰子恺文集》(1),第79页。

付假面具:假面具如弥勒佛,憨厚可掬,而父亲却像凶神恶煞。许多天真无邪的孩子每日里就生活在这些伪君子当中。①《儿童世界与成人世界》(漫画)设计了一个典型场景:当楼下的家长们正为鸡毛蒜皮的小事闹得不可开交之时,楼上两家的孩子们却隔着阳台娓娓而谈,手里还各自拿着一朵小花。丰子恺说,这便是儿童世界与成人世界的不同:"世间的大人都为生活的琐屑事件所迷着,都忘记人生的根本;只有孩子们保住天真,独具慧眼,其言行多足供我欣赏者。"②

面对赤子之心的不断放失,丰子恺将初始社会化过程删繁就简,一言以蔽之:"求其放心而已",从主动的意义上,他敬告"孩子的赤子之心未放失时的最初的教育者":"教他永远做孩子,即永远不使失却其孩子的心";从被动的意义上,他指出:"教育的最大的使命,非在于挽回这赤子之心不可。"③

且看当日的丰子恺是怎样作父亲的?1920年代中期,在上海那个"几与世间绝缘的小天地"里,他名义上是孩子们的父亲,实际上是"他们的臣仆";而他,却为扮演这样的角色感到无比的幸福:"我自己却是以为是站在他们这政治舞台下面的观剧者。丧失了美丽的童年时代,送尽了蓬勃的青年时代,而初入黯淡的中年时代的我,在这群真率的儿童生活中梦见了自己过去的幸福,觅得了自己的童心。"④在初始社会化中进行逆向社会化,丰子恺从孩子们身上获得了赤子之心。

丰子恺曾经看见,六七岁的男孩子被父母穿上小长袍和小马褂,戴上小铜盆帽,教他学父亲走路;六七岁的女孩子被父母亲带到理发店里去烫头发,在脸上敷脂粉,嘴上涂口红,教她学母亲交际。漫画《小大人》表现的就是这种情形。丰子恺认为,"由儿童变为成人,好比由青虫变为蝴蝶。青虫生活和蝴蝶

---

① 以漫画作为论据,在一般意义上不成问题,但作为历史素材需要作出学理上的说明。参见小田:《漫画:在何种意义成为社会史素材》,《近代史研究》2006年第1期。
② 丰子恺:《谈自己的画》,丰陈宝、丰一吟编:《丰子恺文集》(5),第468页。
③ 丰子恺:《告母性》,丰陈宝、丰一吟、丰元草编:《丰子恺文集》(1),第78—79页。
④ 丰子恺:《谈自己的画》,丰陈宝、丰一吟编:《丰子恺文集》(5),第465页。

生活大不相同。上述的成人们是在青虫身上装翅膀而教它同蝴蝶一同飞翔，而我是蝴蝶敛住翅膀而同青虫一起爬行"。① 为了孩子的那一颗赤子之心，他做了"敛住翅膀的蝴蝶"。

当然，为了不致摧残孩子的赤子之心，作为父亲的丰子恺也有不知所措的时候。一位刁巧的卖鸡人看见小孩子哭着要买鸡，就故意抬价，丰子恺对孩子们说："你们大家说'好来，好来'，'要买，要买'，那人就不肯让价了。"至此，他说不下去了：

> 因为下面的话是"看见好的嘴上不可说好，想要的嘴上不可说要"。倘再进一步，就变成"看见好的嘴上应该说不好，想要的嘴上应该说不要"了。在这一片天真烂漫光明正大的春景中，向哪里容藏这样教导孩子的一个父亲呢？②

需要引起我们注意的是，在初始社会化的过程中，丰子恺特别重视母亲的作用。孩子坠地的时候，对于世间毫无成见，犹如一张白纸，最初在这白纸上涂色的，就是母亲，而这最初的色是后来所添的一切色的底子和基础。如何对待这颗赤子之心，丰子恺语重心长地呼唤普天下所有的母亲：

> 主宰这个心的最初的方向的，是夫人们！你们现在的教训，是预定他们将来的人格的；你们现在的指示，是预定这世界的将来的方针的。所以要当心：现在的灯前小语，已经种下将来立已达人，或杀身祸世的根苗；而现在的举手投足，也许埋伏着将来的国家的革命，世界的变迁的动机呢！母亲的责任何其大，母亲何等难做！③

---

① 丰子恺：《〈子恺漫画选〉自序》，丰陈宝、丰一吟、丰元草编：《丰子恺文集》(4)，第547页。
② 丰子恺：《作父亲》，丰陈宝、丰一吟编：《丰子恺文集》(5)，第260页。
③ 丰子恺：《告母性》，丰陈宝、丰一吟、丰元草编：《丰子恺文集》(1)，第78页。

19 世纪后半叶蜚声欧美的德国著名社会学家斐迪南·滕尼斯（Ferdinand Tonnies）写道："儿童们天真稚气，心地善良，生活在现时，在其生活方式和简单的天职中，是由大自然、家庭和爱护的人的意志决定的。"①而从品格特征上说，"妇女们和孩子们属于一个整体，具有相同的精神，相互容易理解"。这"相同的精神"当涵盖赤子之心，或许这也是中外思想家们在初始社会化中共同推崇母爱、关注母性的理由之一。

为涵养稚童的赤子之心，造就时代的"大丈夫"，丰子恺更进一步，将母性当作艺术的人格与生活表达。综览世界艺术史，丰子恺发现，许多大艺术家的艺术幼苗常常是由母亲埋种的。比如音乐家，美国音乐家查德威克的母亲长于音乐；钢琴大家肖邦的母亲是波兰人，他多承受母亲的气质；俄国现代乐派大家穆索尔斯基幼时从母亲习音乐；民谣作家、澳洲人格兰杰幼时从其母亲学习钢琴，等等。② 特别是肖邦，虽说他的父母没有特别的音乐素养，但少年时代的肖邦很幸福，因为"他的母亲是一个可爱的快活的人，充分具有做母亲的资格"。③ 谈到法国画家米叶的健康成长，丰子恺更特别溯及其家族女性的艺术塑造力：

> 他的家族中最独创的，而给米叶以最深的印象的，要算他的祖母裘茉琅（Louise Jumelin）。她是一个有深厚的宗教信仰的老田舍妇人。米叶幼年时代的回想之一，是当他很小的时候他的祖母催他醒来时而说的："起来！富郎索亚！小鸟们已经歌唱着神明的恩宠好久了。"④

这既是在赞赏母性，也是在推崇艺术，其实最根本的，丰子恺是在借由孩

---

① 〔德〕斐迪南·滕尼斯：《共同体与社会》，林荣远译，商务印书馆 1999 年版，第 223 页。
② 丰子恺：《女性与音乐》，丰陈宝、丰一吟、丰元草编：《丰子恺文集》(2)，浙江文艺出版社、浙江教育出版社 1990 年版，第 632—633 页。
③ 丰子恺：《近世西洋十大音乐家故事·肖邦》，《丰子恺文集》(2)，第 141 页。
④ 丰子恺：《画圣米叶的人格及其艺术》，丰陈宝、丰一吟、丰元草编：《丰子恺文集》(3)，第 91 页。

童追念人类的本真情愫。从这样的追念中,不难看出丰子恺对其所处时代的批判精神。

五、余 论

　　丰子恺作品无疑是一份富藏,不同的学科可以从不同的侧面掘进,就本论题来说,或是艺术的,或是社会学的,或是教育学的,然而,所有这些侧面,都无法代替社会史的考察,因为只有历史赋予儿童成长以特定的时空意义,从而使论题的讨论具有更具体而实际的内容。在社会史的意义上,丰子恺关于初始社会化的艺术和社会观照不妨看作一份民国儿童史。

　　这样的转换不免让历史学者感到些许不适,甚至惊讶。在社会史学界,至少在西方,三十多年前人们就已经注意到:过去正式的历史里面,差不多没有孩子的足迹和踪影。这是令人难以接受的,于是三十多年来,人们从各个方面想认真地回答这个疑问。问题很快归结到一点:如果我们想要知道历史上孩子成长的经验、生活的情况,有没有任何线索材料可以满足我们的渴望?经过一番寻觅,幼教、传记、医疗方面的记录,陆续进入了人们的视野,再仔细追索,人们发现,艺术作品中也"有不少有关孩子的素材",但是,"这些素材,在诉说着一些如何不同的消息?"[①]更棘手的一个问题是,艺术可以成为历史素材吗?如果说可以,[②]它们展示了怎样的儿童史?这些问题无法抽象地回答。当我们进入丰子恺笔下的民国儿童生活世界,一些问题便有了具体答案。从本论题的讨论中,我们发现,丰子恺对初始社会化的艺术和社会观照不但保存了既已逝去的孩童图像,更重要的是,它反映了特定时代的社会环境和部分知识精英颇具特色的教化理念。在多学科的关照中,作为艺术家的丰子恺及其作品,

---

　　① 熊秉真:《儿童忆往》,广西师范大学出版社 2008 年版,第 53—57 页。
　　② 小田:《漫画:在何种意义上成为社会史素材——以丰子恺漫画为对象的分析》,《近代史研究》2006 年第 1 期。

以其丰富的内涵获得了新的生命力。因为童年在不同的时代有着完全不同的含义:"当每个国家、每个民族试图理解童年的概念,并将它融入各自的文化时,童年所面临的是与产生地大不相同的经济、宗教和知识的环境。在有些环境下,童年被丰富了;在有些环境下,它被忽略了;还有些环境下,它被丰富了。"① 丰子恺的社会化观照,无疑丰富了对儿童的理解,也丰富了对那个时代的理解。

[作者简介] 汪建红,江苏省苏州第十中学高级教师。小田,苏州大学社会学院教授,博士生导师。

---

① 〔美〕尼尔·波兹曼:《童年的消逝》,第76页。

民国时期迪士尼在上海的"本土化"
——以《中国白雪公主》为例

何汝云　洪　煜

内容提要：迪士尼文化是20世纪20年代诞生于美国的一种以动画为主的艺术形式。30年代初迪士尼动画片传入上海，《白雪公主与七个小矮人》就是其中之一。《白雪公主》电影的到来在上海迅速兴起了一股观影热潮，看到这部电影如此火爆，上海的电影人趁热打铁拍摄了一部真人版的《中国白雪公主》。《中国白雪公主》从剧本内容到角色安排都对《白雪公主与七个小矮人》进行了大胆模仿和改造，使之积极融入本土文化。民国时期中国电影人对迪士尼电影的移植与本土化尝试，是异质文化之间的调适和共赢。

关键词：《白雪公主与七个小矮人》　《中国白雪公主》　本土化

民国时期，海外洋娱乐文化不断传入上海，其中迪士尼就是一个典型代表。作为外来文化的迪士尼，在诸多方面与中国的本土文化有着一定的差异，两种异质文化在相遇时必然要遭遇碰撞和相互调适。关于近代以来上海的中外文化之间的冲突和融合，学术界已有一定的研究[1]，而对于迪士尼在上海的

---

[1] 这方面相关主要研究成果有：熊月之：《异质文明交错下的上海都市生活》，上海辞书出版社2008年版；高福进：《"洋娱乐的流入"——近代上海的文化娱乐业》，上海人民出版社2003年版；邵志择：《"圣诞老人"在近代中国的流行及其商业化利用——以上海为中心的考察》，《史林》2016年第2期；邵文菁：《米老鼠在中国》，《档案春秋》2016年第8期；秦刚：《"有声卡通"时代的迪士尼动画在民国上海——以鲁迅日记为线索》，《中国现代文学研究丛刊》2017年第7期等。

本土化过程的研究则较为稀少。本文拟以《中国白雪公主》作为一个典型案例来探讨迪士尼文化的本土化历程,分析中西文化之间的调适和共存。

一、《白雪公主与七个小矮人》传入上海

《白雪公主》是一篇著名的童话故事。近代以来,中国知识分子主张学习西方思想以启迪民智,外国文学被看作启发民众的一剂良方,于是西方的文学作品纷纷被译介到中国,《白雪公主》也随着这股潮流被翻译成各种版本在中国各地广为流传。

1937年美国著名的动画大师华特·迪士尼将《白雪公主》搬上大荧幕,制成世界上第一部长篇动画《白雪公主与七个小矮人》,翻开了世界动画史的新篇章。在1937年之前,世界上的动画创作一直是以短片形式存在,并且只是在真人电影播放前放映以逗人一乐,而《白雪公主与七个小矮人》完全改写了动画这门艺术的命运,这部作品是"世界第一部长篇动画电影;原声带为世界第一张电影原声带(以唱片形式发行);世界第一部使用多层次摄影机拍摄的动画;世界第一部有隆重首映的动画电影"。[①] 它还获得了奥斯卡最佳原创配乐提名,其制作人华特·迪士尼获奥斯卡终身成就奖等。这么多的荣誉和奖项也证明了这部作品的重要意义,它开启了世界动画的长片时代,动画可以与真人电影媲美,不再作为其他电影的附庸而存在。

《白雪公主与七个小矮人》的情节、插曲、视觉风格给观众们带来了全新的体验,在美国本土大获全胜的同时,巴西、阿根廷、英国、比利时、加拿大、法国、澳大利亚、中国等国陆续引进《白雪公主》电影(如表1),全球各地掀起了《白雪公主》热潮。

---

① 孙立军、马华:《美国迪士尼动画研究》,京华出版社2010年版,第280页。

表1　各国引进《白雪公主与七个小矮人》时间表①

国家	上映时间
美国	1937年12月21日
巴西	1938年10月1日
阿根廷	1938年1月22日
英国	1938年2月24日
比利时	1938年3月26日
加拿大	1938年4月5日
法国	1938年5月6日
澳大利亚	1938年6月2日
中国	1938年6月2日

由表中可知,《白雪公主与七个小矮人》1937年在美国上映,1938年便漂洋过海出现在上海影院中。笔者通过查阅民国时期各大报刊广告,发现《白雪公主与七个小矮人》曾经在上海的南京大戏院、大上海大戏院、威利大戏院、丽都大戏院、光陆大戏院、新光大戏院等多家电影院播放,并且好评如潮:

《白雪公主》是米老鼠画片创作人狄斯耐大师的心血结晶,在全世界巡回轮映的时候,到处创卖座的新纪录,单只上海一埠,直到最近为止,观过《白雪公主》的大大小小影迷,总数就有二十一万人之多……下面是上海各戏院放映时的观众确数:

南京:二万五千余人　　威利:六千六百余人

大上海:三万余人　　　平安:三万余人

丽都:五万二千余人　　辣斐:二万余人

光陆:一万八千余人　　浙江:一万七千余人

恩派亚:一万一千余人②

通过这个记录可知各大影院观看《白雪公主》的人数大都已过万的盛况,其他

---

① 此表根据 http://www.imdb.com/title/tt0029583/releaseinfo?ref_=tt_dt_dt 整理(互联网电影资料库《白雪公主与七个小矮人》)。

② 《白雪公主在中国,观众四十余万突破记录》,《电声(上海)》1939年第8卷第29期,第1204页。

报刊中也报道了《白雪公主》受到上海观众欢迎的情形:

上海观众最欢迎的影片及明星

  影片为《白雪公主》、《罗宾汉》,明星为埃洛弗玲狄安娜窦萍。
  ……
  过去一年,各影院卖座特盛之影片,当推迪斯耐之米老鼠长片《白雪公主》,其次为《罗宾汉》,而《白雪公主》一片,甚至在第二轮影院公映时,每日连映五场,而无场不满,实属空前盛况。①

这条信息来自于1939年《银花集》的第13期特色版,文中显示《白雪公主》成为了当时上海观众最受欢迎的影片,并且在第二轮公映时,每日连映五场,无场不满。《白雪公主》在当时吸引了一批又一批观众,甚至到1941年上海的戏院还重新拷贝《白雪公主》再次放映:

  哄(轰)动全世界的华德狄斯耐第一部长篇卡通《白雪公主 Snow White》又将在大上海戏院再度开映。完全最新拷贝,色彩艳明,配音响亮。比上次在沪第一次开映的《白雪公主》还要好许多。因为这部拷贝是直接由美运沪的。
  未观此片的诸君,当然不能失去这机会。已观此片的诸君,不妨再来温习一遍。②

《白雪公主》这一动画影片自传入上海以后,在上海这一时尚之都受到了普遍的欢迎,一定意义上,《白雪公主》动画影片丰富了上海城市娱乐文化生活,也推动了上海本土娱乐文化的创新发展。

---

① 《上海观众最欢迎的影片及明星》,《银花集》1939年第13期,第16页。
② 锵:《白雪公主重来》,《亚洲影讯》1941年第4卷第25期,第3页。

二、剧情的移植和改编

1940年《白雪公主》尚在热映,嗅觉敏锐的上海生意人们便从这部舶来片上感受到了商业的气息。"西片《白雪公主》的卖得起铜钿,于是在国产电影界,也颇有人欲设置一中国《白雪公主》的宏愿。最近终于由新华影业公司筹备起来,不久就要开拍了。"①上海新华影业公司趁热打铁,在《白雪公主》电影的余温还没有散去之际,拍摄了一部中国真人版的《白雪公主》,名为《中国白雪公主》。《中国白雪公主》由著名艺术家吴永刚②担任编剧和导演,这部电影从剧本内容到角色安排都对《白雪公主与七个小矮人》大胆模仿,此外为适应本土大众观看,《中国白雪公主》还极力融入本土文化元素。

《中国白雪公主》是一种跨文化、跨时代的改编,为适应文化和时代的巨大差异,编剧、导演绞尽脑汁,竭力将《白雪公主与七个小矮人》的剧本移植到中国的社会文化当中。

从剧情时代背景来看,《白雪公主与七个小矮人》将情节设定于古代欧洲的皇宫中。《中国白雪公主》彻底改变了迪士尼版《白雪公主》的背景,由西方文化移植到中国文化,由古代西方穿越到当时的中国,将故事的时间和背景本土化。故事的时间是民国时期,受年代限制,吴永刚并没有将小白雪公主安排在帝王之家,而是安排在民国时期一个较为富裕的家庭。

从剧情的内容来看,《白雪公主与七个小矮人》改编自欧洲家喻户晓的童话故事《白雪公主》,这种改编名著是迪士尼公司惯用的手法,在尊重原著的基

---

① 《中国白雪公主》,《中国影讯》1940年第1卷第9期,第68页。
② 吴永刚(1907—1982年),上海人。早年就读于教会学校,喜好文学绘画。1928年入天一影片公司,任美工师、场记,后开始自己编导剧本。曾先后入联华影业公司、新华影业公司等,拍摄了十几部影片,多以古典题材为主,也有宣传抗日救亡的影片。1941年去香港,后去重庆,加入中央电影制片厂。1947年自组大业电影公司。新中国成立后,任上海电影制片厂导演。其从影50余年,导演故事片、戏曲片35部,代表作有《神女》《壮志凌云》《尤三姐》《巴山夜雨》等。

础上撰写剧情：美丽善良的白雪公主对王国中的每一个生灵都充满了魅力，唯独王后对她满怀嫉妒。当王后的魔镜宣称白雪公主是世界上最美丽的女人后，王后对白雪公主展开了追杀。白雪公主逃进了森林，遇到了七个小矮人，并与小矮人们成为好朋友。但王后还是用诡计诱骗白雪公主吃下了一个毒苹果，最后王子的真爱之吻拯救了沉睡的白雪公主。整个剧情中有两条线索，一是王子与公主的浪漫爱情，一是正义善良的白雪公主与邪恶自私的王后之间的矛盾冲突。王子解救公主使得两条线索融为一体，弥漫着西方文化中的浪漫主义色彩。

《中国白雪公主》的剧情是以《白雪公主与七个小矮人》为蓝本进行改编的，但与西方的浪漫主义不同的是，《中国白雪公主》完全是现实主义风格：父母双亡的小白雪与继母一起生活。继母为保持自己的容颜给自己注射药品，但这种药物有一个副作用，只要注射的人有嫉妒心就会丑陋得像恶魔一样。看到小白雪非常美丽纯洁，继母嫉妒心膨胀且变得十分丑陋，恶毒的继母想置小白雪于死地。幸运的是小白雪逃走了，在丛林中遇到了七个小矮人。继母家的工人小毅平常很照顾小白雪，前来寻找，小矮人们害怕小毅是继母乔装打扮，将他赶走。小毅回去后将这件事情告诉大家，不料被继母偷听。继母装扮成一个贫苦的老妇人到丛林中将小白雪骗到怪医生处，这个怪医生想用小白雪做人体实验，继母欲用小白雪的心脏来恢复自己的容貌。小毅带着小白雪的衣服去找人救小白雪，最后小毅和小矮人们及时赶到打死了怪医生和狠心的继母，才救下了小白雪。

通过剧本的对比，不难发现《白雪公主与七个小矮人》讲述的是王子与公主的浪漫童话，而《中国白雪公主》讲述的却是小白雪、七个小矮人与继母、怪医生两个敌对方之间的斗争。所以在《中国白雪公主》这部翻拍的电影中，移植了迪士尼动画中矛盾冲突的情节，但删掉了王子与公主这一条主线，这便从根本上解构了原著中富含浪漫主义的西方文化特色，而着重描绘正邪之间的矛盾冲突，重塑了一版本土化并带有现实感的故事。

三、角色的沿袭与重构

电影中的人物是构成剧情最关键的要素,角色的塑造是编剧和导演创作的重中之重。在角色方面,两版《白雪公主》有着相似之处,也有很多差异。《白雪公主与七个小矮人》采用的是动画模式,而《中国白雪公主》采取的是真人拍摄,不同的艺术形式必然会导致角色设置的差异。另外为了适应本土化的剧情,角色也会做出相应的改造。

《白雪公主与七个小矮人》中的角色主要有白雪公主、王子、七个小矮人和王后;《中国白雪公主》中的主要角色有小白雪、小毅、七个小矮人和继母、怪医生。对比两者的角色可以发现《中国白雪公主》的正邪两派角色设置基本沿袭了《白雪公主与七个小矮人》。

虽然《中国白雪公主》的角色基本参考了《白雪公主与七个小矮人》,但细细考究两组角色的特质,还是有很大的差异。动画中的人物都是凭借想象绘制出来的,每一个角色都是在画笔下诞生,但《中国白雪公主》毕竟是真人电影,因此有选角的需要。《中国白雪公主》的选角如下:"中国《白雪公主》中的公主一角,是派由小明星陈娟娟担任,其他角色的支配:是韩兰根演大哑巴,章志直演喷嚏,殷秀岑演怕羞,汤杰演老顽固,洪警铃演博士,葛福荣演贪睡,同时,又向艺华借了一个关胖子宏达,饰演快乐一角。"①此外还有影星陆露明饰演继母,姜明饰演怪医生。②

两部《白雪公主》中都有一个女主角,《白雪公主与七个小矮人》中是美丽善良的白雪公主,《中国白雪公主》中的女主角名叫"小白雪"。动画中的人物不是真人表演,因此在绘制人物动作时往往要通过观察真人表演进行制作。《白雪公主》在设计人物形象时,迪士尼公司的制作者们特地按照《格林童话》

---

① 《中国白雪公主》,《中国影讯》1940年第1卷第9期,第68页。
② 中国电影艺术研究中心、中国电影资料馆编:《中国影片大典 故事片·戏曲片 1931—1949》,中国电影出版社2005年版,第264页。

中的描述进行设计,例如白雪公主"皮肤雪白,嘴唇血红,头发像乌檀木一样黑油油的"①,迪士尼公司根据书中描述确定了动画银幕上白雪公主的造型:"长长的睫毛下水汪汪的大眼睛,漆黑却有些时髦的烫发,微微丰满的身材符合20世纪30年代的审美观点,整个人物按照人体结构绘制,写实性很强。"②为了让白雪公主的形象动作更加真实,华特·迪士尼找了一个舞蹈演员做模特,让模特演员先表演,再根据模特的动作表情进行动画设计,竭力使白雪公主的动作更加流畅自然。影片中,白雪公主经常会与一些小动物们歌唱,为了找到适合白雪公主的声音,导演安排了几百个歌手试音。"最后,意外发现配音指导的19岁女儿阿德亚娜(Adriana)正是他们需要的人。"③通过真人的表演和演唱,电影中的白雪公主一颦一笑如真人一般自然和真实。

《中国白雪公主》中的小白雪由当时的童星陈娟娟所饰演。陈娟娟"五岁入艺华影业公司当童星。1934年参加拍摄影片《飞花村》,首唱聂耳所作儿童歌曲《牧羊歌》。在《迷途的羔羊》中扮演的流浪儿小翠为其成名作……成为30年代颇受观众喜爱的童星"。④当《中国白雪公主》预备拍摄时,陈娟娟早已家喻户晓,片约不断,是当时炙手可热的童星,拥有众多的影迷,这个小女孩还非常聪明伶俐,天真活泼。电影虽是一种文化,但终究也是一种商品,盈利是其主要目的,陈娟娟自身的影迷基础隐含着潜在的商业价值,基于众多的考虑,《中国白雪公主》制片方便向14岁的陈娟娟抛出了橄榄枝。

迪士尼《白雪公主》中的七个小矮人名为 Doc、Bashful、Sleepy、Sneezy、Happy、Dopey、Grumpy。中国版的《白雪公主》七个小矮人名为博士、怕羞、贪睡、喷嚏、快乐、大哑巴、老顽固。《白雪公主与七个小矮人》动画中的七个小

---

① 〔德〕格林兄弟著,杨武能、杨悦译:《世界文学文库·白雪公主》,北京燕山出版社2000年版,第146页。
② 李涛:《美日商业动画片中的经典动画形象》,光明日报出版社2008年版,第101页。
③ 〔美〕帕特·威廉姆斯、吉姆·丹尼著,李雅芬、黄维益、周峰译:《迪斯尼传奇》,当代中国出版社2006年版,第91—92页。
④ 张骏祥、程季华主编:《中国电影大辞典》,上海辞书出版社1995年版,第93页。

矮人确实是小矮人形象,并且他们的脾气秉性都有很大的差异。而《中国白雪公主》中的七个矮人则由韩兰根、章志直、殷秀岑等七人扮演,这七个演员的身高一点都不矮,只是人物设定时移植了原著中的七个人。通过两组七个小矮人名字的对比可以发现,中国的七个小矮人的名字直接是根据《白雪公主与七个小矮人》的英文名翻译而来。

《白雪公主与七个小矮人》中的七个小矮人是矿工,而《中国白雪公主》中的七个小矮人更类似于中国寓言故事中的"愚公",影片中的插曲《开山歌》诠释了他们工作的内容:"我家住在山之阴,前有高山妨我行,不除路上障碍物,大家不能向前进。我们弟兄七个人,生来就是一条心,要学愚公把山移,不怕世人笑我笨。你拿锄,我拿斧,天天垦,开尽人间不平地,只要有志终能成,开尽人间不平地……"①愚公移山的典故反映的是一种锲而不舍的精神。从这段歌词中不难发现七个小矮人已经不是原著中简单的矿工人设,他们开山不是为了开采银矿金矿,而是因为高山阻挡了他们前行。但是他们有着愚公一样坚定不移的信念,要一锄头一斧头地将高山移平。七个小矮人角色的改动是《中国白雪公主》本土化过程中的神来之笔,没有改变小矮人的身份,但是用电影中的歌词就增加了人物身上的中国精神,从细微之处反映了本土特色。

两版《白雪公主》中有一个角色的设定有着很大的差别,就是原著中的王子和《中国白雪公主》中的小毅。原著中的王子虽然出场的次数不多,但王子的真爱之吻为整部电影营造了浪漫的氛围。而《中国白雪公主》中的小毅,他与小白雪之间并没有浪漫的爱情,只有纯洁的友情,因此真爱之吻的桥段不会存在。小毅是一个贫寒的少年,他没有高贵的身份和地位,但是他有一颗坚强勇敢的心。从头至尾小毅一直都想着保护和营救小白雪,最后在他的带领下小矮人们打死了继母和怪医生,成功营救了小白雪。小毅的存在也具有异曲同工之妙,为电影画上了完满的句号。吴永刚翻拍《白雪公主与七个小矮人》时,竭力塑造小毅这个个性鲜明的人物形象,正是这一形象的存在,取代了原

---

① 吴永刚、陈歌辛:《开山歌》,《每月新歌》1940年第1期,第4页。

著中浪漫童话的核心人物王子,重塑了一个坚强勇敢的中国男孩。

两部电影中都有反派角色,《白雪公主与七个小矮人》中的王后和《中国白雪公主》中的继母,后母是她们的共同身份。在东西方的传统典故中,后母总是被描述成心肠歹毒,常常虐待继子的形象,因此《中国白雪公主》便直接沿袭原著,将最大的反派角色交给了继母。但是《中国白雪公主》中还添加了怪医生这个反派角色,因为原著是一个童话故事,所以可以有魔法,王后可以用巫药将自己变成老太婆,而《中国白雪公主》是将故事寄生于现实生活中,因此就需要利用怪医生为追求"实验成功"从而和继母一拍即合来残害小白雪。

总体而言,《中国白雪公主》中的主要人物基本沿袭了动画中的角色,在中国文化语境下对《白雪公主》动画影片进行了积极的改造和调适,将中国民族精神和文化元素镶嵌到故事的情节中,并赋予角色新的文化意义。

四、时代内涵的巧妙融入

对比分析两个版本《白雪公主》的剧情和角色,可以发现中国的电影人一方面努力保持《白雪公主与七个小矮人》的大体剧情框架和人物设置,另一方面又努力使整个电影更符合中国观众的文化需求。

"20世纪三四十年代是中国历史进程中非常特殊的时期,严重的民族危机使整个中国处在抗日救亡运动汹涌澎湃的浪潮之中。虽然自从1840年鸦片战争以后,遭受外国侵略的耻辱接连不断,但是,中国人像三四十年代这样普遍地感受'将成亡国奴'威胁的情况,近现代中国历史上确实绝无仅有的……在这个非常特殊的时期,文化与抗战的关系始终极为密切。"① 此时正值日本侵华之际,电影中最能引起观众共鸣的是爱国主义、民族主义情感,因此电影制作者们在创作《中国白雪公主》时积极宣扬团结抗战的思想。《中国白雪公主》中最具有本土特色的,便是这部电影中所蕴藏的时代内涵。

---

① 齐卫平、朱敏彦等著:《抗战时期的上海文化》,上海人民出版社2001年版,第1—2页。

迪士尼电影一般而言是比较纯粹的娱乐文化，而《中国白雪公主》中却竭力向观众宣传革命思想。《中国白雪公主》极力淡化原著中的浪漫爱情故事，取而代之的是影片中的革命热情。七个小矮人和小毅的角色设置，明显地映射时代。"七个工人的穿插，并不如《白雪公主》中七矮人般的专以滑稽动作博人笑的。他们在小毅领导下，集体着一个大的力量，向着黑暗的潜势力斗争并且他们是担负着移山的工作，目的是要移去人类生命路程中的障碍，变成康庄大道。"①小毅是七个小矮人这一派别中的代表，他们都是无产阶级的化身，生活中面临着帝国主义这座大山的压迫，而继母和怪医生很明显是压迫人们的高山，影射残暴的日本帝国主义。在电影的最后，无产阶级齐心协力消灭压迫，完成了自我解放。

这样的剧情和角色设置与当时的社会背景有着紧密的关联，1937年11月至1941年12月上海处于"孤岛"时期，"上海沦陷后，局势严峻，拍摄国产影片的活动受日本干涉，各公司为维持拍片，纷纷走翻版美国影片的路子，又一次掀起拍摄商业电影的热潮"②。由于爱国思想不能正面表达，因此在这段时期中国的电影人常常利用电影表达爱国的呼声，《中国白雪公主》便是其中之一。

《中国白雪公主》是由新华电影公司拍摄，吴永刚担任编剧和导演。吴永刚是一个电影人，抗战初期毅然留在上海这座"孤岛"从事电影创作，《中国白雪公主》就是在此期间完成。电影剧本写完后吴永刚接受了《青春电影》记者的采访，透露了剧本中所要表达的内涵："故事的轮廓，以后每(母)象征黑暗势力，以七个矮人代表群众，虽然仍旧是童话故事，但比较含蓄。"③他的态度已经十分鲜明，这部电影是要拍摄群众与黑暗势力作斗争的故事，吴永刚导演确实遵循了这样的思想，在电影中将继母刻画得极其丑恶歹毒，而小白雪冰清玉洁，最终小白雪一方齐心协力打倒了继母一派。

---

① 《评中国白雪公主》，《康乐世界》1940年第2卷第12期，第21页。
② 颜纯钧主编：《文化的交响：中国电影比较研究》，中国电影出版社2000年版，第89页。
③ 《吴永刚谈"中国白雪公主"》，《青青电影》1940年第5卷第18期，第8页。

《中国白雪公主》上海上映后赢得了一片喝彩,上海《康乐世界》月刊中刊载有一篇影评——《评中国白雪公主》,作者详细地阐明了自己对这部影片的理解:

> 国联①童话片《中国白雪公主》,比较华德·狄斯耐的《白雪公主》在教育意义上是提高了。这个我们对于吴永刚先生的改编手腕,是应给予高的评价的。
>
> 剧中出现的白雪,小毅,继母,怪医,以及七个工人,都是从立场方面显明的暴露着,一面是专制独裁的暴行,一面是联合的协力反抗。②

《中国白雪公主》虽然仍是童话片,但更强调电影的教育目的,七个小矮人并不矮,他们和小毅都是工人阶级的化身,后母和怪医生是专制独裁暴行的代表。《中国白雪公主》和《白雪公主与七个小矮人》相比已经从爱情魔法上升到无产阶级团结有力量。在这里,《中国白雪公主》具有了强烈的政治蕴含,饱受帝国主义压迫的观众们不难理解制作者们的用意。

民族主义是一种十分抽象的概念,在抗战时期有多种表达方式。1937年日本的全面侵华使得中国的民族危机空前严重,为中国的独立解放而奋斗成为当时的主旋律,因此当时文化界都力图激励人们参与抗战,歌颂抗战的壮烈,着重启发人们的爱国主义、民族主义精神。1840年以来民族主义情绪一直存在,全面抗战开始后是中华民族的民族主义爆发阶段。而迪士尼在这种民族主义构建中的特殊性就在于中国的知识分子将西方文化吸收进来并加以运用到抗战宣传中去。整部影片紧扣时代的主题,在西方国家家喻户晓的童话中植入抗战的思想,巧妙地传达了团结协作、抗战救亡的信念。这种隐晦的表达方式是"孤岛"中电影界人士的无奈之选,却显得更加弥足珍贵。

---

① 1940年冬由张善琨创办于上海租界,是一个托庇于外国人保护的制片机构。公司成立后对外宣布承盘新华、华成、华新等3家电影企业,改组为3个制片厂,张善琨自任华方总经理。太平洋战争爆发后,日军进入租界,该公司于1942年4月并入中华联合制片有限公司(简称"中联")。

② 《评中国白雪公主》,《康乐世界》1940年第2卷第12期,第21页。

五、本土化过程中的不足

作为一部抗战宣传片,《中国白雪公主》无疑是成功的,它引起了观众的共鸣。但是在吴永刚试图将《白雪公主》全盘本土化的时候,难免会出现一些生搬硬套的现象,留下原著中一些残存痕迹。

在《白雪公主和七个小矮人》中有一些赠吻和索吻的情节,一种是白雪公主与王子之吻,一种是白雪公主与小矮人之吻。白雪公主与王子的魔法之吻是这部电影的点睛之笔,七个小矮人一一向白雪公主索吻为影片增加了乐趣,显得小矮人们更加可爱。《中国白雪公主》中没有了王子,自然没有小白雪的赠吻,但是这部影片中却仍然照抄了小矮人向白雪公主索吻的情节。吴永刚没有考虑到《中国白雪公主》中的小矮人们并不矮,都是一些身材魁梧的男子,而扮演小白雪的陈娟娟刚满 14 岁,因此身材高大的"小矮人"们向小白雪索吻的情节显得有些粗鲁,令人反感。

此外,《中国白雪公主》"许多地方采用了卡通片的夸张技巧,譬如一个喷嚏,把窗门打开,又如墙上的照片,看到憎恶的人物时,照片上的笑容立刻也变成愤怒"。①,在这种现实主义表现手法的影片中,强势插入动画的表现形式,与整部影片的风格显得有些格格不入。

无论是剧本的撰写,还是角色的设置,《中国白雪公主》都是以《白雪公主与七个小矮人》为蓝本。虽然在本土化的过程中,出现了一些问题,但是瑕不掩瑜。1940 年 11 月 22 日,华新影片公司出品的影片《中国白雪公主》在上海新光大戏院首映。② 人们对于这部中国化、本土化的《白雪公主》大加赞赏:

---

① 《流浪归来之东方秀兰邓波儿,陈娟娟主演中国"白雪公主"》,《三六九画报》1941 年第 7 卷第 15 期,第 24 页。

② 郭华:《老影坛》,安徽教育出版社 2004 年版,第 196 页。

在片中陈娟娟的剧艺是比往日进步了。当狂风暴雨时他从家中逃至荒郊的一场，演来很能把握紧张的空气。陆露明的继母，姜明的怪医，都极成功。至两人同时从山顶跃下海中的一个镜头，这个角度的处理，在国片中尤少。洪警铃的博士在演技上比较精湛，饰小毅的童星叶小梅，语气也很合演剧条件。最后殿以插曲一支，唱来也很雄壮令人动听。①

《中国白雪公主》在上海上映后在陈娟娟影迷们中引起了轰动，使得陈娟娟的名气达至巅峰，影迷们纷纷称她为"东方的秀兰·邓波儿"。观众们除了肯定演员们的演技之外，对于电影的内容也不吝赞美之词：

这部东方型的《白雪公主》，把画面及人物，由缥缈而现实，在摄影的技巧上，是显出许多玄妙的花样，然而这些玄妙的变化，并不是"神怪"，而是"寓意"。在布景上，有高山，有深渊，有森林，有矿穴，在在都显出了一处处的奇迹，在国产片的工程上，占有难能可贵的纪录。②

《中国白雪公主》尽管有一些较生硬的模仿痕迹，但在电影人的积极改造和演员的努力下，这一"东方型"的《白雪公主》取得了圆满的成功，得到了上海观众的认可，大众媒介对他们也给予了很高的评价。这一成功的模仿改造也完成了《白雪公主》这一西方娱乐文化在上海本土化的过程。

结　语

《白雪公主与七个小矮人》是一部划时代的动画作品，也是迪士尼文化的重要代表。这部电影的传入，给上海的观众们带来了全新的观影体验，也给上

---

① 《评中国白雪公主》，《康乐世界》1940年第2卷第12期，第21页。
② 《本周新片之二："中国白雪公主"》，《中国影讯》1940年第1卷第37期，第296页。

海的电影制作者们带来了创作灵感。《中国白雪公主》的制作者们不遗余力地将《白雪公主》这个故事融入到中国的社会文化语境中,完成了西方童话的现实化和本土化。

自上海开埠以来,西方文化不断涌入上海,而在这些文化中,有的曾被上海人抗拒,有的则被欣然接受。迪士尼是西方文化的一分子,但它进入上海却是一次有代表性的、成功的跨文化传播。在民国时期的报刊中,几乎查阅不到任何有关迪士尼的非议之词。迪士尼文化虽然在当时是一种比较先进的文化,但是它进入上海时并没有采用一种强权方式,而是使自己适应上海这个社会。上海面对迪士尼这种外来文化也没有对其排斥,而是积极学习其精髓,吸收迪士尼文化中的优秀元素,迪士尼文化本土化也是中国文化不断创新的一个过程。迪士尼文化顺利在上海传播,而上海乐于接受和学习迪士尼文化,这是实现文化发展"生态平衡"的典型案例。正是由于迪士尼与上海之间的相互理解、包容、尊重彼此,才能实现两者的共赢。近代以来西方文化东渐,上海积极地吸纳西方文化中的优秀元素,再寻找出西方文化与中国文化的契合之处,从而创作出一种新的有中国特色的文化。在此过程中,中国文化吐故纳新,使得本土文化更加丰富、多元。中国的文化补充了新鲜血液,并在原有的基础上产生了新的价值,实现了自身的"文化增殖"。

[作者简介] 何汝云,上海师范大学历史系研究生。洪煜,上海师范大学历史系教授。

评弹与江南文化

走码头：江南水乡与苏州评弹
——以常熟为中心的考察

唐力行

内容提要：江南水道不仅承载着经济的流通，还担负着文化传播的功能。明清以来，评弹艺人背包囊、走码头，将苏州评弹送达江南社会的每一个角落。本文以第一书码头常熟为例，探讨江南的水网与市镇、书场的对应关系。在钩稽常熟书场的数量和分布的基础上，绘制《民国年间常熟书场、市镇、水道分布图》和《民国常熟城厢书场分布图》，探讨人口、书场密度的对应关系和水路交通的状况，俾以直观书场的分布与地理环境的关系。本文认为，江南水道、市镇与书场的地理格局，造就了苏州评弹的生存方式；苏州评弹艺人深入江南社会的每一个市镇村落，造就了江南人的日常生活方式。

关键词：江南 评弹 常熟

苏州评弹为苏州评话和苏州弹词两个曲种的合称，是成熟于明末清初、盛行至20世纪中叶、主要流行于江南水乡、至今依然具有重要影响力的曲艺形式，是有着深厚历史积累的优秀民族文化瑰宝，被誉为曲艺界的兰花，江南的明珠。江南水乡为苏州评弹的流布、繁荣创造了便利的条件。苏州评弹与戏曲不同，轻装简从，评话艺人只须醒木和折扇，弹词艺人则背一琵琶或弦子即可搭船成行。评弹的演出场地也极简单,村落集市的茶馆设一桌一椅(或二椅)即可开讲。评弹艺人外出演出即谓"走码头",江南水乡星罗棋布地散布着苏州评弹的演出场所——书场。本文所要探讨的是水道、码头、书场的空间对应关系究竟如何?苏州评弹深入江南民众日常生活的程度究竟如何?我们拟以"第一书码头"常熟为例,进行深入的研究。

一

江南水乡是苏州评弹的流行区,其范围大致包括长江以南,钱塘江以北,以环太湖地区为中心的区域。具体来说"仅是南抵嘉兴,北达武进,以此一小小地域为限"的吴语区,"因过远之处听不懂苏白,去亦徒然"①。环太湖地区水道密布,呈网络状,市镇错落其间,航船往来如梭,构成了一幅水乡繁华图。水道不仅承载着经济的流通,还担负着文化传播的功能。明清以来评弹艺人背包囊、走码头,将苏州评弹送达江南社会的每一个角落。

"土壤膏沃,岁无水旱"的常熟,位于江苏省东南部,北临长江,与南通隔江相望,东邻太仓,南接昆山、吴县,西连无锡、江阴,西北境与沙洲县接壤。据《江苏省常熟市志》②载,常熟东西宽49公里,南北距37公里,总面积1251.933平方公里。常熟境内水网交织,各河流湖荡均属太湖水系,其分布是以城区为中心、向四乡放射扩散,南部稠密,北部稀疏,河道较小,水流平稳,迂回荡漾,部分河道无固定流向。由于北濒长江、南接太湖及境内大小湖荡的引泄调节,常年水位较稳定,涨落不超过1米。境内的主要河道有望虞河、张家港、元和塘、常浒河、白茆塘、锡北运河、盐铁塘、七浦塘、北福山塘、南福山塘、耿泾等;境内的主要湖荡有昆承湖、尚湖、南湖荡等③。

在这些河湖荡塘畔曾经存在有多少书场?它们的分布又是如何?关于常

---

① 香客:《评话、弹词小序》,《苏州日报》1948年12月11日。
② 常熟市地方志编纂委员会:《江苏省常熟市志》,"概述",上海人民出版社1990年版。
③ 沈秋农、彭根华、浦君芝:《常熟市志(修订本)》,上海辞书出版社1985年版。

熟书场的数量,根据相关资料①,有几种不同的说法,其中评话艺人金声伯说全盛时期有 170 余家;周良的《苏州评弹史稿》中的统计则为 100 多家;而根据评弹艺人张慧麟、吴振扬的回忆,20 世纪五六十年代常熟农村开设书场的集镇多达 86 个,大的集镇往往有两三家书场。(这个统计还不包括常熟划出的石牌乡、西唐市镇以及划给沙洲县的 14 个公社)。我们则把各种资料中所提到的书场名称、地点和存在的时间一一整理出来,并将社会调查中发现的书场补充进去,从 20 世纪初到 60 年代中期,现在可知的书场共计有 207 家,从而形成了《常熟书场总表》(略)②。

我们认为 207 家书场是三四十年代常熟书场极盛时期的数量。在社会调查中,我们了解到,由于历史年代的久远,一些茶馆书场的名称被遗忘了。书场兴灭无常,207 家书场存在的时间虽然前后参差不齐,但加上已经湮没的书场,大体还是可以反映出常熟书场极盛时期的状态。当然,书场的数量是个变量,会随时代变迁而增减。比如,据周良《苏州评弹史稿》的统计:20 世纪 20 至 40 年代,常熟书场有 100 多家③。60 年代前后,常熟书场减少至 100 家④。评弹艺人张慧麟、吴振扬说:"时至今日(2015 年),常年正常营业的书场仅常熟市评弹艺术馆附属的虞山书场和莫城燕巷书场(7、8 月歇夏)2 家,其余乡镇只有春节、五一、国庆、元旦期间开设临时书场。'江南第一书码头'已成为令人悲叹的历史!"

限于篇幅,我们在《常熟书场总表》的基础上,制作了《常熟书场分区统计表》。所谓分区,是指以常熟县城虞山镇为中心坐标,城里、城外、南、北、东、西四方及张家港地区这七个地区,是从水路交通的角度来划分的。

---

① 这方面的资料主要有:周良主编:《苏州评弹史稿》,古吴轩出版社 2002 年版;吴宗锡主编:《评弹文化词典》,汉语大词典出版社 1996 年版;凤渔编写:《百余年来苏州市区书场设置概况》,《评弹艺术》第 9 集,中国曲艺出版社 1988 年版;《苏州市区茶馆书场调查档案》,苏州档案馆藏,档案号:C37-04-028-041;吴琛瑜:《书台上下:晚清以来评弹书场与苏州社会》,商务印书馆 2015 年版;陶春敏整理的张慧麟、吴振扬口述等资料。
② 《常熟书场总表》与下揭《常熟书场分区统计表》的书场名称、数量、存在时间等均一致,只是后者以分区为标准加以排列。
③ 周良:《苏州评弹史稿》,第 139 页。
④ 同上书,第 218 页。

常熟书场分区统计表(1900—1965年)

城区:22家

书场	地址	时间	备注
湖园	常熟北赵弄	1900—1949年	
仪凤	常熟寺前街	1903—1966年	1966—1990年改名为春来书厅
雅叙楼	常熟跨塘桥	约1908—1915年	
雅集轩	常熟塔后	约1908—1915年	
琴园	常熟寺前街	1921—1937年	
琴芳阁	常熟寺后街	1929—1942年	
逍遥游	常熟西门内逍遥游四面厅	1930年前后	
东方	常熟老县场	1934—1935年	
梅园	常熟赵巷	1934年前后	
山景园	常熟书院弄山景园茶馆礼堂	1938—1958年	
久福电台	常熟县东街		
好友	常熟寺后街	1938—1948年	
环翠	常熟半巢居	1938—	
西园	常熟北市心街	1940—1949年	
中央	常熟书院巷口	1942—	
新东方	常熟北市新街	1942—1943年	
康乐	常熟中巷口	1947—	
鹤园	常熟寺南街	1948—1964年	
新旅社	常熟寺前街	1948—1952年	
方塔	常熟方塔	1998—2002年	
春来书场	常熟县南街	2002—2005年	
评艺馆	常熟方塔西面	2005—	

城外:14家

书场	地址	时间	备注
长兴	常熟南门坛上	1907—1967年	
一洞天	常熟南门坛上	约1908—1915年	茶馆书场
悦来	常熟熙春桥堍	1908—1929年	
大观园	常熟南门坛上	1910—1924年	茶馆书场
绮园	常熟小东门外	1910—1939年	
小庙场露天书场	常熟小庙场		露天书场
南苑	常熟南门坛上	约1930—1935年	

续表

书场	地址	时间	备注
中南	常熟小庙场（新华街）	1938—1940 年	
花园	常熟南门穆家弄	1938—1950 年	
丽都（后改名常熟书厅）	常熟南门君子弄	1942—1950 年	
渔光	常熟南门坛上	1945 年前后	
金都	常熟南门坛上	1946—1947 年	城区或城外存疑
孔雀厅	常熟南门	1947—1985 年	1966—1979 停业
大东门泰安桥堍茶馆	常熟大东门		茶馆书场

出东门：96 家

书场	地址	时间	备注
天宝书场	常熟兴隆九里街		
兴隆桥商业书场	常熟兴隆桥	1963 年前后	
一大队宅前书场	常熟兴隆		
陈塘	常熟梅李塘		
特鸢浜横泾	常熟梅李塘		
塘垄	常熟梅李塘		
凤凰村	常熟西徐市		
汤家桥	常熟耿泾塘		
朱元元	常熟周行东街		茶馆书场
徐云生	常熟周行东街		茶馆书场
孟洪顺	常熟周行西街		茶馆书场
曹四	常熟周行西街		茶馆书场
西园	常熟赵市何村		
华苑	常熟赵市何村		专营书场
卯生	常熟赵市何村		
童记	常熟赵市何村		
保如	常熟赵市何村		
赵记	常熟赵市		
邵记	常熟赵市		
龙园	常熟梅李镇	1910—1987 年	
畅园	常熟梅李镇	1911—1980 年	
寨角	常熟梅李农村		
梅李塘桥	常熟梅李塘桥		

续表

书场	地址	时间	备注
庙浜	常熟梅李镇		
官显堂	常熟梅李镇		
吴家楼子	常熟梅李镇		
周泾口	常熟周泾口	1941—1965年	
问村	常熟问村		
白宕桥	常熟白宕桥镇	1911—1979年	
芝兰轩	常熟浒浦镇	1919—1949年	
熙春	常熟浒浦镇	1936—1979年	
一新	常熟浒浦镇	1940—1949年	
近海楼	常熟先生桥		
乐园	常熟先生桥		
龙园	常熟先生桥		
南园	常熟先生桥		
姚记	常熟唐坊桥		
殷记	常熟唐坊桥		
林场	常熟赵市长江边上		
怡园	常熟珍门		
小桃园	常熟珍门		
丰园	常熟珍门		
王宝三	常熟沈家市镇		
张家茶馆	常熟沈家市镇		
朱嘉仁	常熟沈家市镇		
秦家茶馆	常熟沈家市镇		
吴家楼子	常熟沈家市乡下		
河小坝	常熟时庄泾		
金家市			
涵芬阁	常熟董浜	1944—1983年	
近水轩	常熟董浜		
怡园	常熟徐市	约1930—1952年	
松鹤园	常熟徐市		
天乐园	常熟徐市		
和平	常熟徐市	1952—1965年	
陆家市	常熟陆家市镇	1950—1965年	
徐市四大队	常熟徐市		

续表

书场	地址	时间	备注
归家市	常熟归家市		
雅园	常熟吴市		
天亿园	常熟吴市		
同怡春	常熟吴市		
鸿园	常熟吴市		
杨园	常熟吴市		
大众	常熟吴市	1949年	
小市	常熟小市		
马渡桥	常熟高浦塘		
西周市	常熟西周市		
岳厅书场	常熟碧溪镇	1941—1966年	
碧溪的殷家弄	常熟碧溪		
四宜书场	常熟东张市镇		
龙园	常熟东张市镇		
同乐园书场	常熟东张市镇		
东周市	常熟东周市镇	1950—1965年	
横塘市	常熟横塘		
闸上			
法灯			
南新桥			
南弄戈之庭	常熟何家市镇		
后街张福园	常熟何家市镇		
邢阿林茶馆书场	常熟何家市镇		
项桥	常熟陈泾		
龙泉	常熟支塘镇		
高乐	常熟支塘镇		
窑镇	常熟横塘		
佘来班	常熟支塘到窑镇间		
王寺堂内	常熟白茆塘北西后街		
顾晓茶馆	常熟白茆后街		
润园茶馆书场	常熟白茆西街		
团结村			
古里	常熟古里		
苏家尖	常熟苏家尖		

续表

书场	地址	时间	备注
添智堂	常熟雪沟塘		
杨园	常熟东唐市桥	1911—1959年	
三枪馆	常熟东唐市桥	1918—1979年	
东方书场(柏厅)	常熟唐市		
横泾	常熟横泾		

出北门：40家

书场	地址	时间	备注
兴福	常熟虞山附近		
陆店	常熟虞山附近		
三峰	常熟虞山附近		
长田岸	常熟虞山附近		
顶山	常熟虞山附近		
联庄桥	常熟虞山附近		
邹巷	常熟虞山附近		
泄水	常熟山前塘		
山河园	常熟大义		
南园	常熟大义		
桥楼茶馆书场	常熟大义		
大义	常熟大义	新中国成立初	
小义	常熟大义	新中国成立初	
中泾	常熟大义	新中国成立初	
秦三郎桥书场	常熟大义	新中国成立初	
小市桥	常熟小市		
归家城	常熟归家城		
中泾	常熟中泾镇	约1950—1966年	
毛家桥	常熟毛家桥		
新桥	常熟新桥		
鸿园	常熟支塘镇	1921—1946年	
方厅	常熟谢桥镇		
新园	常熟谢桥镇		
郑家桥	常熟郑家桥		
肖家桥	常熟肖桥		
南苑	常熟福山镇街上		

续表

书场	地址	时间	备注
鹤春园	常熟福山镇街上		
长兴	常熟福山镇街上		
严小林	常熟福山镇街上		
鸿园	常熟福山镇港上	1939—1950年	
徐楼	常熟福山镇港上		
阳春轩	常熟福山镇港上		
褚厅	常熟福山镇港上		
邓市	常熟邓市	约1950—1966年	
花庄	常熟王市镇		
东园	常熟王市镇		
南园	常熟王市镇		
北园	常熟王市镇		
松庐	常熟王市镇		
顾巷	常熟王市镇		

出西门:15家

书场	地址	时间	备注
大河	常熟大河		
哈哈茶馆	常熟冶塘		
马家茶馆	常熟冶塘		
朱大茶馆	常熟冶塘		
中和楼	常熟冶塘大河集镇		
蒋巷	常熟蒋巷		
迎阳书场	常熟王庄		
车路坝	常熟王庄		茶馆书场
河西巷	常熟王庄		茶馆书场
雅集	常熟王庄	新中国成立初	
东莱	常熟王庄顾山	新中国成立初	
翁家庄	常熟翁家庄		
张桥	常熟张桥镇		
东园	常熟练塘		
杨园	常熟杨园		

出南门：5家

书场	地址	时间	备注
日新书场	常熟辛庄		
吕舍	常熟吕舍		
吴塔	常熟吴塔		
莫城	常熟莫城		
东始庄	常熟元和塘		

张家港（原常熟地区）：15家

书场	地址	时间	备注
港口	常熟港口		
周家码头	常熟严塘		
恬庄	常熟奚浦		
金家村	常熟金村		
裕春园书场	常熟妙桥		
西旸	常熟西洋泾		
欧桥	常熟西洋泾		
塘桥	常熟塘桥		
陈巷	常熟横塘		
栏杆桥	常熟阑干桥		
联合书场	常熟西唐市		
鹿苑	常熟鹿苑		
港南	东莱镇		
港北	东莱镇		
长春园	杨舍		

二

根据《常熟书场分区统计表》，我们以民国《重修常昭县合志》的总图作底图，制作了《民国年间常熟书场、市镇、水道分布图》（图1）和《民国常熟城厢书场分布图》（图2），裨能直观书场的分布与地理环境的关系，以及与经济社会的关系。

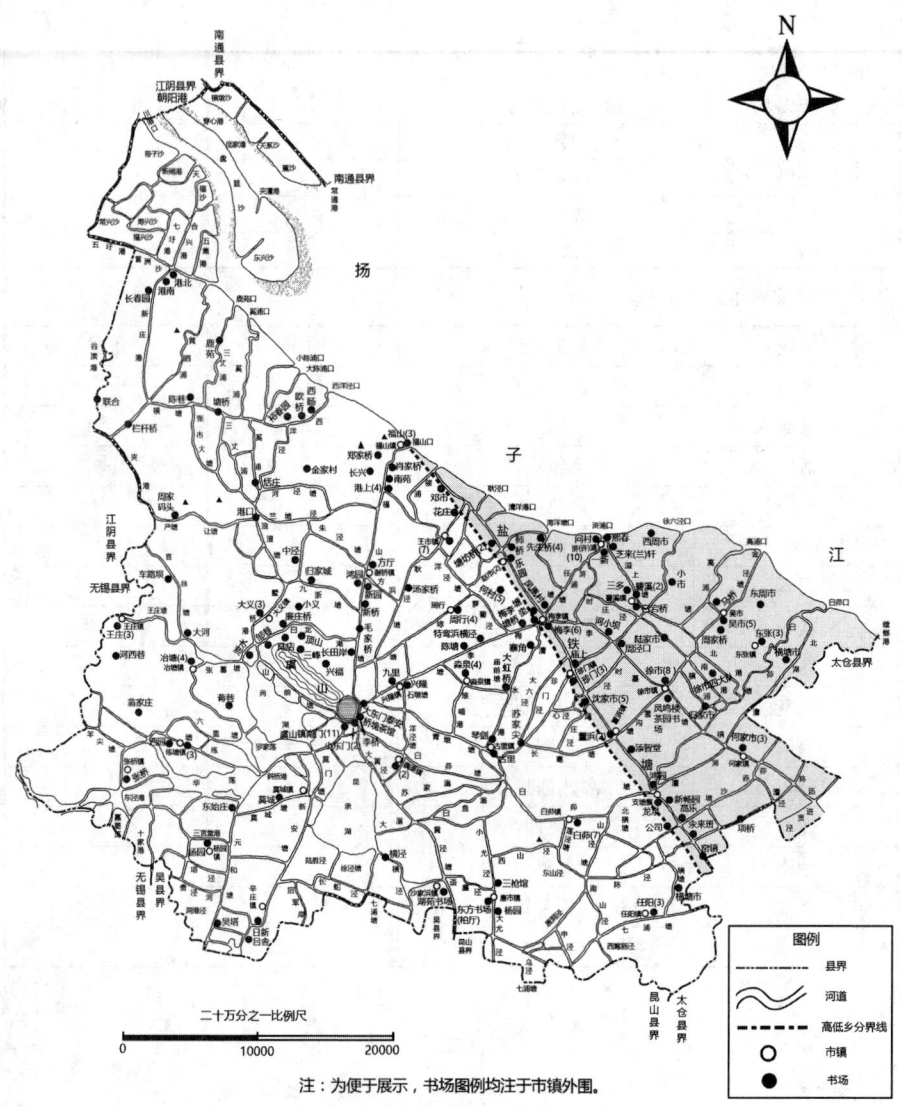

图 1 民国年间常熟书场、市镇、水道分布图

(根据 2002 年版《重修常昭合志》"常熟县总图"绘制。)

走码头：江南水乡与苏州评弹　181

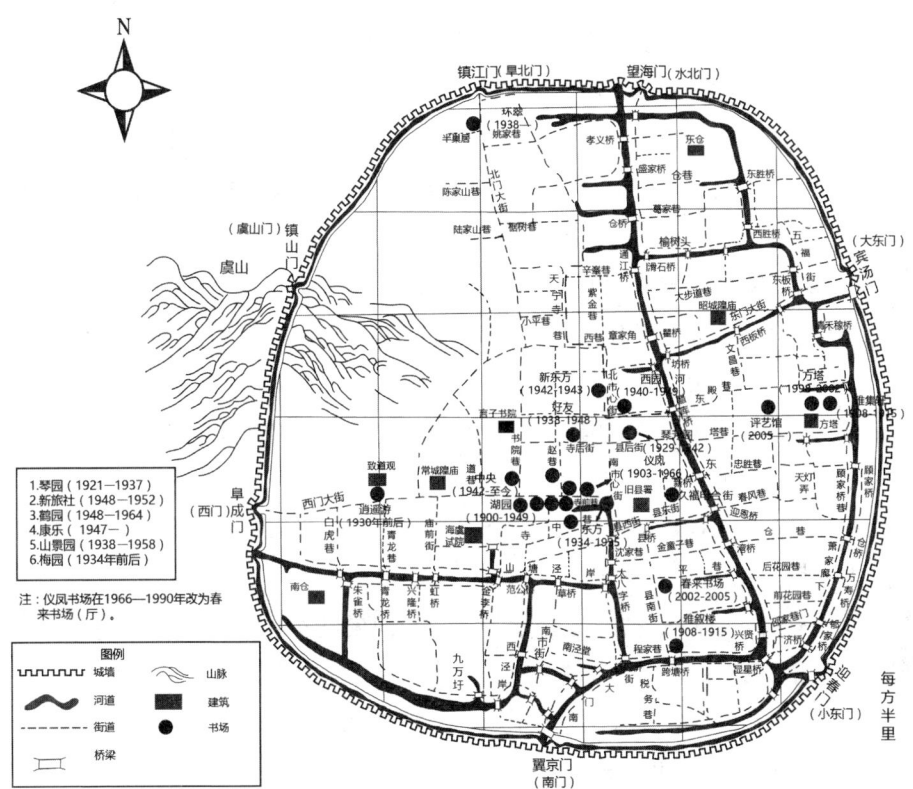

图 2　民国常熟城厢书场分布图

在两幅书场分布图中,我们按图例标出书场名称。有些市镇书场分布较为密集,只能标注书场数量。标志为数字的书场名称如下:

虞山镇南门(11):分别是花园、长兴、丽都(后改为常熟书厅)、孔雀厅、一洞天、大观园、南苑、中南、渔光、春来书厅、小庙场露天书场。

小东门(2):悦来、绮园。

周行(4):周行东街有朱元元、徐云生等茶馆,西街孟洪顺、曹四等茶馆书场。

何村(5):赵市何村集镇有西园、华苑、卯生、童记、保如等茶馆,华苑专营书场。

塘坊桥(2):塘坊桥小镇有姚记、殷记。

赵市(2):赵市小镇有赵记、邵记。

先生桥(4):先生桥小镇有近海楼、乐园、龙园、南园等茶馆兼书场。

珍门(3):民国至新中国成立初,珍门镇上有3家书场,分别是怡园、小桃园、丰园。

沈家市(5):有5家茶馆书场,分别是:王宝三、张家茶馆、朱嘉仁和秦家茶馆,乡下的吴家楼子。

梅李(6):梅李书场较多,有邓厅、畅园、同安茶馆、龙园等书场,梅李农村寨角、塘桥、凤凰村等茶馆也兼营书场。

董浜(2):董浜有2家书场,分别是涵芬阁书场和近水轩书场。

浒浦(10):镇上先后有熙春、志来轩、怡园、一新等十多家书场。

徐市(8):徐市至少有8家书场,分别是怡园、润园(后改松鹤园)、大雅轩(后改梅苑)、南园、百灵、天乐、和平等书场,怡园、润园常年说书。归市、陆市、南渡桥等小集镇也有茶馆书场。

吴市(5):在民国时吴市镇上有同怡春、雅园、天亿园、鸿园、杨园等茶馆书场,小市镇上有三叙园、西园(王厅)、金恒顺等茶馆书场,还有马桥、周家桥茶馆书场。

东张(3):民国时镇上四宜书场、龙园、同乐园书场,在横塘、西周、北新等小集镇也有茶馆书场。

碧溪(2)：有碧溪市、周泾口(西园)、白宕桥等茶馆书场，镇上有岳厅书场。其中周泾口(西园)、白宕桥书场已在图上标出。

何市(3)：民国时镇上南弄戈之庭，后街张福园，还有邢阿林茶馆。

白茆(7)：白茆镇上先后有塘北西后街王寺堂内、后街顾晓茶馆、西街润园茶馆书场，李市集镇有龙园、新园、东园、南园书场。

藕渠(2)：有石松顺、渠园书场。

任阳(3)：民国期间有三桂轩茶馆，鸿园、畅园书场。

淼泉(4)：新中国成立前有康乐、浦园、飞丹阁、东街季银根等茶馆兼书场。

大义(3)：山河园、南园、桥楼茶馆书场。

福山(4)：新中国成立前福山的书场较多，港上有鸿园、徐楼、阳春轩、褚厅等书场，街上有南苑、鹤春园、长兴、严小林等书场，邓市、肖桥、郑桥北堡里等茶馆亦兼营过书场。街上的书场及茶馆书场已在地图上标出。

王市(7)：王市镇上有东园、南园、北园、松庐等七八家茶馆书场，北园、松庐几乎常年说书，花庄、顾巷等集镇也有茶馆书场。

王庄(3)：镇上迎阳书场，车路坝、河西巷茶馆书场。

冶塘(4)：镇上哈哈茶馆、马家茶馆、朱大茶馆书场，大河集镇有中和楼等茶馆书场。

练塘(3)：东街赵家茶馆(东园)、南苑、赵苑。

在《民国年间常熟书场、市镇、水道分布图》和《民国常熟城厢书场分布图》中可以清晰地了解207家书场的空间位置，它们大多依傍河湖水道畔的码头和市镇。

三

常熟境内的集镇，数量众多。在这些集镇之间分布的书场，更是星罗棋布。因境域地处平原水乡，河道密布，舟楫便利。因此评弹艺人走码头说书多乘船而行。《民国常熟城厢书场分布图》显示，民国时常熟城门共7座，由最南端逆时针方向分别为：翼京门(南门)、迎春门(小东门)、宾汤门(大东门)、望海门(水北门)、镇江门(旱北门)、镇山门(虞山门)、阜成门(西门),各门由护城河连通。除镇山门、镇江门外,其余各门均有水关沟通内外城。其中,镇山门在山区,无码头;镇江门也称旱北门,无码头;望海门没有大的河道,船到达这里后不停靠,直接进入护城河转往其他城门的码头。结合《民国年间常熟书场、市镇、水道分布图》,各个城门交通的方向如下:

南门:南门河道开阔,城外设有洙草浜码头,外地船只可直接入城。另外,在南门聚集了多家米行,大米贸易业很发达,在高峰期常常出现拥堵状况。苏州、昆山、无锡、上海等地船只多停靠于南门,因这些船只经元和塘每天多次往返,所以后来也兼有客运服务功能。到20世纪二三十年代,还出现了到上海的航班,一般每天晚上6点开船,次日清晨可到达上海。其余客班或客兼货班,分散停泊在总马桥、教场湾、泰安桥、总管庙、西门湾等处。这一时期,从常熟到苏州也出现了汽车客运,但是车辆均为木炭车,需要频繁停车加注木炭,因此坐船仍是人们出行的首选。

客轮出南门往西南方向经藕渠镇停靠航班有东张班(常熟至东张)、上海班(常熟至上海)、昆山班(常熟至昆山)、任阳班(常熟至任阳)。

小东门:小东门校场湾有码头,往返古里、白茆、唐市的船在小东门停靠。

大东门:大东门大白场有码头,往东、往东北、往北的船在大东门停靠。

往东经梅李塘可到梅李、浒浦等地,经清墩塘可至古里镇、苏家尖、董浜。经过董浜的吴常班,夜泊吴市,次日早上6:30开航,经周家桥、徐市、董浜、沈市、珍门、梅李、兴隆等地到达常熟大东门,后来延伸到洙草浜码头,中午返回。人们可以再乘船或独轮车可以到达高乡各主要市镇。高乡的吴市镇、东张镇也有吴常班、和东常班固定航班前往市区。

往东北经耿泾塘、兴隆、谢桥、周行可至王市。

往北的船只经福山塘可到福山。航道经城区、郊区、李家桥、小毛家桥、大毛家桥、新桥、谢家桥、陈家桥、肖家桥、福山集镇、福山港口等大小9个集镇,是谢桥、福山两乡镇的主要航运河道。从新桥经九浙塘、浪澄塘可到归家城、港口、张家港。

水北门：河道狭窄，所以北面船只到达常熟并不在此门停靠，而是进北门后沿护城河至大东门停靠。

西门：有西门湾码头，经山前塘可至冶塘、王庄塘、江阴和无锡各地。

民国七年（1918年）时，行驶于常熟境内及出县的航班船有137艘，分别停泊在城区的白场、鸭潭头、教场湾、陈家市、范家市、碾砣角、四丈湾、西门湾等处。

结合《民国年间常熟书场、市镇、水道分布图》和《民国常熟城厢书场分布图》，可以大略了解常熟与周边城市以及常熟境内的水路交通路线。水路交通路线也就是苏州评弹艺人走码头的路线。

谚云：说书人在常熟走码头，可以连续三年不离开。常熟书场数量之多与水路交通之便利，吸引着众多的说书人前来走码头。苏州评弹的"走码头"是由评弹的艺术形式和内涵所决定的。苏州评弹从形成之初便走出苏州这一江南的中心城市，向吴语地区扩散。评弹艺人在一个地方演出，根据书目，其演出周期少则十余天，多则数月、半年，个别也有长达一年的。传统社会是一个熟人社会，人口流动小，演毕就要变换场地，而且数年内不会再重复莅临。这就是评弹的"走码头"。内行中人称说书的为"吃开口饭"，注定走江湖的命运，不能常驻一处，一俟说毕，即需另开码头。有因兴趣与生意清淡关系未经说完而中途告歇者，谓之"剪书"。不过由此可见苏州评弹各地码头的书场演出长篇书是其生存方式，而这一生存方式是要靠走码头来完成的。

《虞山镇志》载："虞城书场听众之多，在同级县城中，实属罕见。据统计，1957年4个书场听众达519859人次，1959年1至6月听众达362142人次。在书场未实行对号入座时，遇到较好的书档，有提前数小时入场抢座者，有的甚至在书场内用膳，日场连夜场。听众的欣赏水平也较高，经常三五成群评书、论书。素有评弹艺人'没有闯过常熟码头不算响档'的说法。"[1] 以下，我们略举数例看看常熟水道上评弹艺人走码头的情景。

---

[1] 虞山镇志编纂委员会编：《虞山镇志》，中央文献出版社2000年版，第676页。

1934年评话艺人唐耿良跟师学艺,他曾回忆当年从昆山到常熟走码头的经历:"老师在昆山演出了五十天,下脚到常熟湖园书场。剪书次日凌晨要乘早班轮船赶往常熟开日场,因此剪书当夜散场后只睡了二三个小时,夜半就起床打铺盖赶往码头,老师非常辛苦。中午到达常熟,湖园书场老板在码头迎接,到书场安顿好房间吃过午饭便开日书,仍是《相堂发令》开书,这是我第二遍听了。"①

直到1977年,评弹艺人在常熟仍是坐船赶码头。常熟评弹团团长陆建华当时是一个刚出道的小青年,他曾在《结缘评弹》一文中描述初次出码头去常熟南郊横泾书场和浒浦问村书场的情形:"'破口'是评弹界的行话,意指青年演员首次登台说唱长篇。这是演员艺术生涯中非常重要的经历,往往会因紧张而出现忘词、提前落回等事故。我的'破口'经历却与众不同,毫无准备地遭遇了'双龙会'"。"团里给我安排了去说书的第一只码头,是常熟南郊的横泾书场。书场开设在当地镇上的剧场内,是个大场子,我非常开心,满怀希望地想去做一档好生意。当我背着包囊拎着三弦,乘轮船赶到书场已近中午,谁知道等来的不是热情的场方,而是一张写着其他演员的海报。我马上意识到是'双龙会',场方竟然在没有告知我的情况下,已经请了别的演员。"此后,陆建华又接到了一档场子,他"立即坐船去问村,还带了表弟华春红去听书。'接风'宴二荤二素一汤,十分丰盛"。"问村是个小集镇,书场很小,客满37人。我放单档说《白罗山》,第一天生意不错,有30人,第二天跌进30,然后逐日减少到最后剩十来个人。老板虽然忠厚,但毕竟要考虑营业收入,尽管没有开口让我'剪书'离场,但菜却渐渐少了,由二荤二素一汤减为一荤一素一汤,荤菜由鱼肉降为螺丝,直减至一菜一汤。这在评弹界叫'热接冷送',是场方希望演员主动离场的一种做法。我明知老板的心思,但故意装糊涂,坚持说满半个月。'破口'说书,是对我意志的考验,也是对书艺的锻炼,所以听客的逐日减少和场方的'热接冷送',都没有使我动摇。在这个小书场里,我成功地将《白

---

① 唐耿良:《别梦依稀——我的评弹生涯》,商务印书馆2008年版,第11页。

罗山》说了一遍,书情、关子、唱篇等内容深深地印在脑海里,对我今后的艺术道路大有益处。"①

评话艺人金声伯曾描述了弹词名家田少山从水路到梅李②码头的情景:"有一次常熟梅李镇畅园书场老板,久慕田少山之名,托人请田少山来镇春节演出。那时,通往梅李镇的交通工具主要是船和独轮小车。因此凡到梅李演春节的艺人,一般都在小年夜,迟至大年夜都要到场。对面龙园书场的'先生',已经在小年夜到了,可是田少山直至大年夜的末班航船仍然未到,急煞了书场老板。眼看天已黑,尽管知道来的希望不大,但是还在船码头憨望等候。突然,一叶扁舟徐徐靠岸。老板赶忙过去询问船内何许人?摇船人说是一位说书先生。"③原来田少山未赶上航船,就雇了一条小船来了。

不仅是说书人走码头要坐船,碰到好的说书先生,周边的听客也会坐了船赶去听书。由于田少山书艺高强,"第二天上午十点,书场就客满了,一连客满了一个月,连梅李附近的浒浦、先生桥、周泾口,甚至老吴市的听众都纷纷而来"④。

还有在船上偷听"隔窗书"的听客:"看来还是听'原版'的。东园茶馆坐南朝北书台背面是一排格子长窗,窗外便是练塘河。这就有了一种可能。总有泊在镇上过夜的船只的,快到开书时,我们几个就去说动一个船主,让他把船泊在东园那边去。这样,我们就能在船上听隔窗书了。听隔窗书不是全天候的,天凉,书场窗子关起来,隔窗书就听不成了。天热,窗子开着,可水上的蚊子多,得不停地和它们战斗。"⑤

《民国年间常熟书场、市镇、水道分布图》和《民国常熟城厢书场分布图》不仅记载着曾经星罗棋布的书场,还有连通书场的水道。水道是评弹文化的传

---

① 陆建华:《结缘评弹》,《苏州杂志》2013年第6期。
② 梅李除镇山门、镇江门外,其余各门均有水关沟通内外城。
③ 金声伯:《田少山趣事》,《评弹艺术》第18期,江苏文艺出版社1996年版,第204页。
④ 同上书,第205页。
⑤ 金曾豪:《听书杂忆》,《评弹艺术》第31集,古吴轩出版社2002年版,第224—225页。

播者。评弹码头有大中小之分,艺人也相应分为苏州响档、码头响档和普通的说书人。从小码头走进大码头,从普通说书人成为苏州响档,这里充满了竞争、才智和机遇,能成为苏州响档的是极少数。实际上说书人并不只是从小码头向大码头进军,即使身为苏州响档的说书人也是要到中小码头去的。苏州评弹艺术借着走码头,深入到了江南的每一个细胞中。

四

苏州评弹深入江南民众日常生活的程度究竟如何?通过常熟的人口、市镇、书场三者关系的深入探讨,计算出人口、市镇和书场的密度,就能最直观地揭示苏州评弹深入江南民众的程度了。

民国时期常熟县内的户口数,散见于年鉴、报刊及有关资料,根据《苏州人口与计划生育志》[①]、《江苏省常熟市志》[②]以及常熟市档案馆提供的有关资料,我们获得了民国元年至民国十年、民国十五年、十七年、二十—二十一年、二十四年、二十八年、三十—三十一年、三十四—三十七年常熟人口的数据,包括户数、人口数、男女人口数。据此整理了《民国时期常熟地区户、口统计表》(略)。由此计算出抗日战争前常熟地区年人口平均值为727923人。抗战初期人口有部分减少,到20世纪40年代后人口基本呈上升态势。常熟的面积为1251.933平方公里,每平方公里的人口密度为581人。1934年4月,常熟全县由15个区改划为8个区,区以下百户以上村庄为乡,不足百户联合邻村为乡;百户以上街市为镇,不足的编入乡。全县共划为35[③]个市乡,260[④]个乡

---

① 《苏州人口与计划生育志》编纂委员会:《苏州人口与计划生育志》,江苏人民出版社2000年版。
② 江苏省常熟市地方志编纂委员会:《江苏省常熟市志》第二十六编"社会"第一章"人口",上海人民出版社1990年版。
③ 数据源于江苏省常熟市地方志编纂委员会:《江苏省常熟市志》第一编"建置区域"第三章"市(县)内区划",上海人民出版社1990年版。
④ 同上。

镇。市镇密度为每平方公里0.2个,人口与市镇比为3304∶1。这段历史时期市区及南门外共36家书场,各市镇下171家书场,共计207家书场。平均每1.25个乡镇就有3家书场,人口与书场比约为为3833∶1。在江南,书场的数量及其与人口的比例之高低,也是观察该地经济社会繁荣程度的一个指标。以常熟中心地区虞山镇为例,仅南门一小块地方就有11家书场,当地居民基本上一出家门就可以看到茶馆书场。即便是市镇密度较低的西北部地区,每个市镇也有1—2家书场,因人口较少,书场也能满足听客的市场需求。以下"常熟市主要市镇书场密度分析表"的书场密度排列顺序,基本上也反映了各乡镇经济社会繁荣的排列顺序。

常熟市主要市镇书场密度分析表①

乡镇名称	面积(平方公里)	人口(1985年数据)	书场数目	书场密度(个/平方公里)
虞山镇	8.25	91920	11	1.33
梅李乡	28.7	34173	16	0.55
徐市乡	36.05	36112	9	0.24
福山镇	48.3	41721	11	0.22
辛庄乡	37.46	36329	3	0.08
碧溪乡	26.45	27753	2	0.07
杨园乡	31.73	25906	2	0.06
吴市乡	32.35	30254	2	0.06
练塘乡	41.6	36424	2	0.04
支塘乡	47.16	31467	2	0.04
莫城乡	27.38	30587	1	0.03
张桥乡	32.89	26854	1	0.03
冶塘乡	36.8	29936	1	0.02

乡村也是如此。因种植农作物不同,常熟有高乡(东乡)、低乡(西乡)之分。高乡系长江泥沙常年淤积形成,土壤含沙量较大不适宜种植水稻,只能种植棉花、花生等经济作物。自元以来,江南地区棉纺织水平逐渐提高,晚

---

① 数据源于江苏省常熟市地方志编纂委员会:《江苏省常熟市志》第一编"建置区域"第四章"镇、乡简况"。

清民国时已是全国重要的棉纺织中心。与低乡种植水稻的百姓相比,高乡百姓收入较高。另外,种棉需要花费的时间较少,这使高乡的百姓有更多闲暇时间。

两个区域大致以始于福山的盐铁塘为界,盐铁塘以东为高乡,包括梅李、支塘、福山、浒浦等地,盐铁塘以西则为低乡。这条分界线再往南经过太仓、嘉定、上海、奉贤,直到金山漕泾,俗称冈身。高乡面积只有低乡面积的1/4,但是高乡有书场94家,平均每2.66平方公里有一家书场,若加上露天书场和短期经营的书场,书场密度之高可想而知。

苏州评弹艺人深入江南社会的每一个市镇村落,造就了江南人的日常生活方式,茶馆品茗听书既是他们娱乐、获取知识的主要源头,也是他们信息交流的公共空间。评弹艺人曹汉昌回忆:"我做过的书场,最旧式的,是常熟的东塘市书场。在街背后,一条弄堂的尽头。书场内一张长板桌,即状元台。两边有方台子。书场内点一盏保险灯,书台上蜡烛,叫灯烛。这种老式的书场,就做过一家。最有趣的是这家书场在夜场开始时,场方从书场门口喊起:'开—书—哉!'一边喊,一边走,喊声完,走到弄堂口,这一声喊,七点左右,不听书的当他钟用,上床睡觉了。后来到常熟梅里,书场就大了,这是个有影响的大码头,场方叫瞿老四。书场在一个空场中间,日场有四方来的听客,来得很早,是做生意人谈生意。那时,还有骑马来听书的。夜场则大都是本镇的居民和职工。来听的很多带上灯笼,书场门口有几根竹头横着,让听客挂灯笼的。将要落回,由书场职工把灯笼一一点亮。散书场时,灯笼排成串,走成行,远看很好看。"① 这幅旧式书场的风俗图,就是常熟传统生活的写照。书场既是公共空间,又是生活方式,甚至"开书哉"一声喊,小镇居民"当他钟用"。这是常熟城乡居民普遍的生活方式。"常熟也是出听客的地方,评弹最盛期间,从虞山镇到各个乡镇,有书场百余家。听客中有不少都是'老耳朵',不少部书他们都听得能背得出来。还有不少弹词票友,能弹能唱能说。当时的虞山镇上的小巷

---

① 曹汉昌:《书坛烟云录》,《评弹艺术》第13集,第122页。

里,都能听到琵琶弦子声。"①当一些评弹名家来常熟时,乡里社会就会像过节一样的热闹。严雪亭去常熟、江阴各乡为农民演出时,"盛况空前,刚到一处,各路场东就云集守候,争邀就近'卸'去帮忙,在各不相让的情况下,他只能酌情'还愿',每处演二三天。乡亲们闻讯,如办喜事,抬着轿子去'接先生',顿时老少咸集,争睹风采,入夜汽油灯照耀场内,人声喧闹,烟雾弥漫,远望田埂上人手一灯如繁星满天,极为壮观。来朝茶馆内议论书艺更是唾沫横飞。事隔三十年后,当地老听众还有向青年演员夸耀当年盛况:莫嫌此地小镇,当年严雪亭也曾来过,听众有多少多少呢"②。

苏州评弹艺人被尊为说书先生,听书在常熟是一种"高尚的娱乐"。"书场为消遣胜地,尤为高尚娱乐,所费无几,足够实惠"。③ 常熟的缙绅也重视说书的教化作用。民国时弹词家蒋如庭和朱介生双档到梅李龙园演说《落金扇》,听书的文人雅士撰写赠送了一副对联:"南沙新传,紫阳别派;绛树双声,黄华两陕,"挂在书台上。"第一句暗嵌蒋姓,常熟的蒋廷锡,康熙四十二年钦赐进士,官至大学士,他的书画落款署南沙。第二句暗嵌朱姓,南宋的哲学家、教育家朱熹,号晦庵,别称紫阳。"④上联突显了常熟文化底蕴深厚,有蒋廷锡这样的人物;更是把弹词家上升到了"教育家"的位置。下联赞赏了"蒋朱"双档珠联璧合的艺术。随水而来的苏州评弹,似细腻、柔软的水波轻抚着常熟民众的心灵,带给他们无穷的寓教之乐。

同时,常熟的地域文化也滋养着苏州评弹。虞山自古便是钟灵毓秀、人才辈出之地。据《重修常昭合志》及现存碑传资料统计,常熟历代进士共有483人,其中唐代4人、宋代83人、明代235人、清代161人,状元8人、榜眼4人、探花6人、传胪4人。有"文开吴会"、"道启东南"之誉。深厚的文化、淳朴的

---

① 魏含英:《从艺琐记》,《苏州文史资料》第15辑,1986年(内部发行),第44—45页。
② 刘宗英:《弹词名家严雪亭》,《昆山文史资料》第6辑,第112—113页。
③ 《西园湖园 一别苗头·景文梅也唱描金凤》,常熟《夜报》1948年9月23日。
④ 温雪康:《赞"蒋朱"联》,《常熟楹联》,常熟《文史资料辑存》第30辑,2002年(内部发行),第178页。

民风,造就了不少常熟籍的评弹名家:"前辈评弹响档中有不少艺人出生在常熟,像说《西厢》的著名弹词名家朱兰庵、朱菊庵,弹唱《珍珠塔》的杨月槎、杨星槎,说《水浒》的王季臣,说《三国》的王抱良,以及潘伯英、徐丽仙、蒋云仙、朱雪琴、饶一尘、陈希安、赵开生都是常熟人。"①

  常熟为苏州评弹提供了适宜生长的土壤。评话艺人张鸿声说:"初出道的小道众最好先走常熟角码头,次者浙江码头,或者苏乡码头,最不好的是无锡乡下。常熟角码头听书的人比较认真,照现在的说法是听众能多提意见。浙江码头也很注意书艺。苏乡码头则大些的还好,小一些的难免场内有着棋或者赌博的。最最不好的是无锡乡下,因为那里开书场的多以赌博为主,书场如副业;评弹艺人在台上说书,他们在下面赌博,呼么喝六,请教你台上哪里说得好书!只要几只码头一做,你的艺术就无形降低,赌博倒染上了,没有精神就吃鸦片。尤少台就是出道走错了无锡码头,接受这些影响"②,39岁就过世了。另一位评话艺人陆耀良在接受记者访谈时说:"常熟的时候,乡下那种小码头上的茶馆书场,你去一做,第二天早上来吃茶的那些听客,对你的书,那是评得勒……评得勒,大清老早,茶馆店里,评得勒是,总归……伊勿是单单评侬一家头,上档、前档,所有格先生,总归全一道比较格啦!那末,格个就是评出来交关末事。俚笃(他们)拉讲,迭格(这个)勿对格,迭格倪听某某老先生说,哪能好,……乃末(于是)吾末拉(在)房间里听,听着蛮有末事(东西)格。所以,跑码头有好处格。是有好处,勿是呒不(没有)好处!跑跑码头,听听人家意见。上海提意见少来细格。"因为"(上海)倷(你)书场散则末,(人)跑脱则"③。苏州评弹,在常熟知音者多(行家称老耳朵),是评弹艺人磨练书艺、积累经验的场所。正如前辈艺人对初出茅庐者的箴言:"须在常熟的湖园和龙园接受听众鉴定,然后才能遨游江浙沪的三关六码头。"④说书在常熟的艺术竞争是很激

---

① 魏含英:《从艺琐记》,《苏州文史资料》第15辑,第41页。
② 张鸿声:《书坛见闻录》,《评弹艺术》第29期,2001年,第190页。
③ 员力:《访问陆耀良先生》,2008年12月31日,中国评弹网。
④ 金曾豪:《听书杂忆》,《评弹艺术》第31期,第226页。

烈的。"说书人对于常熟这只码头,素来很注重,聘去的都是名家。城内外共有六副场子,常熟书场地址相隔太近,倘使一副场子是响档,一副场子蹩脚,那么定要漂到五台山为止,所以做起来比较困难一点"①。这对于评弹艺术的提高是十分有益的。苏州评弹是江南的水酿就的,弹词曲折似小桥流水,评话澎湃如浩荡太湖,水给了苏州评弹以灵性,苏州评弹给了江南以特有的韵律。

[附记]本文系中国对外文化交流协会与复旦大学联合主办的"长江与莱茵河历史文化比较研讨会"会议论文。文中历史地图系我与研究生王宵、高勤共同研制。她们还参与了资料的统计与田野调查。田野调查中,得到了常熟市曲艺家协会主席陶春敏、常熟市翁同龢纪念馆馆长王忠良和常熟理工大学教授沈潜等先生的帮助。在此一并致谢。

[作者简介]唐力行,上海师范大学中国近代社会研究中心主任,教授,博士生导师。

---

① 贾彩云:《说书人道训》,《苏报》1947年6月7日。

"评弹五十讲"与中国评弹学研究

申 浩

内容提要:2012年5月24日至2017年11月24日,历时六年,由评弹研究专家唐力行教授领衔组建的学术队伍组织了50场评弹讲座("评弹五十讲"),这50场讲座围绕评弹表演艺术经验总结、评弹历史变迁之回顾、评弹与其他艺术的关系、评弹本质属性的探讨、评弹存在的现实问题、评弹的未来、评弹如何适应新时代、评弹艺术价值何在等话题展开,论域宏阔,涵括古今,并展望未来。"评弹五十讲"所涵括的体大精深的思想菁华、智识结晶,对于中国评弹学研究向前推进有重要贡献。同时,站在更具宏观性的立场看,"评弹五十讲"所涉及的话题和思考,放之于传统的戏曲、曲艺领域,亦是一个颇具共性的情况,因此,它对于推进戏曲、曲艺相关领域的研究也应当是颇有贡献的。

关键词:评弹　评弹学　江南社会　非遗文化

近年来,由著名徽学及评弹研究学者唐力行教授领衔组建的学术队伍,始终坚持以"苏州评弹"为切入口,开展评弹与江南社会研究。在研究过程中,他坚持"走出去"与"请进来"相结合:"走出去"即带领学生深入书场、进入艺人日常生活、参加学术研讨等;"请进来"即邀请上海评弹团和苏州评弹团等评弹演出团体进入校园、邀请评弹研究专家进行学术交流等。"评弹五十讲"(简称"五十讲")的实施正是其"请进来"规划中的主体部分。

这"五十讲"的开始,始于2012年5月24日,圆满结束于2017年11月24日,历时六年。从报告人的身份看,既有新老评弹表演艺术家、编剧,新老评弹工作管理者,大专院校及相关科研院所的文学、艺术学、史学领域的知名学者,评弹研究的年轻才俊,亦有来自海外的评弹专业研究者及爱好者,正可谓老中青结合,中外汇聚;若从各讲座的主题看,有评弹表演艺术经验总结、评弹历史变迁之回顾、评弹与其他艺术的关系、评弹本质属性的探讨、评弹存在的现实问题、评弹的未来、评弹如何适应新时代、评弹艺术价值何在,等等,则可说是涉及学科多元、论域宏阔,涵括古今,并展望未来。据此,亦可见出唐力行教授的用心之良苦、组织体系之完备,如非出于对评弹的拳拳热爱和维护之用心,以及高屋建瓴的、构建中国评弹学研究体系的宏阔视野,殊难达此进境。

值此"五十讲"总结之际,本文根据个人听报告的记忆,并主要结合相关的讲座记录①,对这"五十讲"所涵括的体大精深的思想菁华、智识结晶略作归纳介绍,从中可见出其对于唐力行教授矢志推进的中国评弹学研究的重要贡献。同时,若站在更具宏观性的立场看,"五十讲"所涉及的许多话题和思考,放之于传统的戏曲、曲艺领域,其实亦是颇具共性的,可为借鉴,因此,"五十讲"对评弹艺术的思考,对于推进戏曲、曲艺相关领域的研究,也具有相当贡献。

一、关于评弹艺术本体特征的廓清

研究评弹,首先要对评弹作为一门表演艺术的本体特征有清晰的认识。这在"五十讲"中是一个被广泛谈及的重点。

---

① 本文仅据解军、赵倩、秦箬茜等整理制作之讲座记录作概略梳理,他们的辛苦付出是本文概述得以完成的前提,特此感谢。限于篇幅,本文仅涉及对讲座之部分主题的介绍,其他还有很多,如改革开放以前评弹管理工作方面的历史经验教训总结、陈云评弹文艺观、评弹人才培养、苏州评弹学校教育问题,等等,暂从略。

1. 评弹与戏剧、文学及其他曲艺的不同及联系

在"五十讲"中,报告者纷纷从不同的角度强调了评弹与戏剧、文学及其他曲艺的不同,客观上达成了共识。如第一讲中,朱栋霖先生[①]开篇即对评弹与戏剧的关系做了廓清。他认为评弹是以叙述为主要表现手法的口头艺术,强调指出评弹不能戏剧化,评弹要求演员既能走进角色,又能跳出角色。

周锡山先生[②]重点就评弹与文学和戏曲的密切关系做了细致梳理和辨识。他认为要廓清评弹与后两者的关系,必须先了解评弹艺术崛起的历史、文化背景。评弹在晚清崛起的背景是太平天国摧残了昆曲,使昆曲走向衰落,评弹和江南地方戏的崛起,填补了曾经风靡江南的昆曲、苏剧衰落后的空白。在具体分析评弹与文学和戏曲的关系问题时,他还指出,文学与评弹有三层关系:第一,弹词文学、古典诗词哺育了苏州评弹,弹词文学作品大批改编为苏州评弹。第二,评弹与小说共题材,小说向评弹提供了题材。第三,文学理论也是评弹艺术的理论指导。

翁思再先生[③]则从评弹与戏剧互动的角度,通过播放蒋月泉先生一些经典唱段,指出其汲取杨宝森等的曲调,探析了京剧与评弹的相互关系。他从古汉语音韵学的角度出发,认为评弹同京剧中的皮黄、京韵大鼓一样,具备各自完整的音韵体系。

除了来自学者们的解读,对于评弹与戏剧的不同,作为评弹艺术的亲身表演者及直接管理者,更是有着自己的实践体认。如袁小良先生[④]分析了苏州评弹与昆曲、二人转的异同,认为昆曲太高雅了,一般人接受不了;二人转过于通俗,上层及知识分子较难接受;而评弹雅俗共赏,能上能下。评弹的"雅"在于最美的语言、最美的旋律、最美的形象、最美的故事,"俗"在于它讲述的故事

---

① 第一讲"评弹与戏剧",报告人:苏州大学教授朱栋霖。
② 第九讲"评弹与文学和戏曲的关系之探讨",报告人:上海艺术研究所研究员周锡山。
③ 第三十一讲"略谈评弹蒋派及其同京剧的关系",报告人:华东师范大学研究员、京剧学者翁思再。
④ 第十一讲"试析评弹艺术的魅力所在",报告人:评弹表演艺术家袁小良、王瑾伉俪。

能够被广大听众所接受,对广大听众的日常生活有着潜移默化的影响。正是因为雅俗共赏,评弹流传了四百多年,一直流传到今天,甚至传播到海外去了。

孙惕先生[①]在谈到曲艺与戏曲的关系时,首先介绍了苏州评弹的曲艺属性,他认为苏州评弹区别于戏曲的最大特点就在于"一人多角",以及由此带来的表演在叙述人与人物角色之间的"跳进跳出"和"间离评判"。同时,他认为曲艺和戏曲都讲究方言的纯真性,要求"以字行腔、字正腔圆",而且都有着独特的音乐声腔和器乐伴奏体系。曲艺与戏曲应该是相互影响和渗透的,一方面戏曲多由曲艺坐唱演化而来,也即"先有曲,后有戏";另一方面,戏曲在声腔艺术、角色行当、表演程式等方面对丰富和完善曲艺也产生了深远的影响。

施振眉先生[②]一直秉承陈云老首长对评弹研究的指导思想,认真研究评弹与文学小说、戏剧的不同之处。他认为,首先,欣赏小说在于"看"文字,戏剧主要是演员在舞台上表演故事,也在于"看";而评弹是用口头语言讲述故事,因此观众既要"看",更要"听",在评弹表演中"眼泪掉下来也有声音",而这是小说、戏剧、电影无法演绎的。其次,评弹能够敷衍小说。就评话而言,《过五关斩六将》的文学本只有2万字,而评话演出中设置了很多关子,使得故事更加丰富、生动。《赠马》小说中有200多字,而评话演绎需要三刻钟的时间,其中会穿插"马嘶"口技以及有关马的心理活动表述,这都使得故事的表演更生动。

金丽生先生[③]重点从苏州评弹的定位与走向上进行阐发。他首先是对评弹的地域进行定位,认为苏州评弹是用苏州吴语来说唱和表演的一门曲艺艺术,因此评弹的听众只能定位在江浙沪一带,所以那些要把评弹推向全国,推向世界的说法是不成熟的。其次是对评弹作艺术定位,认为苏州评弹是说唱

---

① 第十四讲"我与评弹四十春",报告人:苏州市评弹团团长、苏州评弹学校校长孙惕。
② 第二十六讲"苏州评弹的艺术特征及其在浙江的发展状况",报告人:原浙江省曲艺家协会主席、文化部江浙沪评弹工作领导小组副组长施振眉。
③ 第十六讲"苏州评弹的定位与走向",报告人:著名评弹表演艺术家金丽生。

艺术,它的艺术特色(说噱弹唱)就决定了它的艺术定位——以口头说唱为主,再辅以各类人物不同的表现,做到一人多角、跳进跳出。金先生强调,要严格区分与戏曲的本质不同,评弹可以运用戏曲表演手段、方法,为自己的表演服务。

2.关于评弹艺术的本体特征

在廓清评弹与戏曲等的区别之外,"五十讲"中也多有就苏州评弹艺术的本体特征做出各自的解读。

如作为评弹工作管理者,施振眉先生[①]认为"说、噱、弹、唱"为苏州评弹艺术的主要表现手段。在他看来,苏州评弹的表现手段不能过分强调"演","演"应该涵化在"说"中,一旦过分强调"演",评弹的戏剧化成分必然会增加,这是违背评弹艺术规律的。谈到评弹的本质特征,吴宗锡[②]先生则为评弹下了一个定义,他指出评弹是以说唱为基本手段的综合性表演艺术。展开来说,首先,说唱是评弹的重要表现手段,评弹是多维的艺术呈现。其次,综合性是评弹的基本特性。第三,评弹本质上是表演艺术。他认为,评弹艺术的发展史,是从简单的表演到复杂的表演发展过程,评弹更接近于戏剧。

从评弹表演者方面来看,袁小良先生[③]根据个人从艺经历坦言,评弹的本质特征就是讲故事,演员能够在说噱弹唱中讲好故事就算成功了。演员一定要有适合自己的本子,如果没有好书,就是"人说书";有了好本子,才能"书说人"。演员应该对评弹的本质特征有着深刻地理解。陆建华先生[④]提出,"评弹即说书,是一门说的艺术"。张如君、刘韵若伉俪[⑤]指出,"评弹"这个名称在

[①] 第二十六讲"苏州评弹的艺术特征及其在浙江的发展状况",报告人:原浙江省曲艺家协会主席、文化部江浙沪评弹工作领导小组组长施振眉。

[②] 第五讲"我的评弹观",报告人:评弹理论家、原文化部江浙沪评弹工作领导小组负责人吴宗锡。

[③] 第十一讲"试析评弹艺术的魅力所在",报告人:评弹表演艺术家袁小良、王瑾伉俪。

[④] 第三十三讲"说书说世——评弹艺术之我见",报告人:著名弹词表演艺术家、常熟市评弹团团长陆建华。

[⑤] 第十五讲"评弹的艺术性和社会性",报告人:著名评弹表演艺术家张如君、刘韵若伉俪。

中华人民共和国成立以后才有,此前人们称之为"苏州弹词"、"苏州评话"。张如君先生还结合自己几十年从艺生涯谈对评弹艺术特征的思考。他强调,评弹以"说表"为主,"说表"非常重要,古来就有"千斤说白四两唱"的说法,"唱"有音乐性,"说"也要有音乐性,这就是"抑、扬、顿、挫"。

此外,吴文科先生①还从评弹所属上一层级"曲艺"的角度,提出了自己对"曲艺"的认识,即曲艺是以口头语言"说唱"叙述的表演艺术;"口头语言"是艺术表现的材质,"说唱"是艺术表现的方式,"叙述"是艺术表现的手法,"表演"是其审美属性,"艺术"是其文化身份。基于此,曲艺具有形式构成的简便性、内容表达的通俗性、创作表演的多度性、欣赏接受的想象性等一般特征。他又以评弹为例指出,它就是一门以说表为主要表现手法的表演艺术,其核心就是叙述故事。而在明确了曲艺概念和特征后,吴先生以审美的功能特点将曲艺分为"说书"、"唱曲"、"谐趣"三大类,评弹属于"说书"类。

除了上述的总体性概括和界定之外,顺此艺术本体特征的认识,其他一些报告人又从不同的具体角度出发,对评弹表演的艺术特征进行归纳。

如彭本乐先生②强调指出,"说书说书,以说为主",认为评弹艺术的"说"有两种方式,即表白和官白,但表白胜于官白。研究评弹、创作评弹都要深入了解讲故事的规律,懂得创作规律。

沈鸿鑫先生③着重谈了评弹的艺术特征和艺术魅力,概括为几点:第一,全息性的生活图景与引人入胜的情节结构。第二,评弹以一整套富有表现力的说唱艺术手段,构成一种独特的精细灵巧的审美形态。第三,评弹的喜剧色彩及幽默的美学境界,听评弹与欣赏其他艺术有个明显的不同之处,就是轻松谐趣。

范林元先生④从现阶段评弹人的角度思考,他用"秋光"、"疏影"来形容。

---

① 第十九讲"曲艺(评弹)研究与学术意识",报告人:中国曲协副主席吴文科。
② 第三讲"评弹的艺术特征——学会讲故事",报告人:上海艺术研究所研究员彭本乐。
③ 第十八讲"评弹的发展轨迹和艺术魅力",报告人:上海艺术研究所研究员沈鸿鑫。
④ 第三十四讲"上海文艺演出动态及评弹现状",报告人:国家一级演员、上海市演艺工作者联合会秘书长范林元。

在他看来,"含蓄、细腻、趣味,文雅、内敛、仔细",应该是评弹艺术和评弹人的特质。过去评弹界的前辈们,始终将评弹的艺术特性和自己的人格品位修炼到了高度统一,真正做到了"人如其书,书如其人"。相比之下,当今的评弹人却被"面子文化"所累,在"面子文化"的驱使下,评弹人低调、内敛、仔细的品质不见了,评弹艺术含蓄、有趣味、细腻的特点减少了,行业的心态、业态、生态都发生了根本性的变化,使评弹艺术丢失了精髓。

二、关于评弹艺术价值的评价

对于评弹的艺术价值,"五十讲"中,报告人均从不同的角度做了高度的评价。

中国曲艺源远流长,吴文科先生[1]认为,作为一门艺术,曲艺具有认识、教化、宣传等社会功用,如评弹的教化作用对陶冶苏州人的性情具有重要功用。除此而外,他认为曲艺还是"文化之舟"、"戏剧之母"、"文学之父"。

唐力行先生[2]从历史学发展的角度出发,阐述了苏州评弹研究的历史学意义,从历史的深度解读了评弹与江南社会的关联。他认为苏州是历史文化名城,明清时期成为称雄天下的商业大都会,经济与文化的交互作用催生了评弹与昆曲这对姐妹花,于是有状元、优伶为苏州土产之说,评弹也逐渐成为江南地域文化的符号。他对评弹艺人走码头所形成的文化网络以及评弹雅俗共赏的文化内涵等做了分析,指出,在传播历史知识、娱乐大众的同时,评弹深刻涵养着江南人的性情以及价值观、伦理观,乃至于成为江南人日常生活的一部分。

朱栋霖先生[3]认为,苏州评弹秉承了中国传统文化所独有的"静"的美学品味,但是它又不缺乏在流动中的变化发展。当苏州评弹进入上海后,立即吸

---

[1] 第十九讲"曲艺(评弹)研究与学术意识",报告人:中国曲协副主席吴文科。
[2] 第二十八讲"从社会文化史的视野研究苏州评弹",报告人:上海师范大学中国评弹研究中心主任、教授唐力行。
[3] 第一讲"评弹与戏剧",报告人:苏州大学教授朱栋霖。

收了海派文化求新求变、开放的心态,艺术上得到了新的发展。

周锡山先生①认为评弹的艺术性极高,其文学地位填补了中国长篇小说缺乏世界一流之作的空白。而与作为方言文学发展的顶峰,评弹在音乐艺术以及服饰与形体艺术方面,也都体现出中国古典文化的美感。

彭本乐先生②从听众的角度进行了讲解,他与多位老听客进行过交流,认为评弹是一门"寓教于乐"的高雅艺术,听书对于帮助普通民众学习历史文化以及塑造正义的价值观都是大有裨益的。他还援引了美国民俗学家理查德·鲍曼的一段话来证明听众与评弹演员是处在良性互动的关系中的。演员利用自己说、噱、弹、唱、演的专业技能,演绎古今故事,传播正确的价值观念;而听众作为审美的主体,在欣赏品评的过程中也是对自身文化素养的提升。

姜进女士③强调指出,从明清到近现代植根于方言文化中的众多声腔剧种(以及评弹等曲艺形式)才是最贴近中国百姓生存状态的艺术形式。地方戏(如越剧)、曲艺(如评弹)是过去数百年来民众审美的集中体现,是我们今天重建民族叙述的重要资源。

陆建华先生④强调了评弹艺术的内涵就在于寓教于乐,离开这个内涵,评弹就会丧失其生命力。一方面,传统书中忠孝节义的价值观在潜移默化中引导着百姓向善;另一方面,评弹演员在说表中会结合书情对社会进行批判,发人深思。在"说书"的基础上他又提出"说世",并将其称为评弹艺术的最高境界。

潘讯先生⑤就评弹的"雅与俗"提出了自己的见解,他认为雅与俗之间构

---

① 第九讲"评弹与文学和戏曲的关系之探讨",报告人:上海艺术研究所研究员周锡山。
② 第三十讲"评弹还能存在多久——21世纪初上海的书场、听众和演员调查",报告人:上海艺术研究所研究员彭本乐。
③ 第三十二讲"寻找民族的精神家园——王国维《宋元戏曲考》百年祭",报告人:华东师范大学教授姜进。
④ 第三十三讲"说书说世——评弹艺术之我见",报告人:著名弹词表演艺术家、常熟市评弹团团长陆建华。
⑤ 第三十六讲"文化视野下的苏州评弹",报告人:苏州市委研究室调研一处处长,国家社科基金重大项目"评弹历史文献资料整理与研究"课题组成员潘讯。

成的张力推动着评弹艺术的流行与新生。就书目内容来说,评弹不仅仅起到娱乐作用,更有其精神追求:在教忠作孝中透射着伦理化的历史演义,在男欢女爱中流露出俗世中的人性之光,巨大的冲突与矛盾中有着对人性的反思。

都文伟先生①认为,评弹是一门有着悠久历史的口传文学,说书人说书的过程承载了历史的多个层面,通过穿插噱头,反映出社会的不同风貌与社会问题。通过公共话语与私人话语之间的比较,有助于当代学者从史学、文化方面重新建构评弹以及江南社会历史的图景。与此同时,评弹作为一门非物质文化遗产,它在方言上的运用、语音上的特色、修辞手法上的创新可以为当代学者的语言研究提供新的路径。

三、关于评弹艺术经验的总结

这方面,谈得最多的是来自表演一线的评弹艺术家们。他们很多人结合自身的从艺经历,对评弹表演艺术经验做了多方面的总结。

如蒋云仙女士②介绍了自己对布莱希特戏剧理论的了解及将其融入评弹表演中的过程。她认为,评弹的表演正与布氏理论相契合。评弹艺人在演出过程中,经常使用的表现手法就是"跳进跳出",既能一人多角,又能作为他者对角色进行描绘、点评。评弹艺术集说、噱、弹、唱、演于一体,这不光体现在对唱腔(调)的发展,更要有说表、台风、做派各个方面,这样才能形成独具特色的流派。在谈到评弹艺术的传承与发展时,她希望后来者要注意三方面:首先,说书人不管是说还是唱,都要始终抓住人物内心,但又不能完全被人物所左右;其次,要经常读书、读报,在说书过程中要说出时代精神;第三,要总结前人的说、唱艺术,在传承中求变化,但又不是为了变化而变化。

---

① 第三十八讲"旧书新赏:以吴君玉的评话实例谈'噱头'之功用",报告人:美国凡萨大学教授、北美中国口传暨表演文学国际研究学会会长都文伟。

② 第八讲"布莱希特的戏剧理论与评弹",报告人:著名评弹表演艺术家蒋云仙。

袁小良先生①和夫人王瑾,在对比了评弹与其他艺术的区别后,就评弹噱头展开讨论。他们认为,评弹是以娱乐为主的,不能让听众哭着离开,但是风趣幽默的噱头不是为了笑而笑,而应该是为书情服务,因此"肉里噱"是难得的噱。同时,袁小良分析了他曾多次现场聆听的极受观众欢迎又风格迥异的三位评话大家吴君玉、金声伯、扬子江的评话艺术,认为吴君玉的噱是"不得不笑"、金声伯的噱是"一笑而过"、扬子江的噱是"哭笑不得"。

张如君先生②认为,评弹表演切忌"飘、浮、浑、紧、温",即说表要干净利索,牙清齿白,字眼咬正。宁可慢而清,不可快而浑;既不咬煞,又不放脱。做到静中有闹,静中有劲。他强调,天道酬勤,练习艺术没有捷径,必须持之以恒,刘天韵的"哭"、严雪亭的"说"、杨振雄的"痴"均非一日之功。

刘韵若女士③回顾了自己跟随叔父刘天韵先生习艺的经历,强调演员要注重自己的台风和仪表,还要根据自己的条件,把前辈先生的艺术理念、特征化为己有从而创造出自己的东西;要做好演员,还必须加强文化修养,而女演员更应该靠艺术来吸引观众。

金丽生先生④回顾了自己跟师学长篇及早期演艺的经历。在当时没有脚本、没有录音机的情况下,只能靠现场听,散书后再回到房间默书。天天如此的反复之后,逐渐使本子完善了起来。他认为,靠听学来的书,说出来才是活的书,而且不容易忘记。

邢晏芝女士⑤从个人经验思考,认为"邢双档"之所以能取得成功,在于他们很好地继承了优秀传统,不断揣摩长篇真谛,注重碾碎重建、开拓创新,并在演出中重视声腔的变化。

沈东山先生⑥重点是介绍了上海的民俗文化。他认为,一名评弹演员必

---

① 第十一讲"试析评弹艺术的魅力所在",报告人:评弹表演艺术家袁小良、王瑾伉俪。
② 第十五讲"评弹的艺术性和社会性",报告人:著名评弹表演艺术家张如君、刘韵若伉俪。
③ 同上。
④ 第十六讲"苏州评弹的定位与走向",报告人:著名评弹表演艺术家金丽生。
⑤ 第二十讲"评弹教育和评弹教学",报告人:著名弹词表演艺术家邢晏芝。
⑥ 第二十一讲"评弹艺术中的民俗文化",报告人:著名评话艺术家沈东山。

须见多识广,才能使演出内容丰富多彩。

秦建国先生①着重阐述了他的评弹理念。他认为评弹的精致是因为吴文化的根植培育和唐诗宋词的雨露滋润。评弹是一种"雅俗共赏"的曲艺艺术,其说表是一种口头文学,评弹艺人一定要学吴文化,重视文化底蕴,不断提高文学修养。此外,学好评弹一定要做好"说""噱""弹""唱"这四门功课,"弹"与"唱"紧密相连,相辅相成。谈到评弹的传承创新时,他反对一味地求创新,认为只有做好"传承"才能抓住评弹的根本,认为只有先继承传统,坚持说长篇、"走码头",在此基础上才有可能有所发展。"摇滚评弹"、"文化评弹"是一种探索,只适合于特定场合演出,不能适应书场演出的需要。

赵开生先生②通过讲述自己对《珍珠塔》这部优秀传统书目的理解,报告了自己所做出的改革与创新。他认为要说好《珍珠塔》离不开十个字,"说、噱、弹、唱、演、理、味、趣、细、技"。要通过评弹的艺术表现手段来展现评弹的艺术特色。在说唱《珍珠塔》的过程中,赵先生注重"情"的表达,强调以"心"换"情",他往往将自己的感情经历与故事情节相结合,使得故事的感情流露更真挚切合。此外,赵先生认为故事的完整性离不开小人物的衬托,因此抓住每个小人物的特征也是很重要的。

陈卫伯先生③根据近70多年的从艺经验提炼出了自己如何说好评话的独到见解。首先,学习评话要学会变通,要勇于改掉不合理的地方,使书情更合理。第二,说好评话的关键是要研究听众的品味和心理。第三,把握好"语境、语调、语速"对说好评话尤为重要。第四,陈先生着重强调,"开打""口技"等只是评话表演的"佐料",说好评话最根本的是要说书。然而现在年轻的评弹演员并没有抓住根本,把"佐料"、"乐器"作为基本功反复练习,这是令人担忧的。

---

① 第二十二讲"我对评弹艺术的理解",报告人:上海评弹团团长秦建国。
② 第二十四讲"老书新说《珍珠塔》",报告人:著名弹词表演艺术家赵开生。
③ 第二十五讲"苏州评话七十年",报告人:著名评话表演艺术家陈卫伯。

陆建华先生①认为评弹演出中所有的说唱都是为"书"服务。评弹演员在学说一部书时,首先要"认识书",而"背书"即成为每个评弹演员登台前的必经过程。但仅仅背熟书中的内容是远远不够的,他强调,"背书"虽是评弹演员的必经过程,但在说书过程中切勿苛求书中文字或唱调,说书人要掌握讲故事的技巧,投听众之所好,在运用说噱弹唱等技巧的同时,加强自身的语言组织能力,方能吸引听众。

姜永春先生②结合自身善于说破案细节的特色,讲述了对评话艺术的深刻理解。他认为说现当代人物的成功在于在舞台上的克己,舞台下他亦如此。生活上老老实实做人,舞台上认认真真唱戏,是他一直以来的做人从艺原则。

施振眉先生③认为评弹创作要严格遵守艺术规律,不能照本宣科,既要组织关子,又要注重细节,如他创作的《李双双》,题材原讲的是北方故事,他在编创过程中改变了其中的细节——将车改为船——从而成为听众较为接受的南方故事。

其次,从评弹创作者视度出发,如徐檬丹女士④从创作的角度进行了艺术经验总结,她认为,城市对评弹作家创作的影响较大,这就需要作家深入到城市中去,接触城市中形形色色的人。对于评弹创作对评弹艺术盛衰的影响,她认为,目前书坛上创新的书受到听客普遍欢迎,但绝不是说要放弃传统书,传统是宝库,学说传统书应该成为学习评弹的打底书。她强调,目前书坛上的新书虽然受到听客欢迎,但质量普遍不高,很多作品只有技巧,没有内容,因此听来乏味,从长远来看这将会制约评弹的发展。她认为,现在缺少优秀评弹创作人员,这就要求演员不仅要学会二度创作,更要学会自己写书;从体制方面来

---

① 第三十三讲"说书说世——评弹艺术之我见",报告人:著名弹词表演艺术家、常熟市评弹团团长陆建华。

② 第四十讲"坚守、克己——我的苏州评话缘",报告人:江苏省演艺集团评弹团团长、国家一级演员姜永春。

③ 第二十六讲"苏州评弹的艺术特征及其在浙江的发展状况",报告人:原浙江省曲艺家协会主席、文化部江浙沪评弹工作领导小组副组长施振眉。

④ 第二十七讲"我的评弹创作之路",报告人:著名评弹作家徐檬丹。

讲,既要有意识地培养演员创作,又要培养演员台上说活书的本领。

窦福龙先生①介绍了其创作《林徽因》的始末。陈云首长曾说:"评弹要就青年。"窦先生认为要吸引青年走进评弹,作品必须是青年感兴趣的题材。如果用传统书目,不可能吸引那么多的青年观众。林徽因在高校广受欢迎,说明了创作题材的重要性。

彭本乐先生②对于评弹书调的来源提出了自己的见解,他认为评弹音乐由四个部分组成:书调、牌子曲、谱唱开篇、谱唱诗词。评弹书调来源于苏州读书人在吟诵诗词歌赋时的声调、音节、旋律和韵味。书调的另一来源就是师承了"百戏之祖"昆曲的音乐。评弹音乐在声腔、吐字、运气、用嗓、曲牌和气韵等各个方面都受昆曲影响。所以,评弹音乐富有浓郁的江南韵味和优雅的书卷气。

再次,从研究者和爱好者的角度出发,翁思再先生③提出了评弹需要确立流派的观点。他首先界定了评弹的"调"与"派"的关系,指出"调"属于音乐范畴,若是将评弹局限于唱腔范畴,则不能很好地体现评弹的艺术特征,忽视了更为重要的说表,失却其整体性。因此,在评弹"调"的基础上应该引进"派"的概念。翁先生认为,根据弹词艺术的自身特点,称流派者应该在说、噱、弹、唱、演等方面都有自身综合的特色;在上述五项技术的全面发展中须表现出一定的独有的审美原则,使其艺术风格具有内在一致性和体系性;要有经典书目作为传承的载体;必须拥有相当数量的传人。按此标准,弹词艺术中的流派应该有周派、徐派、严派、姚派、蒋派、张派、杨派以及马(如飞传人)派等八大流派。

潘讯先生④讲述了人与书的关系。评弹艺谚云,"人说书,书说人",艺人

---

① 第四十三讲"不入园林,不知春色如许——关于吸引青年进入评弹的思考",报告人:上海曲艺家协会理事、著名评弹作家、中篇评弹《林徽因》作者窦福龙。
② 第四十一讲"评弹音乐的基因、生成和流变",报告人:上海艺术研究所研究员彭本乐。
③ 第三十一讲"略谈评弹蒋派及其同京剧的关系",报告人:华东师范大学研究员、京剧学者翁思再。
④ 第三十六讲"文化视野下的苏州评弹",报告人:苏州市委研究室调研一处处长、国家社科基金重大项目"评弹历史文献资料整理与研究"课题组成员潘讯。

与书目之间构成了一种依存、滋养、互济与相融的奇妙关系,说不清是艺人创造了书目,还是书目造就了艺人。人与书浑然一体,难舍难分。

都文伟先生①则介绍了评弹艺术中"噱头"的分类,有所侧重地探讨了这些幽默元素的社会功用。他指出说书人灵活地在书中运用"外插花",是在认真选取观众的常识和经验的基础上,对政治进行讽刺,对民生进行关怀,对社会不良现象进行评论。

四、关于评弹艺术发展阶段的认识

对此方面,"五十讲"中,亦多有涉及。

吴文科先生②站在曲艺学这一更高的层级,在介绍曲艺学的发展与学科地位时,将中国曲艺学的发展阶段大体归纳为三个阶段:首先是发生阶段,过去艺人们为了艺术传承与鉴赏的需要,制定了"艺诀艺谚",如马如飞的"道训"等;其次是发端阶段,主要体现为鲁迅的《中国小说史略》将宋元话本纳入文学史的研究视野。第三是学科建立阶段,《中国曲艺志》的编纂开始了曲艺基础史论研究的系统性开展阶段。

孙惕先生③提出苏州评弹发展史共经历了五个时期:雏形期(明末清初),这一时期评话、弹词相继与吴语结合,形成苏州评话、苏州弹词,也已经有了露天说书。上升期(清代),这一时期产生了苏州评弹史上第一个行会组织——光裕社,也有最早的评弹表演艺术的理论总结,名家辈出,女弹词的介入更加推动这门艺术的丰富和发展。繁荣期(民国),苏州评弹不仅在发源地长盛不衰,而且逐渐将演出重心拓展到了上海。进入大都市后的评弹迅速吸收一切有利于自身发展的先进技术,不断适应时代和听众审美的变化,无论是书目和

---

① 第三十八讲"旧书新赏:以吴君玉的评话实例谈'噱头'之功用",报告人:美国凡萨大学教授、北美中国口传ষ表演文学国际研究学会会长都文伟。
② 第十九讲"曲艺(评弹)研究与学术意识",报告人:中国曲协副主席吴文科。
③ 第十四讲"我与评弹四十春",报告人:苏州市评弹团团长、苏州评弹学校校长孙惕。

演出形式都有了更新,名家众多,流派迭出。全盛期(1949—1966年),这一时期过往名家继续保持着旺盛发展势头,同时也涌现出一批新的代表人物。此时的评弹界除了继续致力于长篇新书目的创作之外,中篇评弹的出现更激起了整旧创新的高潮。新时期(改革开放以来),这一时期恢复了优秀的传统书,先后流行过武侠书、时装书、"文革"书、新编历史书、现代书等。

沈鸿鑫先生①也重点介绍了评弹的发展历史,他认为评弹几百年的发展历史大体可以分为三个高潮期:第一次高潮在清代中叶,时间范围是18世纪末至19世纪中叶。评弹发展的第二个高潮是在20世纪20年代末至40年代。评弹发展的第三次高潮应该是中华人民共和国成立以后的五六十年代。

关于评弹与江南的关系,周锡山②先生从"何处是'江南'"这一命题出发,指出评弹所盛行的江南是指狭义上的苏锡常、杭嘉湖地区,"杏花春雨江南"也成为历代诗人所向往的归宿和胜境。南宋以后,大批文士纷纷南下,江南自此成为全国文化的中心。在他看来,江南文化的影响力是巨大的,先后以杭州、苏州、上海为中心向外辐射,在文学、绘画、戏曲和曲艺方面都得以极度发展和繁荣,为评弹的孕育和发展提供了沃土。

潘讯先生③探析了历史上评弹与苏州的关系。他认为,苏州地域社会对评弹的作用体现在两个方面:其一,明末清初苏州市井繁华催生了世风民俗的变化,市民阶层勃兴,为评弹的产生提供了理想的温床;其二,吴地小说的兴起为评弹输送了文学的营养,昆曲和京剧为评弹提供了艺术的借鉴。反过来,评弹也深刻反映和影响着苏州地域社会:一方面,清代乾嘉以来,进茶馆品茗听书成为苏州人的生活方式;另一方面,评弹的人物画廊,深刻塑造了苏州市井百姓的性格,尤其是那些三教九流、五行八作的市井人物。

---

① 第十八讲"评弹的发展轨迹和艺术魅力",报告人:上海艺术研究所研究员沈鸿鑫。
② 第二十九讲"评弹在江南文化中的地位和意义",报告人:上海艺术研究所研究员周锡山。
③ 第三十六讲"文化视野下的苏州评弹",报告人:苏州市委研究室调研一处处长、国家社科基金重大项目"评弹历史文献资料整理与研究"课题组成员潘讯。

彭本乐先生①根据评弹界前辈演员的口述，把评弹活动的地理范围确定为江苏的苏州府、常州府、松江府，以及浙江的杭州府、嘉兴府和湖州府，评弹演员称之为"杭嘉湖、苏常沪"，几百年来，评弹基本活动于这些江南地区。这些地区的共同特点就是：一、鱼米之乡，物阜民丰；二、河道纵横，水运畅通。商品交换的频繁，导致人际交往密切，人际交往的密切，促使"江南六府"的民众在生活习惯、民风民俗、意识形态、道德观念、生产知识，以及历史的认同感等各个方面相互通融中和，使得"江南六府"中的杭州话、嘉兴话、无锡话、常州话、常熟话和上海话等地方语言相互接近，更向苏州话靠近。这就使以语言为主要表现手段的评弹艺术在"江南六府"通畅无阻、落地生根了。

评弹发展与上海的历史渊源是无法绕开的，关于这方面，唐力行先生②曾系统梳理了近代以来评弹中心由苏州向上海发生位移的过程，指出评弹进入上海与都市社会相融合后产生了一些新的变化：男女共坐一书场听书、男女评弹艺人同台献艺，反映了社会性别观念的改变；《申报》中常见用苏州话做的评弹广告以及商业广告，足见占移民75%的江南人在租界的人气，以及评弹市场之大；各游乐场纷纷推出加入海派文化要素的苏州弹词书戏，扩大了评弹的受众面；知识精英为评弹定位造舆论以及电台和媒体的加入都对评弹的发展起了重要的宣传作用。上海作为繁华的商业大都会为海派评弹的发展提供了诸多的便利条件和优渥的经济人文环境，因此有"上海响档优于苏州响档"之说。张如君先生③认为，苏州两千多年的文化积淀，为评弹这门艺术的产生创造了良好的条件，苏州是评弹的故乡。但随着社会的发展变化，尤其是上海开埠以来，繁华的大都市、发达的经济、广阔的市场，为评弹的发展提供了很好的平台，所以评弹的发展在上海，在这里聚集了评弹界大部分的精英，促进了评弹艺术的提高。

---

① 第四十一讲"评弹音乐的基因、生成和流变"，报告人：上海艺术研究所研究员彭本乐。
② 第二十八讲"从社会文化史的视野研究苏州评弹"，上海师范大学中国评弹研究中心主任、教授唐力行。
③ 第十五讲"评弹的艺术性和社会性"，报告人：著名评弹表演艺术家张如君、刘韵若伉俪。

码头也是评弹历史发展中不可分割的部分。在这方面,陶春敏先生①以江南第一书码头常熟为例,谈了历史上常熟这一码头与评弹艺术发展的渊源关系。他认为,常熟具备了江南基层社会的典型特征,这就是深厚的文化底蕴、独特的市镇格局、发达的经济基础、闲逸的生活态度。他指出,常熟悠久的文化艺术积淀为评弹提供了浓郁的文化氛围;水网密布的市镇格局为评弹准备了得天独厚的生存空间;岁岁丰收的无忧造就了常熟人闲适安逸的生活,而这种生活态度正与评弹"静"的特质有着天然的联系。常熟最早的说书出现在明末清初,当时没有专业艺人和专业的演出场所,说书主要以豪门绅衿的"堂会"为主,也可能存在街头艺人,但时人对这种"贱民"从事的表演缺乏关注。他还重点介绍了常熟的"丐户",认为丐户并非乞丐,而是受人歧视和奴役的"贱民",他们中有很多人从事吹鼓奏乐和唱曲演戏等职业,每逢重大节日、祭祀活动及官府士绅的宴会,"丐户"们就去表演助兴。他认为,清代中叶,随着茶馆的产生,常熟地区的评弹活动趋于频繁。而常熟之所以能成为"第一书码头",首先是因为常熟的书场多,城区维持在 6 至 10 家,而乡镇书场保守估计在 100 家以上。第二是听客多。第三,常熟的场子多是"清场子",没有赌博现象,听客认真听书甚至主动为艺人提意见,帮助艺人提高书艺,艺人愿意踏进常熟"滚一滚"。第四,常熟场方熟谙艺术,善于经营,"待情好",书场职工服务周到,艺人乐于前往。常熟有着良好的评弹生态,书场之间的良性竞争和高水平听众群体的存在,促进了艺人说唱水平的提高和市场更加繁荣,推动评弹艺术健康发展。除了外埠的响档乐于前往常熟奏艺外,常熟本土也产生了一大批优秀的评弹名家。常熟产生评弹艺人的时间较早,尤其是女弹词最早就发端于常熟;其次,从业艺人多,艺术魅力、职业特点及家族亲友影响是吸引学艺者的主要因素,艺人见于记载的不少于 200 人;第三是艺术贡献大,孕育名家响档,丰富评弹书目,发展弹词音乐。评弹艺人之外,常熟还涌现了一大批评

---

① 第十七讲"江南第一书码头常熟——苏州评弹与江南基层社会的研究",报告人:常熟市曲协副主席、秘书长陶春敏。

弹作家,如朱兰庵、平襟亚、潘伯英以及朱寅全等。

施振眉先生①则重点讲述了苏州评弹在浙江的发展状况。苏州评弹在浙江曲种中具有重要位置:第一,浙江有一批著名的评弹演员,如夏荷生、杨莲青、李文彬、郭少梅、汪雄飞等;第二,创作了一些有影响的书目,如《董小宛》《李双双》《阿庆嫂到上海》等;第三,浙江一度成立了湖州、嘉兴、海宁等十个评弹团(不包括短期成立的团体)。他统计,浙江省曲艺队九个人、五档书曾经创造过辉煌的历史,其演出场次超过越剧等其他省级艺术团体演出场次的总和;胡天如为首任团长的嘉兴南湖评弹团,其听众要比当地其他同级艺术团体多十倍,可见"三分天下有其一"是名不虚传。

对于1949年以来的评弹历史,姜永春先生②介绍了江苏省演艺集团评弹团的历史与现状。在1956年,江苏省曲艺团刚刚成立之时,除了评弹还包括其他曲艺形式。随着时间推移,其他曲艺渐渐失去了传承的基础,只有苏州评弹保留下来。2001年根据中央精神,曲艺团改为江苏省演艺集团,2004年演艺集团进行了事业单位转企的体制改革,这次改革的影响一直持续到现在。

窦福龙先生③从个人经历出发,指出,20世纪50年代,上海地区评弹观众数量仅次于电影。不仅观众数量多,而且观众的来源广泛,年龄段覆盖老中青三代,中青年是听评弹的主流群体。上海各大学都有评弹队,学生不但听还学弹唱。那时上海学生科艺艺术团的评弹队,便是抽调各大专院校评弹队的骨干组建的,窦福龙任队长。由于群众基础好,观众和演员之间形成了良性循环,评弹得以繁荣。他还指出,20世纪80年代后评弹事业开始走下坡路,不仅表现为演员断层,更严重的是观众出现断层。没有观众的支持,演员没有用

---

① 第二十六讲"苏州评弹的艺术特征及其在浙江的发展状况",报告人:原浙江省曲艺家协会主席,文化部江浙沪评弹工作领导小组副组长施振眉。

② 第四十讲"坚守、克己——我的苏州评话缘",报告人:江苏省演艺集团评弹团团长、国家一级演员姜永春。

③ 第四十三讲"不入园林,不知春色如许——关于吸引青年进入评弹的思考",报告人:上海曲艺家协会理事、著名评弹作家、中篇评弹《林徽因》作者窦福龙。

武之地。当前各种场合的评弹演出,观众群大多是老年人,而且是老面孔,中青年的观众很少出现。更为严重的是,这种观众固化的状态造成了中青年对评弹艺术的误解,认为这是老年人文化活动的区域。所以,一些人认为评弹艺术是过时的,不适合青年人的审美情趣。

殷德泉先生①则介绍了改革开放后苏州电视书场开播的情况。在他看来"电视与评弹联姻的必然性、必要性与可能性,是一种水到渠成的历史必然"。20世纪80年代中期,电视作为新的媒体进入千家万户,在丰富了人们娱乐生活的同时,也给苏州地方戏曲带来了冲击,导致苏州地方一些戏剧团体被迫解散,一些演员也纷纷转业。基于新时代传媒的变化以及观众的需求,苏州市有关方面决定开办《苏州电视书场》,通过半年的筹办,于1994年7月18日开播。这在全国是最早的,比上海电视书场还早了一年。苏州电视书场至今已开办23年。殷先生指出,《苏州电视书场》的出现使得"荧屏书场进万家",给当时濒临凋谢的评弹打了一剂强心针。总的来看,《苏州电视书场》在节目的编排上,始终坚持评弹艺术的原汁原味,保持评弹艺术的特色,尊重评弹艺术本体,在传统长篇的录制上下了很大心血,实现优化组合,为抢救评弹做出了贡献。

五、关于当下评弹艺术所面临问题的思考和求解

在这方面,评弹表演者及管理者的认识相对更深入、具体,也更针对现实。如高博文先生②认为,评弹发展目前存在的问题有:第一,书场的公益化虽然吸引了更多的听众,但评弹低价位或免费演出严重挫伤了评弹演员的积极性。第二,评弹观众老龄化,评弹由欣赏型消费转为零消费和微消费。第三,部分艺人和书场成为管理真空,有些艺人的政治把握、艺术水准有低俗化倾向,有

---

① 第三十七讲"评弹与电视:评弹现状与将来",报告人:国家二级导演、《苏州电视书场》创办人、原制片人,苏州曲艺家协会副秘书长、中国电视艺术家协会会员、中国广播电视协会电视文艺工作委员会常务理事殷德泉。

② 第二十三讲"当前评弹的生存状态和发展契机",报告人:上海评弹团副团长高博文。

些艺人为了迎合听众的猎奇、泄愤心理,经常说一些不健康或不成熟的书目。第四,长篇书目新与旧的困惑,旧的长篇评弹书目已被听众听"烂",新的长篇书目由于没有优秀作家为其润色,很难真正立起来。第五,中篇、短篇评弹创作基本为获奖项而为,高成本投入与较少书场演出形成鲜明对比。第六,从业人员的文化内涵和审美判断跟不上时代发展的需要。

陶春敏先生[①]从介绍中华人民共和国成立之后常熟评弹组织化的情况入手,指出,组织起来的目的是加强管理、转变功能、体现优势,而这种个体走向集体的大变动,使得评弹的市场生态、竞争机制、传承方式都发生了彻底改变。当然,组织起来后的常熟评弹团在扩大影响、创演新书、培育新人等方面也曾取得辉煌的成绩。随着形势的发展,尤其是为满足苏州专区评弹事业发展的需要,常熟团曾上调了一批优秀的演员。而随后由于工资分配矛盾导致了几次分化,加上"文革"的冲击,20世纪80年代的评弹整体低谷状态,对于常熟团发展来讲都是重大的损失。90年代的常熟团困难有所缓解,尤其是进入21世纪后,常熟团的艺术发展进入了良性循环。在肯定成绩的同时,他还指出了常熟目前存在的问题,如书场越来越少;优秀演员储备少;书目创作以立足本地的短篇题材为主,长篇很少;等等。

周震华先生[②]就当下评弹面临的体制问题谈了自己的看法,他将上海评弹团的创建、发展置于社会大环境中进行思考和分析,回答了"评弹要不要团"这一问题,认为评弹团的问题不能孤立地看;他还从艺术层面剖析了目前评弹在艺术传承、新书创作以及艺术本质等方面的问题。

金丽生先生[③]着重讲述了自己担任苏州评弹团副团长期间的经历。面对当时评弹团"组织涣散、人才受压、书目匮乏"的境况,他从人际关系方面打开突破口,狠抓书目建设和青年演员的培养,积极为评弹的生存开拓市场;等等。

---

① 第十七讲"江南第一书码头常熟——苏州评弹与江南基层社会的研究",报告人:常熟市曲协副主席、秘书长陶春敏。
② 第六讲"对当前评弹问题的思考",报告人:上海评弹团副团长周震华。
③ 第十六讲"苏州评弹的定位与走向",报告人:著名评弹表演艺术家金丽生。

通过全团上下十年的努力，苏州评弹团在各个方面有了较大提升，在评弹界产生了较大影响。在谈到评弹未来走向的时候，他剖析了目前评弹存在的问题，如：包括评弹艺术在内的整个民族传统文化生存的生态环境发生了重大变化、中青年演员中的佼佼者社会活动太多影响了艺术上的进一步提高、部分青年演员存在着混日子思想、领导上热衷于中短篇而忽视长篇建设、分配制度的不合理、学校的培养模式与艺术发展脱节、评话相比弹词更衰落……最后，在谈到对中青年演员的希望时，他强调了这样 45 个字：忍得住孤独、耐得住寂寞、挺得住痛苦、经得起折腾、顶得住压力、挡得住诱惑、丢得起面子、提得起精神、担得起责任。

盛小云女士①在中篇评弹《雷雨》排演的曲折过程中，深深地体会到作为传统艺术的评弹在当今所遇到的困境，除了社会大环境的影响之外，评弹本身也有着不少问题。而从评弹听众群体来看，特别是对于青年人，评弹与他们的疏远，并非青年人不懂得传统艺术，而是传统艺术离他们太远，没有给青年们足够的机会来近距离地接触评弹这门曾经风靡江南的艺术。因此，评弹应该摒弃从前孤芳自赏的状态，贴近百姓、走近青年，走出国门。而让青年们充分了解评弹的最好办法是加强宣传，在创作的题材上要有意识地融入当代青年人的兴趣点中去，主动地去培养和满足他们的审美情趣。

孙惕先生②分析了评弹的现状境遇，结合自己从事评弹领导工作，认为，当前评弹最应该做的就是要构建一条积极、平衡、自然、和谐的"生态链"，这条"链"应该是由学校、团体、书场、演员、听众以及社会和市场等各种要素环环相扣的。为了构建这条"链"，他认为首先是要紧跟职教形势、夯实基础教育，要明确学生的专业与文化之间的关系、创造条件让学生经受市场磨练；其次是繁荣书目创作、促进协调发展，坚持长篇的同时，要打造中短篇精品；第三是推进艺术传承、加强人才培养，要"牵桥搭线"聘请名师辅导青年演员；第四是坚持

---

① 第十二讲"我对评弹艺术的领悟与思考"，报告人：著名评弹演员盛小云。
② 第十四讲"我与评弹四十春"，报告人：苏州市评弹团团长、苏州评弹学校校长孙惕。

雅俗共赏、引领听众审美,要始终坚持"俗中见雅,雅俗共赏"的定位;第五是规范书场经营、构建市场生态,要坚持走市场经营的道路,按照演员的不同水准相对差价;第六是辅以节庆刺激、营造良好氛围,要坚持"好中选优",避免"矮里挑高";第七是保护苏州方言、传承吴地文脉,加强对苏州话的抢救、保护,使用和传播苏州话,这将决定苏州评弹的未来发展。

秦建国先生①认为评弹的发展应该集聚智慧,发挥团队精神,让更多的年轻人了解评弹,喜爱评弹。评弹作为祖国优秀的文化遗产,只有更多人坚守不离,为评弹的传承创新贡献自身力量,才能真正推动评弹重塑辉煌。

施振眉先生②在谈到目前浙江、苏州评弹的发展状况时,用了一个"难"字来形容,他指出,在传统时代,苏州评弹演员是历史文化知识的传播者,很多人目不识丁,但讲起三国故事来,头头是道,就是听书听来的。而如今电视、电影等多媒体的发展使得人们获取知识和信息的渠道拓宽,客观上阻碍了评弹以及整个曲艺的发展。杭州等地的书场目前难以为继,评弹演员的收入相对来说也不如之前。

彭本乐先生③认为,目前上海的书场具有两大特点:一是设备好,票价低;二是郊区疏,市区稀。彭先生强调这是复杂而敏感的问题,既涉及人才培养、书目建设、组织体制、领导能力,也关联着党的文艺政策和政府采取的措施是否得当、社会大环境等一系列问题。他通过走访听众,认为评弹的听众并未断层,当前评弹听众减少的原因在于所说的书目缺少灵魂与新意,评弹要推出具有时政气息的新书才能招揽听众。他④提出,影响评弹发展的因素主要有两个:一是演出市场的需求;二是演员的适应能力。他认为提升评弹艺术的关键

---

① 第二十二讲"我对评弹艺术的理解",报告人:上海评弹团团长秦建国。
② 第二十六讲"苏州评弹的艺术特征及其在浙江的发展状况",报告人:原浙江省曲艺家协会主席,文化部江浙沪评弹工作领导小组副组长施振眉。
③ 第三十讲"评弹还能存在多久——21世纪初上海的书场、听众和演员调查",报告人:上海艺术研究所研究员彭本乐。
④ 第四十一讲"评弹音乐的基因、生成和流变",报告人:上海艺术研究所研究员彭本乐。

问题不仅在于体制,还在于评弹演员的文化修养。

范林元先生①考察了近十多年来上海文艺界不断变化的大格局,据他统计,自 2000 年上海市文化局与广电局合并后,上海评弹团等一些国家剧团分别托管于几大文化集团。管理体制的不完备以及管理人员的不专业间接导致了评弹事业的日渐式微。他指出,新时期评弹的社会影响力持续下降,进而导致市场占有率的萎缩,以至于截止到目前有建制的团体仅有 1 个,坚持演出长篇的书场只有 10 家左右。在市场化浪潮中,许多民营艺术团体如雨后春笋般出现,这些团体涉及的艺术门类广泛,其社会影响甚至超过了某些国营团体,在占领市场份额等方面有着一定的优势,评弹的业余队伍就明显呈现出蓬勃发展的趋势。由于业余人员数量上的压倒性优势和艺术质量上的业余水平,大大地稀释了评弹艺术的醇度,评弹演出好似一杯渗入太多水的咖啡,虽然一些优秀的曲目还有人在说唱,但已然精华尽失。他还分析了当下上海的社会人员结构,认为人口老龄化恰恰是重建评弹事业的契机。谈到具体如何保护评弹时,他强调一定要广泛吸取集体的意见;坚持继承和创新;评弹不能变种,而要坚持艺术本体……要抵制不正之风,反对以"性感替代美感、技术替代艺术、宣传替代文艺"等。唯有这样,修复评弹生态、重塑评弹价值才有更多的可能!

殷德泉先生②从媒体人的角度对评弹这门艺术及其特征以及今后发展提出了自己的见解。他认为,目前评弹的现状是喜忧参半。喜的是党和政府、社会各界的关注与支持;评弹院、团、馆、会硬件建设基本配套完善;培养下一代的工作已相当重视;理论研究持续进行,传承演出基本不走样,保持了评弹固有风貌。忧的是目前竞争意识不强,难以推动发展;演员文化水准普遍不高,

---

① 第三十四讲"上海文艺演出动态及评弹现状",报告人:国家一级演员、上海市演艺工作者联合会秘书长范林元。

② 第三十七讲"评弹与电视:评弹现状与将来",报告人:国家二级导演、《苏州电视书场》创办人、原制片人,苏州曲家协会副秘书长、中国电视艺术家协会会员、中国广播电视协会电视文艺工作委员会常务理事殷德泉。

再创造缺乏底气;主管部门和评弹团体培育市场、培育新听众意识淡薄;随着社会发展,地方语言渐趋萎缩;优秀演员担任领导职务后妨碍其艺术的发展与演出。他指出,当前评弹界应该充分利用好党和政府及社会各界的支持,踏踏实实做好评弹的传承与发展。利用好各大媒体窗口的同时,也要坚守书场演出长篇这一阵地。

窦福龙先生[①]认为,随着"文革"到来,评弹的鼎盛戛然而止,造成了演员和观众的断层。到20世纪90年代,优秀人才和佳作的匮乏导致市场萎缩,评弹跌到低谷。但是,昔日的青年听众积极出资出力扶持评弹事业,他曾资助星期书会的播出。他介绍了上海评弹国际票房对评弹事业的贡献。"文革"前曾担任上海师范大学评弹队队长的蒋澄澜先生,自90年代起任上海评弹国际票房会长。上海评弹国际票房是一个评弹艺术促进会性质的社会团体,它为评弹演出筹措资金,吸引社会力量的支持,同时积极推广评弹艺术。评弹流派交响音乐会便是该组织发起组织的,引起了社会广泛关注。国际票房多次组织在香港和台湾地区的评弹演出,同时致力于把评弹艺术推广到世界各地,目前已多次赴日本和德国演出。

潘讯先生[②]以"光前裕后"为题,讲述了评弹艺术的传承与创新。从鉴赏的角度来看,他认为当前评弹存在着这样几个方面的问题:第一,技的衰退。说噱弹唱各方面技艺流失与衰落,老艺人身上的"绝活"大多流失殆尽。第二,趣的无味。趣本来自于民间,评弹草根性消失,脱离了民间土壤,不会噱,没有趣。第三,细的粗陋。感情粗糙、说表形式主义。第四,理的虚空。理要以情作为后盾,不能感动自己,焉能感动听众?!第五,味的变异。传统美学的感觉中断,难以领略中国传统文化、艺术的精神。为此,他认为评弹的保护与传承应该包含以下三个层面:长篇书目、表演技艺、文化特色。

---

① 第四十三讲"不入园林,不知春色如许——关于吸引青年进入评弹的思考",报告人:上海曲艺家协会理事、著名评弹作家、中篇评弹《林徽因》作者窦福龙。

② 第三十六讲"文化视野下的苏州评弹",报告人:苏州市委研究室调研一处处长、国家社科基金重大项目"评弹历史文献资料整理与研究"课题组成员潘讯。

在谈及当下评弹表演及管理中存在的问题时,对于评弹艺术未来命运的关注是无法回避的,各报告人也亮出了各自不同的观点。

对于"评弹还能存在多久"这个问题,彭本乐先生[1]持积极乐观态度,他给出了坚定的答复:"评弹还会存在很久,在可以预见的未来中不会消失。"他指出,评弹艺术形式优美,具有良好的社会功能,是江南民众心灵的结晶和展示。虽然评弹当下面临书场、听众的减少,但网络技术的发展将更多的评弹音像资料推广到更远的地方,这实际上是扩大了评弹的传播范围。而且评弹已被作为江南地区非物质文化遗产进行保护,这也在政策上避免了评弹的消亡。

陈卫伯先生[2]则相对悲观,总的来看,他谈及评话的未来时,充满了悲观色彩。他从经济收入角度考量,认为评话演员不占优势,所得收入与付出不相称,由此也导致了评话演员的流失。

六、关于评弹学研究相关理论和方法的探索

评弹学研究的推进,理论和方法的构建是先导。在此方面,"五十讲"的相关理论研究者和专家学者从各自研究的侧重做了解读。

在这方面,唐力行先生[3]最具学科关怀,对评弹学的理论建构进行了深入思考,以树立评弹学研究的课题自信。他特别强调指出,苏州评弹和地方社会的相互作用是一个很复杂的课题,里面有着无穷无尽的课题可以做,是值得进行深入研究的。比如,苏州地方社会的价值观,对苏州地方社会的发展是起了很大的作用的,而苏州评弹正是传递出了这种价值观,造成了苏州这种特定的社会氛围。从长时段来看,苏州评弹的作用、苏州评弹和苏州地方社会的互动

---

[1] 第三十讲"评弹还能存在多久——21世纪初上海的书场、听众和演员调查",报告人:上海艺术研究所研究员彭本乐。

[2] 第二十五讲"苏州评话七十年",报告人:著名评话表演艺术家陈卫伯。

[3] 第二十八讲"从社会文化史的视野研究苏州评弹",报告人:上海师范大学中国评弹研究中心主任、教授唐力行。

关系,无疑是为历史学的研究开辟了一个新的领域,比如从社会史角度研究评弹和血缘之间的关系。从短时段来看,社会文化史与人类文化学是相通的,人类文化学研究的是社会特定人群以及特定人群的职业、命运,比如,可以研究评弹艺人在如1949年前后这样的特定历史时期命运有什么变化,对评弹艺术造成了什么样的影响。从中时段来看,研究评弹艺人、评弹艺术,可以从侧面观察中国近当代社会变迁过程,比如艺术与政治、艺术与市场、个体与集体等的关系。

吴文科先生[①]在报告中着重强调了评弹(曲艺)研究过程中要注意规范意识和学术意识,要厘清"评弹"—"苏州评弹"、"评话"—"苏州评话"、"弹词"—"苏州弹词"的内涵。

何其亮先生[②]结合自己新著《政治与市场之间:五六十年代的评弹事业》的研究心得,认为评弹研究要运用跨学科研究方法(如音乐学、人类学、社会学),要与文学研究结合起来,但又要避免被文学理论框死;评弹研究还要充分注意口述资料的搜集和运用。

唐燕能先生[③]结合自己从事数十年的编辑工作,以及自身参与撰写的经历,谈了撰写艺术人物传记的体会。他认为在为戏曲艺术家们立传过程中,传记作者们应具备三个条件:第一,要有深邃的历史眼光,需把传主的人生故事、艺术得失放在特定的历史背景下研究、考察,要历史地、公正地去剖析、反映戏曲艺术家的艺术个性、人生故事、性格特征、情感世界与其所处的时代关系,客观地评价传主的艺术贡献与历史局限。第二,要有扎实的文学功底。文学传记不同于人物评传,也不是传主的艺术档案或专述他个人阅历的文史资料。按文学传记的要求,既要写出传主的艺术轨迹,也要写活传主的个性与人格魅力,呈现在读者面前的应该是一个有血有肉、活生生的可以感知的戏曲大家。

---

① 第十九讲"曲艺(评弹)研究与学术意识",报告人:中国曲协副主席吴文科。
② 第二讲"评弹的历史研究",报告人:美国伊利诺伊州立大学教授何其亮。
③ 第十讲"如何为评弹名家立传初探——《皓月涌泉——一代宗师蒋月泉传》写作浅谈",报告人:唐燕能。

第三，作者要对戏曲知识、传主艺术个性与特点有深入了解与把握，也就是要懂行；不是要一般的懂，要精通，还要有独到的分析和言人所不言、见人所未见的高人见解。

马克·本德尔博士[①]着重介绍了自己研究评弹过程中所阐述的核心观点：转换。他认为评弹演出过程中，"转换"无处不在：由开篇转换到正书、关子书与弄堂书的转换、苏白与中州韵的转换、说表和演唱的转换、腔调的转换、书台背景和演员服饰的转换，等等。总之，多个模式的相互转换贯穿评弹演出的始终，研究这些模式可以让我们更好地了解评弹艺人的心理变化和演出的艺术效果，这有助于我们理解评弹是如何成为刺激听众的心理和身体体验的复杂艺术，同时也可以印证评弹是一门灵动的艺术形式。此外，他从境外视角，与大家分享了他对现今评弹研究的一些看法，强调应加强对评弹与现代媒介（网络）之间的关系研究；加强对作为非物质文化遗产的评弹的研究；研究作为一种现存艺术，评弹是如何培养演员和听众的；讨论评弹在吴文化中的地位；探讨评弹的语言学特征，也即评弹是否可以用普通话来表演；此外还有评弹向海外发展过程中，如何翻译专有名词的问题；等等。

姜进女士[②]从自己对戏曲研究的专长出发，强调在进行越剧、评弹的史学研究过程中，除了应该避免受线性史学和精英视角的影响之外，还要避免对文本和印刷史料的高度依赖，要重视发掘文本之外的史料；通过口述和演艺等资料来发掘"边缘"人群的声音至关重要。具体来说，就是要重视越剧人、评弹人的口述资料，抓紧时间进行大量访谈，积累口碑史料。

[作者简介]申浩，上海师范大学期刊社副研究员。

---

① 第十三讲"艺术转换与评弹表演"，报告人：海外评弹研究专家马克·本德尔博士。
② 第三十二讲"寻找民族的精神家园——王国维《宋元戏曲考》百年祭"，报告人：华东师范大学教授姜进。

"苏州评弹与江南社会"讲座随感

彭本乐

内容提要:"苏州评弹与江南社会"系列讲座的主要特色是"三个结合":一是"讲座"与学生撰写论文相结合,即不是单纯的收集资料,而是课堂教学的扩展和延伸。二是讲座和艺术实践相结合。评弹专业演出团体来校演唱中篇,演员和作者为学生做讲座,并进行学术探讨。三是"讲座"走出校门参加大型研讨会,使学生由听讲者兼为演讲者,既得到了锻炼,又开阔了思路和求知门路。"讲座"积累了大量的评弹资料,扩大了评弹在国内外的影响,推动了评弹理论的研究。

关键词:资料 教学 实践 评弹

我是"苏州评弹和江南社会"系列讲座的"老听客"。从 2012 年年中的第 3 讲开始,到今年 11 月的第 50 讲为止,一共参加了 45 场演讲会。

我是一名评弹工作者,早年在上海评弹团从事文学创作,后来到上海艺术研究所从事评弹史论研究。虽说研究的范围比较广泛,涉及到评弹的书目史、演员史、音乐史、表演史和书场史等多个方面,但由于研究课题的局限,始终把工作的重点放在史料的收集、整理、分类和解析等方面,目的在于提高评弹艺术的演出质量。而"苏州评弹和江南社会"系列讲座的宗旨则是,从历史学和社会学的角度,来解析和认识评弹艺术赖以生存和发展的江南地区的自然环境和人文特征,进而探索评弹的历史价值、文化价值、社会价值,以及对当今社会发展的意义。这对我来说无疑是一个极好的学习和提高的机会。

经过了这5年多的学习,我逐步认识到,评弹不只是以其优美的表演形式给江南民众带来美的享受,更主要的是将包含于评弹艺术之中的文化内涵,通过演员的表演来熏陶广大的受众,从而来传承和发扬中华民族的优秀道统,这才是"江南曲艺之花"的价值所在。由于对评弹的意义有了深一层的认识,这就激励我要在耄耋之年发挥余热,把毕生所收集到的资料和积累的专业知识,交付给需要这些资料和知识的莘莘学子,为保存和发展评弹艺术竭尽绵力。

"苏州评弹和江南社会"系列讲座办得非常成功,尤其是"三个结合"的做法,给人留下了深刻的印象。

1. 学术讲座和撰写论文相结合

据我所知,讲座的宗旨是邀请国内外研究评弹的,或是长期从事评弹工作的有经验人士(包括行政干部、演员、作家、教师和学者)来讲述他们的从业经历和心得,并以录像和文本的形式把演讲内容保存下来,服务当前,传诸后世。本人注意到,唐力行老师不仅对演讲者的特长和讲述内容都有仔细考虑,就是对某人某讲,安排在哪段时间进行,也作了精心安排。尽量把讲座的内容,和研究生的研究课题结合起来。尤其是当学生正在撰写论文的时候,讲座的内容就更具针对性。比如,当博士生王亮正在撰写论述上海评弹团的论文时,就邀请上海评弹团的副团长周震华先生来讲述他的治团经验;当博士生解军在撰写论述苏州评话的论文时,就安排两位80多岁的评话界元老——沈东山和陈卫伯先生来讲述苏州评话的方方面面。博士生韩秀丽的论文是《常熟——江南第一书码头》,当深谙常熟地区评弹历史和现状的陶春敏先生来作演讲时,韩秀丽的论文已经完成,正在修改准备出版,这无疑是及时之雨。还有,当有学生撰写评弹教学论文时,就及时请到苏州评弹学校的校长孙惕来演讲;当有学生研究评弹家族传承的时候,就请来出身于评弹世家的前评弹学校校长邢晏芝女士前来演讲。像这样有针对性的档期安排,既符合讲座是为收集和研究评弹资料这一目的,又能让学生从演讲人那里得到急需的第一手材料,并打开思路,拓展线索,一举数得。

2. 学术讲座和评弹演出相结合

讲座不是封闭式的,而是开放式的,即把讲座和评弹的艺术实践结合起来。唐老师不仅规定他的学生们要去书场听书,还安排苏州和上海的专业演出团体来校演出中篇评弹,还邀请主要演员和唱本作者来"讲座"作演讲,以介绍他们的从艺经历和作品的编演情况。这样的活动5年内共有3次。一次,是由上海评弹团团长秦建国领衔演出的中篇评弹《林徽因》;另外两次,是由苏州评弹团副团长盛小云领衔演出的中篇评弹《雷雨》。对《雷雨》的作者徐檬丹和主演盛小云的演讲,同学们并没有多少提问,而在中篇评弹《林徽因》的作者、窦福龙先生的演讲结束以后,师生们对演出中的"一人一角",和以脚色身份化妆上台,甚至穿着婚纱出演的演唱模式提出异议,认为,这是违背了评弹作为语言艺术的基本特征,既不利于塑造人物、不利于正确表达主题,也不利于评弹艺术的健康发展。唐力行教授还概括了大家的意见,直面作者说道(大意是):把这样的艺术形式送到大学里,给没有听过评弹的学生来欣赏,将使青年听众误以为评弹就是这个样子,结果不但没有展示出评弹艺术的特色,反而起到了误导的作用。对于这些坦率的意见,《林徽因》的作者窦福龙先生并没有反驳,而是频频点头,显得谦虚大度。我想,这些真诚的意见,窦先生在其他场合或许很少听到。

把研究评弹的历史和了解评弹的现状结合起来,把学术讲座和艺术实践结合起来,无疑是一种很好的教学方法。

3. 校内讲座和校外研讨相结合

邀请专家来校做专题演讲,这是"苏州评弹和江南社会"系列讲座的主要形式;而走出校门去参加在校外举行的大型评弹研讨会,则是讲座的另一种方式。在这5年多的时间里,"讲座"和校外机构共同举行的评弹大型研讨会至少有三次。第一次是在2012年的年中,周良先生的学术研讨会在苏州举行,唐力行教授带领他的几位博士生张盛满、王亮、韩秀丽和解军等一同前往。在这次会上,本人非常荣幸地认识了唐老师和他的几位优秀的学生(现在都是大学里的骨干教师),又应唐老师之邀在第三讲上,作了题为《学会讲故事》的发言。从此以后,便成了这一系列讲座每场必到的"坐庄听客"。

第二次大型研讨会是在 2015 年,这是该"讲座"和苏州文联联合举办的,地点在校部。第三次是 2016 年的年中,研讨会在苏州的国际会议中心举行,由上师大的中国评弹研究中心和苏州文联联合举办。唐老师的研究生们几乎全部到会,甚至已经毕业的学生也特地从山西和浙江赶到,还作了发言。像这种大型研讨会上的发言,虽然篇幅不长但数量很多,论及的范围也更为广泛。同学们参加这种会议的收获是,既是听讲者,又为演讲人,不仅得到了锻炼,也扩大了眼界和知识面,又结交了很多评弹界人士,为进一步的求知开辟道路。

"苏州评弹和江南社会"系列讲座可谓是近几年来评弹界的一件大事,其成果至少体现在三个方面:

1. 讲座积累了大量的评弹资料

凡是来做演讲的评弹界人士,大都长期从事这一专业。其中有 10% 的人在 80 岁以上、40% 的人在 70 岁以上、80% 的人在 60 岁以上。他们对评弹都有独特的经验和见解,所论述的内容弥足珍贵。在演讲中,有人会透露出一些他们从不公开的信息。比如,1958 年上海评弹界整风这件大事,50 多年来很少有人谈起,尤其对"当时到底有多少名评弹演员在整风中被判刑和劳动教养"这一评弹界极为关心的问题从来讳莫如深,只凭猜测。有的说抓了七八个人,有的说抓了十几人。弄清 1958 年评弹界整风的真相,对于研究评弹的历史有着重要的意义。在"讲座"中,有一位是当年整风的主要执行者,他在与会者的一再追问下,最终透露了真情。说道,1958 年评弹界整风一共抓了 80 人,而当时参加整风的评弹演员总共才 300 多人,被抓者的比例竟高达 25%,震惊四座。

"讲座"所积累的资料,不仅对研究评弹来说十分珍贵,对于研究江南文化史和中国社会史来说,也有一定的参考价值。

2. 讲座扩大了评弹的影响

由于组织工作的周密细致,因此工作效率很高。每当讲座刚结束,就有一篇配上图片的、介绍演讲内容和活动情况的详细报道刊载于中国评弹网,其他刊物予以转载。因此,不仅是国内的文艺界和文化界,就是远在世界各地的评弹爱好者也能及时了解"讲座"的情况。本人在海外的亲朋好友经常来信反映说,他们非常看重"苏州评弹和江南社会"系列讲座的各种报道和读者的反应。认为,"讲座"不仅扩大了评弹在海外华侨中的影响,它也是一根"丝带",维系着海外游子和江南美景的浓浓的乡情。"讲座"也引起了某些研究我国文化的国外学者们的重视。他们希望得到讲座的文本和音像资料,以进一步的研究评弹艺术、研究江南社会和中国文化。

3. 讲座推动了评弹理论的研究

评弹艺术的本质是什么？其属性到底是以语言为主要表现手段的曲艺艺术,还是以形体表演为主要表现手段的、类似戏曲的、所谓"评弹是说的戏"。这是一个影响着评弹艺术生存和发展的重大问题,在评弹界已经争论了20余年。因此,"苏州评弹和江南社会"系列讲座的第一讲,就请到苏州大学的朱栋霖教授来论述"评弹艺术的特征"。后来,"讲座"又先后请到了对评弹艺术的特征持不同观点的两位代表人物——周良先生和吴宗锡先生来校演讲,以阐明他们各自的观点。

根据本人在周良先生演讲时的现场观察,以及会后听到的各种议论,感到同学们倾向于周良先生的观点,即:评弹是一门以语言为主要表现手段的语言艺术。所以,当持相反观点的吴宗锡先生的演讲结束以后,就有多位同学请吴先生进一步阐明,评弹艺术的本质到底是不是以形体表演为主要表现手段,以语言表述为次要表现手段的所谓"评弹是说的戏"。而吴先生的回答要么含糊其词,要么"顾左右而言他"。不久,《文汇报》上刊登了一篇介绍"吴宗锡评弹观"的文章。本人认为,这篇文章的出现和"讲座"有一定的关联,是吴先生对同学们在会上提问的答复。对此,有一位当时的博士生,以文澜的笔名在《评弹艺术》第40期上发表了题为《评弹到底是什么艺术》的文章,对"吴宗锡评弹观"的主要论点"评弹是说的戏"之论进行了反驳。文澜列举了评弹长篇书目中的多个例证,来分析戏曲和评弹的不同,有论有据,观点鲜明,得到了读者的点赞。

但是,在社会实践中,吴宗锡先生的评弹观还是占了上风。中篇评弹《林徽因》把"评弹是说的戏"这一观点具体化了,甚至夸张到变形的程度。上师大的老师和同学,和多数评弹界人士及听众的看法相同,他们并不认同中篇《林徽因》的演出形式,更不同意"评弹是说的戏"这一理论。这说明"苏州评弹和江南社会"系列讲座在推动理论研究的同时,还培养了一支具有一定鉴别能力的理论队伍,这对保存和发展评弹艺术意义深远。

[作者简介]彭本乐,上海艺术研究所研究员。

评弹口述历史的转型与超越

潘　讯

内容提要：唐力行先生主持的"苏州评弹与江南社会"系列讲座50讲体现了评弹口述历史的转型和超越：由谈艺述往转向文化史、社会史口述；由老艺人单一群体的回忆转向各类评弹人的专题口述；由片段的、零散的口述转向系统、专业口述；由传统记述方式转向学术性的科学记录（文字实录、音像资料）——拓展了评弹研究空间，为反思评弹、重构评弹提供了宝贵资料。

关键词：苏州评弹　口述历史　转型　超越

在唐力行先生"从历史学角度重构苏州评弹"的理论框架中，评弹人的口述历史占有重要而独特的学术地位。唐先生的宏愿是记录100位评弹人的口述历史，这100位评弹人，包括说书人、行业管理者、书目的创作者、书场经营者、票友、听众等，希望通过系统、科学地记录他们的口述史料，弥补档案、方志、文集、报刊等史料的不足，从而使重构的评弹历史更接近历史的本真。口述历史又分为三类，分别是回忆录、专题口述和专题讲座。我清楚地记得，早在十年前，唐先生就在给我的一封信中披露了关于评弹人口述历史的学术理想："在口述史方面，我的计划是要做一百个人。前年去台湾，中央大学做了一百个昆剧演员的口述史，给我印象深刻。"现在经过五年多的努力，百人口述史如一座学术宝塔即将浮屠结顶，望气识宝，睹之俨然。在这百人口述史中，"苏州评弹与江南社会"系列讲座又显得更加视角多元、体系完整、思考深入，不仅为重构评弹史提供了丰富史料,而且还带来了评弹研究的视野拓展和理论推进。

评弹口述历史可追溯至20世纪60年代初,最早自觉记述老艺人从艺经历的工作开始于苏州。1961年,苏州市曲联(曲协前身)艺术组就专派何云龙、钱江二人记录周玉泉等老艺人的口述艺事,留下了原始记录,编成《谈艺录》一册问世。当年口述历史毕竟是草创阶段,记录与整理都较质朴、原始,近于"语录体",对话题开掘不深,系统性亦不强。之后,苏州评弹界的几位老艺人都留下一些珍贵的口述史片段,如徐云志《我的艺术生活》、曹汉昌《书坛烟云录》等。改革开放以来,在周良先生的组织领导下,开展了几次比较集中系统的老艺人口述历史的活动,如1978年11月举行的同里评弹艺术座谈会、苏州评弹研究会莫干山年会(1980年)、东山年会(1981年)等,当时老艺人都有劫后重生之感,宝贵的书事书艺与多年的政治抑郁一起喷发倾吐而出,留下的口述历史主要记录在《艺海聚珍》(古吴轩出版社2003年版)一书中。

此后,评弹艺术步入衰落期。直到苏州评弹被列入国家级"非遗"名录之前,评弹口述历史工作进展无多,也不为人所重视。这一阶段,许多活跃于20世纪三四十年代书坛、造就艺术黄金时代的老艺人先后陨落,老成凋零,满目萧瑟,造成了无法弥补的损失。

重提评弹口述历史并将之纳入学术视野和理论设计的,正是唐力行先生以及他率领的上海师范大学中国评弹研究中心学术团队。该团队现在的成就,不仅在评弹界首屈一指,在国内外同类艺术界(戏曲界、曲艺界以及其他"非遗"门类)也独一无二,这是前无古人的大事业。单看这50期讲座、48位讲述者、逾70万字整理稿,就能够串联重构出一部立体多元同时又显出斑斓复调的评弹史。以身份论,48位讲述者中评弹演员21人(其中弹词演员16人、评话演员5人;如按年龄层次分析,老演员11人,活跃于书坛的当红演员10人),评弹研究者17人,评弹管理者8人,评弹书目作者2人,当然有些人身份是多重的,或是前后交叠的,这里不做细分。以地域论,上海24人、苏州14人、南京2人、美国3人、浙江2人、常熟2人、北京1人,由此可概观评弹艺术和研究群体的地域分布、发展趋势。

　　由以上简单分析,即可初步看出系列讲座的整体策划和运作模式,体现了评弹口述历史的转型与超越。评弹口述历史不再局限于评弹老艺人的回忆录或谈艺录(旧有口述中不乏涉及社会历史信息,但是静态的、零散的,或作为时代背景出现的),而是囊括不同年龄段、不同艺术层次的评弹演员的口述,更有评弹艺术管理的经验与反思,评弹作者的创作心路,国内外高校、研究院及其他机构的研究者围绕评弹的思考与探索,这是一支前所未有的队伍。再深入口述内容分析,愈见得系列讲座的学术价值。有延续艺术研究视角并致力拓宽的,如朱栋霖《评弹与戏剧》、马克·本德尔《艺术转换与评弹表演》、周锡山《评弹与文学和戏曲的关系探讨》、沈东山《评弹艺术中的民俗文化》、翁思再《略谈评弹蒋派及其同京剧的关系》、都文伟《以吴君玉的评话实例谈"噱头"之功用》等;有从新的学术角度展开、创新研究范式的,何其亮《黄慧如与陆根荣——弹词戏曲文本与社会文化变迁》、唐燕能《如何为评弹名家立传?》、张如君刘韵若《苏州评弹的艺术性和社会性》、周锡山《评弹在江南文化中的地位和意义》、吴琛瑜《空间转向与苏州评弹研究》等。那些渐入老年的讲述者对一生评弹事业的回顾与总结,谈得情真意切,高度浓缩凝练,学术"含金量"高,也不乏知人阅世后的沧桑之感。如周良《陈云评弹观的历史与现实意义》、吴宗锡的《我的评弹观》、孙惕《我与评弹四十春》、陈卫伯《苏州评话七十年》、陈景声《风雨一甲子》、赵开生《老书新说珍珠塔》、徐檬丹《我的评弹创作之路》等等。当然,在每位讲述者开讲前后,唐先生的引言和小结同样值得重视,体现了唐先生对于重构评弹的系统化思维与路径。

　　50讲的核心话题都围绕评弹的未来与命运而展开,评弹会不会灭亡?评弹还能走多远?其中不少观点有反差、交锋、即便是叙述同一史实也有矛盾、抵触,这种复调性更还原了评弹史的复杂与真实。让我们看到,艺术管理者、演员对于评弹艺术的认知有诸多差异,即便在同一团体内部,对于艺术特性的理解、规律的把握也非一致,其中有代际差异,同代演员中也有差距。苏、沪是评弹艺术的两大重镇,两地评弹界各有艺术传统和社会环境,对评弹保护传承的认知有趋同，也有差异，甚至冲突。但正是这种观点的碰撞赋予了评弹发展另一种内在张力。更有一些论述基于个人多年的静观默察、独立思考，敢于针砭时弊、发人所未发，见出骨力与劲道。比如上海评弹团周震华对评弹的理解就有特殊之处，他对杨振雄、姚荫梅、扬子江等人的评价十分中肯。他又述及："评弹音乐的讲唱性，它不是讲求旋律很美，很花哨。它的唱就是说的延伸，所以说，这个也是评弹一个很本质的东西。"①又如金丽生的讲述："评弹是一门通俗文艺。这一点我一直坚持。因为外面很多人讲评弹是高雅艺术，我不承认。""（评弹）艺术定位就是说唱艺术，不要去搞评歌评舞。我们就是一人多角，跳进跳出，这是我们的特点，我们基本上是属于布莱希特体系。"②

相对于"学院派"的理论阐释，在重构评弹艺术和评弹历史中，我更重视来自一线演员的思考。研究者的观点传导到艺术生产机制中有一个漫长而曲折的过程，传导还会出现走样变形。而演员尤其一线演员在艺术生产机制中处核心位置，他们的认识层面和思想深度引领了一门艺术的走向和活力。50位讲述者中就包括了当今活跃在书坛的江浙沪著名演员（评弹名家），他们是袁小良、王瑾、盛小云、秦建国、高博文、陆建华、范林元、姜永春、徐惠新等。他们都在唐力行先生提供的"讲坛"上畅谈了自己心目中的"评弹"，都对评弹的生存状态开展了多层次多角度的反思，通过他们的讲述使我们对于评弹的生态和历史有了更加丰富的认识。比如，高博文说："一个镇上有茶楼、有书场，成了中老年人主要的聚集、休闲的地方，这种传统还是存在的。这一空间给了评弹生存的机会，还能附着在这上面。算来算去，只有评弹，是最适合他的生活习性、消费水平、接触人群，只有评弹，是适合他天天来的。"③袁小良说："我把评弹定位为中老年人的艺术，它不是青年人的，'评弹就青年'只是句口号，是为了推广宣传，最终的听客还是中老年。"④我们不能从理论上悬想一门艺术

---

① 周震华：《对评弹当前问题的思考》，上海师范大学"评弹与江南社会系列讲座"，第6讲。
② 金丽生：《苏州评弹的定位与走向》，同上讲座，第16讲。
③ 高博文：《当前评弹的生存状态和发展契机》，同上讲座，第23讲。
④ 袁小良、王瑾：《试析评弹艺术的魅力所在》，同上讲座，第11讲。

的生存状态和发展路径,而是需要从实际调查中作出理性判断。

从历史学角度重构苏州评弹,势必涉及到历史与艺术的关系问题,我认为历史研究应该是包容和超越艺术研究的,这不仅指史学的客观性,更指历史学研究既要关注艺术发展本身,更要着重关注于艺术生存发展的周边因素,艺术与团体、艺术与市场、艺术与政治、艺术与社会等诸多关系。这些口述历史文本就为我们重构评弹提供了坚实支撑。苏州评弹团原副团长尤志明《评弹演出市场回眸与展望》清晰分析了苏州书场发展历程与现状,精准指出公益书场、社区书场对评弹发展的"双刃剑"效应。范林元的《上海文艺演出市场及评弹现状》、李庆福《新中国成立后评弹界的改书改人改制》等讲述同样有很高价值。彭本乐《中篇评弹六十年》直击"政治挂帅"年代文学作品的生产创作机制,其中对《大脚皇后》与《龙江颂》的互文性分析极具说服力。他对上海书场的调查报告以散点透视笔法实录书场众生态,信息量丰富,充满历史感,是一幅江南书场的浮世绘,也还原了评弹作为一门市井艺术的原生态。最后一位讲述者是来自苏州评话演员李刚。他在评弹界有一定争议,争议集中在自编自演的现代政治人物作品和他舍评弹本业而进入电视台(《李刚评话》),批评他对传统艺术的失守。由此我想到苏州的另一位弹词演员施斌也是如此,进入苏州广电总台,开播《施斌聊斋》生活新闻类节目。他们的主持的节目收视率常年位居同类节目前列,论者以为这得益于评弹艺术的功底,说的没错。这是不是评弹艺术素养的单项输出呢?并不是。在苏州我多次看过施斌、李刚偶尔登场表演,他们的表演相当松弛、极富生活气息,常成为场中热点。文学是评弹之父,生活是评弹之母,浓郁生活味是评弹艺术的神魂。我由此憬悟到李刚、施斌电视台主播脱口秀经历反过来给评弹表演带来一种补充,家长里短的人间温度,柴米油盐的市井烟火,反而增添了艺术的生活气息。唐力行先生着眼于扩张评弹学术版图、还原评弹历史,故而能够做到兼收并蓄、细大不捐。李刚的讲述提供了一种更加质朴、更加本色、更加草根的评弹观,他乱头粗服却能称心而道、毫不作态,足以颠覆我们的某些臆想。

"苏州评弹与江南社会"系列讲座 50 讲体现了评弹口述历史的转型和超越：由谈艺述往转向文化史、社会史口述；由老艺人单一群体的回忆转向各类评弹人的专题口述；由片段的、零散的口述转向系统、专业口述；由传统记述方式转向学术性的科学记录（文字实录、音像资料）——这些都拓展了评弹研究空间，为反思评弹、重构评弹提供了宝贵资料。

［作者简介］潘讯，苏州市委研究室调研一处处长。

江南文献考证

吴贞度与《富春山居图》关系考述*

夏维中 陈 波

内容提要:顺治七年底宜兴吴洪裕火殉《富春山居图》之举,最终酿成了中国书画史上一桩持续数百年之久的公案。吴洪裕之侄吴贞度,不仅是火殉事件的亲历者及现场救画的功臣之一,而且对《富春山居图》非常熟悉。其提供的相关信息,是后人还原火殉事件过程以及《富春山居图》残卷辨伪、原貌复原等重大问题的关键依据,真实可信,不容怀疑。

关键词:吴洪裕 吴贞度 《富春山居图》 宜兴 火殉

顺治七年(1650年)年底宜兴吴洪裕(1598—1650年,字问卿,号枫隐)火殉《富春山居图》之举,酿成了书画史上一桩持续数百年之久的公案,直到上世纪末才基本定谳。① 吴洪裕的那位侄子吴贞度,既是当时火中救画的有功之臣,又是相关信息的主要提供者。对于这位重要角色及其家族,上世纪吴湖帆、黄观和饶宗颐等前辈学者已进行过初步研究,其中以饶宗颐先生贡献最大。限于

---

* 本文为国家社会科学基金重大项目"江南地域文化的历史演进"(10&ZD069)阶段性成果。
① 书画界有关《富春山居图》真伪的学术争议,参见楼秋华编《〈富春山居图〉真伪——附论辩与研究文集》,浙江大学出版社2011年版。

当时的资料条件,这些研究并没有完全解决问题,甚至还存在一些缺憾。① 此后,相关研究长期处于停顿状态,以至于近年来仍有学者提出诸多疑问。② 由此看来,吴贞度的信息全面、准确与否,不仅是还原火殉事件的关键之一,而且涉及到《富春山居图》残卷辨伪与原貌复原等重大问题。

一、有关火殉的文献记述

对吴洪裕火殉《富春山居图》一事,清代前期圈内人士的记载大致有三种类型。第一种是仅记火殉事件本身,而对涉及的人物一概不提。如吴历所记就是如此:

> 大痴晚年归富阳,写富春山卷,笔法游戏如草篆。传闻有二本,一不知其详,一被好事者拳拳宝爱,不离于手,逮将终时,投之于火,旁人亟取,已烧卷首尺余矣,余在广陵所临者,烬余本也。③

以吴历的交游和阅历,他完全应该知道《富春山居图》的收藏者就是吴洪裕,但吴历在此却不愿点出其名,仅以"好事者"称之。这种笔法,不知是为吴洪裕隐讳,还是对吴洪裕行为的不屑,或两者兼而有之。至于那位救画者,吴

---

① 吴湖帆:《元黄大痴〈富春山居图〉烬余本》,原载《古今半月刊》第 57 期,1944 年,第 23—25 页;黄观:《吴之矩与云起楼》,原载香港《明报月刊》第 113 期,1975 年,第 42—45 页。两文后皆收入前引楼秋华编《富春山居图》真伪——附论辩与研究文集》。饶宗颐:《沈颢临富春山卷及吴家题跋》,载《黄公望及富春山图临本》,第 20—28 页,香港:文物馆,1976 年修订版。近年来较为重要的相关成果如楼秋华《富春山居图》真伪——论辩史研究兼真本与原貌考》、王小红《富春山居图》原貌考》(《书画世界》2011 年 11 月号,总第 148 期)等,对吴贞度及其家族的论述,几乎全是转抄旧文,不仅毫无发明,反而出现了不少舛误。至于一般性的论述,更是错误百出,不忍卒读。

② 如楼秋华先生虽否定徐复观先生所谓火殉一事为吴氏伪造之说,但对吴贞度所提供的相关信息却持严重怀疑态度,详见后述。

③ 吴历:《墨井画跋》,《续修四库全书》第 1066 册,上海古籍出版社 2002 年版,第 199 页。

历更是以"旁人"一带而过。类似的记载还有钱复,他在《平生壮观》一书中也仅是点出了宜兴吴氏,而没有交代具体人物①。

第二种则记述了火殉过程但信息并不完整或准确,如清代前期活跃于江南的著名徽籍书画商吴其贞。吴其贞本人并未欣赏过完整的《富春山居图》,但在火殉之后却有缘获得了其残卷之一,即后人所称的《剩山图》。其《书画记》中的有关记载,是现存最早或较早记述火殉现场的收藏文献资料,具体如下:

……此卷原有六张纸,长三丈六尺,曩为藏卷主人宜兴吴问卿病笃焚以殉,其从侄子文俟问卿目稍他顾,将别卷从火中易出,已烧焦前段四尺余矣。今将前烧焦一纸揭下,仍五纸,长三丈,为丹阳张范我所得,乃冢宰赤函先生长君也。聪悟通诸技艺,性率真,好收古玩书画,无钱则典田宅以为常。予壬辰(引者注:顺治九年,1652年)五月二十四日,偕庄淡庵往谒借观,虽日西落,犹不忍释手。其图揭下烧焦纸尚存尺五六寸,而山水一丘一壑之景全不似裁切者,今为予所得,名为《剩山图》。②

吴其贞对现场的记载,较为详细。不过,他也只是指出当时参与抢画的是吴洪裕的"从侄子文"。至于"从侄子文"的详细信息,他并没有交代清楚。其实,这位"从侄子文"并非吴贞度,而是另有其人。由此看来,吴其贞似乎并不完全掌握相关信息。

第三种是比较完整、准确的,如武进籍著名画家恽格(字寿平,号南田)的相关记载就是如此:

吴问卿生平所爱玩者有二卷,一为智永《千字文》真迹,一为《富春

---

① 钱复:《平生壮观》卷九"黄公望"条:《富春山》"向藏宜兴吴氏,主人临终尽烧诸书画。以他卷易此,妙迹犹在人间。然前段烧残,截取数尺矣",《续修四库全书》,第1065册,第423页。
② 吴其贞:《书画记》卷三《黄大痴富春山图纸画一大卷》,《续修四库全书》第1066册,第65页。

图》。将以为殉,弥留,为文祭二卷。先一日,焚《千文》真迹,自临以视其烬。诘朝焚《富春图》,祭酒,面付火,火炽辄还卧内。其从子吴静安急趋焚所,起红炉而出之,焚其起手一段。余因同卿从子问,起手处写城楼睥睨,一角却作平沙,秃锋为之,极苍莽之致。平沙,盖写富春江口出钱塘景也。自平沙五尺余以后,方起峰峦坡石,今所焚者平沙五尺余耳。他日当与石谷渡钱塘,抵富春江上严陵滩,一观痴翁真本,更嘱石谷补平沙一段,使墨苑传称为胜事也。①

恽南田详细记载了吴洪裕火殉、"从子吴静安"救画过程、时间及场景等,而且还专门提到了《富春山居图》过火部分的尺寸及内容。从上文可知,恽氏所记的这些内容,是其当面询问当事人即"从子吴静安"所得,应该比较可信。当然,这一记载也存在瑕疵,如"问卿"被误写成"同卿",不知是恽南田本人出了错,还是后来编撰者的责任。对那位"从子吴静安",恽南田也未提供进一步的信息。

其实,后人最为看重的材料,是吴贞度本人留下的记载。不知出于什么原因,吴洪裕所在的济美堂吴氏族谱对火殉一事似乎讳莫如深,不见任何记载。不过,包括吴贞度在内的吴氏族人,还是通过其他渠道给后人留下不少相关文字,那就是在沈颢《富春山居图》临本上留下的题跋。嘉庆年间浙江名士吴骞曾在宜兴获睹潘家所藏的临本题跋。其中吴贞度的题跋如下:

> 子久《富春图》为先祖潋如公所宝,贻叔父问卿,珍重异常,卷置云起楼中,坐卧与俱,非识赏家不出示。忆甲戌之秋,先大人筮仕富春,予时尚幼,舟行但见长江绝巘而已,然亦心知其胜,年来每思富春山水,即往云起楼索子久卷,以当卧游。前庚寅冬,先叔将辞逆旅,欲以为殉,又虑落他人之手,强起焚之,火炽逾时,叔父以不支就枕,予与家昆旋掬出火。先是子

---

① 恽格:《南田画跋》卷二,《丛书集成续编》第100册,台北:新文丰出版公司1988年版。

久卷长三丈,出火时才二丈许耳,每展弥深痛惋。今观石天所临,不规规形似,而神骨逼真,闻石天在云起楼纵观子久画,故最得其妙邪。展玩之次,亦恍如身在云起楼时,寄语石天、黄公望子久矣。吴贞度。①

吴贞度回顾了其家族与《富春山居图》的渊源,吴洪裕火殉的缘由、过程,以及他本人的救画贡献。不过,从现存文献来看,吴贞度的跋文,似乎要到嘉庆年间吴骞过录后才逐渐流传,并为世人所知。

二、吴贞度及其家族

今人对吴贞度的研究,始于吴湖帆先生。吴先生在鉴定《剩山图》时,初步揭示了吴贞度及其家族情况,并编撰了《宜兴吴氏世系表》。② 当然,吴先生的成果也存在一些不足,主要是遗漏了吴洪裕的二兄吴洪昌(吴贞度之父)、长兄吴洪亮两子即吴贞明、贞观(仅录长子吴贞吉一人),将吴贞度误为吴洪亮之子,因袭前引徽商吴其贞旧说而仍将"子文"误为吴贞度之字,以及误记吴贞度为崇祯进士等。③

在此基础上,黄观先生在吴氏世系表中增补了吴洪裕二兄吴洪昌,并认定了其与吴贞度的父子关系。其缺憾是吴洪亮两子的信息仍付阙如,仍误认"子

---

① 吴骞:《愚谷文存续编》卷二,《续修四库全书》第1454册,第353—355页。据饶宗颐研究,沈颢共临《富春山居图》两本,一是顺治八年本(未见),一是顺治十五年本。顺治十五年本原为吴骞旧物,后归陆心源,最后由香港利荣森北山堂收藏(据说最后捐给了香港中文大学)。饶先生抄录的包括吴贞度在内的吴氏题跋,即来自于此卷,但与吴骞所录有所出入。此卷的题跋,并非各人手迹,而应是吴骞过录宜兴潘氏所藏。可以推定,宜兴潘氏曾收藏过沈颢顺治八年临本,但至嘉庆年间,画已不存,仅存题跋。顺治十五年本吴贞度题跋,与吴骞文集中所收为同一来源,内容也相同,仅其落款稍有差异,为"壬辰冬为节培年社兄,年社弟吴贞度",见前引《沈颢临富春山卷及吴家题跋》第20、23页。

② 其史料依据主要是陈维崧《吴孝廉问卿》、道光《宜兴续志·文艺门》(全名应为道光《重刊续纂宜荆县志》卷九之一《宜兴荆溪艺文合志》)、恽南田《南田画跋》(《瓯香馆画跋》)以及王延宾(师臣)题跋等。

③ 前引吴湖帆《元黄大痴〈富春山居图〉烬余本》。

文"为吴贞度的字,断定吴洪裕无子等。① 差不多与此同时,饶宗颐先生首次展示了香港所收藏的沈颢顺治十五年《富春山居图》临本过录的吴贞度等人跋文,并依据宜兴县志中的有关记载,重新编制了更为详细的《吴氏世系表》,列出了五世吴俭、六世吴骃、七世吴达可、八世吴正志及其三子即九世吴洪亮、洪昌和洪裕的世系关系,认定吴贞度就是火中救画的那位侄子。饶先生还考证了与吴贞度一起题跋的吴氏族人的生平,并引用了陈维崧著作中涉及吴贞度的作品等。不过,饶先生仍遗漏了吴洪亮其他两子的信息,也不知吴洪裕过继嗣子一事,且仍认定"子文"为吴贞度之字。②

前辈学者对吴贞度的研究,之所以会存在种种局限甚至不足,一方面固然是受当年的资料条件所限,但另一方面也与其研究路径有关。传统书画史的研究,其史料收集和利用,长期沉溺于书画题跋、收藏家记录之类的传统文献,而较少关注其他史料。像家谱、族谱之类的所谓另类文献,本是人物、家庭研究最重要的基本史料之一,但长期以来却难入书画史研究者的法眼。其实,吴贞度及其家族的信息,保存最为完整的仍是其家谱。以下就根据宜兴济美堂吴氏族谱,③对吴贞度的信息进行一个简单的梳理。

《宜荆吴氏族谱·世传》中保存着吴贞度的基本信息,具体如下:

> 十世贞度,亦如公子,行一百三十三,字谨侯,号静安,顺治甲午举人,乙未进士,改选翰林院庶吉士,以子元臣秩诰赠中宪大夫,著有《临风阁偶存稿》。生于崇祯元年戊辰六月初六日,卒于康熙四十六年丁亥九月初一日,寿登八十。娶陈氏,崇祯辛未状元陈于泰女,诰赠恭人,合葬五花山。

---

① 前引黄观《吴之矩与云起楼》。其史料依据主要是董其昌《容台集》中的《兰墅后记》,以及吴贞度《枫隐禅林碑记》、陈维岱《游枫隐寺记》及吴正志《初至西村》一诗。限于文体,该文并未列出后三种史料的来源。经检索,它们均来自嘉庆《增修宜兴县旧志》卷十《艺文志》。
② 前引饶宗颐《沈颢临富春山卷及吴家题跋》。
③ 据吴诚一《宜荆吴氏宗谱·序》记载,宜兴济美堂吴氏宗谱,始修于嘉靖十一年(1516年),再修于万历二十年(1592年),三修于康熙元年(1662年),四修于康熙四十年(1701年),五修于乾隆四年(1739年),六修于嘉庆十八年(1813年),七修于道光二十七年(1847年),八修于光绪二年(1876年),最后一次修于民国十五年(1926年)。

子三:元臣、元丰,陈出;成立,侧室朱氏出。女三:长适储捷,年十九岁而夫亡,苦节五十八年,再抚嗣子,又再蓄嗣孙,康熙丙申奉旨建坊旌表,卒年七十有六,崇祀节孝祠,陈出;次适太学生汪习成,年二十九岁而习成早世,苦节数十年,乾隆三年具情请旌,侧室宗氏出;三适康熙丁卯举人史吕言子史志仁,朱出。①

据此可知,吴贞度(1628—1707年),字谨侯,号静安(一作静菴),顺治十一年(1654年)举人,顺治十二年进士。其正室为崇祯四年(1631年)状元、宜兴亳村陈于泰之女,另有侧室朱氏、宗氏,生有三子三女。在族谱中,另有一份佚名所作的《静安公传》。该传对其生平作了更为详细的记载:

贞度,字谨侯,号静安,仪部洪昌子,佥宪正志孙,大中丞达可曾孙也。十五岁而孤,事嫡母、生母以孝闻。茕茕母子,外侮频加,奋志读书,登顺治乙未进士,授内翰林弘文院庶吉士,未三载以他事罢归。日坐小窗,研穷《周易》,丹铅参订,寒暑不辍,凡经史子集以及释道医卜诸书,靡不博览而究心焉。如是者十年,子渐长成,亲自督课,以严父而兼严师,不少宽假,果登科甲,亦苦心教子之报也。五旬后虔事仙佛,朝夕焚香持咒,常与缁流羽士之大有德行者交,深慕白香山、苏东坡、莲池大师之为人,戒杀放生,力行善事,久而弗倦。自三十悬车至八旬长逝,闭户安贫,不治生产,虽家徒四壁晏如也。享寿八十,葬武花祖茔。身后止房一所,田一百二十余亩,皆祖、父所遗者,清白家风可称无愧。所著有《临风阁偶存诗稿》,未刻。子元臣,进士。②

与《世传》相较,此传主要补充了吴贞度早年失怙、短暂仕途,以及因故致仕后读书、教子、50岁以后虔事仙佛、闭户安贫、终老于家等经历。从族谱中

---

① 吴诚一:《宜荆吴氏族谱》卷六之一,《世传》"花园分长房惟良公支(自六世至十世)",第6页。
② 吴诚一:《宜荆吴氏宗谱》卷十之六(中),《吴氏花园惟良支词翰》,第74页。

所收董文友《都门送吴谨侯翰林左迁教授》一诗来看，吴贞度在散馆后曾外放为教授。而由吴本嵩《题浮云·时谪秋浦》一诗可知，其任职的地点应是池州（秋浦）。① 此外，族谱中保存的吴本嵩《慰静安叹生计之薄》及吴贞度本人的《无米叹》等诗，② 也可印证吴贞度的晚年生活确实是比较贫困的。

吴贞度属宜兴济美堂吴氏中比较显赫的花园支，为第十世。其世系依次为五世吴俭、六世吴骊、七世吴达可、八世吴正志、九世吴洪昌。饶宗颐先生曾根据宜兴县志中的零星材料排出了这一世表，现根据家谱补充如下：五世吴俭（1469—1529年），字克慎，号讷斋，由廪生贡入太学。生六子：吴骊、吴驻、吴骙、吴骈、吴驯、吴骶。六世吴骊（1506—1531年），为吴俭庶长子，字惟良，英年早逝，无子，以元圃公吴骙第二子吴达可为嗣子。七世吴达可（1541—1621年），字叔行，号安节，万历元年（1573年）举人，五年（1577年）进士。达可为吴氏显赫人物，初任浙江会稽知县，丁母忧后起补江西上高知县，调丰城，起取湖广道御史，督理河东长芦盐课，巡视京营，巡按江西，入掌河南道事。万历四十三年（1615年）管理京察，升南京太仆、光禄寺卿，通政使司通政使，赠都察院右都御史，《明史》有传。八世吴正志（1562—1517年），原名秉忠，字之炬，号澈如，万历十三年（1585年）举人，十七年进士。著有《云起楼稿》《泉上语录》等。有三子，依次为吴洪亮、吴洪昌、吴洪裕。

吴洪亮（1583—1613年），为吴正志长子，字允执，号石芝，万历三十七年（1609年）举人。有三子。长子吴贞吉（1602—1651年），字修之、迪美，号嵩嶽，崇祯九年（1636年）举人，有诗名，刻有《春曙楼诗文集》。次子吴贞明（1604—1660年），字子文，号静持，府学生，有《菊英诗集》《可怀诗集》行世。第三子贞观（1612—1652年），字我生，崇祯十五年（1642年）副榜，顺治二年恩贡，过继给吴洪裕为嗣子。有一子元昇（1632—1699年），字幼起，娶储氏。子

---

① 吴诚一：《宜荆吴氏宗谱》卷十之六（中），《吴氏花园惟良支词翰》，第74—76页。吴本嵩与吴贞度交往较多，族谱中保留了其多篇涉及吴贞度的相关作品，由此可见吴贞度乡居时期的生活状态。吴本嵩，吴洪化长子，字天石，号岳来，以邑痒生入太学，初名玉麟，生于崇祯三年，卒于康熙二十二年，娶宜兴亳村陈贞禧之女。

② 吴诚一：《宜荆吴氏宗谱》卷十之六（中），《吴氏花园惟良支词翰》，第76—77页、第87页。

英世(1656—1710年),字浚明,无后。

吴洪昌(1593—1642年),字与京,号亦如,天启元年(1621年)举人,崇祯七年(1634年)进士,初任浙江严州府建德县知县,后任礼部仪制司主事,有《怀堂诗文集》《式穀集》。吴洪昌正室为宜兴名族曹氏之女,没有生育,另有侧室李氏、严氏。吴贞度(1628—1707年)为其独子,由侧室李氏所出。

吴洪裕(1598—1650年)字问卿,号枫隐,万历四十三年(1615年)举人,入清后隐逸不出。娶宜兴亳村都御史陈于廷之女,无出,以长兄吴洪亮三子贞观为嗣子。①

由此确定以下几点:一是吴贞度一辈,共有四人;长房三子,皆比吴贞度要大得多,其中长子吴贞吉年长26岁,次子吴贞明年长24岁,三子吴贞观年长16岁;吴洪裕以长兄第三子吴贞观为嗣子;"从侄子文"为吴贞度堂兄吴贞明,等等。清人自吴其贞以后,除恽南田之外,几乎全部张冠李戴,将"子文"误为吴贞度的字,并为绝大部分现代研究者所沿袭。

三、吴贞度与《富春山居图》

对吴洪裕火殉《富春山居图》一事本身,清人基本没有争议。但到上个世纪,徐复观先生却石破天惊,认定火殉一事,"完全是出于伪造无用师卷画迹者的捏造"②。对此,饶宗颐、傅申等先生已有驳论,言之有据,可以参考。③

---

① 吴诚一:《宜荆吴氏族谱》卷首之四《世传》"总汇(第一截)",第11页;卷六之一《世传》"花园分长房惟良公支(自六世至十世)",第2—7页。

② 徐复观:《中国画史上最大的疑案:两卷黄公望的〈富春山图〉问题》,前引楼秋华编《〈富春山居图〉真伪——附论辩与研究文集》,第34页,原载香港《明报月刊》第107期,第14—24页。徐先生后又撰写《由疑案向定案——三论台北故宫博物院藏黄公望(大痴、子久)子明卷及无用师卷的真伪》长文(原载香港《明报月刊》第115期,第17—24页;第116期,第37—43页;第117期,第8—46页,后收入前引楼秋华编《〈富春山居图〉真伪——附论辩与研究文集》,第115—145页),仍坚持认定火殉一事为捏造。

③ 饶宗颐:《〈富春山图卷〉释疑》;傅申:《两卷〈富春山居图〉的真伪——徐复观教授"大疑案"一文的商榷》,两文原载香港《明报月刊》第109期,第14—20页;第111期,第35—46页,后收入前引楼秋华编《〈富春山居图〉真伪——附论辩与研究文集》,第37—44页,第67—77页。

其实,火殉一事,证据确凿,应无疑问。除前辈学者所列举的文献之外,还有一个非常重要的证据,即吴氏族人在沈颢顺治十五年临本上的题跋。饶宗颐先生曾根据香港藏本公布过有关内容,但不知何故,徐复观先生对此并未给予应有的重视。顺治十五年本上的吴氏题跋,由吴骞过录,其来源应是宜兴潘氏旧藏的沈颢顺治八年临本题跋,已见前述。吴骞《愚谷文存续编》对此有非常详细的记载,而吴骞的宜兴文友也有诸多的相关记述和诗文,现也存世。兹录《愚谷文存续编》所记数条如下:

> 黄子久《富春图》为先叔光禄公世宝,以贻枫隐弟。临终付之咸阳一炬,亲朋无不惋惜。此卷为沈朗倩所临,神骨苍秀而变化自如,不恨不见大痴,恨大痴不见此矣。节培年兄鉴识精明,自当宝惜百倍,闲牕展玩,得无笑痴仙火遁之陋乎?壬辰小春国华志。

吴国华(1596—1668年),字以文,号葵菴,为济美堂吴氏第九世,万历四十六年(1618年)举人,崇祯七年(1635年)榜眼,初授翰林院编修,历任国子监司业、崇祯十五年浙江省乡试正主考,入清后曾短暂出山。吴国华与吴洪裕为同辈,长其两岁,但分属不同房分。题跋写于火殉两年后的顺治九年(壬辰)十月,明确提到了火殉一事("火遁之陋")。吴国华之子吴之甲(1628—1699年)也曾在该画上留下了题跋。吴之甲,字仲将,号愚松,邑庠生。① 与吴之甲一起题跋的还有吴邃(详后)等。其题跋也称"《富春卷》,先光禄藏之久,先孝廉燬之半,今且付之乌有矣"。吴氏家族的书法高手吴应运②(1597—1668年),在题跋中更是明确提到了火殉一事,并对吴洪裕此举大加抨击:

> 画派如禅,亦分南北二宗,南宗自王摩诘以来,递至元四大家,首推一

---

① 吴诚一:《宜荆吴氏宗谱》卷一之三,《世传》"老大房二裁",第7、8页。
② 吴诚一:《宜荆吴氏宗谱》卷五之二,《世传》"华要二裁"载,吴应运,字大来,号南隐,邑庠生,"少有文誉,兼工书法,与胞弟冲菴并倾动一时,抗怀高致,陶情诗酒,终其天年"。第19页。

峰道人,以其清远苍秀、凌跨群雄故也。先伯父光禄公枕秘名迹虽多,实以《富春图》为甲观。后贻家季问卿,临终不能割,竟付祖龙,虽救得其半,此杀风景事不足道……

如此之多的吴氏名人,对火殉一事众口一词,没有任何异议,其目的应该不会是像徐复观先生所称的那样是为了作假吧?不过,吴贞度在火殉中的具体作用到底如何,却仍有可斟酌之处。

前引恽南田记载,吴洪裕焚烧《富春山居图》时,"其从子吴静安急趋焚所,起红炉而出之",而吴贞度则在前引题跋中自称是"予与家昆旋掬出火"。那么,与他一起救画的"家昆"到底是谁呢?

正如前述,吴洪裕兄弟三人共有四子,其中吴贞度为最小。长房吴洪亮三子(其中第三子过继给吴洪裕),皆年长于吴贞度,且当时皆在世。按照常理,吴洪裕临终前,那位被过继给他的侄子吴贞观应该在场,因此那位跟吴贞度一起救画的"家昆"极有可能就是他。当然,也不能排除另外两位当时也在现场,一起参与了救画。而饶宗颐先生根据吴贞度跋文,认定救画者应是吴贞度而非吴洪裕之子,[①]其实也未必尽然。此外,也有人称当时于火中救画者是吴洪裕的"侍妾",[②]此说不知何据?因为据族谱记载,吴洪裕除正房外,似乎并无纳妾之记载。

有些学者认为吴贞度"对于火殉前的《富春山居图》并不熟悉,且其又非喜爱之人(否则他不会在火殉一事后短期内将此名作转售他人)",进而认定他对恽南田的相关描述是信口开河,并怀疑其所提供的《富春山居图》焚毁段的原貌和信息的真实性。其实,从前引吴贞度题跋中"年来每思富春山水,即往云起楼索子久卷,以当卧游"来看,吴贞度曾有多次机会参详过此画,对它应该是

---

① 前引饶宗颐《黄公望及富春山居图临本》,第28页。
② 陈撰:《玉几山房画外录》卷上,黄宾虹、邓实编:《美术丛书》初集第八辑,浙江人民美术出版社2013年版,第113页。

比较熟悉且非常有感情的。这种感情,萌发于其幼年的一段经历,即崇祯七年(1634年)吴贞度曾跟随其父吴洪昌一起领略过富春江的大好风光,也就是题跋中所记的"忆甲戌之秋,先大人筮仕富春,予时尚幼,舟行但见长江绝巘而已,然亦心知其胜"。有学者认定吴贞度此说是杜撰,其依据是崇祯七年富阳知县并非吴贞度之父。① 其实,从前引相关生平资料可知,吴洪昌当时出任的是浙江严州府建德县知县,②富阳应是其赴任途中的一个中转站,而富春江则是其必经之路。当时吴贞度虽然年幼(七虚岁),但也到了记事的年龄。由此推断,吴贞度所提供的信息应该是可信的,而且也是今天复原《富春山居图》原貌的重要依据之一,应予以高度重视。

此外,长期以来书画界似乎一直认定吴贞度就是窃取并转卖《富春山居图》残卷的罪魁祸首,并对其甚有微词,至今仍是如此。此说不知何据?其实,此画的流失,未必就是吴贞度的责任。

按前引吴其贞的记载,他在顺治九年五月就在丹阳张范我家里见到了《富春山居图》残卷,说明该画在此前就已流出吴家。吴洪裕死于顺治七年十二月初,当时其两位兄长早已不在人世。因此,最有权继承和处理《富春山居图》残卷的,首先是吴洪裕的嗣子吴贞观。吴贞观死于顺治九年,具体月份不详。现在看来,吴贞观生前转让此画的可能性最大,而其原因极有可能是家境困难。吴洪裕身前挥金如土,坐吃山空,临终前又向寺庙捐献了大量家产,估计最终留给后人的遗产并不丰厚。其嗣子吴贞观迫于生计,在吴洪裕去世后变卖包括《富春山居图》残卷在内的收藏品,也是十分自然的事情。周亮工的记述可以作为佐证之一:

> 宋元名迹最富,故其落笔无一毫近人习气。晋陵吴问卿家藏子久《富

---

① 楼秋华:《〈富春山居图〉真伪——论辩史研究兼真本与原貌考》,第65、66页,第92页注⑦。
② 吴国华:《送亦如兄赴任建德》:"频年上策不相收,懒向人前说蔽裘。春色一枝今始放,花堤十里快同游。我留冰局添新冷,君去河阳减旧愁。知己遥瞻欢晤处,为言人事两悠悠。"吴诚一:《宜荆吴氏宗谱》卷十之一《吴氏词翰》"老大房著述"之"葵菴公著述",第59页。

春山图》长卷,为子久生平第一画,先生极爱之,比之右军《兰亭》,屡欲求售不可得。时时借观,每一过目,辄题其后。后问卿殁,欲以此图为殉,病笃时投之火中,旋即晕愦,其子急以他卷易之,已焚前一段矣。其子即携致先生高索千金,时先生方困乏,无力售之,把对浩叹,复题数百言于后,以纪其事,悒悒者月余,其嗜古之痴如此,宜乎?①

此段记载,说明吴洪裕的嗣子吴贞观在火殉不久,就曾向长期痴迷《富春山居图》的邹衣白(臣虎)兜售残卷,索价千金,最终因邹衣白囊中羞涩而未能成交。从吴贞观急于兜售的心态来看,残卷极有可能在其生前就已流出吴家。退一步而言,即使吴贞观生前没有出手,此画最终的处理权仍应归其儿子吴元昇(1632—1699年),因为当时的吴元昇毕竟已是20岁的成人了。

当然,也不能排除吴贞度参与转手之事的可能性,但其作用不会太大。因为当时吴贞度才20余岁,而吴洪裕的另一位侄子吴贞明已年近五十,且与吴洪裕嗣子又是亲兄弟,其发言权要远大于吴贞度。至于吴洪裕长侄吴贞吉,因在吴洪裕过世后一个多月即顺治八年的正月底也离开了人世,似乎不太可能有机会参与此事。此外,从前引吴贞度的跋文来看,他对《富春山居图》似乎极有感情,不太可能主张出手,更绝无可能瞒着族人私自出售牟利。而三百余年来,吴贞度却因此事一直背负恶名,受人诟病,真是天大的冤屈。

[作者简介]夏维中,南京大学历史学院教授;陈波,南京大学历史学院博士研究生。

---

① 周亮工:《读画录》卷一"邹衣白",《续修四库全书》1065册,第594页。

学术前沿讲座

谈兵论剑:明代士人的武侠风尚

王鸿泰

主讲人:王鸿泰,台湾大学历史学博士,曾任台湾暨南国际大学教授、历史系主任,台湾明代学会理事长,现任"中研院"史语所副所长,主要著述有:《〈三言二拍〉的精神史研究》《流动与互动:由明清间城市生活的特性探测公众场域的开展》《迷路的诗:明代士人的习诗情缘与人生选择》《美人相伴:明清文人的美色品赏与情艺生活的经营》《侠少之游:明清士人的城市交游与尚侠风气》《倭刀与侠士:明代倭乱与江南士人的武侠风尚》等。王鸿泰教授专长于明清社会文化史研究,思考取径介乎社会史与思想史之间,关怀意旨则为:个人生命意向与社会文化形态如何相互形塑。

主持人:徐茂明(上海师范大学中国近代社会研究中心教授)
时　间:2016年10月24日(周一)下午14:00
地　点:徐汇校区文苑楼708
主办方:上海师范大学中国近代社会研究中心

徐茂明:各位老师、同学,下午好!今天我们很高兴邀请到台湾"中研院"史语所副所长王鸿泰教授来演讲。王老师是目前明清社会文化史研究领域的代表性学者,也是我们江南社会史国际学术论坛的老朋友和有力的支持者。

五年前我们曾邀请他做过一次讲座,但那一次人多时间短,意犹未尽。今天借他来参加我们论坛的机会,请他再讲一次。在明清社会文化史研究中,王老师的研究课题是最有趣的,也是大家最关心的,诸如古代的名妓、侠客、城市生活,他都有独到的研究,影响很大。看着大家期待的眼神,我的介绍已经显得有点多余,还是听王老师自己怎么讲吧,掌声欢迎!

王鸿泰:谢谢大家。这次参加江南社会史论坛,其实时间非常匆忙,但是唐老师是非常照顾我们的长辈,所以很希望每年参加这个会,问候一下唐老师,也跟徐老师以及一些研究江南的朋友见个面,这是一个非常好的机缘。我不知道为什么机票定到晚上七点钟,徐老师大概怕我白天游手好闲,或者会闯出什么祸,所以他抓我差,来这里跟大家聊一聊。

这几年我一直在思考一个问题:16、17世纪中国商品经济的发达造成了城市生活的繁荣,这种繁荣放到一个比较大的脉络来看的话,可以说整个中国文化的发展呈现了一个很大的变化。中国大致上是一个农村社会,而城市生活的繁荣给文化发展带来了不一样的场景和社会基础。城市生活中很重要的内容就是社交活动,可以说是声色犬马的生活,但换个角度,也可以说是对不同生活形态的开发,或者说对人的内涵的重新定义:"人到底是什么?人可以是什么?"等等。这就形成了一套新的文化,甚至可以说是造就了新的人性,或者人的生命价值和意义,我把这套新的文化叫作"文人文化"。陈寅恪先生晚年眼睛都已看不见了,还花极大的力气做出了《柳如是别传》。为什么一个史学大家要把最后的精力花在考证一个妓女的一生上?我认为他不只是在考证一个妓女,而是通过这个妓女看到背后的那套文化。陈先生的做法就是透过这个妓女以及她的交往圈子,把那种文化的轮廓勾勒出来。而我们现在可以试着进一步思考它的内涵,把它放在一个社会生活、文化的脉络下来思考。

我在研究这个"文人文化"的时候,发现不少读书人都喜欢谈兵论剑,讨论军事方面的知识,强调"侠",甚至自己亲身学习武术。我比较喜欢看文集,很多文集中有墓志铭,我在读这些文集中的墓志铭时发现读书人谈兵论剑,很多是跟个人的发展前途有关的。因为明代中期以后,科举上升管道日益狭窄,士人科考的竞争压力也随之加剧。但除了科举以外,当时还有一条晋升的捷径就是兵法,如果地方官懂兵法,地方发生动乱时处理得当,晋升就可能很快,袁崇焕就是这样的例子。

那么据我观察,大约是在明正德、嘉靖时期,或者说从王阳明开始,这种靠兵法晋升的制度造成的风气,与城市社会生活的风气结合在了一起。王阳明大概是明代最特别的一个人,去世时才50多岁,各方面的成就却都很高,他不仅是个思想家,还很会打仗。这样一个进士出身的读书人,最后却因军功而被封伯爵。正因为如此,他在明代变成一个典范性人物,大家认为,一个读书人的最高成就,应该是像王阳明这样的,而他当时所有的成就中最眩人耳目的就是他在军事上的成就,所以这也对后来谈兵论剑的风尚有很大的影响。

另外,谈兵论剑的风气跟明代的外患也有很大的关系。明代中期以后王朝面临各种军事危机,而且这种危机愈演愈烈,所谓"北虏南倭",然后又是"东奴西贼",从蒙古犯边、倭寇扰境,到满洲入侵,流寇四窜,外患内忧,危及乡里。所以,身处其间的士人,一方面目睹家国危机,一方面又追慕城市繁华,同时个人却又往往经历过科举的挫折。在这样复杂的情势、情境之下,士大夫、缙绅、一般士人,想投入兵法与武术的讲求活动,而有所谓的"谈兵论剑"的风尚。这种谈兵论剑的活动随着明王朝军事危机的扩大而越来越盛行,以至于成为一种具有扩散性的社会活动,由官绅阶层向外扩及其他不同阶层,因而形成特别的社会活动与社会文化,以致成为晚明的重要文化特色,也成为文人文化中的一环。

我们刚才讲到,明代尚武风气的开启可以从王阳明算起。王阳明能取得这样的成就,除了他个人的天赋跟他的性格之外,还与整个时代的气氛有关系。成化时期,蒙古军队在不断地骚扰边境,气氛比较紧张。王阳明15岁时随父亲到首都,很快就能感觉到这种气氛,并去做实地的调查:

(宪宗成化)二十有二年丙午,先生十五岁,寓京师。先生出游居庸三关,即慨然有经略四方之志;询诸夷种落,悉闻备御策;逐胡儿骑射,胡人不敢犯。经月始返。一日,梦谒伏波将军庙,赋诗曰:"卷甲归来马伏波,早年兵法鬓毛皤。云埋铜柱雷轰折,六字题文尚不磨。"时畿内石英、王勇盗起,又闻秦中石和尚、刘千斤作乱,屡欲为书献于朝。龙山公斥之为狂,乃止。①

王阳明年少时,去北京跟在朝为官的父亲同住,感受到蒙古人对明王朝的威胁,因此很关心这方面的问题,曾经出关去探测蒙古人动向,有一次还被发现,由于他箭术高明,才得以逃脱。王阳明早年就对军事很关心并企图参与,而落实在行动上就是对武术的精通:

> 初溺于任侠之习;再溺于骑射之习;三溺于辞章之习;四溺于神仙之习;五溺于佛氏之习。正德丙寅始归正于圣贤之学。②

他这样浸淫武术十几年后,随着朝廷军事情势的进一步紧张,到二十几岁的时候,更觉得不能靠私人的武力来解决国家的军事问题,所以就开始学兵法:

> (孝宗弘治)十年丁巳,先生二十六岁,寓京师。是年先生学兵法。当是时边报甚急,朝廷推举将才,莫不惶遽。先生念武举之设,仅得骑射抟击之士,而不可能收韬略统驭之才。于是留情武事,凡兵家秘书,莫不精究。每遇宾宴,尝聚果核列阵势为戏。③

这样的学习经历,加上后来的仕途发展,提供了独特的机缘,让他的武学知

---

① 吴光、钱明、董平、姚延福编校:《王阳明全集(新编本)》第四册卷三十二《年谱一》,浙江古籍出版社 2010 年版,第 1227 页。
② 湛若水:《阳明先生墓志铭》,吴光等编校:《王阳明全集》卷三十八《世德记》,上海古籍出版社 1992 年版,第 1401 页。
③ 吴光、钱明、董平、姚延福编校:《王阳明全集(新编本)》第四册卷三十二《年谱一》,第 1229 页。

识走向实践,并因此而建立了不世之功。所以他的武术到了一定的阶段之后,就和"经世"之途衔接,而没有跟文人式的"浪漫"情怀继续交缠合成,所以他对武学的追求不是走向一种文人式的自我实践的凭借,并不属于"文人文化"的范畴。

有意思的是,当王阳明在平定宁王宸濠之乱的时候,有一个人听到宁王叛乱的消息非常高兴,认为这是表现自己军事能力的良机,那就是北京城的最高领导人明武宗。明武宗也就是因为好求军事表现,以致被认为是个不正经的皇帝。其实王阳明和明武宗都是处在同样时代氛围中的人。明武宗以更"偏激"的方式"留情武事",他想要带兵打仗、建立武功,他宁可当大将军,不愿意当皇帝。他的好武,虽然不像王阳明那样最终名正言顺地建立不世之功,而是以荒唐收场,但其实也可以,甚至更足以,被视为是种时代精神的反映:

> 武宗承天达道英肃睿哲昭德显功弘文思孝毅皇帝,讳厚照。……性聪颖,好骑射。十八年五月,孝宗崩。壬寅,即皇帝位。以明年为正德元年,大赦天下,除弘治十六年以前逋赋。戊申,小王子犯宣府,总兵官张俊败绩。①

可见,朱厚照是一个非常聪明的人,从小喜欢骑射,这种性格除了天性外,也可说是时代氛围所致。刚刚即位就有蒙古小王子犯宣府的事情,在这种刺激之下,想要在武功上有所表现,是人之常情。就此而言,可以说武宗的好武,跟王阳明因边报急而学兵法,有共同的根源,都是受时势的牵动。所以我认为,王阳明和明武宗,某种程度上都是那个时代氛围底下的一种时代精神的反映,也就是好武、尚武的精神。只不过后来王阳明有实质上、军事上的表现,建立了武功,所以变成了一个典范性的人物,很多读书人后来都喜欢去学习他,以他

---

① 张廷玉等修:《明史》卷十六《本纪第十六·武宗》,中华书局1995年版,第199页。

为榜样。而明武宗,作为一个皇帝却因为好武,因为只想当将军,把整个政治搞得乱七八糟,所以最后只得到一个比较负面的谥号:"武。"

王阳明与明武宗可以说是明中期尚武文化的代表性人物。以此为肇端,明王朝尚武之风,随着军事危机的日趋严重而愈兴盛。因为明朝建都北京,临近长城,北边蒙古一有什么动静,北京就会非常地敏感。除了"北虏"以外,明代还有一个"流民"的问题。明代初期,社会秩序井然,老百姓被编入里甲制,军籍编入卫所。但是到了成化时期很多人脱离他们原来的里甲,脱离他们原来的卫所,很多流民甚至变成了贼。所谓的"贼",不一定是真的是盗匪,而是没有在户籍管辖下的人。这些人去山区或者去不允许进入的地区进行开发,政府就要取缔。这些人违抗,就变成地方上的大问题。问题比较严重的时候,就需要一些地方官去处理。也就是说,读书人即使是考上进士去当官,是个文官,但很多时候还要去处理盗贼问题。如果完全不懂得军事的话,是有危险的。相反,懂一点军事,能够处理好盗贼问题的话,就可能平步青云。

到了嘉靖时候,出现了更严重的倭寇问题。国家危机也就成了知兵者的转机,朝廷为了应付军事危机,破格任用军事人才,在此激励下,士大夫多有以武建功之意,谈兵风气也更加兴盛:

> 嘉靖以来,名公如唐荆川中丞、赵大洲阁老、赵浚谷中丞,皆巍科大儒,士林宗仰,然俱究心武事,又皆出词林,足为文人生色。今上初年,如冯仰芹子履、于完朴达真二大参,俱真正边材,惜乎不及大用。其次则沈少林状元、董伯念礼部,并有声艺苑,亦好谈兵,但阨于年,赍志以没。唯二十年来,如顾冲庵养谦、叶龙潭梦熊、万邱泽世德、李霖寰化龙、梅衡湘国桢,皆因四方多事,各从簪笔吮毫,时伸其弯弓击剑之技,俱正位司马,延世金吾,顿令措大吐气。若穆宗朝杨虞坡、谭二华、王鉴川、刘带川辈,又未易指数。又如今上丁亥,有一郧抚,其人素讲学兼文武才,至以王文成自命,忽为部卒哗乱,备极窘辱,既而逃入襄阳,寻冒功事发,诏征入狱,

> 则真尿汁诸葛亮也。①

值得注意的是，上面所讲的这些人包括在朝廷中位居要津，儒学素养高深，并且以文学知名的学者，也就是说当时社会上最为菁英的知识分子，也都"究心武事"，可见兵学已经在最核心的知识圈中成为热门知识。也就是说，武学在明代中期已经成为一时的显学，而文武兼修，已经是部分士人的自我要求和期许。此外，从引文中也可见王阳明的文武双全和军事成就已经为士人树立了一个新的典范。

南倭和北虏有不同之处。北虏战争是在边境上进行的国家战争，对一般老百姓来说是很遥远的事情。而倭寇之乱是直接打到老百姓乡里社会来，杀人抢劫。我们都知道，明代最繁荣、最富庶、文化最发达的地方，就是江南地区。而倭寇对整个江南造成了极大的冲击。比如上海，那时还没有筑城，倭寇直接攻进来，县长带着官印逃跑了。因此后来才开始讨论筑城的问题。倭寇的威胁冲击到整个大的江南地区，甚至冲击到南京。事实上，这个问题也暴露出国家军队的防御体系已经漏洞百出，政府也无力解决，所以一开始是调集山东的"标兵"，或者西南的"狼兵"，想以此解决倭乱问题。但一方面远水救不了近火，一方面客兵在文化和后勤供给方面上会与地方产生冲突和制造新的问题。这就逼迫地方上，不仅仅是官员，包括地方士绅，都要去讲求兵法，设法训练乡兵、搞团练。所以明代的倭寇之乱就造成了这样的大家都来谈兵法的气氛，也就是所谓谈兵论剑的风气。

虽然十几年的倭寇之乱最后好不容易处理掉，但是西北的流寇问题、东北的满洲问题又出现了。大明王朝从此进入多事之秋。新问题不断出现，读书人也就不断地谈兵论剑。钱谦益说：

> 君初为举子，余在长安，东事方殷，海内士大夫自负才略，好谭兵事

---

① 沈德符：《万历野获编》卷十七《兵部·文士论兵》，中华书局1997年版，第435—436页。

者,往往集余邸中,相与清夜置酒,明灯促坐,扼腕奋臂,谈挈庭扫穴之举。而其人多用兵事显,拥高牙,捧赐剑,登坛而仗钺者多矣。久之则暴骨原野,填尸牢户者,项背相望。求其经营告成,振旅而饮至者几人哉?①

钱谦益是明朝后期最重要的士大夫与文人,位居显要,而且是文坛领袖,活动范围涵盖政治与文艺,交往圈极为广泛,甚至可以说,他本身就是一个社交中心。而在他的社交活动中,谈兵活动为重要的一项,他的生活周遭也多有谈兵者聚集。钱谦益在另外一篇文章中也谈到:

> 天启元二,东事方殷。缙绅辣韦,云集阙下。猎缨侧弁,而谈兵事。词垣则徐子先、顾九畴、卿寺则董见龙、刘梦胥、何天玉,台谏则游肩生,部郎则王季木、曹元甫,贵介则顾所建、茅止生、刘晋仲、翁孝先,布衣则孟羽尼、张任甫、金大初、胡敬仲,靡不骨腾肉飞,肠肥脑满,购解飞之人,慕凿空之使,逝将绳度黑山,弓弯绿水。期生少年金吾子,飞扬征逐,家世将坛,谙晓表饵方略,矢口奋臂,猎猎然风生焰发,何其壮哉!迄今四十年所,星移物改,畴昔高谈阔步,请缨说剑之流,皆已化为碧玉,漫为土堆。②

从上面的引文中可以看到,天启年间,满洲问题变得非常严重,在这种刺激下,谈兵风潮已经形成一个别具特色的社交圈,而参与这个谈兵活动圈的人已经不限于士大夫阶层,不同阶层的人一起来谈兵,从内阁学士到布衣,乃至并非儒生背景者也参与其间,从而演成一个活跃的社交活动。这个变化中其实也反映了一个问题,就是明代的邸报信息的发达。任何事情,常常一经邸报刊载,很多人就会据此再编成大报、小报,甚至编成小说。像熊廷弼的问题,就有

---

① 钱谦益:《牧斋初学集》卷三十六《谢象三五十寿序》,钱谦益撰、钱曾笺注、钱仲联校:《钱牧斋全集》,上海古籍出版社2003年版,第1018页。
② 钱谦益:《牧斋有学集》卷三十七《吴金吾小传》,钱谦益撰、钱曾笺注、钱仲联校:《钱牧斋全集》,第1279页。

人编成小说《辽东传》。所以那时的信息传播非常快,很多人能掌握到最新、最快的消息,并开始进行讨论。某种程度上也可以说,明代中期以来的国防危机,提供了一个大的历史背景与机缘,由此造就了谈兵论剑的氛围,而在此种氛围下,谈兵就成了一项重要的社交名目,由此展开繁盛的社交活动。

就是在这种时代氛围之下,出现了中国的一部兵学百科全书《武备志》。其作者就是前引文中钱谦益所提到的茅止生,即茅元仪。他对这股谈兵的热潮另有特别的观察和评论:

> 当东奴初起,朝廷求才之法虽不如宋仁宗十科取士之广,而士大夫亦以不知兵为耻,招徕天下知兵者,而与之游。其人亦非素所习者,或标窃三式,或祖述条陈,或妄说阵图,或诡言幻术,或力能挽强,技能舞剑,无不挟所长,以游于贵人之门。贵人皆屈己与之交,又窃其余闻,以侈谭于朝廷之上,其不能者即降心推之,骤猎美官而去,故士大夫有不知其无当而深信以为可行;或明知无当而止欲借此以自便,故其人得官得贿,侈然自足。甚至有拳勇之匹夫,而坐索大将,而后出村蒙之鄙夫,而揭榜自炫,举朝遂推为孔明之流。其间最可恨者,以讹谬之言以欺人,或据庸妄以自异。①

茅元仪算是谈兵者中确有真才实学者,他是用批判的口气来讲"谈兵论剑"这种风潮的,他认为谈兵论剑的风气,已经太浮滥了,阿猫阿狗都可以谈这个问题。有的人假装自己很懂武术,有的人吹嘘自己懂得兵学,能带兵打仗,因为这样可以"猎"得"美官"而去。这类人非常多。不管茅元仪批判得对或不对,至少从侧面显示了这是一个极度尚武的时代,谈兵论剑已变成一个非常热门的活动,甚至可以说已经变成一个全民活动。茅元仪的记录正与钱谦益所说

---

① 茅元仪:《暇老斋杂记》卷二,《续编四库全书·子部·杂家类》,第 1133 册,上海古籍出版社 2002 年影印本,总第 601—602 页。

的相呼应，士大夫热心招徕，有人就借此相投应召，这样一来一往，就形成了跨阶层的谈兵盛况。这种热潮是由于王朝之军事危机，激发社会各阶层试图以武建功之心，这种对于"武功"的追求自明武宗首开风气，而王阳明树立成功典范以来，随着帝国危机的加深而持续，甚至不断加温，不断向下扩散。

茅元仪说：士大夫"招徕天下知兵者，而与之游"，以致"无不挟所长，以游于贵人之门，贵人皆屈己与之交"，可见谈兵热潮中，武事之讲求也已成为一种交友活动的凭借，而在此情境下，讲武活动除了在"经世"的途径中建立"武功"之外，也可能只在社交场域中，用来开展交际活动，由此逐渐发展出一套文化，一套武艺、武侠文化。

前面我们从钱谦益和茅元仪的观察可以看到，明代后期的谈兵活动，在京师地区已经由以士大夫为中心，而扩及不同的阶层。然而除了首都或者两京地区以外，在地方上也能见到这种谈兵的盛况。接下来我们不妨从地方的角度来看看武学的讲究与实践的情况。万历时期，丰臣秀吉攻打朝鲜，这本来是很遥远的事情，跟江南没有什么关系。但江南读书人一听到这个信息，觉得江南可能也有危险，就开始招兵买马。明代的文坛领袖王世贞的儿子王士骕就因此差点出了问题。我们从这个事件可以发现，即使江南的倭寇问题已经解决，但一有风吹草动就有可能变成一种军事行动，当时就是这样的社会气氛：

> 壬辰癸巳间，关白事起。娄江有士大夫，为桑梓计，厚募拳勇，习骑射，备水师，慕义者因相从谈武事。此公家世九卿，席膏腴，负时名，初非有封狼居胥想也。一时子弟俱佻达少年，与同乡纨绔辈，骤见驰骋决拾诸事而悦之。益务招集健儿同居处，乃至沈命胥徒场伶市棍，未免阑入，每出则弓刀侍卫，舆马鲜华，人固已目属之矣。适有一游士，素以气侠称者，亦预诸公子列。偶为闽游客某，向抚台许敬庵夸之云："此曹世家子，能报国恩，且有小则保障一方，大则勤王千里之誉。"许老成人也，心独疑，且私忧之，寓书于江南抚台朱中丞鉴塘名鸿谟者，俾廉其状。盖许湖州人，恐有不逞辈，乘间窃起，为吴越忧，初不云诸公子蓄异谋也。朱素喜事，得书

大悦,遂欲以为功,与幕丁偏裨辈谋之。此曹积为诸公子所轻侮,务张大其说,且谓变在旦夕,不先发,则江左必不保。朱遽露章言之朝,直云连结倭奴,反形已具,而先收捕诸公子。①

沈德符在上面的引文中没有直言真名,在事后追载的《坚瓠辛集》卷二中则直言道:

> 万历乙未,吴人以关白未靖,在位者皆谨备之。王凤洲仲子士骕、延陵秦方伯燿弟灯、云间乔宪长敬懋子相,俱自负贵介,士骕能文章,灯善谈,相善书翰,各有时名,互相往来,出入狭邪,适遇海警,尽攘臂起。……奸人赵州平,窜身诸公子间,引以自重,每佩剑游酒楼博场,皆与诸公子俱,一时无不知有赵州平也。乃泛泛投刺富人,曰:"吾曹欲首事靖海岛寇,贷君家千金为饷。"富人惧焉,或贷之百金,或数十金,不则辄目慑曰:"尔为我守金,不久我且提兵剿汝矣",盖意在得金。……轰言赵州平王秦乔诸公子将为乱,巡抚朱鉴塘(洪谟)檄有司擒治之。②

这个事例表明,日本在边境上的侵略行动已经造成国内的普遍紧张,而士大夫阶层因此被激发起保卫乡土的热情,以致想建立武装自卫组织,这种打算颇能引起响应,因此,武术的讲究与联系,就成为了社会风气。从中我们也可以看到尚武风气的扩散效应。武力的追求成为一种社会的动能,从中展开别具意趣的社会活动。正因为如此,一些真正懂得武术的人也特别受到重视,其中有一个武术家叫石敬岩,有不少人帮他写传记,包括钱谦益都帮他写过传记。有人说他是丐户,不管他是不是丐户,他出身应该是很下层的,但因为他武术高明,所以可以跟这些士大夫交往。

---

① 沈德符:《万历野获编》卷十八《刑部·江南讹传》,第 477—478 页。
② 褚人获:《坚瓠辛集》卷二《豪放贾祸》,浙江人民出版社 1986 年影印本,第 7 页 a—b。

追溯石敬岩的武术源流,会发现跟地方官的讲求武力有关。万历时期,常熟县令耿橘为了剪除盐盗,找了一批人,亲自教他们剑术,然后靠这些人来打击盐枭,处理当地的盗贼问题。石敬岩就是耿橘招募来并亲自训练出来的剑客:

> 万历中白茆薛四鳌以盐盗为横于海,海虞令耿公橘阴募力士数人,毙之,公其一也。应募之日,耿公畜之署中,自教以击剑之术,故公之剑实耿公所授。①

动乱的时代下,地方社会有很多趁机而起的恶势力,像耿橘这样的地方官为平治乱世,不得不强化地方武力,甚至建立特别的武力组织,耿橘和石敬岩就是在这种情势下以武相会,也建立了武术的传承。所以,这种武术"传统"的建立,并非偶然,而是时势所趋。比如这个石敬岩,后来平湖的地方官想搞团练来安定社会秩序,就请他去当教练。而且不止聘了石敬岩,还聘了其他地方的武术家,包括少林寺和尚:

> 石敬岩,予所从受剑槊之师也。崇祯癸酉,平湖沈公莘祯备兵吾娄,时江以北海氛日甚,沈公留心武事,聘东南技勇练兵教士,敬岩应聘而来,同时来者有曹兰亭、赵英及少林僧洪记、洪信之属,独公称最,自曹以下皆推服。年已七十余,犹力举千钧,盘舞丈八矛,龙跳虎跃,观者皆辟易。有程某者,徽人,亦善梨花枪,妒公,愤言于众,欲与公较,公与期日角技,前一夕,程忽遁去。②

从引文中可以看到,有人不服气,挑战石敬岩,后来发现他真的很厉害,就半夜

---

① 陆世仪:《桴亭先生文集》卷六《石敬岩传》,第22页,《续修四库全书·集部·别集类》,上海古籍出版社2002年影印本,第1398册,总第519页。

② 同上。

溜走了。这是江南著名文人陆世仪在一篇笔记中所写。后来他也跟着石敬岩学枪法。由此可见,谈兵论剑这件事,从中央级的官员,到地方官员、地方士绅都在谈。而且不只是在口头上谈,还会真的找武术家来帮忙训练地方上维持治安的军队。所以,学武术是有出路的。这使得很多读书人愿意去学武术,使得武学成为他们实现人生追求的另外一条道路。因此有些读书人,尤其是科举考不好的,或者不喜欢科举的,就去学武术,去学军事知识。必要时登高一呼,组织团练,那他们在地方上就有声望,就能受到重视:

崇祯末,流寇炽中原,(江)天一厌制举业,仗剑谈兵,慨然有澄清志。时休宁金正希声以翰林讲学里中,教民联保甲、设乡勇以备乱,天一遂师事之。①

像引文中的江天一,不喜欢科举考试,而喜欢谈兵论剑。流寇之乱时,他就开始组织团练,"设乡勇"来"备乱",因此在地方上受到大家的重视。这一类的人非常多,在北方可以看到甚至有人组成堡寨之类的来自卫。比如,有这样一个非常有名的人:

五公山人,隐者也,隐于五公山,故号五公山人。山人王姓,名余佑,字介祺,保定之新城人。负王佐才,年七十不遇,卒,门人私谥曰文节先生。山人幼伟岸,有大志。初从定兴鹿太常善继游,既而受业于容城孙征君奇逢,学兵法,究当世之务。习骑射、击刺,无弗工。甲申国变,归隐,更与征君往来讲学,究经史,授生徒,教以忠孝,务实学,兼文武,远近从游至数百人。荐绅先生往往构讲堂,具安车,迎至受业。山人幅巾褐氅,须发皓白,数往来上谷、瀛海、嵩岱间,儿童野夫见其过,辄随观之,曰:"王先生

---

① 陈鼎:《留溪外传》卷一《忠义部上·江参军传》,第7页,《四库全书存目丛书·史部·传记类》第122册,台北:庄严文化出版社1996年影印本,总第418页。

也!"争相慰藉。山人时停车,问劳而去。家贫甚,府县长吏求见多不得。四方豪俊日造门,典衣剿荐接之,有急更为措置,百数十金无难。……尝汇古人经世事为《居诸篇》十卷,《万胜车图说》一卷,《兵民经略图》一卷,《诸葛八阵图》一卷,皆霸王大略、兵机利害也。又《十三刀法》一卷,《湧幢草》三十卷,文集三十二卷。……或持兵指画,须戟张,蹲身一跃丈许。驰马弯弓,矢无虚发,观者莫不震悚色动,啧啧曰:"王先生命世才也!"①

上面的引文中说这个王余佑"受业于容城孙征君奇逢,学兵法,究当世之务……教以忠孝,务实学",而《四库全书》编辑对其所学则评论道:"其学则出自容城孙奇逢、定兴杜越,以砥砺品行、讲求经济为主。……然恒以谈兵说剑为事,又精于技击,喜通任侠,不甚循儒者绳量",可见孙奇逢讲究兵学,是时势使然。而明亡乱平以后,王余佑仍传播武学,所谓"务实学,兼文武,远近从游至数百人",可见前面的孙氏修武间以讲学,两者分举并行,到王氏则已经是相互交融,合而为一,而笼统归纳为"实学",这正是兵法、武术由现实需求,转而成为学术内涵,并且以此相传承、传播的发展过程。后来有个学派叫颜李学派,也很强调"实学"。颜元本身也是这种类型的读书人,他的刀法非常厉害,而他的门徒很多人也都要学武术。

但是,明后期的谈兵活动,虽然有很多着力于现实,力求实践者,但是士人学习武术,未必能全部归纳于"实学"范围中。武术还有游乐的一面,有人觉得学武术其实跟学各种"艺"是差不多一样的:

莱阳姜如须,游于李十娘家,渔于色,暗不出户。方密之、孙克咸并能屏风上行。漏下三刻,星河皎然,连袂间行,经过赵、李,垂帘闭户,夜人定矣。两君一跃登屋,直至卧房,排闼拍张,势如盗贼,如须下床称:"大王乞

---

① 王源:《居业堂文集》卷四《五公山人传》,第4—6页,《续修四库全书·集部·别集类》第1418册,上海古籍出版社2002年影印本,总第125—126页。

命！毋伤十娘！"两君掷刀大笑,曰:"三郎郎当！三郎郎当！"复呼酒极饮,尽醉而散。①

大家都知道方以智是晚明很重要的一个读书人,是一个思想家,直到现在方以智的研究,包括科学知识方面,科技史的研究,他都是重量级的人物。其实方以智年轻的时候也是学武术的,而且据说他的武艺还很高超。这是《板桥杂记》中一个故事,由此可以想象方以智的年少轻狂。而武术的学习和锻炼,跟他们城市的游乐活动是结合在一起的。所以有武"艺"的这一面。前面引文中跟方以智一起施展轻功在屋顶上跑的这个孙克咸,也是这一类的人:

资质明慧,于书传略一涉猎即解大义,娓娓谈说,或措之笔墨,皆已成章。尤工词赋,著作盈尺,……为人风流俊爽,晓声伎,吹箫度曲,间游平康里,即人人得孙郎一顾为重,克咸亦遂以是沾沾自喜。……是时,寇氛初炽,云间夏瑗公、陈大樽、徐复庵辈起为古文词,讲求当世治乱御侮之略,著为兵家言。克咸心好之,遂谈兵,于骑射击刺之事无不习也,亦无不自以为能也,……一夜酒酣,谈时事,慷慨激烈,引一指然烛上,自誓:"不灭贼者,有如此指！"遂改字为武公。……武公自是常衣短后衣,骑生马,左右韔韇,插弓矢,带刀,作边塞健儿装,见者不知是儒生也。……武公有所昵妓,常大雪中挟之往游钟山下,与其内弟方直之戎服骤马过通都,避不及者或至颠仆。妓红袴襦,围紫貂,扶坐马上,抱琵琶以从。诸子不能骑者,强予之骑,前骑骋,后骑亦纵,骑者危悚欲坠,以为笑乐。既至,就梅花前氍毹席地,下马踞坐,置酒听吴儿弦曲。数阕终,乃举觞政,妓为纠,苛罚百出,皆尽醉极欢,复驰而归。②

从引文中可以看到,孙克咸擅长写诗词,为人"风流俊爽",音乐素养很高,喜欢

---

① 余怀:《板桥杂记》,上海古籍出版社 2000 年版,第 63 页。
② 钱澄之:《田间文集》卷二十一《孙武公传》,安徽古籍出版社 1998 年版,第 406—407 页。

逛妓院，喜欢谈兵。这一类新型的读书人，所谓的"侠士"，谈文说艺，文武双全，喜欢谈跟战争有关的时事。出门的时候，常常一身戎装，骑着马，带着妓女，招摇过市。他以这种夸耀张扬的方式，在城市中展现他的豪侠之气，该叙述中将谈兵习武、好古文词，甚至狎妓等相提并论，显示其中有游乐的成分在。方以智、孙克咸都是这类人，学武术变成时尚、游乐的东西。方以智在一段自我表白性的文字中写道：

> 抱蜀子少倜傥有大志，年九岁能赋诗属文，十二诵六经。长益博学，遍览史传。负笈从师，下帷山中。通阴阳象数，天官望气之学，穷律吕之源，讲兵法之要。意为古之学者，遇时以沛天下，而未之逮焉。性疎达，善得大意，而强记为难，久之略忘，窃自恨甚，恨材智不及古人，而复身弱多也。又善临池，取二王之法。好围棋、舞剑，少知弹琴，吴歌、杂技之末，有所见，辄欲为之。①

从引文中可以看到，他对各种知识艺能有个分类范畴，在他的分类范围之下，兵法的讲究跟易术、天文、音律等并列，都是正统经史之外的"旁支"性知识，而武术则与琴棋书法等并列，属于艺术性技能。这样的话，兵法是与"博学"的追求相关联，而武术则被看作是一种艺术性活动——或者可以被称为"武艺"，这也暗示武艺的追求或展演，有特殊的"浪漫"情怀蕴含其中。他在《咏怀》诗中说：

> 十岁好击剑，舞衣动白日。醉后乱伤人，左右皆股栗。年年多读书，浮气忽已失。②

从诗中可以看到，方以智的行为跟他的知识倾向相呼应，都相当具有文人文化

---

① 方以智：《七解丁丑答客作》，《浮山文集・前编》卷三《稽古堂二集・下》，第 19 页，《四库禁毁书丛刊・集部》第 113 册，北京出版社 2000 年影印本，总第 500 页。
② 方以智：《博依集》卷五《咏怀》，转引自《方以智年谱》。

的意趣。他慷慨激昂地在追求一种"侠"的人生格调，也可能去学各种杂艺。就像今天的年轻人在流行文化中长大，方以智也是在他们那个时代流行文化底下长大，他的朋友陈维崧形容他：

> 当是时，秣陵全盛，……密之先生衣纨縠，饰骃骑，鸣笳叠吹，闲雅甚都。又以四郊多垒，尤来大枪之寇薄于枞阳者，岁辄以警告，以故先生益慷慨习兵事，堂下蓄怒马，桀黠奴之带刀剑自卫者，出入常数十百人，俯仰顾盼甚豪也。①

由此描述可以看到，方以智除了在知识艺能层面上讲究武术外，还把武力带入日常生活中。这种张扬的生活姿态，可以说是谈兵论剑更进一步外向发展的表现，是任侠心态衍生为崇尚武术的行径后，进一步将武力浪漫化，以至于在生活中张扬夸耀这种被浪漫化的武力。

当然，这种心态与行径不止是方以智个人，或者仅仅是他周边的朋友如此，与其说这是一些特殊个人的个别行为，不如说是一种特定的社会文化。明代后期，汪道昆在给王仲房母亲所撰写的墓志铭中说：

> （王）仲房稍长，治博士家言，业既通，则以为不足治也，每对案，辄废书叹曰："男儿负七尺躯，百年一瞬耳，我求古昔，上之为韩众，为王乔，仙仙乎天行矣。次则为骠姚，为定远，威行沙漠万里外，不亦飞将军乎。又次，则应诏称诗，为李供奉，被酒入大内，立奏若干言，据床命力士奴隶之，盖翩翩然佳士也。凡此何不可者，何至屈首敝吻，沾沾糟粕为哉？"日走马出庐东门，从诸少年角射，下马席周公瑾墓，酹酒和歌。②

---

① 陈维崧：《陈迦陵散体文集》卷一《方田伯诗序》，陈维崧著、陈振鹏等点校：《陈维崧集》，上海古籍出版社 2010 年版，第 21 页。
② 汪道昆撰、胡益民等点校：《太函集》卷四十六《王母高氏墓志铭》，黄山社 2004 年版，第 977 页。

可以看出,王仲房不想考科举(即所谓"治博士家言"),一心想学武术,做将军,或者当诗仙李白。所以这时候学武术,也已经变成读书人的一个流行的玩意儿。尤其这些有文艺倾向的读书人,真的喜欢去学武术。这是明代中期之后的时代气氛底下,产生了一种新的读书人形象,文武合一,我称之为"侠士"。这就是我今天要讲的,一种新的读书人的风尚。比如,明末苏州地区著名的文人王穉登,给自己写了一个生圹志:

先府君用贾起家,德最盛,迨余始受儒,……少好弄,善升木乘屋,探鸟鷇,放风筝,捕蝉弹雀,斗鸡蹋鞠,聚群儿学击刺,先府君屡挞之不止。……乃余四龄能占对,五龄诵诗,六七龄为擘窠书,九龄能赋五七言,以不令受儒,故九龄犹读小学。……初举武进诸生,不喜博士家言,期以竹素目见。……未几,北游燕都,入太学。纵观皇帝宫阙之美,车书礼乐衣冠之盛,一一托之词赋。……荐直史馆,校《永乐大典》,名一日满都下,户外车辙旁午。余意不乐,顾乐与酒人词客走马章台下。燕风日靡,无古昔慷慨悲歌之气,去觅卖浆击筑,其人不一遇,意鞅鞅。……平生好奇画,喜谈剑术,负气不下,怀千古之慨,释纷死党,屡陷虎口不为悔,少尤好肉娈童季女,不去左右,独不善面生与阿堵。……余少好儒,中好侠,晚乃好墨。其儒也,儒者得名之侠也;侠者,得名之墨也;墨者,得名之若夫。非儒非侠非墨,此诚故吾,吾不能自名,还询造化而已。①

王穉登说自己不喜欢科举,喜欢剑术,喜欢写诗,喜欢逛妓院……作为一个文坛领袖,他是这样表白他自己的人生,以及他年轻时的生命格调。除了他自己以外,王穉登说自己的朋友张应文也是这种讲求"武艺",遂行"武侠"人生的文人:

---

① 王穉登:《广长菴主生圹志》,王穉登:《王百谷集》,第2—6页,《四库禁毁书丛刊·集部》,总第267—269页。

> 先生少任侠,好击剑,务奇画,屠狗卖浆之夫,庶几一遇。……弱冠,始有用世志,于是下帷受经,坟典邱索,靡不悉究,以弟子员游太学,太学诸生无能出其上,意一第如拾掇乎,而竟屡试屡不售,先生怫然曰:"吾不可以此久涸泺公也,人生亦安得俟河之清耶?彼漆园吏何人?斯顾吾且不得为郊祀之牺牲乎?"弃去公车绝不为。①

这种"武侠"式的生命情调,是明代后期文人的重要特色,前面所说的方以智、孙克咸、王仲房等人都是这样的,这样的人还有很多。比如,汪道昆帮一个叫做卓澂甫的写传:

> 澂甫幼负俶傥,咕咕喜为名高:"男儿生当提十万师,横行塞外,焚老上封狼居胥以还,徒敝唇吻,诵老生陈言,非夫也。"于是阳从外傅请业,退以其私习技击,学纵横家。②

还有钱谦益的朋友程孟阳也是这样的人:

> 嘉定程孟阳尝为余言,弱冠时薄应举之业,蕲然有志于功名。偕年少十数人,学骑射击刺,骨腾肉飞,如饥鹰饿鹘。今老矣,追思少壮事,殆如隔世。③

这类人不少,在这里就不详细讲了,我主要强调的是:这也是一种"艺",武艺,真正的艺术活动,包括学音乐、写诗,文艺活动,写诗,跟学武术,结合在一

---

① 王穉登:《清密藏序》,张应文著《清密藏》,第1页,《四库全书·子部·杂家类》总第872册,台湾商务印书馆1983年影印本,总第2页。
② 汪道昆撰、胡益民等点校:《太函集》卷三十六《卓澂甫传》,第782页。
③ 钱谦益:《牧斋初学集》卷三十七《汪君六十序》,钱谦益撰、钱曾笺注、钱仲联校:《钱牧斋全集》,第1032页。

起,有一种武艺的这种追求。然后进一步的,有一种武侠人生。

那么接下来,我做一个简单的总结。明中期以来有关兵法武术的讲求,大体有两种属性与趋向:一则归于现实层面,属于经世脉络下,具有实用性的"武学",藉此以在现实社会中建立"武功";一则逸脱于现实,属杂艺技术之类,具有逸乐性的"武艺",文人藉此以营造一个超越现实的"武侠"世界。在明代社会文化的发展过程中,这两种武术文化同时发展,而有不同取向:"武功"属性与明末清初之实学相合流,属其中之重要内容,而又有"武学"之讲究,以至出现以此为重要特色的颜李学派。"武艺"属性则与文人文化合流,属其中独具特色的一环,而有"武侠"类型士人的出现,此类人物活跃于晚明社会,以至成为别具特色的社会文化景象。像方以智、王穉登都是这一类的人,晚明的文坛领袖钱谦益的朋友也有这一类型的人。

明后期士人在动乱时代的刺激下,自士大夫阶层以至于士人,自中央官僚,以至于地方士绅,都被卷入追求武力的风潮之中。在此风潮下,武力之讲求有其现实性,但却又非止于现实性的发展。除了藉武学之讲究以保乡卫国,或建立功业外;亦多有士人藉诸武艺以张扬个人不凡志向,建构超越现实的人生想象,或者,藉武艺以展开异类交游,在城市中展开侠游活动。如此,晚明习武风尚与异类交游形成一种独特的武学/武艺文化,此种武学(艺)文化的发展,一方面是时代趋势的反映,一方面也是社会生活与文化发展、演化的过程。透过这个过程的探究,一则可以探知明代社会脉动,理解时代下的心态,同时,藉此亦可对明清社会文化的内在意涵与演进脉络有更深刻的掌握。

这其中还有很多问题可以去探讨,我在这里就算是抛砖引玉吧,把我过去做的一些小研究、一些心得,跟大家分享。时间关系就讲到这里,谢谢大家。

徐茂明:谢谢王老师精彩的演讲。他从国家制度、军事危机、社会风尚等层面,将明代文人尚武风气形成的原因及过程,作了深入的分析,其中还有一些精彩的典型案例,真是引人入胜。因为讲座结束后,王老师还要赶飞机回台湾,给大家十五分钟时间提问,请抓紧机会。

学生甲:王老师,您刚才提到士人和妓女的交游,我对这个话题特别感兴趣。我的硕士论文是关于情感方向的,想从情感的角度切入明清士人文化。我在网上查到您有一篇论文是《三言二拍中的情感世界:一种"心态史"趣味的尝试》①,但非常遗憾无法看到其中的内容,请问您是如何论述这个问题的?怎么看待情感史和心态史之间的关系?谢谢。

王鸿泰:关于明清士人感情问题的讨论,可以有不同的角度与不同层面的思考,我可以提供一点我的处理经验让你参考。你提到的那篇文章实际上是我的硕士论文中的一个篇章。我的硕士论文就是《三言二拍的精神史》。因为我很喜欢看小说,所以就想利用小说来写硕士论文。但在历史系,这其实是一个比较怪的做法,总算后来写出来以后大体上历史系的老师也还可以接受。因为我一直都在做这个社会文化研究,一开始就是从小说,也可以说是从文本入手的,做法上就是看三言两拍里有相当数量的爱情故事,那时我就从这个入手去处理。做文本分析的话,要看这个故事到底怎么讲,对爱情价值的肯定,或者有什么质疑的地方,爱情的类型大概有哪些,等等。所以是一个以文本为直接处理对象的,内涵上的分析。当然还借鉴了一些文学上的分析方法来处理。

但是到了博士论文我就觉得不能再这样只是看小说。而且小说在历史系还是多少会被质疑,因为那不是完全真实的。所以我就开始研究城市文化。可以说是比较从社会的层面去讨论。而要讨论这个东西的话,就必须去讨论一个现实问题,那就是有什么样的机会可以让男人和女人进行交往。这样的话,就变成去处理很具体的、城市里面的空间问题,就像妓院这样一个空间。或者我们稍微抽象一点,就是有一个场域可以让男人和女人有交往的机会。所以我博士论文在处理城市文化的时候,里面有一个部分就是在处理妓院这样一个空间,从中讨论一个新的男性跟女性交往的可能性。思考在这个空间里,他们交往的形态是什么。这样就蛮有趣了,因为中国传统的儒家社

---

① 王鸿泰:《〈三言二拍〉中的情感世界——一种"心态史"趣味的尝试》,《史原》第 19 期,1993 年 10 月。

会伦理,整个系统就是:结婚就是"父母之命、媒妁之言"。所以,男女之间最能够名正言顺的一个关系就是夫妇的关系。夫妇的关系被赋予的一个伦理规范,就是夫妇有"义",而不讲"情"。婚姻是什么?婚姻就是"合两姓之好",几乎就是一个盟约的关系,是这个家庭跟那个家庭的结盟。结盟以后,可以生育子女,能让你这个家族的生命,得以延续。另外就是让你的祖先可以有人可以祭拜。既然婚姻在伦理的规范里是这么定义的,所以,你根本没有机会去想像谈恋爱结婚,因为这是父母决定的事情,这是家庭跟家庭之间的事情。

但是,在城市生活里,有另外一个空间,在伦理之外开辟出来的一个空间,可以让人发展男女的感情。我们前面讲到很多城市社交活动中都有妓女参与进来,那就是一个新的场域,那是不抵触原来的伦理关系的。就像钱谦益,他可以一方面去歌颂那些贤妻良母,但是另外他也去谈恋爱。不过现实中,她们大多不是正妻而是妾的身份。另外,妓院里的男女关系一开始就有一种不确定性。婚姻关系是很确定的,父母之命、门当户对什么的,然后就把这种关系确定下来,而且永永远远地确定下去,生生世世。但是男女关系里面,谈恋爱很重要的一点就这种不确定。因此谈恋爱常常做的一件事就是去质疑、询问对方:"你爱我吗?""爱到什么时候?"不断地去重新确认。而且你知道他/她也有其他的选择,女的会去选不同的男朋友,男的也可能去选其他的女朋友。自由恋爱就是这样,充满了不确定性。而在明末的妓院这样一个男女互动的场域中,妓女可以跟不同的文人交往;文人也可以跟不同的妓女交往。因为有这样一个场域的出现,男女互动的关系,以及互动的内涵,这种情感的形态就会不一样了。关于爱情问题的讨论,我到了博士论文就转成试着去处理这个空间,落实到一个具体的空间,或者说一个场域来处理这个男女互动的关系、过程。

博士论文写完以后,我做的就是刚才讲的一个大主题:士人生活与文人文化。那我就另外再从士人的生活考察,就是他们的成长过程当中会有哪些机会去跟女性发生关系;他们怎么处理自己内在的情欲;等等。大概有一系列三篇文章吧。第一篇《情窦初开》①,就是写他们什么时候开始有这种情欲的问题,而他们的家长怎么去处理这个问题。其实背后也要问一个人类学式的问题,就是中国的年轻人有没有青春期。因为有个人类学家玛格丽特·米德(Margaret Mead)在《萨摩亚人的成年》中讨论的一个问题,就是这个"青春期的焦虑"完全是西方人的概念,萨摩亚人就没有青春期焦虑的这个问题,但是也有人反驳她。所以人类学有这样一个命题。那么我就把这个问题带入到中国史来,提出一个问题,就是明清的读书人有没有青春期的焦虑。那主要从生命史的角度来讨论这个问题。其实明清时期读书人的青春期焦虑还蛮深的,他们有科举的压力,再加上生理上的需求,而家长又希望他们专心念书,所以几乎是严格地控管他们的情欲问题。但他们年纪比较大了以后,尤其是在城市生活的社交中,就常常会跟妓女发生各种互动。在明末的城市生活里,尤其是声色犬马的生活中,非常鲜明的一块就是跟妓女的互动。读书人会在城市里办各种选美会,也就是选花榜活动,这有点类似我们现在的选美,甚至还专门出了这方面的刊物。这是一种赏美的动机,女色评赏变成一种社会活动,变成一种文化。所以我的第二篇文章就是研究他们在城市里面怎么搞一些美色评赏的活动。第三篇就讨论这些怎么落实到他们的生活中。像钱谦益就是这样,娶个妾,盖个藏书楼,有个园林,然后偶尔办一下文艺性的party,跟人家诗词交往,这是最美好的生活。类似的还有冒辟疆,他的爱妾董小宛过世以后,他写了《影梅庵忆语》,回忆跟董小宛在一起的生活。品茶啦,品香啦,互相写诗词啦,这种艺术化的生活已经变成一种理想的生活样态。所以造成一种社会风气,就是明代的读书人考中科举以后喜欢做的两件事情,一个是把他过去的文章出版,就好像我们现在拿到了博士学位,就想办法把博士论文出版。另外一个就是讨一个妾。这个妾主要不是用来生育小孩的,不是用来过一般的家庭生活的,而是要讨一个美貌和才艺结合的女子,然后一起来经营情艺生

---

① 王鸿泰:《情窦初开——明清士人的异性情缘与情色意识的发展》,《新史学》第 26 卷第 3 期,2016 年 9 月。

活。有不少人是这个样子,这变成一个社会流行的风尚。以至于在扬州那个地方,有人专门去买那些七八岁的,漂亮聪明伶俐的女孩子,从小培养她的各种才艺,专门卖给人家做妾,已经商品化了。我的处理方式大概是这样的:第一从他的生命经验、生命经历来看;第二从他们社会活动来看;第三看它怎么变成一种文化,这种文化又怎么落实变成一种生活,以至变成一种流行。所以是不同层面的讨论,这是我尝试的一种方法。

学生乙: 老师您好!我上海体育学院武术专业的学生。除了您研究的明代,在别的朝代,甚至是现代文学作品和电影中,您觉得人们是如何处理"侠"文化概念的?或者说,在不同的时期,"侠"在文学作品中的概念是怎么被人处理的?

王鸿泰: 这是一个很大的问题。首先涉及"侠"的定义。什么叫"侠"?不同的时代有不同的侠的定义,司马迁写《游侠列传》之类的,可能是汉代社会有特别的一批人,没有被政府的体制所收编进来,但有社会影响力的人,这批人就叫作侠,比如郭解这一类人。所以"侠"就是一种特别的社会角色,或者说社会势力。然后,另外有一些比如唐传奇里的聂隐娘之类,又是另外一种侠。还有些特别的,或者会武术或者巫术什么的。所以"侠"是很难定义的,我们很难一开始就把"侠"作为一个很清楚的定义。如果你有兴趣的话,可以看看我那篇《侠少之游》,其实它就是从方法论上讲这个问题的处理。事实上,在很复杂的、不同时代的社会情境和语境底下,他们会讲这个是"侠",但内涵都不一样。所以说,我没有办法去做一个全面性的处理,然后给它一个形式上的明确定义,而只能进到这个社会脉络里面,看是在一个什么样的语境底下他们会说这个是"侠"。就是要自己清楚,你要处理的是什么?哪些东西你不处理,不能处理。这是写论文都要先处理的一个问题。

学生乙: 我是想问您,在不同的时代,比如说在明朝的一些文学作品里面,人们对侠是如何理解的?

王鸿泰: 那我就要问你,什么叫文学作品?小说、戏曲啊,不同的人写的不同的文体的东西可能都有不同的指涉,对不对?照我刚才讲,在诗里面,很可能逛妓院的那些人被叫作"侠"。而一些武侠小说里的"侠",是那些懂武术的,而且武术特别高明的人。然而另外还有一些"侠"。比如三言二拍里的杜十娘怒沉百宝箱,那个故事大家知道。小说最后说杜十娘是个"侠女"。杜十娘她不懂武术,也没有行侠仗义的。被称为"侠"是因为她的这种生命情调,是为了某种东西,不重现实计较的一种生命格调。我强调明代的侠,是某些作品中呈现出来的这种生命的格调:挥霍、蔑视现实,等等。我处理的只是这种。比如《桃花扇》里女主角李香君的妈妈,有天晚上去赌博,输了一千多两的银子,面不改色,不以为意,从此以后,大家都说她是侠女。这就是在明代的那个时代氛围底下,在那个文化底下,他们会把某些人的行为表现美化,然后用"侠"来称呼这种不计较现实的,很高调的,挥霍的生命情调。所以我只处理这种心态,你说他们懂不懂武术啊,那是另外一个问题。

学生丙:王老师,您今天讲武侠用的都是真实史料,那么小说资料可以用吗?如果运用,需要注意哪些方面?

王鸿泰:当然可以用啊。而且我比较倾向于认为历史研究是"史无定法"嘛。其实我也不愿意强调什么是历史研究,什么是文学研究,文史本来就不分家的,看你想解决的是什么问题,然后有什么材料可以用。我向来就是各种杂七杂八的材料,笔记,方志,传世文献,小说……特别是小说戏曲,我很喜欢用这个。但是所有的资料都只能是批判性地使用。你要知道这个材料的性质是什么?它是在什么情景底下或者说在什么语境底下产生的?它指涉的是什么?没有绝对的真实,也没有绝对的不真实,而是要看它从什么角度去反映了什么样的真实。有些史料比较真实,像砖头一样,你拿来一堆,就是一堵墙或者一个建筑。但是有些史料,不是那么硬的,那就更要靠功力啦。就好像你要夹豆腐一样,你太用力夹,就把夹断了;你不用力的话,就夹不起来。所以这种虚实,要懂得去拿捏。这是个拿捏的问题,有的技术高,就可以夹豆腐,夹得很漂亮。技术差的,可能吃很安全的东西都可能噎到啊。明代其实戏曲小说是非常多,非常丰富,而且它们的社会影响力最大。所以,如果你要做社会史,做社会文化史,我是很鼓励应该多看一些戏曲小说的材料,不过在使用的时候,要小心虚实怎么拿捏,注意技巧性的问题。

徐茂明:武侠是个非常有趣的话题,尤其是文人论武,纸上谈兵,更是有着很大的想象空间,特别是男生,恐怕很多人心中都有一个武侠梦。但因为时间关系,不可能再让大家继续提问了,各位如果还有什么问题的话,可以通过电邮跟王老师进一步讨论。今天的演讲到此结束,谢谢王老师!谢谢大家!

(本文由上海师范大学中国近现代史专业2016级博士生厉霁隽整理,并经王鸿泰教授审阅修改。)

明代的时尚潮流与物质文化

陈宝良

主讲人:陈宝良,北京师范大学历史学学士、硕士,新加坡国立大学哲学博士。曾任职于中国社会科学出版社、新加坡国立大学中文系、北京师范大学历史系。现任西南大学历史文化学院教授、博士生导师,重庆市学术技术带头人(专门史学科),兼任北京大学明清研究中心研究员、中国明史学会、中国社会史学会理事。著有《中国的社与会》《明代社会生活史》《明代社会转型与文化变迁》《明代士大夫的精神世界》《中国妇女通史·明代卷》等10余部专著,并在海内外发表明清史学术论文百余篇。

主持人:徐茂明(上海师范大学中国近代社会研究中心教授)
时　　间:2017年11月6日(周一)上午10:00—11:30
地　　点:徐汇校区文苑楼708会议室
主　　办:上海师范大学中国近代社会研究中心

徐茂明:各位老师、同学,上午好! 今天非常有幸邀请到西南大学陈宝良教授来做讲座。陈老师是著名的明史研究专家,已经出版了十余种专著。我最早拜读他的著作就是《中国的社与会》,这是上世纪90年代浙江人民出版社出版的"中国社会史丛书"中的专著之一,该丛书差不多也是我国社会史热兴起后最早出版的一套社会史丛书。陈老师著作的显著特点就是材料非常丰富,你看这本《明代社会转型与文化变迁》,参考文献多达八百余种,其中原始史料近六百种,令人叹为观止。陈老师的研究领域也很宽,从上层士大夫到社会普通人群,他都有专门的研究,例如,他既写过《明代儒学生员与地方社会》《明代士大夫的精神世界》,也写过《中国流氓史》。这两个几乎完全对立的社会阶层,都被他纳入研究的视野,应该说恰好符合社会史注重整体史研究的宗旨。今天他演讲的题目是《明代的时尚潮流与物质文化》,这是一个很有意思的话题,完全符合当前物质文化史和日常生活史研究的新趋势,值得大家期待,请陈老师开讲。

陈宝良:谢谢徐茂明老师、各位老师和各位同学。今天很高兴能到上海师范大学来做一次小的演讲,我也很高兴能和大家坐在一起,交流一下这么多年来自己的教学和治学经验。我今天演讲的题目是《明代的时尚潮流与物质文化》。我今天早上看新闻的时候,讲昨天"首届世界人文生活方式大会暨有盐生活节"在凤凰中心开幕,其中中国国家博物馆原副馆长陈履生先生做了一个发言,他的演讲题目是《美的发现与生活方式》,我觉得这个题目非常好,他跟我今天讲座的题目有相近之处。我们知道发现生活是社会生活史崛起的一个开端,从社会生活史转向日常生活史,第一步是发现社会生活,第二步是发现美,第三步是发现对美的追求,所以对美的追求就是时尚,这也就是我今天要讲的主题。

时尚为什么在明代值得研究?这是因为我在阅读文献的过程中发现了明代两位学者都是以"时尚"为题目写了两篇文章。一位是"公安三袁"的袁宏道,他在《袁中郎全集》中的一篇文章就是以时尚为题。另外一位就是晚明一位著名的和尚祩宏,法号莲池大师(在杭州出家,苏州人),莲池大师有一本笔记《竹窗随笔》,在这本笔记中,他也有一篇文章是以时尚为题的。另外时尚必然跟物质相连,他们二位在文章中都无一例外地谈到了物。我们知道现在大家都比较重视对物质文化的理解,比如英国的柯律格,我们翻译了很多柯先生关于明代物质文化的著作。明朝人对物的重视,也是值得关注的一个现象。为什么这么说呢?我们看明朝很多的记载,都可以看到有关于物这方面比较重要的记载,我们在"时尚"当中就能看到时人对物方面的追求。我们能看到明朝人重视时尚产品,明朝人喜欢收藏古董(骨董),但是明朝人同样喜欢"时玩"(时尚玩物),我们看沈德符《万历野获编》里就有一篇名叫《时玩》,里面描述了明朝人当时喜欢的时玩。通过时玩和古董的对比,我们能够看得出来,古董当然是越古越好,以古为贵,以古为美。时玩则是明朝人当时喜欢的物品,比如说文徵明的画、唐伯虎的画,都是时尚物品,都是时玩。

所以我们要谈的第一个问题就是何谓"时尚"?

首先是阐述"时尚"的当代含义。"时尚"一词,已经成为当今世界的潮流代名词,英文为 fashion。按照现代人的解释,所谓时尚,意思是"时"与"尚"的结合体。时,代表着时间、时下,其意是说时尚仅仅限于一个时间段内,指的是这个时间段内;尚,表示崇尚、高尚,其意是说时尚是一种高品位,领先于一个时间段内大众的审美品位。但是,"时尚"一词并不是完全的舶来品,我们也有自己的时尚。

那么,我们就要看"时尚"一词在中国是怎样形成的?怎么出现的?我们今天能看到比较早的文献记载是出现"时样"一词,这个词出现在宋代。陈师道曾在《后山诗注》中的《谢寇十一惠端砚》写道:"琢为时样供翰墨,十袭包藏百金贵。"可以看出来,当时的端砚已经成为一种时样,端砚本身也是一种时尚之物,即端石和砚台,从诗句中我们就能看出来它们十分贵重。同时,我们也能看到明代也出现一些"时样"的服饰,比如说"时服",但明代的"时服"并不是时尚的服饰,明末清初的遗民徐枋就曾告诫自己的儿子,不要"服时服"。他这个时服指的是清朝人的服饰。还有一个明朝的尚书,他曾经表示没有钱,所以无法穿时服,因而他冬天穿纱衣,夏天穿棉衣,倒过来穿衣服。夏天本来是要穿纱衣,结果他穿厚厚的棉衣,到了冬天应该穿保暖一点,结果他要穿薄一点的纱衣,很薄。到了明代就开始出现一些"时样"的服饰。

过去只有"时样"一词,那么,"时尚"一词又是如何出现的?这个名词出现是宋代以后,俞文豹在《吹剑四录》中写道:"夫道学者,学士大夫所当讲明,岂以时尚为兴废?"他这个里面讲的是学术的"时尚",意思是说,学士大夫应该讲明"道学",不要在学术上追逐"时尚",所以"时尚"一词最早在宋代出现,但还不是我们后来所讲的"时尚"一词的含义。到了明代,除了我所讲的"时尚文章"之外,也出现了转型,就是把时尚看做生活的一种潮流。袾宏在《竹窗二笔·习俗》中写道:"今一衣一帽,一器一物,一字一语,种种所作所为,凡唱自一人,群起而随之,谓之时尚。"这已经跟我们现在所讲的"时尚"很接近了。现在的时尚也都是先有倡导者、引领者带头,然后大家追随他、效仿他,所以这就叫"时尚"。从中我们就能够看出"时尚"的一些特点,那么接下来我们看"时尚"如何成为"时髦"。

在清末民初的时候,出现了"时髦"这个词,从而实现了由"时尚"向"时髦"的转变。我们考察一下时髦这个词原本的含义,是称"一时的杰出人物",后来演变成为"应时的",才有了"时髦"的含义。譬如说清朝末年,上海戏园中有一种"髦儿戏"。我们知道,过去在戏园中也出现过女子演戏这种现象,这就是所谓的"女戏",但是总的来说还是以男的演戏为主,即使舞台角色是女的,也总是由男性来扮演。而在清末上海的舞台上,开始出现女人来扮演男人这样的戏,这就被称为一种时髦之举,所以当时人称之为"髦儿戏"。我们读清末姚公鹤的《上海闲话》,就会看到这种情形。《申报》中有《时髦派》一文,曾经这样写道,所谓的"时髦派",就是"西装、大衣、西帽、革履、手杖外加花球一个,夹鼻眼睛一副(就是不论近视不近视,都要戴一副眼镜装扮一下),洋泾话几句(英语说几句),出外皮蓬或轿车或黄包车一辆"。其中这个轿车不是我们现在说的那种有动力的轿车,而是用轿子做的车,这就是时髦的体现。这就引发了内地人对时尚、时髦的追逐,我们看《新繁县志》中,就有"青年妇女则纯用长衫短裤,不逮膝,露腿赤胫,争趋时髦"的记载,就像我们现代女性喜欢的超短裙这种形象。

另外,我们来讲一下时装的出现,比如说一般意义上的"时装"。虽然我们刚才讲过一些"时服",但显然它们与我们当前所讲的时装仍有很大的不同。比如说沈德符的《万历野获编》就曾记载,明代工部尚书刘东星"力不办时服也"。清初人徐枋在《诫子书》中,有"毋服时装"一条,这是清朝初期人们对时装的一点看法。不过,对于"时装"的看法早在唐代就已经出现,并非源于明代,我们来看看唐代白居易在诗里怎么说:"乌膏注唇唇似泥,双眉画作八字低;妍媸黑白失本态,妆成尽似含悲啼。"现在的女性可能更喜欢、更流行红色的唇膏,但在唐代时就已经很流行黑色的唇膏,眉毛也是八字眉。整个人的形象就是人在哭,这在当时就是时尚。白居易另有"小头鞋履窄衣裳,青黛点眉眉细长;外人不见见应笑,天宝末年时世妆"的诗句,诗中的小头鞋也是当时唐朝人的时尚。下面我们来看一下民国初年普遍意义上的"时装"。民国时期是中国服饰文化现代变革的关键时期,从古代的"时世妆"逐渐演变成现代意义的"时装",比如说民国之后上海的女装无不是高领、短袄、凸乳、细腰、长裙,这就是上海女郎追逐的时髦。《时报》当中有一首《上海竹枝词》,已经点出了这一点:"商量爱着应时装,高领修裙短短裳,出色竞梳新样髻,故盘云鬟学东洋。"这说明时装是高领长裙,上面衣服是要短的,我们今天也是这样的,上面衣服到腰,下面是长裙,我们现代女性也愿意穿成这个样子。发髻学习日本的样式,这种东洋的发髻其实来源于唐代。

以上是一些简要的介绍,下面落实到**明代的时尚潮流**上面。明代时尚潮流可以从"衣帽"、"字词"和人物等方面去理解。

我们先来举一些例子,看一下明代的"衣帽"时尚。如"浅面矮跟鞋",陈皋谟在《〈笑倒〉选·笔管袜》中讲到阎罗王说:"我自另拿一班穿剥皮箍腿袜,浅面矮跟鞋的轻脚鬼来,踏坏了这豆腐街,罚他吃了狗屎落油锅。"这些轻脚鬼就是追求时尚的人,剥皮箍腿袜就是绑腿袜,类似现代女性的健身裤,非常紧,鞋跟要矮。按照我们在戏台里的话,男子的鞋要高跟,不能低跟,低跟说明你轻薄,走路就会拖着脚。轻脚鬼就是什么都是轻的,或许还会把豆腐铺成的街踩坏。这是形象的描述,主要是为了形容这种打扮的轻薄。再有一个是"笔管水袜",指的是剥皮箍腿袜,最初的布袜是宽大的袜子,到膝盖那里捆起来,但到了晚明这种宽大的袜子已经不流行,转而流行窄小的袜子,这种袜子就被称为"笔管水袜",之所以这样叫,就是因为它相当窄。

我们再来看"字语"时尚,一字一语也会引起时尚。所谓俗语、方言、民谚等等，就是一些市语，包括民谣、谚语、口号以及江湖隐语，江南士大夫认为这些会有损于自己的威严，所以不太喜欢让读书人说这些话。但我们知道，明代民间十分盛行这些俗语，比如"南京沈万三，北京枯树弯——人的名儿，树的影儿"，南京沈万三大家都知道，传说中腰缠万贯、家有巨富，这是《金瓶梅》里面记载的。其实真正的谚语是在谈迁《北游录》里记载的"南京沈万三，北京大柳树"。另外，我们来看一下"曲中行语"，这就是在青楼里盛行的语言，如：燥脾——意思是说快；肉麻——意思是说可羞，令人肉麻也；赸——意思是说调喉；撴——读为"者"，意思是说作态；波老——意思是说不在行，《西厢记》中称"波学士"；冒尸鬼——意思是说突然而来；水——意思是说虚奖太过；括——意思是说目挑心招；扯淡——意思是说没来由；嚼蛆——意思是说乱说话；猴食——意思是说可厌之物，有轻慢他人之意；来回——意思是说底事；撒漫——意思是说肯散金。其中"撴"念做"者"，实际就是"作"，我们现在说的"作"就是这个意思，就是惺惺作态的意思。有时语言也是社会生活的重要方面，我们可以通过语言来考察社会生活的变迁。再有我们来看一下很多俗语。范濂的《云间据目钞》中，记载松江的民间妇人，骂人时动不动就骂"活邢敖"，它的出典就是当时的"贼犯邢敖"。明朝隆庆年间，华亭县有一个越狱之盗邢敖，被知县张烛"抉其目，暴尸于市"，后来就成为泼妇的口实。另外，我们来看一下朱存理的《松下清言》。我们知道，这本书在很多方面继承了六朝的《世说新语》，六朝人很喜欢清流，形成了清谈之风，而明代晚期也有很多人喜欢清言。清言就是大家坐在一块，大家读读书，观赏书画，喝喝茶，品味砚台，饮饮酒。明代末年，一些文人大多喜欢将口头俗语用在文章里面，尽管不符合古文的义法，但基本反映了明代学术的一些风气，即通俗化、平民化。苏州人把出门玩叫做"白相"。项皋在他所写的《学易堂四笔》，就把"白相"这个词用在文章里。他的这段文字收在刘声木的《苌楚斋续笔》里："余年三十三之前，不白相，不读书。四十六之后，又读书，又白相。自今以往，不知读书之为白相，白相之为读书。"说句笑话，我过了五十岁了，还没达到他四十六之后的境界。这个"白相"就是当地的方言。

接下来我们来介绍一些时尚人物。过去的时尚人物都是靠著作、靠讲学，不像现在靠传媒，比如很多学者上了百家讲坛，就能引领一时风气。明朝许多人物，如李贽（号"卓吾"）、陈继儒（以"眉公"著称）、王稚登（以"百谷"闻名）、袁黄（以"了凡先生"著名）、袾宏（以"莲池大师"著称），这几位都可以称为时尚人物。当时人对李贽的追捧比现代人对于丹的追捧还热烈，李贽很有名，书商印书都冒用他的名字，所以明朝很多书虽然号称是他写的，其实不是。陈继儒创制了很多东西，如"眉公衣"、"眉公饼"和"眉公马桶"，都非常流行。袁黄是嘉兴人，是一个很有名的人，他写过《为官功过格》一类的善书。他在科举士子中，名声也很大，他所写的关于《四书》的讲义，是当时读书人必看的。在明朝末年，有两个人的《四书》是当时人必看的，一个就是袁黄，另一个是后来的吕留良，他的《四书讲义》很有名。袾宏这个和尚也是非常有名，很多人就冒充他的名义刻印一些伪书来吸引读者需求，比如说万历年间有书商刻印了一本书，叫《禅余空谛》，下面署名是"云栖袾宏著"。书中的内容，分为春夏秋冬四时幽赏，共计32条。这显然是一本伪书。我们知道在《竹窗随笔》中，袾宏专门讲到说这本书不是他自己写的。

下面讲一下时尚前卫城市。从时尚形成来看，在明代有哪些城市称得上是前卫城市？在明朝的时候，主要是苏州、杭州，到了清末民初，主要是上海。过去有"苏样"和"苏意"两个词，我们在沈弘宇《嫖赌机关》和吴从先《小窗自纪》中能看到："房中葺理精致，几上陈列玩好，多蓄异香，广贮细茶。遇清客，一炉烟，一壶茶，坐谈笑语，穷日彻夜，并不以鄙事萦心，亦不以俗语出口。这段高雅风味，不啻桃源形境"，这就是苏样，苏州人的生活样式；"苏意"就是"焚香煮茗，从来清课，至于今讹曰'苏意'。天下无不焚之煮之，独以意归苏，以苏非着意于此，则以此写意耳。"苏州人并不着意于焚香，而是以此写意耳。天下人都焚香，但天下人并没有把这种当做时尚，而苏州人却能够借此抒发心中之意，是快意人生的体现。我们看苏州人很多家具和古董的制作，都是天下流行时尚的一种样板，天下人都纷纷效仿。我在这里补充一个例子。如史料记载，当时有一人刚到杭州上任做官，笞打一个身穿窄袜浅鞋的犯人，枷号示众。这是当时的一种时尚穿着打扮,这位做官的一时想不出如何书封才好,灵机一动,写上"苏意犯人"四个大字,当时人传为笑柄。

下面看倡优与时尚。我们知道倡优也是一种贱民,在当时他们的子弟都是贱民,女的学倡,男的学优。即使如此,倡优却引领着当时的服饰时尚潮流。过去的记载认为,南曲女子的服饰是"时世装",有"四方取以为式"的说法。我们再来看清代袁学澜有《时世妆》诗:"雀钗晓晃安金钿,时世新妆头上见。镜里春容面面娇,花丛游客见魂消。衣衫百蝶裙百褶,画舫青楼日相集。一鬟五百两鬟千,缠头散尽歌舞筵。龋齿笑折柳腰步,城中高髻四方慕。翻新花样原无据,今时只重妓家妆,缟衣綦巾人不顾。"从诗中可以看出,青楼女子的服饰如何影响到普通人的生活。

到了民国初年,倡优服饰更是相当具有时尚性。如当时《大公报》中有一篇名为《粤女学生的怪装》的文章,其中说到,"日变古怪"的服装,"其始不过私娼荡妇所为,继则女学生纷纷效法"。有的文章甚至说:"妇女衣服,好时髦者,每追踪上海式样,亦不问其式样大半出于妓女之新花色也。男子服饰,或有模效北京官僚自称阔者,或有步尘俳优,务时髦者。"可见,民国初年的服饰时尚,妇女以私娼为榜样,而男子则以俳优为样板,这甚至已经成为一种时髦。

接下来我们来看明代的物质文化。首先我们来解释一下"物质文化",来看一下"物质文化"与"日常生活"的关系。我们知道20世纪60年代布罗代尔撰写的《15至18世纪的物质文明、经济和资本主义》(三联书店1993年版),这本书第一个关键词就是"物质文明"(civilisation matérielle),在英文中的对译就是"物质文化"(material culture)。而这本书第一卷书名中的"日常"一词,英译本直接译为"日常生活"(everyday life)。可见,物质文明与日常生活之间密不可分。

第二是"物质文化"与"消费"之间的关系。物质文化史研究,在很大程度上被定义为对消费的研究,像柯律格《长物:早期现代中国的物质文化与社会状况》(三联书店2015年版),就是从消费的角度来看的,特别是透过文震亨的《长物志》,看明代的物质文化。再有巫仁恕《品味奢华:晚明的消费社会与士大夫》（中华书局 2008 年版），也在副标题中点出"消费社会"一语。这本书探讨家具、服饰、轿子、饮食和旅游，这些都可以归入到物品和服务类的消费当中。

第三，关于"物"的理解，根据创造者的不同，可以分为"自然之物"与"人工创造之物"。我们看联合国教科文组织的定义，就有自然遗产、文化遗产、自然遗产和文化遗产复合体，以及文化景观这四类。这里简单强调一下文化景观。其实我们研究历史的话，过去对历史地理有一定关注之外，还需要重视对文化景观的研究，一个文化景观的形成与发展变化，也很重要。台湾学者对清明上河图的研究，就看到了汴梁背后的社会生活，台湾陈熙远对黄鹤楼的研究也值得关注，一个楼背后所反映的文化景观，对此进行长时段的考察，揭示出一些内容。我们应该在研究中关注这些新的方向，去引领一些转向。

第四，是"时尚"与"物质文化"的关系。所谓时尚，也可以解释为精神文化时尚和物质文化时尚。精神文化时尚是属于人们观念信仰的一种从众趋势，我们看学术思想的取向上，两汉喜欢训诂，魏晋喜欢清谈，唐代士人喜欢佛学，宋明士人喜欢谈论性理，这些都构成了时代的精神文化时尚，比如说古文派兴起，大家模仿古文的文体以及科举八股文风的变化，都可以称为时文，这些也都蕴含了精神文化时尚。而物质文化时尚，则属人们物质消费的一种从众趋向。在物质消费生活中，与时尚更为紧密的是物质文化艺术化倾向背后的消费趋向。

下面是明代物质文化的三大新趋向：第一点是从"性理之学"向"物理之学"的转向。首先从道与艺的关系上看，我们知道孔子云："志于道，据于德，依于仁，游于六艺"；汉代的扬雄也有"通天、地、人曰儒，通天、地而不通人曰技"的说法；朱熹晚年指出："小道不是异端。小道亦是道理，只是小。如农圃、医卜、百工之类，却有道理在。"我们都知道，儒学在宋代之后转向了性理之学，性理之学就是愿意谈性说理，只是关注"上达"，对属于"下学"工夫的内容基本不加以重视。其实下学的工夫也需要重视。现在看儒家有一个"重道轻艺"的转向，这其实挺不好的，早期的儒家并不是重道轻艺的，但是宋儒就有这个特点，而我们知道到了明代又开始出现新的转变。比如丘濬提出"物理之学"，他很明确地说不要性理之学,要重视物理之学,而且明朝人很重视博物,喜欢博物,王鸿泰老师提到的何良俊就有这种"博雅"观念,明朝人董斯张也顺应这股风气编写了《广博物志》。同时还有"长物"的观念,"长物"就是在案头上离不开的,日常生活中很离不开的东西。为此,文震亨专门写了《长物志》。日常生活中十分雅致的内容,就是所谓的"长物",也可以被称为"雅物"。另外我们可以从宋应星的《天工开物》里看到,"天工"可以"开物",还有方以智写过《物理小识》。所有这些,都证明明代存在着一个从"性理之学"向"物理之学"的转向。

第二个就是"以物比德",意思就是说士大夫通过所喜欢的物体现他个人的品格和对品格的追求,比如说陶渊明之爱菊,林逋之爱梅,米芾之爱石。我也写过关于这方面的文章。那么在"以物比德"这个转向中,也出现了一些很有意思的变化,比如说以物寄志就体现出了学术风气的变化。在宋代,周敦颐写《爱莲说》,仅仅是追求莲出淤泥而不染的品格。但到了明末,张履祥也写了一篇《后爱莲说》,开始更多地关注莲的实用价值。他笔下的莲花,从上到下都有用处,而不仅是作为品格来谈,莲子可以吃,莲藕也可以食用,荷叶也有很多用处。吕坤也写过《白菜图说》。白菜是平常之物,士大夫都看不上白菜,但白菜也是可以食用的,具有实用价值,而吕坤本人也比较崇尚实学。

下面看"物带人号"的盛行。这也是明代物质文化中十分重要的特点,就是有名的物品都带了某个人的名号。从唐到宋再到明,都存在着这种现象,尤其以明朝为盛。李鹰在《师友谈记·东坡帽》中,有"物为一人重轻也"的说法,物品是由一个人决定它是否被人们重视或者轻视,这就是"物带人号"。我前面说的以陈眉公命名之物,也是这种现象。

第三个风气,就是物质文化及其时尚化。美术史和艺术史对这方面比较重视,比如说古玩收藏之风,过去讲到古玩、古董,有的记载写作"骨董"。这里有很多收藏家可讲,比如说常州嵇应科,松江朱大韶,嘉兴项锡山,南京姚汝循、胡汝嘉,太仓王世贞、王世懋兄弟,松江董其昌,绍兴朱敬循等。我们知道明朝鉴赏和收藏古董之风起源于士大夫,后来徽商有钱了,也开始追求古玩的收藏。明朝当时爱好古玩的有两种人,一种是好事者,一种是赏鉴者,赏鉴者是真正懂得古玩的。比如说董其昌家有书画船,这艘船载的是书画,到达某地之后大家一起喝茶,共同赏鉴书画。在收藏古玩风气的影响下,当然也免不了会出现古董赝品。在明代,造假之风最盛行的地方是苏州。当时有个笑话,就是出现了"宋板《大明律》"的说法,就是讽刺造假太过厉害。在当时,像张凤翼和王稚登都是制作赝品的名家。王稚登自己是造假的名家,有时也会看走眼。譬如他购入的阎立本所画的《醉道士图》,其实就是苏州人张元举临摹的。造假之风,起于苏州的一些文士,到了后来,徽州的一些商人也开始参与进来。当时造假的书画,如钟繇兄弟的伪书,米芾的假帖,虽然都是赝品,却被一些贵公子、大富人视为异宝。

与此同时,明朝也兴起了"时玩"收藏之风,这些时玩就是永乐之剔红、宣德之铜器、成化之窑器、文徵明的画作、唐伯虎的画作和祝允明之书法,无不成为人们收藏的抢手货,最后也形成了"物妖"的观念。物品千奇百态,越来越精致,也就被称为"物妖",比如说龚春、时大彬之砂壶,胡四之铜炉,何得之之扇面,赵良璧之锡器。此外,普通工匠与这些物品之间的关系也是相当的密切。

下面讲一下时尚流行与物质文化盛行的原因。第一个原因是明朝人对闲适生活的追求。在这里我们可以考察"闲情"的变迁,从陶渊明的《闲情赋》到李渔《闲情偶寄》,这个变化是十分明显的。另外职业闲人在明代出现了,也就是说在社会上出现了一批职业的闲人,如在民间出现了清客、帮闲(别称"篾片")、"帮身"、"帮客"、"笏板"(或作"忽板")、"蛤蜊"、"陪堂"(或作"陪宾")、"老白赏",这些人出入大户人家,陪人家吃喝玩乐,说说笑话。我们看《金瓶梅》中陪伴西门庆玩乐的那些结义兄弟,是专门靠着西门庆生活的,离开西门庆就没有钱了。在明代还出现了女闲人,称之为"女帮闲"。明代的"山人",虽然大多数是男性山人,但也有了"女山人"。在明代的苏州,开始有了经营性的清客店,艾衲居士在《豆棚闲话》中,说这些清客店,"并无他物,止有茶具炉瓶,手掌大一间房儿,却又分作两截,候人闲坐,兜揽嫖赌","外边开店内书房,茶具花盆小榻床。香盒炉瓶排竹几,单条半假董其昌"。何良俊在《四友斋丛说》

中透过"十清诳"的谚语专门描述了清客的生活,"一清诳,圆头扇骨揩得光浪荡。二清诳,荡口汗巾摺子挡。三清诳,回青碟子无肉放。四清诳,宜兴茶壶藤扎当。五清诳,不出夜钱沿门跄。六清诳,见了小官递帖望。七清诳,剥鸡骨董会摊浪。八清诳,绵绸直裰盖在脚面上。九清诳,不知腔板再学魏良辅唱。十清诳,老兄小弟乱口降(音扛)"。这些都很有意思,反映了明朝人对闲适生活的追求。

第二个是生活艺术化的趋向特别明显。一个是"爱清"现象的出现,另一个是"伪雅"之风的形成。"伪雅"就是"伪为雅",假装成一种风雅的样子,家家都种兰花、竹子、松柏。再有从居室的美化上看,家家的布置都很讲究,有怪石、名琴、好书、奇画、法帖、良砚、宝镜、净几、古磁、旧炉、纸帐、拂麈。但在这股生活艺术化的大潮中,民间百姓的好雅,通常又会被士大夫讥讽为不懂装懂,比如说在客厅挂的画很小,而在居室里挂的画很大,完全是挂反了。譬如插花的瓶子,按照士大夫的审美标准,厅堂广厦应该用大瓶,才显得落落大度;书斋小室则应该放小瓶,才具有雅意。且花瓶最忌讳有环、成对。若是成对摆放花瓶,就让人感觉像在寺庙里一样,总之家里摆放花瓶不要成对摆放,那样很死板,应该摆放单件的。如此等等,都是追求生活的艺术化。再比如苏州的盆景也是很有名,我们看万历《嘉定县志》的记载,就能理解一个盆景的培养,常常需要花费十多年。盆景也出现了产业化,这些也都体现了生活的潮流。

最后在这里做一个总结,也对将来大家做研究提出一些建议。我们知道,研究时尚与物质文化之间的关系,是我们今后努力的方向,时尚与物品是不能分开的。所有的时尚虽然是由一个人或者一少部分人所倡导的,但是都是通过物品来体现的,所以做物质文化的研究就是要把这两者结合起来,使得这方面的研究逐渐走向深入。在今后,我们需要更多地去考察从文震亨的《长物志》,到高濂的《雅尚斋遵生八笺》,再到屠隆的《考槃馀事》,再到《闲情偶寄》之间的变化,以此探求其背后文化发展的脉络。我觉得这方面的研究还不够深入。我们看明朝人和清朝人生活差异很大,明人生活的活泼和对精致生活的追求,士大夫对当时民间生活的渗透,所有这些都是清代没法相比的。明朝文化除了两京之外,都是以江南文化作为基础,但我们看清代人生活就有很大的不同,清代跟明代比起来有很大的差距,这些都可以通过物质和生活的关系来加以体现,而且都需要我们去加以比较与考察。好的,我今天的报告就简单地讲到这里,谢谢大家。

徐茂明:谢谢陈老师,今天的讲座信息量非常大,因为时间关系,他是压缩又压缩,如果放开讲的话,再讲一小时也来不及。我不多说,请大家直接提问。

学生:老师好!我是研究隋唐史的,有个问题想请教您。从明代前期到嘉靖年间,在政治上首辅的更迭都是比较和谐的,还出现了三杨内阁这样相互合作的内阁,在经济方面也是按照朱元璋制定下的那一套政策运转。到嘉靖年间,内阁首辅先后有杨廷和、徐阶、夏言、张居正等人,都是采取后朝取代前朝的方式,在经济思想方面也出现了大的思想解放运动。不管是上层政治还是下层社会经济文化方面,嘉靖年间开始出现一种大的转变,请问您对这一变化的看法,谢谢。

陈宝良:这个同学提的问题,说明看了很多有关明代的东西。冯天瑜先生也是我上学的时候突然冒出来的,他的《明清文化史散论》在当时很风行。过去我们上学的时候,也不太知道冯天瑜,突然冒出这本书,感觉写的这么好,跟我们过去学的东西确实不一样,有很多他独特的见解。你说的嘉靖朝的问题,特别需要重视嘉靖前后明朝的一个变化。我们知道嘉靖是从议大礼开始,它是正德死后没有子嗣,需要从旁支选择承继大统。嘉靖入承大统以后,在议大礼上分为两派,一派就是被重用的张璁,他的主张迎合了明世宗;另一派就是杨廷和,他们是坚持传统的。在这里面有一个很重要的角色,容易被大家忽略,就是王阳明。王阳明已经不在朝为官,但是他的弟子遍布朝野,王阳明对于议大礼的看法其实是同意嘉靖自己的想法的,以情为主,不是以礼为主。以礼的话就要祧孝宗,以情的话就是祧自己的父亲。每个人都愿意认自己的父亲,所以这里面王阳明也体现出来很多这种思想。嘉靖议大礼之后,通过议礼对于明代士大夫的风气有很大的影响。明代人认为有几个时间段对明代士风的影响很大,嘉靖年间就是一次。再往前就是正德年间刘瑾专权时期,再往前推就是成化年间汪直专权的时候,然后再经过魏忠贤擅权这个时期,对传统士风的产生了很大的影响。按照传统士大夫恪守正统的话,就要反对嘉靖皇帝的想法,但是其中也出现很多人拥护嘉靖的想法,或者迎合他的想法。另外,大议礼之后出现了很多制度性的变化。我们知道嘉靖年间制度性变化主要体现在以下两本书里面,一本叫作《嘉靖事例》,另一本叫作《嘉靖新例》。这两本书里面都可以反映出嘉靖前后许多制度性的变化。我们知道,嘉靖议礼包括改变这些礼仪,并非无源之水,我们可以从《论语》当中、从《中庸》当中找到一些依据。"非天子,不议礼,不制度",只有天子才能讨论这些礼仪,嘉靖作为天子一样有权力。另外,时代变了,也可以变一下礼仪。从这些方面可以看出,嘉靖议礼这种想法既是为了自己,也体现了时代的变化,甚至也有一定的儒家学说依据。嘉靖前后的变化确实很大。我就简单地讲这些。

学生:陈老师,我是学元明文学的。有一种说法认为,明清是比较固守自封的,不是一个开放的时代。与唐宋相比,明代对于北方的蒙古是严格控制边境贸易,对南方也是,它固守在自己的版图内,它的文化开放和文化自信也不高。老师是研究明史的,您的观点是这样的吗?

陈宝良:我不这样认为。你说的唐有开放性,这我是承认的,但是你对明朝的看法是一种很老的观点,说明你没有看最近的一些书。你不要太信那些过去的书。你的观点都是我们上大学的时候,三四十年以前的观点。你说明朝对蒙古禁严,讲海禁。就拿海禁来说,它是实行过海禁,但明朝也有几个口岸,比如宁波、福建都有对外的贸易,公开的交易,明朝的走私贸易就不去详讲了,并不是说它没有贸易,那是相当兴盛的走私贸易。尤其是到了明末的走私贸易,西班牙大帆船到了东南亚之后,这种走私贸易就更兴盛了。过去走私是跟日本的贸易,同东南亚的贸易,到后面更是有了与西班牙商人的竞争。我们看屈大均的《广东新语》,里面记载大量的番洋整船整船的运进来,都是中国的物品运出去,赚回来大量的银元。唐人的开放,我们看薛爱华的《唐代的外来文明》,很多物质性的东西都是从唐代传入中原地区,这我们承认,它达到了传统时代最高的顶点,这也是过去很多学者的看法。但是到了明代,这是一个发生转型的时代,传统的东西开始衰亡,所以明朝在我的眼中是一个很开放的时代。我过去对明代文化有一个基本的看法,就是明代士人兴趣之广泛,视野之开阔,思想之活跃,都是前无古人的。这个观点来自我的老师顾诚教授,求学期间,我与他讨论明代文化时,他给了我这个根本性的意见。我对明代文化的定性,就来自他的观点。对于晚明社会与文化的认识,同样可以从这三点来探讨。

学生:明代很多文学作品,比如说《金瓶梅》,最能反映当时的经济状况,但都是假托于宋代。我觉得宋代海外贸易发达,到了明代却不以官方的形式进行,如果以官方形式的话,就不会有这么多的海盗。老师,这是我的理解。

陈宝良:你可能还是与我们历史学界有一点隔膜,你是学文学的,随手拿来一本书,不知道观点的新旧,研究的进展。我们研究的进展很多,你刚才提到的《金瓶梅》,是假托宋代的故事,它先是假托的是《宣和遗事》,包括《水浒传》,它是继承过去的《宣和遗事》,但反映的完全是明代的事情。宋代的东西,过去我们也不太重视,有一些认识上的偏差,值得去深入探讨。宋代其实是一个转型的时代,跟唐是不一样的。明朝继承了很多宋代的东西,明朝的士大夫就是学的苏东坡,再往前就是魏晋。所以,我建议你对于明朝的认识,多看一些我写的东西,以及其他明史学者的著作,了解一些跟现代学术界合拍的东西。我们学界也是在变化的,过去的看法有一定的道理,但是很多已经被修正了。

徐茂明:好的,大家从PPT里面就能看出本次演讲所涉及的丰富史料。陈老师在演讲之前就讲过一些历史研究模式,这些理论化的模式不是说完全没有用,但是如果简单地套用这些模式去研究历史的话,就会出问题。一些同学可能习惯于标签化看待历史问题,刚才提问的同学,大概由于专业的不同,对于明代的认识,对于历史学界研究的进展还不太了解,所依据的观点实际上就是比较陈旧的标签化概念。从历史研究来讲,最根本的方法还是回到历史研究的场景当中去,从社会生活本身去厘清历史发展的脉络,这样才能比较准确地认识历史。当然,如果陷于材料当中,没有一定的高度,历史研究就会变成得很琐碎,也就是史学界所批评的"碎片化"研究。从陈老师的研究中可以看到,他既有广博的文献资料基础,同时,又能站到比较宏观的理论高度,对物质文化这些比较零散的材料进行符合历史实际的概括。他对嘉靖时期民风士风的变化,是从"情"和"礼"角度的进行分析,这样的高度就不是停留在简单的两个派别之争,而是深入到对于中国传统文化内涵的认知,究竟是"情"重要还是"礼"重要。这样的研究才是透过现象看本质,引人深思。感谢陈老师的精彩演讲!

(本次演讲稿由上海师范大学中国近现代史硕士生齐超儒、刘鹏整理,并经陈宝良教授审阅。)

会议综述

第十一届江南社会史
国际学术论坛综述

汪颖奇　彭庆鸿

由上海师范大学中国近代社会研究中心主办的第十一届江南社会史国际学术论坛于 2017 年 11 月 3—5 日在上海师范大学顺利召开。江南社会史国际学术论坛已成功举办十届，这是首次在上海师范大学举办。上海师范大学副校长高建华教授、学术委员会主任苏智良教授、中国近代社会研究中心主任唐力行教授出席开幕式并致辞，会议由上海师范大学徐茂明教授主持。来自英国牛津大学、日本北海道教育大学、香港中文大学、南京大学、复旦大学、北京大学、苏州大学、华东师范大学、西南大学、杭州师范大学、上海师范大学等国内外 22 所高校与科研机构的 42 名代表参加了会议。会议的闭幕式由上海师范大学洪煜教授主持，钱杭教授对本次会议进行了全面总结，与会学者还就今后的研究领域和方向提出了建议。

本次会议共收到论文 40 篇，主要围绕"水利、制度与经济"、"文人、文化与日常生活"、"戏剧、曲艺与民间工艺"、"战争、秩序与历史记忆"、"家族、家风与地域社会"五个主题进行讨论。

一、水利、制度与经济

明清江南赋税制度、商业、水利等问题一直是江南区域史研究的热点。**范金民**(南京大学教授)的《钱粮博弈:明到清前期江南减赋呼吁及其效果》关注明到清前期的江南减赋问题,指出明初至清末阶段,江南士民、地方官员、江南籍京官,与朝廷和代表国家利益的户部之间,长期展开赋税博弈,前者呼吁减低江南尤其是苏、松两府的税额,后者则相应采取了诸多救偏措施。明清朝廷在江南的赋税政策是各种力量博弈的结果。**余清良**(杭州师范大学副教授)以北新关为中心,研究杭州地区的商税。他通过对北新关商税征课数额的考察,来厘清明清时期杭州地区的整体商税税额,并通过分析税额的增长变化,进一步探究明清时期杭州及其周边地区各类商品生产与贸易的发展情况。**邵义**(华中师范大学兼职教授)基于对《赋役全书》、《金沙纪略》等地方文献的解读,探讨太平天国前苏州省州县田赋制度与实践。他发现,通过比较《赋役全书》、《金沙纪略》中各款项的数字,可以在二者之间建立一一对应的关系。基于这一关系,可以通过《金沙纪略》重新读懂苏州省州县的《赋役全书》,从而利用《赋役全书》计算出各种额征银米及其运用。**夏井春喜**(日本北海道教育大学名誉教授)利用日本收藏的租栈簿册的文书资料,对近代苏州的催甲进行研究,主要探讨了催甲的职责、催甲的人员构成以及催甲如何转移地主与佃农之间的矛盾几个方面。

在商业方面,**邱澎生**(香港中文大学教授)关注商匠工资纠纷及地方政府经济立法问题,他利用清代苏州碑刻中记载的大量商人与工匠的工资纠纷案,探究工资讼案如何引起地方政府的修法与立法工作,考察当时地方政府与商人间的互动关系,并以此来说明中国当时存在的某种"经济立法"现象。

与会学者对宋、元、明清、近代各时段的江南水利问题进行了深入阐释。**钱杭**(上海师范大学教授)指出,两宋之际的著名理学家杨时,是与湘湖水库史密不可分的人物,然而长久以来冠于杨时头上的"创湖"光环并不恰当,不仅有过誉之嫌,甚至在一定程度上掩盖了杨时冠于湘湖工程方案的综合思考和慎重选择。他进一步指出,将"始于湘湖"作为善政归功于杨时的时间,不可能在宋代,而应该是在明代,到了清代则作为历史定论,成为展开湘湖史讨论的基本前提。**王旭**(扬州大学)的《宋代苏、湖两州边界变迁考》通过对北宋初年苏、湖两州边界调整的相关史实的梳理,以及对文献相关记载的辨析,纠正了今人所绘历史地图中的错误。他认为,两州边界调整反映出当时地方政府和民众对于基层事物的关心往往具有地方保护主义色彩。**向珊**(湖南大学)从元代治水专家任仁发的治水实践着手,结合《水利集》等相关资料,分析治水遭遇的阻力、反对势力的构成、治水活动中的利益角逐,通过细节的展示来反映当时浙西基层社会的各种情态。**陈宝良**(西南大学教授)的《夜航船:明清江南的内河航运网络及其公共领域》对明清时期江南水乡的交通工具——夜航船进行了研究,分析了作为交通工具的夜航船的航线航路与内河航运网络,及作为一种公共场域的夜航船所衍生出的独特学问、故事和各种治安问题,并论述了轮船的兴起与航船的衰落这一历史过程。**鹭尾浩幸**(日本北海道教育大学)以江南水利事业为中心,考察1914年地方自治停办的影响。他指出,自治制度虽停办,但水利建设所承载的地方自治功能仍在运作。对各省政治内部结构的研究,应该将制度的"地方自治"与基层社会继承的"地方制度"区分开来。

二、文人、文化与日常生活

江南是人文鼎盛之地,江南文人的交游、雅集、文化生活、日常生活、信仰与心态等均得到学者们的关注。**王鸿泰**(台湾"中研院"研究员)的《借交成名——何良俊的交游活动与成名之道》以何良俊为案例,探讨了文人通过交游活动来提升知名度的现象。**葛金华**(常州大学副教授)的《近代江南文人雅集与日常生活:以上海鸣社为例》从鸣社社史与文献梳理、鸣社构成与社团管理、鸣社雅集内容与传播、鸣社重要雅集与遗存、鸣社与其他诸社关系五个方面对鸣社进行了系统研究,展示了近代江南文人雅集与日常生活图景。

江南文人吴贞度与《富春山居图》的关系问题,近年来学界多有质疑。**夏维中**(南京大学教授)究通过梳理有关火殉的文献记述,对这一问题进行了考述,他认为吴贞度的信息全面与否不仅是还原火殉事件的关键之一,而且涉及《富春山居图》残卷辨伪与原貌复原等重大问题。**陈江**(华东师范大学教授)的《顾炎武金石研究之路与影响》认为顾炎武基于主客观多方面因素,改变了宋代以来鉴赏与研究并重的金石学之风,以明道、救世的为学宗旨,务实、质朴的治学风格,专注于金石铭文的考证,影响了清代的学风,推动了金石考证的迅速发展。**徐茂明**(上海师范大学教授)以《王韬日记(增订本)》及牛津大学馆藏王韬信札为资料,探讨近代早期江南士人的理想与生活,及王韬的晚年心境。他指出,王韬早年在上海墨海书馆谋生期间,虽然受洗入教,但其思想核心还是根植于儒学之中,其人生理想则是儒家的"三不朽",并由此分析了晚清士人阶层"三不朽"人生理想与实际日常生活的冲突与调适。他跳出"传统与现代"的分析框架,提供了一个更加真实鲜活的江南士人的历史面向。**邹振环**(复旦大学教授)探讨了江南"书业奇才"沈知方对世界书局发展的影响。在民国出版史上,世界书局曾经与商务印书馆、中华书局鼎足而三,出版了大量名著译刊,作为书局创始人的沈知方在其中起了不可忽略的作用。

除了对江南文人的研究,还有学者注重对江南文献、具体区域文化的研究。**王振忠**(复旦大学教授)以自己即将出版的《徽州民间珍稀文献集成》为例,指出徽州文书的大量发现、搜集与整理出版,对江南地区商业史、历史地理、社会史、法制史等研究都起了极大的促进作用,开启了明清以来中国社会文化史、经济史研究中的许多新课题。**朱海滨**(复旦大学教授)考察了温州自明代以来科举衰落现象背后的多重因素,他认为,元代温州科举断层、元末战乱、明中叶矿工之乱、倭寇打击,以及明代科举制度变迁、江南地区社会经济的强势崛起,都是导致温州文风不振的原因。

三、戏剧、曲艺与民间工艺

评弹是江南最有代表性的曲艺,唐力行教授、洪煜教授、朱小田教授都对其进行了深入研究。唐力行(上海师范大学教授)的《走码头——近代江南水乡与苏州评弹》运用历史地理的研究方法,以第一书码头常熟为例,探讨长江、太湖水系与市镇、书场的对应关系。地理条件直接影响着书场的分布与密度,苏州评弹艺人通过江南密布的水路,以走码头的形式深入江南社会的每一个市镇村落。水道与码头一方面影响着说书的艺术形式,形成了"书路"的说书艺术,使评弹能够达到常说常新的效果;另一方面也影响着说书人艺术生涯的每个关节点。洪煜(上海师范大学教授)以 20 世纪 40 年代的上海《秋海棠》弹词版权案为例,从社会文化史视角厘清近代上海新闻界与评弹曲艺界之间的关系,探讨大小媒介的报道立场及反应对于这一事件的推动作用。这一案例反映了战后上海评弹艺人的生存状态,作为职业女性在社会上所遭遇的复杂环境,同时也反映出战后上海新闻报刊业、职业艺人与海派文人之间的利益共存关系。朱小田(苏州大学教授)在《近代江南说书先生的乡村地位》中指出,在城市语境中,评弹艺人是一个"走江湖的卖艺人"的形象,而在乡村社会里,说书人以其超越乡民的知识储量、妙趣横生的说唱风格、修行砥名的行谊而被尊为"先生",享有较高社会地位。

除评弹研究外,还有吴强华(上海师范大学副教授)对沪剧的研究。他的《都市文化浸润下的沪剧形象研究》从沪剧不同时期的剧目、表演形式、表演平台、社会反响等方面,多维度展示沪剧不同发展阶段的戏曲形象,揭示沪剧从乡间草根小曲到都市戏剧的演化路径,解析上海城市化进程对沪剧发展所产生的影响,探索传统文化的现代转型道路。

陈凌(上海博物馆副研究员)选取晚明时期上海著名的工艺门类"顾绣"为研究对象,她通过考察露香园顾氏家族的兴衰演变,探讨了本地士绅在顾绣发展史上的重要作用。她指出,"顾绣"在晚明经历了从"闺阁绣"到"文人绣"再到"商品绣"的发展脉络,而"文人绣"作为顾绣发展的高峰,离不开顾寿潜、董其昌等本地文人绅士的题跋赞语。

四、战争、秩序与历史记忆

近代江南屡遭兵燹,尤其是咸丰时期的太平天国运动给江南带来了毁灭性的灾难。**罗晓翔**(南京大学副教授)关注太平天国时期的团练研究,指出以往学术界对于这一问题的研究基本遵循地方军事化、绅权上升、地方主义的分析框架,夸大了团练的作用与影响力。她通过对咸同时期苏常团练材料的再解读,发现苏常团练主持者只是地方士绅中的一小部分,地方军事化非但没有提高他们的社会威望,反而降低了他们的公信力。团练局也未能增强地方凝聚力,反而加深了社会与心理层面的矛盾,成为精英阶层内部进一步城乡分化的原因之一。**陈岭**(复旦大学博士生)则关注咸同之际战争中的江南才媛,他通过对才女诗文的分析,探索战乱中经历丧亲之痛的女性的内心世界。并进一步指出,战乱影响下生活空间的变化,伴随着女性解放思潮的觉醒,成为"新女性"兴起的渊薮之一。

此外,还有学者对其他战乱及其影响进行了分析。**戴鞍钢**(复旦大学教授)的《1911年岁末上海及江南的金融恐慌》指出,长江航运线密切了上海与长江沿岸的经济联系,促进上海金融业大发展。而武昌起义的爆发,直接对武汉金融业形成冲击,随后波及上海及其江南的金融业,引发了金融恐慌,这对上海及其江南的历史走向产生了影响。**池子华**(苏州大学教授)关注江浙战争期间红十字会组织的战地救护,包括江浙战争期间上海红十字组织体系的建构、战争救护的基本情况、战争救护成功的原因、江浙战争救护对红十字事业发展的影响等方面,他认为,江浙战争救护中上海红十字分会组织的大量涌现,在保证救护使命完成的同时,也开创了上海红十字会事业发展的新局面。

战乱之后,紧随而来的必然是社会秩序的重建。**纪浩鹏**(北京大学博士生)以民元苏州兵变为个案,分析了兵变发生之后苏州军政当局、商会、外国势力等各方因应,及兵变平定之后的善后博弈。通过这一个案侧面反映辛亥革命余波后的地方社会秩序重建问题。**丁贤勇**(杭州师范大学教授)的《江南的礼堂:20世纪以来乡土重建的一项考察》探讨了乡土社会公共空间这一课题,他对1949年之后江南礼堂的发展及其功能变迁进行了阐述。指出政治性的礼堂在取代基层社会的祠堂成为乡村社会的全新空间的同时,也将政权的力量、国家的意志下达到了基层的每个角落。**胡勇军**(浙江水利水电学院)从教育经费的角度看民国城市市政建设的困境,他通过对南京国民政府初期苏州市教育经费短缺状况、原因分析、解决方案几方面的研究,揭示了民国时期城市发展和市政建设中存在的弊端。

五、家族、家风与地域社会

孔妮妮(上海师范大学副教授)研究宋元时期江南华亭卫氏家族的形成与发展,家族的家学体系与文化特征。在江南文化世族中,华亭卫氏家族拥有庞大的支系和累世传续的谱牒,秉持诗礼传家的家风,在松江地区享有盛誉,并在地方文化事业中发挥了重要作用。**黄阿明**(苏州科技大学副教授)的《易武从文:明代长洲军户家族彭氏之转型》关注明代长洲军户家族彭氏由武到文、由客而土、脱离军户的转型过程,探讨了彭氏来源、家庭状况、家族转型以及转型过程中出现的始迁祖认同诸问题,为全面认识江南地区的家族提供了范例。**吴建华**(苏州大学教授)探讨了吴中叶氏自北宋以来的发展状况,该家族秉承叶梦得《石林家训》与《卯峰叶氏家训》的教诲,重视人品修养与治生之道,形成独到的优良家风,促进了吴地社会文化发展。

吴滔(中山大学教授)以吴江黄溪史氏为中心,对永充制的具体实施情况进行重新认识。史氏为了维持家业,制定并严格执行了嫡长子继承制的严苛家法。随着粮长制的式微,这种家法也走向消沉。因此,将永充制置于明代赋税制度与礼仪制度变化场景下加以考察,才能深刻认识粮长制的实质性变迁。**杨茜**(上海师范大学)以常熟县为中心,研究明代中后期江南市镇中的"主姓"

家族与地域认同。她指出,伴随着地方社会权力格局的转变,市镇"主姓"的身份属性也发生了向士绅家族的转型,与市镇关系日趋紧密,这影响到了市镇的自我认同,并冲击了传统基层区划组织结构。**谢一彪**(绍兴文理学院教授)从老郎菩萨特的特指对象、老郎庙、祭祀仪式以及为何将老郎菩萨附会为唐明皇等几个方面,对浙江沪地区堕民的老郎菩萨崇拜进行了系统阐释。

除了以上五个主题外,**沈艾娣**(英国牛津大学教授)就微观史与世界史的关系提出了自己的观点。她认为,微观史与世界史不是截然对立的两个概念,而是相互联系的。微观史的研究方法有利于推进世界史的研究,世界历史的发展也会对不同的微观区域产生不同影响。

通过广泛深入的讨论,推进了学者们对江南研究路径的进一步深入思考,取得了良好的效果。钱杭教授在会议总结中指出,本次会议取得了五大突破:第一,出现了"新人物"、新面孔;第二,出现了新史料;第三,出现了新方法;第四,出现了新视角;第五,出现了许多新观点。

最后与会学者还就今后的研究领域和方向提出建议。刘石吉(台湾"中研院"研究员)提出,日本学者对江南地域社会的研究成果值得关注,中国本来就是地域社会、血缘社会,要以解剖麻雀的方法进一步研究江南市镇。**王鸿泰教授**指出,江南社会史国际学术会议的规模很大,主题涉及江南经济、制度、水利、地方社会、地方组织、家族、社会文化、历史记忆等诸多方面,范围广泛。**戴鞍钢教授**认为,江南学研究任重而道远,在时间上,可以进一步关注清末民初民间力量对社会的贡献;空间上,要加强区域内部小尺度的比较,以及区域之间的不同比较。邹振环教授、范金民教授认为,江南社会史国际学术会议的学术性很强,能够持续举办,非常不易,"靡不有初,鲜克有终",希望这个国际交流平台持续不断地做下去。范金民教授还强调,要重视区域内、区域间、江南和国外的比较研究,研究时段可以从明清进一步下移到现代,要进一步开发利用江南珍稀文献。吴滔教授提出,江南区域史研究要注重尺度核心概念,包括时间、空间尺度,微观史、全球史尺度,以及日常生活史等方面。在具体研究中,要始终关注商业、赋役、文化等核心和基本问题,避免研究陷入碎片化。

"江南社会史学术论坛"已成功举办了 10 届,第十一届的成功举办开启了未来江南社会史研究的新 10 年,承前继后,并将引领、带动江南社会史研究进入一个更高台阶。

[作者简介] 汪颖奇、彭庆鸿,上海师范大学人文与传播学院博士研究生。

2017年江南研究论著索引(期刊部分)

(按作者姓名音序排列)

理论探索

陈宝良:《城市史研究的新转向——从社会经济史的视角解读区域社会》,《中国史研究动态》2017年第2期。

梁仁志:《关于中国区域史研究的几点反思——以安徽的区域史研究实践为例》,《南京社会科学》2017年第3期。

苏晓静、刘士林:《关于江南文化研究的若干重要问题探讨》,《装饰》2017年第3期。

徐国利:《徽学学科理论基本问题再研究》,《安庆师范学院学报(社会科学版)》2017年第1期。

余厚洪:《基于"真实"的档案记忆构建与识别》,《档案与建设》2017年第8期。

湛晓白:《从礼拜到星期:城市日常休闲、民族主义与现代性》,《史林》2017年第2期。

朱英:《近代商会史研究的缘起、发展及其理论与方法运用》,《近代史研究》2017年第5期。

江南社会

艾俊川:《弥俄礼收藏的太平天国路凭考》,《史林》2017年第5期。

卞利:《论徽州的宗族祠堂》,《中原文化研究》2017年第5期。

蔡勤禹:《民国时期工商业者慈善动因论析——以上海为中心的考察》,《东方论坛》2017年第5期。

曹化芝:《清代徽州宗族救助形态》,《福建江夏学院学报》2017年第3期。

陈淳子:《明清歙县桂林洪氏家族科举概述》,《寻根》2017年第5期。

陈德军、杨健璎:《1965年来沪越南留学生考述》,《当代中国史研究》2017年第2期。

陈峰:《简论南宋临安的市井乱象及其根源》,《中国史研究》2017年第2期。

陈国灿:《略论民国时期城市体制的演变——以江浙沪地区为中心的考察》,《江汉大学学报(社会科学版)》2017年第5期。

陈国栋、青木信夫、徐苏斌、达纳·阿诺德:《英租界殖民路径与九国租界竞争性拼贴——

以天津英租界(1860—1943)规划为重点》,《城市规划学刊》2017 年第 2 期。

陈华丽:《〈申报〉与杨乃武案:近代审判公开理念启蒙的表达》,《社科纵横》2017 年第 8 期。

陈杰:《法国梧桐名实及其传入中国时间考》,《农业考古》2017 年第 3 期。

陈静:《被排斥的外来者:青州赈灾中的英国浸礼会与江南士绅》,《江苏社会科学》2017 年第 4 期。

陈岭:《清末至民国江南水利转型与政治因应——以常熟白茆河为中心》,《江苏社会科学》2017 年第 4 期。

陈雅娟:《清代常州才女结社唱和研究》,《江南论坛》2017 年第 6 期。

陈雁:《由姊妹而同学:基督教与近代上海女学校、女学生》,《社会科学辑刊》2017 年第 2 期。

陈月萍:《明清以来下渚湖的变迁及其原因探究》,《湖州师范学院学报》2017 年第 1 期。

陈云霞:《1937—1948 年间上海城市民间信仰传播和分异研究》,《中国历史地理论丛》2017 年第 2 期。

陈志坚:《辨隋杭州城为子城而非大城》,《杭州文博》2017 年第 1 期。

陈忠珊:《交流与对话:明清时期徽州宗法与教育的互动》,《淮南师范学院学报》2017 年第 4 期。

池子华:《民国时期"打工妹"群体的精神生活——以长三角地区为中心的考察》,《史学集刊》2017 年第 2 期。

褚金勇:《从"不朽"到"速朽":报刊媒介影响下晚清士人书写观念的转型》,《杭州师范大学学报(社会科学版)》2017 年第 5 期。

崔佩姮、张金铣:《清代徽州庙会的心理调适功能》,《宜春学院学报》2017 年第 5 期。

崔若男:《手帕姊妹:明清江南地区娼妓结拜习俗研究》,《文化遗产》2017 年第 2 期。

戴蓓芬:《不稳定的主体——1920—1937 年〈申报〉女性新闻研究》,《新闻知识》2017 年第 9 期。

戴海斌:《〈亚东时报〉研究三题》,《史林》2017 年第 1 期。

邓丽兰:《从市参议会质询权之行使看战后上海的社会治理》,《史林》2017 年第 2 期。

邓琳爽、伍江:《近代上海城市公共娱乐空间结构演化过程及其规律研究(1843—1949)》,《城市规划学刊》2017 年第 3 期。

邱宏霆:《近代上海公共租界内的国货抗争——以中华国产联合商场为中心》,《史学月刊》2017 年第 9 期。

丁光、陈雪军:《汉学家慕阿德保存的杭州文庙图及其研究》,《浙江档案》2017 年第 11 期。

丁红:《民国初期围绕上海公用事业主权的中外博弈》,《城镇供水》2017 年第 3 期。

董家魁:《明清徽商对徽州家谱纂修的支持与贡献》,《东北农业大学学报(社会科学版)》2017 年第 2 期。

董家魁:《明清徽州家谱传记与徽商社会地位的提高》,《宁夏大学学报(人文社会科学)》2017年第4期。

杜慧芳:《浅析"元政宽纵"——以江南社会为视角》,《西部蒙古论坛》2017年第2期。

杜建录、邓文韬:《安徽歙县贞白里牌坊始建年代考——兼考西夏移民余阙佥宪浙东道期间的史迹》,《宁夏社会科学》2017年第1期。

范金民:《清代中外贸易中的"南京布"》,《南京大学学报(哲学·人文科学·社会科学)》2017年第2期。

方利山:《朱子理学对徽州宗族祠堂的影响》,《学术界》2017年第3期。

冯保善:《明清通俗小说江南传播及其经典化进程》,《南京师大学报(社会科学版)》2017年第4期。

冯尔康:《清代徽州才女的文学创作生活与思想境界》,《天津师范大学学报(社会科学版)》2017年第4期。

冯芳:《上海月份牌广告画的解析与再运用》,《艺术科技》2017年第6期。

冯贤亮:《"锦灰堆":明清江南坍涨地之变迁与地方社会》,《江南大学学报(人文社会科学版)》2017年第3期。

冯贤亮:《袁黄与地方社会:晚明江南的士人生活史》,《学术月刊》2017年第1期。

付海晏:《上海静安寺"汉奸和尚案"研究》,《近代史研究》2017年第1期。

高逸凡:《明代官方文书中的"江南"》,《江苏社会科学》2017年第2期。

葛夫平:《第二次四明公所案与上海法租界的扩界》,《历史研究》2017年第1期。

葛慧烨、黄鸿山:《清代苏州彭氏的教育事业探论》,《苏州教育学院学报》2017年第3期。

耿金:《建构与解构:明代浙东湖水纠纷中的利益表达——以上虞皂李湖为中心的考察》,《史学月刊》2017年第4期。

龚建培、严宜舒:《从〈上海漫画〉广告中窥探上海服饰时尚之变迁(1928—1930)》,《服装学报》2017年第2期。

郭睿君:《徽州契约文书所见"中人"称谓》,《淮北师范大学学报(哲学社会科学版)》2017年第1期。

郝芹、封锋:《民国时期苏州冬防制度评析(1027—1937)》,《档案与建设》2017年第2期。

何汝云:《上个世纪三四十年代上海报刊视界中的"迪士尼"》,《戏剧之家》2017年第17期。

何王芳、陈银超:《民国杭州城市休闲空间的发展(1911—1931)》,《民国档案》2017年第2期。

洪煜、韩瑞韬:《话语与秩序:1928年湖社处理寿圣庵地产纠纷案》,《史学月刊》2017年第6期。

侯庆斌:《晚清中外会审制度中华洋法官的法律素养与审判风格——以上海法租界会审公廨为例》,《学术月刊》2017年第1期。

胡箫白:《文化符号与晚清南京的地域认同——以曾国藩"进驻"莫愁湖与"莫愁湖题联事件"为中心》,《江苏社会科学》2017年第4期。

胡勇军:《"狂欢"中的"异声":民国知识分子对民间祈雨信仰的态度与认知》,《兰州学刊》2017年第7期。

胡勇军:《民国时期杭州饮用水源及其空间差异性研究》,《史林》2017年第1期。

胡勇军:《水乡、山地与明清以来江南地区盗匪的活动空间研究——以长兴、吴兴两县为例》,《中国历史地理论丛》2017年第2期。

胡勇军:《仪式中的国家:从祈雨看民国江南地方政权与民间信仰活动之关系》,《江苏社会科学》2017年的第1期。

黄阿明:《易武从文:明代长洲军户家族彭氏之转型》,《苏州科技大学(社会科学版)》2017年第6期。

黄鸿山:《"教养兼施"的实践、成效与困境:民国浙江救济院研究(1928—1937)》,《苏州大学学报(社会科学版)》2017年第4期。

黄忠鑫:《明清时期徽州地方宗族对九相公崇拜的塑造》,《安徽大学学报(哲学社会科学版)》2017年第6期。

计小敏:《清代以来淮扬水上社会的研究(1644—1949)》,《扬州大学学报(人文社会科学版)》2017年第3期。

纪浩鹏:《军兴之际的苏州商团》,《东吴学术》2017年第1期。

纪浩鹏:《宁属还是苏属:辛壬之际江苏省会之争》,《江苏社会科学》2017年第2期。

纪浩鹏:《社团网络中的近代苏州商团》,《江南大学学报(人文社会科学版)》2017年第2期。

季凌霄:《从游戏场看近代上海的全球想象》,《史林》2017年第5期。

江伟涛:《江南商业市镇与县以下行政区划——1950年代初期苏南"建区设镇"中的市镇》,《广东社会科学》2017年第3期。

江伟涛:《民国1∶10万地形图及其所见江南市镇数量——兼论常熟、吴江市镇数量的巨大反差》,《中国历史地理论丛》2017年第3期。

江文君:《从咖啡馆看近代上海的公共空间与都市现代性》,《史林》2017年第5期。

江文路:《中共领导工人运动与帮会势力之关系演变——以上海罢工(1919—1949)为例》,《党史文苑》2017年第2期。

蒋道霞:《徽商婚姻与徽商发展探析》,《兰台世界》2017年第19期。

蒋杰:《战时上海的财产犯罪:失业、通货膨胀与饥饿(1937—1942)》,《安徽史学》2017年第5期。

解军、寇宝银:《女说书:近代苏州评话艺人的性别分野》,《苏州教育学院学报》2017年第1期。

经先静:《社会性别视角下的20世纪30年代上海女工需求研究》,《兰台世界》2017年第3期。

敬淼春:《宏观视野下明清时期苏州丝绸的国际辐射圈》,《浙江理工大学学报(社会科学版)》2017年第3期。

康健、郭睿君:《晚清江南望族的修谱动员——以〈申报〉为中心》,《安徽史学》2017年第4期。

雷环捷:《南京铁路枢纽的形成及其经济影响述略:1903—1937》,《自然辩证法研究》2017年第11期。

雷伟平:《上海三官神话的地方话语及其变迁研究——以上海青浦区A村为例》,《华东师范大学学报(哲学社会科学版)》2017年第3期。

黎志刚:《从方志、档案看地方史和全球史:近代上海中山人的个案研究》,2017年《上海地方志》编辑部会议论文集。

李传斌、牛桂晓:《博习医院与近代苏南社会》,《东吴学术》2017年第4期。

李春晖:《老上海租界缘起水价的一场轩然大波》,《城镇供水》2017年第5期。

李东鹏、高勤:《评弹表演中艺术的"转换"——马克·本德尔的〈梅竹:中国传统苏州评弹〉》,《泰山学院学报》2017年第4期。

李发根:《人的发展:工业文明与20世纪二三十年代的江南离村农民》,《兰州学刊》2017年第9期。

李广志:《古代日本能剧中的宁波人》,《海交史研究》2017年第2期。

李宏利:《明清上海士人家庭生育情况探析——以明清墓志为中心的考察》,《社会科学》2017年第5期。

李洪华、李鸿:《近代上海报刊出版的生发与嬗变》,《出版广角》2017年第19期。

李健、苏智良:《侵华日军在沪集中营考论》,《上海师范大学学报(哲学社会科学版)》2017年第3期。

李菁、李时人:《明清文化家族生成机制析论——以嘉兴为例》,《华侨大学学报(哲学社会科学版)》2017年第3期。

李立民:《从"故国"到"新朝"——明清之际桐城士人的地方自觉与国家认知》,《安徽大学学报(哲学社会科学版)》2017年第6期。

李留文:《洪山信仰与明清时期中原药材市场的变迁》,《安徽史学》2017年第5期。

李龙云、黄阿明:《元末明初衡山文氏支系分流研究》,《苏州科技大学学报(社会科学版)》2017年第5期。

李沛霖:《城市道路与公共交通关系探微——近代南京的个案分析》,《西南交通大学学报(社会科学版)》2017年第5期。

李鲜:《从明清徽州家谱看女性经济活动及其特点》,《赤峰学院学报(汉文哲学社会科学版)》2017 年第 8 期。
李晓明:《清代宝应刘氏家学历久传承原因述论——从家风、家教及姻娅说起》,《安徽史学》2017 年第 1 期。
李晓愚:《从"澄怀观道"到"旅游指南"——"卧游"观念在晚明旅游绘本中的世俗化转向》,《南京大学学报(哲学·人文科学·社会科学)》2017 年第 6 期。
李学功、祝玉芳:《海岛教案:"第三域"视阈下的文化排异与和合》,《湖州师范学院学报》2017 年第 9 期。
李学如、曹化芝:《清代江南宗族义庄的备荒制度——以族谱为考察中心》,《齐齐哈尔大学学报(哲学社会科学版)》2017 年第 10 期。
李玉铭:《抗战时期上海远洋航运探析(1937—1941)》,《史林》2017 年第 2 期。
李治安:《"唐宋变革"前后的江南角色与元明江南嬗变》,《思想战线》2017 年第 6 期。
梁晨、任韵竹、王雨前、李中清:《民国上海地区高校生源量化刍议》,《历史研究》2017 年第 3 期。
梁秀坤:《太平天国起义对江南学术共同体的影响——以锡山秦氏家族为例》,《寻根》2017 年第 5 期。
梁志平:《民国江南轻工业废水污染与社会应对》,《江苏师范大学学报(哲学社会科学版)》2017 年第 3 期。
梁志平:《民国时期湖州水质环境变迁与饮水改良》,《鄱阳湖学刊》2017 年第 4 期。
梁仁志:《也论徽商"贾而好儒"的特色——明清贾儒关系问题研究之反思》,《安徽史学》2017 年第 3 期。
林秋云:《"变质"的慈善:晚清沪北栖流公所初探》,《清史研究》2017 年第 4 期。
刘道胜:《明清徽州乡村文会与地方社会——以〈鼎元文会同志录〉为中心》,《中国史研究》2017 年第 4 期。
刘峰:《中日战争初期侵沪日军对公共租界的政策及其演变》,《上海交通大学学报(哲学社会科学版)》2017 年第 5 期。
刘浩龙、戴君虎、闫军辉、何凡能、葛全胜:《基于杭州偏晚终雪记录的南宋(1131—1270)气候再推断》,《地理学报》2017 年第 3 期。
刘莉:《民国时期苏州的轿妇群体》,《洛阳师范学院学报》2017 年第 1 期。
刘明鑫:《论明代南京乡试对南京旅店、娱乐、图书业的影响》,《江苏社会科学》2017 年第 3 期。
刘志英:《近代上海与西南地区的金融互动》,《历史教学(下半月刊)》2017 年第 3 期。
芦玲:《盐商的文化消费与京剧的形成——以 18—19 世纪的扬州为中心》,《兰州学刊》2017 年第 10 期。
陆建普:《上海法租界西区城市空间演进规律研究》,《2017 年城市发展与规划论文集》2017 年。

罗婧:《开埠初期上海英租界道路系统的建立与完善》,《史林》2017年第5期。

罗时铭、秦琦峰:《江南船拳的形成与历史演变——兼论"船拳"的苏州发源问题》,《苏州大学学报(社会科学版)》2017年第3期。

罗晓翔:《"国都记忆"与晚明南京的地方叙事——兼论明清时期的国家与城市关系》,《江海学刊》2017年第6期。

毛晓金、温瑜:《清代苏州文书档案管理人员地位变迁研究》,《文教资料》2017年第6期。

孟颖佼:《需索讼费:清末民间诉讼中的吏役——以〈陶甓公牍〉中相关案件为例》,《南阳师范学院学报》2017年第1期。

潘俊:《民国时期的镇江女子职业教育》,《江苏教育研究》2017年第12期。

潘庆中:《近代上海金融危机的经济学分析(1870—1937年)》,《中国经济史研究》2017年第4期。

潘中祥、郑卫荣:《20世纪30年代吴兴县社会状况分析》,《兰台世界》2017年第21期。

彭苏:《震惊世界的虹口公园爆炸案始末》,《文史天地》2017年第3期。

皮国立:《湿之为患:明清江南的医疗、环境与日常生活史》,《学术月刊》2017年第9期。

钱茂伟:《清代以来宁波史氏、陆氏宗谱编纂活动》,《宁波大学学报(人文科学报)》2017年第6期。

曲晓红:《清代徽州进士的"立功"思想初探》,《池州学院学报》2017年第2期。

桑兵:《辛亥光复各省的防奸锄奸——以沪军都督府为中心》,《华东师范大学学报(哲学社会科学版)》2017年第2期。

沙先一、秦敏:《江南家族与学术共同体——以涉园张氏家族为例》,《苏州大学学报(哲学社会科学版)》2017年第3期。

尚季芳、靳帅:《师生冲突与南北博弈——1926年同济大学"誓约书"风潮再探讨》,《历史教学(下半月刊)》2017年第9期。

邵雍:《晚清海盗述论——以〈申报〉为中心》,《安徽史学》2017年第3期。

沈红亮:《从1889年"镇江领事馆事件"管窥清末地方社会的冲突》,《历史教学(下半月刊)》2017年第2期。

沈伟:《民国律师的养成与律师制度的局限——以1930年代的上海为例》,《北方法学》2017年第4期。

史习隽:《徐光启的官界人际网络与在华耶稣会士传教事业的展开》,《史林》2017年第5期。

孙宝新:《孤岛时期〈申报〉药品广告俗语研究》,《安庆师范大学学报(社会科学版)》2017年第1期。

孙宅巍:《南京大屠杀期间的难民收容所研究》,《江苏社会科学》2017年第5期。

唐姆嘉:《20世纪30年代社会媒介的"摩登女性"想象》,《妇女研究论丛》2017年第5期。

田明、岳谦厚:《"黄色工会"问题的再研究——以上海邮务工会为中心》,《史学月刊》2017年第3期。
万东升:《近代来苏天主教修女群体的特征及其活动》,《中国天主教》2017年第3期。
万明:《白银、性别与晚明社会变迁——以徐霞客家族为个案》,《国际会议》2017年第1期。
万四妹、刘伯山、王键:《明清新安地方医官探析》,《北京中医药大学学报》2017年第7期。
汪注:《都市市民与〈申报〉副刊〈自由谈〉的生存之道》,《内蒙古农业大学学报(社会科学版)》2017年第2期。
王聪明:《客寓清江浦:日记所见晚清画家游幕现象考论》,《安徽大学学报(哲学社会科学版)》2017年第1期。
王定勇:《明清以来道情在江苏的传播》,《江苏社会科学》2017年第6期。
王浩:《明代前期徽州苏氏宗族研究》,《合肥工业大学学报(社会科学版)》2017年第1期。
王宏斌:《从番坊到租界:试探中国近代外侨政策之历史渊源》,《史学月刊》2017年第5期。
王宏斌:《清代前期江苏的内外洋与水师巡洋制度研究》,《安徽史学》2017年第1期。
王建革:《水文、稻作、景观与江南生态文明的历史经验》,《思想战线》2017年第1期。
王建革:《宋代以来江南水灾防御中的科学与景观认知》,《云南社会科学》2017年第2期。
王晶:《租界对传统城镇居民向近代市民转变的影响》,《山西青年》2017年第9期。
王凯歌、邢建榕:《近代上海租界的华人歧视现象》,《才智》2017年第1期。
王淼:《孟杰与民国时期湖州福音医院研究》,《湖州师范学院学报》2017年第9期。
王敏:《从华人代表权问题看近代中国口岸城市的华洋关系——以上海租界纳税人会议华人代表权提案的辩论为中心》,《晋阳学刊》2017年第1期。
王奇:《绍兴年间南宋临安太庙大殿建扩考》,《遗产与保护研究》2017年第3期。
王思齐、闻霞、王景权:《近代杭州广济麻风院的建立及其历史影响》,《中国麻风皮肤病杂志》2017年第10期。
王卫星:《南京大屠杀地域范围与起始时间再研究》,《江苏社会科学》2017年第5期。
王晓刚:《宋代常州胡氏家族研究》,《兰台世界》2017年第8期。
王晓晓、施瑞婷:《杭州近代城市发展研究》,《浙江档案》2017年第10期。
王兴文、徐蒙蒙:《官府、士绅与赌风治理——以晚清温州为例》,《浙江社会科学》2017年第9期。
王艳莉:《从〈字林西报〉看上海"孤岛"时期慈善音乐艺术的传播》,《音乐艺术(上海音乐学院学报)》2017年第3期。
王瀛培、徐华博:《"黄陆案":民国上海的婚姻悲剧与婚恋之社会问题》,《安庆师范大学学报(社会科学版)》2017年第4期。
王瀛培:《团结与改造:从旧产婆到社会主义接生员——以上海为例的讨论》,《妇女研究论丛》2017年第4期。

王悦:《20世纪20年代的温和改良女性观——以〈女青年〉为中心的研究》,《南京大学学报(哲学·人文科学·社会科学)》2017年第2期。

王振忠:《清代徽商与扬州的园林名胜——以〈江南园林胜景〉图册为例》,《安徽大学学报(哲学社会科学版)》2017年第6期。

王震:《近代上海外文报纸与近代上海国际商贸关系的研究》,《中国商论》2017年第12期。

魏兵兵:《近代上海半殖民地市政与城市公共空间之演进——以剧场建筑问题为个案》,《史学月刊》2017年第3期。

魏文静:《近代江南行业祭祀会社的功能变迁》,《南京晓庄学院学报》2017年第5期。

魏晓锴:《近代中国城市治理的困境:1946年上海摊贩事件再探》,《史林》2017年第3期。

翁沈君:《元代崇明海运家族变迁考论》,《史林》2017年第3期。

吴俊范:《舆情、消费与应对:抗战胜利后上海的"抗战夫人"问题》,《史学月刊》2017年第4期。

吴路伟:《"士—绅—商网络"与都市公共空间——以1920年代梅兰芳在上海的演出为例》,《艺苑》2017年第1期。

吴敏超:《绍兴沦陷:战时的前线与日常》,《近代史研究》2017年第5期。

吴敏闻:《近代日本知识人之上海观察》,《江西师范大学学报(哲学社会科学版)》2017年第3期。

吴永发、荣侠:《明清苏州滨水街巷分布变化与城市变迁关系》,《城市规划》2017年第7期。

吴铮强:《温州明清族谱宋元史料考》,《杭州师范大学学报(社会科学版)》2017年第3期。

武云清:《乾隆盛世与江南士人心态》,《甘肃广播电视大学学报》2017年第1期。

夏咸淳:《明清嘉定文化世家考论》,《史林》2017年第2期。

谢志斌:《湖州铁佛寺宋铸观音像与观音信仰的中国化》,《湖州师范学院学报》2017年第1期。

徐立望:《移民网络的编织与运转——民国浙南海外移民动因再探讨》,《华人华侨历史研究》2017年第1期。

徐鹏:《侈风中的"清流"——论明清浙江地方志中的妇女消费生活》,《中国地方志》2017年第9期。

徐涛:《黄勋伯与20世纪初的上海》,《史林》2017年第5期。

徐涛:《近代上海万国商团之华员群体》,《史学月刊》2017年第10期。

徐笑运:《上海开埠通商后商人阶层的生活风尚——上海竹枝词的社会史解读》,《南京晓庄学院学报》2017年第2期。

徐智:《略论1931年的南京水灾救助》,《档案与建设》2017年第8期。

徐子理:《近代江南基层社会保障机构的战后重建——以光绪初年溧水县为例》,《江南论坛》2017年第2期。

许峰:《跑马与近代上海城市氛围之变迁——从〈申报〉创刊号上的头条新闻说起》,《广西科技师范学院学报》2017年第1期。

许浩、赵进:《基于〈姑苏繁华图〉的清代苏州街巷景观初探》,《建筑与文化》2017年第8期。

许璐:《元末明初徽州士人忠义观论析——以大阪汪氏兄弟为例》,《周口师范学院学报》2017年第3期。

杨洸:《民国时期浙江省立宁波民众教育研究》,《绍兴文理学院学报(教育版)》2017年第1期。

杨海军、连廷辉:《民国时期上海"月份牌广告"画家群研究》,《广告大观(理论版)》2017年第3期。

杨丽婷:《清代杭州府海防同知与钱塘江海塘》,《浙江水利水电学院学报》2017年第4期。

杨茜:《"年年刷卷作故纸":明代海盐县永安湖水利困境与地方社会探析》,《社会科学》2017年第2期。

杨茜:《明代中后期江南社会变迁与市镇权势更迭——以江阴县长泾市为中心》,《上海师范大学学报(哲学社会科学版)》2017年第2期。

杨雄威:《革命的余波:1930年上海药业风潮研究》,《史林》2017年第5期。

姚丹、胡飞:《论清代湖州笔工群体的分化与外埠笔庄的创设》,《装饰》2017年第8期。

姚霏、马培:《街头的性别与国族——上海"三八"国际妇女节游行研究(1936—1951)》,《妇女研究论丛》2017年第1期。

尹丽丽:《〈申报〉所载〈牡丹亭〉的晚清传播》,《文化遗产》2017年第4期。

于桃桃:《明清江南地区专业交通市镇研究——以上海县为例》,《湖北第二师范学院学报》2017年第1期。

余焜:《明代浙江地区书院发展情况考释》,《嘉兴学院学报》2017年第2期。

张蓓蓓:《"海派"妓女服饰文化探微——清末民初娱乐文化、"舶来"的摩登与审美情趣》,《艺术设计研究》2017年第2期。

张帆燕、董娇:《论知识人笔下的1934年江南祈雨》,《绍兴文理学院学报(哲学社会科学)》2017年第3期。

张海英:《"国权":"下县"与"不下县"之间——析明清政府对江南市镇的管理》,《清华大学学报(哲学社会科学版)》2017年第1期。

张剑、寿自强:《浙江下层绅士与太平天国运动研究》,《湖州师范学院学报》2017年第3期。

张剑光:《宋元之际上海地区的水陆道路和交通网络》,《上海师范大学学报(哲学社会科学版)》2017年第5期。

张小明:《古越族原始信仰与徽州民间巫术》,《贵州民族研究》2017年第4期。

张小坡:《清代徽州文会运作及其科举功能》,《安徽师范大学学报(人文社会科学版)》2017年第5期。

张小坡:《同学会:近代旅外徽州青年学子的群体组织及其运作》,《安徽史学》2017 年第 4 期。

张学继:《抗战胜利后第三战区在浙江的"洽降"与"受降"》,《浙江学刊》2017 年第 5 期。

张哲溶:《民国初年上海家政生活研究——以〈中华妇女界〉为中心》,《当代教育实践与教学研究》2017 年 11 期。

张仲民:《当糖精变为燕窝——孙镜湖与近代上海的医药广告文化》,《社会科学研究》2017 年第 1 期。

张祝平:《宋代杭州佛教中国化的特征、影响因素及其对后世佛教发展的影响》,《中国佛学》2017 年第 2 期。

张子健、谢湜:《明清乡制考——以常州府武进县为例》,《上海师范大学(哲学社会科学版)》2017 年第 2 期。

章林:《上海沦陷时期的自杀事件》,《百年潮》2017 年第 11 期。

章毅:《从"土神"到"武神":宋元时期徽州的汪王信仰》,《安徽师范大学学报(人文社会科学版)》2017 年第 5 期。

赵忠仲:《明清时期的徽州家风渊源辨识》,《重庆社会科学》2017 年第 3 期。

郑庚:《明清时期苏州家训特征及现代启示》,《江苏师范大学学报(哲学社会科学版)》2017 年第 6 期。

郑海涛:《清代江南官府印象下的脚夫》,《萍乡学院学报》2017 年第 1 期。

郑卫荣:《明清南浔诗派探析——以董氏家族为中心》,《泰山学院学报》2017 年第 1 期。

郑小春:《封山育林与晚清徽州乡村社会的日常生活——对〈禁山簿册〉的考察》,《社会科学》2017 年第 12 期。

郑雪巍:《从流水日记中看民国时期徽州小农的日常生活》,《佳木斯大学社会科学学报》2017 年第 2 期。

中村贵:《被构建的"恐惧记忆"——来自在沪日本人的日常生活体验分析》,《华东师范大学学报(哲学社会科学版)》2017 年第 5 期。

钟翀:《日本所绘近代中国城市地图刍议》,《陕西师范大学学报(哲学社会科学版)》2017 年第 3 期。

周慧琳:《民族主义在近代上海的理想与现实——记上海大新公司立面方案的三次修改》,《同济大学学报(社会科学版)》2017 年第 3 期。

周琳:《明星半月刊中的民国电影与时尚生活》,《民俗研究》2017 年第 6 期。

周梦云:《清代徽州人建设家园的义行壮举——以周氏家谱为例》,《怀化学院学报》2017 年第 7 期。

周巍、吴琛瑜:《空间的体验:晚清以来苏州评弹听客的日常生活与感官文化》,《南京艺术学院学报(音乐与表演)》2017 年第 1 期。

周小兰:《浅析徽州教育的历史沿革》,《安徽文学(下半月)》2017年第9期。
周晓燕、李嘉君:《民国时期乡村教师的身份认同与社会功能——以江南地区为考察中心》,《浙江师范大学学报(社会科学版)》2017年第6期。
朱春阳:《地方大族与城市政治中心的确认——以清代苏州玄妙观"康乾驻跸"说为中心》,《安徽史学》2017年第2期。
朱春阳:《宫廷与江南:清代苏州玄妙观及城东社会的崛起》,《江南论坛》2017年第5期。
朱慧敏:《明清徽州家谱像传初探》,《宁夏大学学报(人文社会科学版)》2017年第1期。
朱小阳:《从谱序看徽州社会宗族观念变化——以〈江西清华东园胡氏勋贤总谱〉为例》,《池州学院学报》2017年第4期。
朱伊革:《近代上海英文期刊的出版发行及其历史意义》,《中国编辑》2017年第9期。
朱溢:《南宋临安城内寺监安置探析》,《浙江大学学报(人文社会科学版)》2017年第5期。
朱溢:《南宋三省与临安的城市空间》,《复旦学报(社会科学版)》2017年第3期。
朱月琴、马红梅:《民国南京环卫收运管理问题研究——以粪秽处理为研究对象(1927—1937)》,《江苏师范大学学报(哲学社会科学版)》2017年第4期。
祝虹:《明清时期宗族人口迁徙补论——基于现存徽州家谱所含资料的分析》,《东北农业大学学报(社会科学版)》2017年第4期。
祝太文:《清代浙江沿海诸道海防活动考论》,《嘉兴学院学报》2017年第5期。
邹赜韬:《植壤、技术与生存策略:晚清民国的宁波土医——以1870至1936年的报纸材料为中心》,《地方文化研究》2017年第1期。

江南经济

畅童娜:《南京国民政府时期的地方银行——上海市银行职能功效研究》,《中国经济史研究》2017年第3期。
陈碧舟、张忠民:《近代外商企业的负债经营研究——以美商上海电力公司为例(1933—1937)》,《贵州社会科学》2017年11期。
陈明海:《重义轻利,舍利取义:徽商之儒家义利观疏论》,《合肥师范学院学报》2017年第2期。
董乾坤:《徽州民间账簿及其产生的社会机制——以"胡廷卿账簿"为例》,《安徽大学学报(哲学社会科学版)》2017年第6期。
杜正贞:《从"契照"到土地所有权状——以龙泉司法档案为中心的研究》,《中国经济史研究》2017年第3期。
杜正贞:《晚清民国山林所有权的获得与证明——浙江龙泉县域建德县的比较研究》,《近代史研究》2017年第4期。
范金民:《明清江南官布之征解》,《西南大学学报(社会科学版)》2017年第1期。

方前移:《近代皖江区域金融市场紊乱与经济波动》,《安徽师范大学学报(人文社会科学版)》2017年第4期。

冯贤亮:《赋役故事——明末清初松江一个秀才的经历和记忆》,《古代文明》2017年第4期。

冯志洁:《明代江南质库经营与艺术品典当——以浙江嘉兴府为中心》,《东南大学学报(哲学社会科学版)》2017年第4期。

高明:《边缘之路:战后中国经济的重建——基于民国时期上海燃料管理机构档案的研究》,《史林》2017年第2期。

葛吉霞:《筹措与用度:近代常州商会经费问题考察》,《江西社会科学》2017年第10期。

关永强、张东刚:《"斯密型增长"——基于近代中国乡村工业的再评析》,《历史研究》2017年第2期。

桂强、沈俊:《平湖地区的物价问题(1936—1946)——以老鼎丰档案资料为中心的考察》,《浙江档案》2017年第7期。

洪虹:《明以来徽州卖契中卖产原因研究》,《河南理工大学学报》2017年第3期。

侯官响:《明代万历时期苏州府的赋税结构》,《地方财政研究》2017年第1期。

侯鹏:《清代浙江顺庄法研究》,《中国经济史研究》2017年第4期。

胡英泽:《清代苏州鱼鳞册中的业佃并录考释》,《中国史研究》2017年第1期。

黄鸿山:《晚清江南善堂田产的额租、实族与地租收率》,《史林》2017年第1期。

江屺:《安吉县博物馆藏地契浅议》,《东方博物》2017年第1期。

江灶发:《论徽商文化的形成、特点与现实意义》,《江西财经大学学报》2017年第6期。

姜建忠、陈兆肆:《整顿烟俗与地方博弈:清乾隆朝颁布禁种烟草政令及其争议》,《湖州师范学院学报》2017年第3期。

康健、孔康平:《乱世中徽州民众生计模式的转变:基于〈黟县碧山李氏宗派谱〉的个案考察中国》,《中国社会经济史研究》2017年第1期。

柯华:《近代荣家企业投机研究——基于财务史料的视角》,《中国经济史研究》2017年第1期。

李家涛:《清代江南地区水驿初探》,《中国经济史研究》2017年第5期。

李玲玉:《乡邻互助:清代徽州基层社会的私人借贷》,《合肥学院学报(综合版)》2017年第1期。

李甜:《徽州人在芜湖——以1950年代芜湖市总工会资料为中心》,《安徽大学学报(哲学社会科学版)》2017年第6期。

梁仁志、李琳琦:《徽商研究再出发——从徽商会馆公所类征信录谈起》,《安徽师范大学学报(人文社会科学版)》2017年第3期。

梁诸英:《晚清至民国前期徽州地区与浙江农业经济的交流》,《安徽史学》2017年第3期。

刘岸冰:《公私合营高潮中上海私营工商业者的增资研究》,《当代中国史研究》2017年第5期。

刘灿华:《近代徽商的衰落及其原因探析》,《三明学院学报》2017年第1期。

刘道胜:《民间习俗与传统契约信用的维系——以明清徽州为中心》,《安徽师范大学学报(人文社会科学版)》2017年第2期。

刘道胜:《清代图甲户籍与村落社会——以祁门县王鼎盛户〈实征册〉所见为中心》,《学术月刊》2017年第5期。

刘恒武、金城:《宋代两浙路海洋灾害防御工程资金来源考》,《上海师范大学学报(哲学社会科学版)》2017年第1期。

刘平:《民国银行处置操作风险大案的十大警示——1934年上海商业储蓄银行陈民德舞弊案的历史镜鉴》,《中国银行业》2017年第1期。

刘长林、王植槐:《"癫狂"与"无奈"——清代苏州大阜盐商潘氏的科举之路与明清商人群体的现实困境》,《文教资料》2017年第5期。

卢华语:《唐天宝间江南地区的麻布产量及社会需求》,《中国经济史研究》2017年第4期。

卢婷:《明清徽商雇佣劳动力规模研究——以两淮盐业为例》,《淮海工学院学报(人文社会科学版)》2017年第1期。

卢婷:《明清江南劳动力市场发育研究》,《西安文理学院学报(社会科学版)》2017年第2期。

马勇虎、李琳琦:《清代祁门县王鼎盛户实征册研究》,《中国经济史研究》2017年第2期。

孟伟、杨波:《山西票号在上海的业务和收益研究——以光绪三十二年日升昌票号上海分号〈年总结账〉为例》,《上海对外经贸大学学报》2017年第6期。

牟振宇:《上海法租界早期土地交易、地价及其内在机理(1852—1872)》,《中国经济史研究》2017年第2期。

屈胜飞:《政府公权力与行业利益的博弈——以南京斛行制度改革为中心的考察(1928—1936)》,《中国社会经济史研究》2017年第1期。

任群景:《晚近变局中的浙江货币金融》,《中国钱币》2017年第5期。

沈伏琼:《元代江南寺院侵占儒学田产现象探析——以胡文昭公墓据碑为中心》,《史学集刊》2017年第1期。

沈世培:《南宋江南圩田经济地位试探》,《安徽师范大学学报(人文社会科学版)》2017年第6期。

石涛:《上海银行业与抗战前的陕西棉业——以棉花产销合作贷款为中心的考察》,《青海民族研究》2017年第12期。

侍冰冰:《近代无锡的工商业同业公会研究》,《现代商贸工业》2017年第24期。

宋时磊:《检权之争:上海万国生丝检验始末》,《中国经济史研究》2017年第6期。

唐媚媚:《明清江南农业经济发展探讨——评李伯重先生之明清江南农业经济发展特点》,《农业科技与装备》2017年第3期。

汪柏树:《1949—1950年屯溪当代徽商考察》,《黄山学院学报》2017年第1期。

王大中、张跃:《20世纪20—30年代上海钱庄放款风险规避研究》,《贵州社会科学》2017年第8期。

王大中、张跃:《商业网络、信贷约束和低质量陷阱——从茶栈放款制度看近代上海茶叶贸易》,《史林》2017年第4期。

王玉坤、刘道胜:《清朝至民国时期徽州钱会利率及运作机制考述——基于89份徽州钱会文书的考察》,《安徽史学》2017年第4期。

王振忠:《19世纪中后期的长崎贸易与徽州海商之衰落——以日本收藏的程稼堂相关文书为中心》,《学术月刊》2017年第3期。

吴才茂:《清水江文书所见清代苗族女性买卖土地契约的形制与特点——兼与徽州文书之比较》,《安徽师范大学学报(人文社会科学版)》2017年第3期。

现代面粉工业杂志社编辑部:《实业兴国——荣氏兄弟与他们的面粉产业上》,《现代面粉工业》2017年第5期。

向阳:《上海租界土地章程研究的检视与思考》,《河南牧业经济学院学报》2017年第4期。

谢超峰:《明清徽商与区域经济社会发展的双向互动》,《淮北师范大学学报(哲学社会科学)》2017年第4期。

谢小娟:《民国时期太仓地区田契研究》,《浙江档案》2017年第8期。

熊昌锟:《近代宁波的洋银流入与货币结构》,《中国经济史研究》2017年第6期。

熊远报:《在互筹与储蓄之间——传统徽州"钱会"的社会经济学解释》,《中国经济史研究》2017年第6期。

徐斌:《明清两湖水域产权形态的变迁》,《中国经济史研究》2017年第2期。

徐建生、朱荫贵:《聂宝璋先生与中古近代买办、洋行及航运业研究》,《中国经济史研究》2017年第1期。

徐琳:《试论抗战胜利后上海国有工业的扩张(1945.8—1949.5)——以"江南问题研究会"资料为核心的一个分析》,《上海经济研究》2017年第9期。

许檀、徐俊嵩:《明清时期芜湖关的税收与商品流通》,《清华大学学报(哲学社会科学版)》2017年第2期。

严国海:《税收与价格:福新、申新企业发展新探》,《中国经济史研究》2017年第4期。

杨荣斌:《浅析民国时期上海回族商业衰退原因》,《北方民族大学学报(哲学社会科学版)》2017年第2期。

尹圣珍、朱世桂:《徽茶、徽州茶商与茶文化传播初探》,《安徽农业大学学报(社会科学版)》2017年第4期。

游海华:《抗日战争时期中国东南区域工业发展考察》,《学术月刊》2017 年第 5 期。
俞江:《清中期至民国的徽州钱会》,《安徽大学学报(哲学社会科学版)》2017 年第 4 期。
喻梅:《浙商与近代企业会计现代化研究:以上海银钱业为中心》,《财会月刊》2017 年第 18 期。
岳钦韬:《1932 年淞沪战争时期京沪、沪杭甬铁路的人员伤亡和财产损失》,《日本侵华史研究》2017 年第 3 期。
曾雄生:《〈告乡里文〉所及稻作问题》,《中国经济史研究》2017 年第 3 期。
张国义、朱文波:《进出口业同业公会与近代外贸体制的转型——以上海市进出口商业同业公会为例》,《上海对外经贸大学学报》2017 年第 3 期。
张慧卿:《1927—1937 年南京城市直饮水问题及其治理》,《近代史学刊》2017 年第 1 期。
张萍:《晚清徽商的绅商冲突——以〈陶甓公牍〉中记载的屯溪水灾救助纠纷为例》,《温州大学学报(社会科学版)》2017 年第 2 期。
张淑娟:《浙江上虞西晋黄仕买地券考释》,《东方博物》2017 年第 1 期。
赵红军、陆佳杭、汪竹:《美洲白银输入是否抬升了江南的米价?——来自清代松江府的经验证据》,《中国经济史研究》2017 年第 4 期。
赵晋:《20 世纪 30 年代私营企业的危机与变革——以上海章华毛绒纺织公司为例》,《上海师范大学学报(哲学社会科学版)》2017 年第 3 期。
赵思渊:《歙县田面权买卖契约形式的演变(1650—1949 年)》,《清华大学学报(哲学社会科学版)》2017 年第 6 期。
赵学军:《无锡农户收入结构的变迁(1929—2010)——基于"无锡保定农村调查系列资料"的分析》,《中国经济史研究》2017 年第 6 期。
郑会欣:《孔令侃与扬子建业公司》,《中国经济史研究》2017 年第 4 期。
郑学檬:《唐宋元海上丝绸之路和岭南、江南社会经济研究》,《中国经济史研究》2017 年第 2 期。
郑雪巍:《徽州土地买卖活动中逃税方式略论》,《黑龙江工业学院学报(综合版)》2017 年第 14 期。
郑雪巍:《明清以来徽州交换契略论——以〈徽州文书〉为中心》,《黑龙江工业学院学报(综合版)》2017 年第 8 期。
周聪:《民初荣县商事公断的制度与践行:兼与苏沪等都会区比较》,《兰州学刊》2017 年第 3 期。
周健:《同治初年江苏减赋新探》,《近代史研究》2017 年第 4 期。
朱海城:《移植与变异:民国证券交易所法的演进(1912—1937)》,《社会科学》2017 年第 9 期。
朱英、赵毛晨:《应对危机:大萧条时期上海华商棉纺业的自救举措(1932—1936)》,《河南师范大学学报(哲学社会科学版)》2017年第2期。

訾夏威:《战后初期平湖鼎丰酱园的缴费负担》,《浙江档案》2017年第6期。

江南文化

白若思:《当代常熟〈香山宝卷〉的讲唱和相关仪式》,《常熟理工学院学报》2017年第3期。

鲍艳囡:《晚明吴门画派后学余风初探》,《文物天地》2017年第1期。

晁成林:《地域文化视域下唐前江苏文学家族的地理分布》,《西南交通大学学报(社会科学版)》2017年第5期。

陈莉莉:《〈上海日日新闻〉体育报道研究(1927—1937)》,《体育文化导刊》2017年第7期。

陈文苑:《古徽州祠堂楹联的价值阐释》,《哈尔滨学院学报》2017年第4期。

陈晓屏:《都市图像叙事的兴起与近代中国小说插图的视像变革——〈海上花列传〉吴友如派插图研究》,《文艺研究》2017年第10期。

陈心蓉:《善择姻亲衍书香——明末清初秀水朱氏家族与嘉兴科举及藏书家族联姻考述》,《嘉兴学院学报》2017年第5期。

陈雪飞:《杨万里与常州——以〈荆溪集〉为研究中心》,《常州工学院学报(社科版)》2017年第5期。

陈雪明:《明清时期徽戏在徽州地区的兴盛表现及社会功用》,《农业考古》2017年第1期。

戴晓琳:《从〈伊斯兰妇女杂志〉看民国上海回族知识女性之觉悟》,《文化学刊》2017年第3期。

戴元枝:《从明清徽州杂字管窥徽州民俗教育》,《宁波大学学报(教育科学版)》2017年第1期。

邓文韬:《元绍兴路〈康里公勉励学校记〉碑杂考》,《绍兴文理学院学报》2017年第37卷第5期。

丁晓慧、解光宇:《〈〈仁峰文集〉与明中叶徽州社会》,《黄山学院学报》2017年第1期。

董平:《"浙学"概念及其学术内涵之我见》,《浙江社会科学》2017年第9期。

方保营:《论〈金瓶梅词话〉中的佛教、道教文化》,《河南理工大学学报(社会科学版)》2017年第2期。

方慧琪:《〈时务报〉诞生与近代政治权势的利益纷争》,《湖州师范学院学报》2017年第1期。

冯保善:《论江苏明清小说创作的地理分布》,《明清小说研究》2017年第1期。

高春妍:《徽州道释文化经典版刻〈西厢记〉插画的现代启示》,《皖西学院学报》2017年第2期。

高纲博文、葛涛:《上海最后的日本报纸〈改造日报〉——围绕其"灰色地带"背景的考察》,《史林》2017年第1期。

高勤、徐晨燕:《民国常熟民众的娱乐生活——以苏州评弹为例》,《地方文化研究》2017年第2期。

弓楷:《〈申报〉视野下的近代常州青果巷(1906—1936)》,《档案与建设》2017年第11期。

顾聆森:《明清时期苏州地区城镇化趋势与昆曲传奇中的市民意识的厚化》,《艺术百家》2017年第1期。

关鹿鸣:《谢朝华于已披启夕秀于未振——浅谈地方戏剧本的改良》,《档案与建设》2017年第4期。

郭炎孙、金丽雯:《从吴文化视角看昆曲传承》,《艺术评鉴》2017年第2期。

郝佩林:《民间曲艺与近代江南乡民文化灌注——以苏州评弹为中心的考察》,《文学艺术研究》2017年第2期。

黄旦:《"奇闻异事,罔不毕录":上海"城"的移动——初期〈申报〉研究之二》,《学术月刊》2017年第10期。

季珩:《近代苏州评弹与听众之互动述略》,《地方文化研究》2017年第2期。

姜海军:《宋代浙东学派经史兼重观念的形成、内涵及其影响》,《史学史研究》2017年第3期。

蒋道霞:《徽州古村民村落形成的文化基因》,《大众科技》2017年第9期。

蒋明宏、胡佳新:《略论明清苏南望族家学》,《江南大学学报(人文社会科学版)》2017年第1期。

解光宇、刘艳:《阳明学在徽州的传播及其意义——以〈新安理学先觉会言〉为中心》,《社会科学战线》2017年第6期。

蓝青:《明代甬上文人结社研究》,《浙江师范大学学报(社会科学版)》2017年第1期。

李闯:《常州府中学堂考述》,《常州工学院学报(社科版)》2017年第1期。

李姣:《清代徽州进主活动探微》,《沈阳大学学报(社会科学版)》2017年第2期。

李菁:《明清嘉兴家族女性作家的时空分布及特征》,《西安电子科技大学学报(社会科学版)》2017年第1期。

李菁:《明清嘉兴望族女性文学的创作分期》,《重庆社会科学》2017年第10期。

连凡:《〈宋元学案〉中黄百家的案语及其学术价值——兼论宋元儒学思想史的建构》,《史学月刊》2017年第11期。

连凡:《全祖望论宋学的兴起及其他地域学派的展开——〈宋元学案〉为中心》,《嘉兴学院学报》2017年第4期。

梁储英:《晚清至民国前期徽州地区与浙江农业经济的交流》,《安徽史学》2017年第3期。

凌冬梅:《嘉兴近代进步报刊史》,《浙江档案》2017年第6期。

凌冬梅:《近代嘉兴进步报刊的价值、存佚与整理研究》,《嘉兴学院学报》2017年第5期。

凌冬梅:《清代江南女性阅读与家族书香传承》,《山东图书馆学刊》,2017年第3期。

刘畅:《从〈申报〉版式变革论报纸编辑的社会动因》,《出版广角》2017年第2期。

刘成群:《"朱熹同时代徽州籍学者非其同调"论——兼论朱熹对徽州地区学风的清整》,《兰州学刊》2017年第1期。

刘卫鹏、刘勋涛、骆放放:《余杭中泰百亩地村汉墓发掘简报》,《东方博物》2017年第2期。

刘晓海、季珩:《红专之间:20世纪五六十年代评弹学校教育模式探析》,《泰山学院学报》2017年第4期。

刘晓海、王书文:《近代苏州评弹传承体系的构建——以光裕社为中心》,《地方文化研究》2017年第1期。

刘艳、解光宇:《儒学大众化的典范——以阳明学在徽州的传播为中心》,《孔子研究》2017年第3期。

陆学松、何宸:《浅谈清代扬州宴游文化》,《扬州教育学院学报》2017年第3期。

陆胤:《从书院治经到学堂读经——孙雄与近代中国学术转型》,《学术月刊》2017年第2期。

马利华:《民国时期徽州地区图书馆事业概述》,《河南图书馆学刊》2017年第2期。

马明凯:《媒介交互视野下的呈现与互动——〈良友〉画报的电影报道特征(1926—1930)》,《美与时代(下)》2017年第9期。

孟义昭:《清代江南科举的三次考棚之争》,《历史档案》2017年第1期。

孟义昭:《清代江南乡试分闱动议考论》,《史林》2017年第3期。

孟义昭:《晚清钟山书院的运作实态与变革历程——一项书院史个案研究》,《文史杂志》2017年第1期。

潘讯:《论周良的苏州评弹研究》,《苏州教育学院学报》2017年第1期。

潘志义:《〈金瓶梅〉叶子博戏小考》,《河南理工大学学报(社会科学版)》2017年第1期。

潘志义:《〈金瓶梅词话〉与徽州饮食文化考》,《河南理工大学学报(社会科学版)》2017年第3期。

裴家亮:《明代南直中卷与南卷地区科举实力的差异及其成因》,《广东第二师范学院学报》2017年第4期。

钱茂伟:《同步推进传统浙学与当代浙学》,《浙江社会科学》2017年第9期。

秦刚:《"有声卡通"时代的迪士尼动画在民国上海——以鲁迅日记为线索》,《中国现代文学研究丛刊》2017年第7期。

邵培仁、周颖:《江南核心性:媒介地理学视野下的华莱坞电影史研究》,《西南民族大学学报(人文社科版)》2017年第8期。

沈永清:《秦锡田与民国县志编纂——民国〈上海县续志〉〈南汇县续志〉〈上海县志〉探究》,《黑龙江史志》2017年第8期。

石开玉、张传恩:《明清徽州家训中的孝道教育》,《湖北经济学院学报(人文社会科学版)》

2017年第6期。

石开玉:《明清徽州家训文献中的重教思想论述》,《唐山师范学院学报》2017年第1期。

宋斌、梁振:《清代常州府盛氏家族的人范书院与科举》,《档案与建设》2017年第4期。

汪映雪、陶小军:《明代江南文人雅俗观念的嬗变》,《常州大学学报(社会科学版)》,2017年第3期。

汪灶发:《论徽商文化的形成、特点与现实意义》,《江西财经大学学报》2017年第6期。

汪注:《现代副刊问世背后的主体要素——以〈申报·自由谈〉为例》,《安庆师范大学学报(社会科学版)》2017年第2期。

王安霞、魏梦莹:《六朝江南地区动物纹画像砖艺术特征与内涵研究》,《创意与设计》2017年第3期。

王达敏:《桐城派与北京大学》,《安徽大学学报(哲学社会科学版)》2017年第6期。

王敏玲:《以情为尊尚雅求精——论江南士风对周瘦鹃早期译作(1911—1919)的影响》,《吉林省教育学院学报》2017年第1期。

王守雪:《张之洞与近代"江南"诗学》,《湖北师范大学学报(哲学社会科学版)》2017年第6期。

王薇、张之秋、周圆圆:《徽州祠堂戏场建筑的空间形态研究》,《工业建筑》2017年第3期。

王文章:《明清时期杭州书院教育及其特点——以敷文、崇文、紫阳和诂经精舍四大书院为例》,《浙江外国语学院学报》2017年第2期。

王雪梅:《琵琶伴奏与苏州评弹》,《四川戏剧》2017年第8期。

魏阳、蒋晖、于婷婷:《社会文化背景下的明代苏州万人园林研究》,《档案与建设》2017年第5期。

吴浩:《新文化运动在徽州的接受——以胡适与胡晋接等来往书信为中心的考察》,《安徽大学学报(哲学社会科学版)》2017年第5期。

吴家洲:《宋代和平镇考》,《湖州师范学院学报》2017年第5期。

吴杰:《清末移民黟县教育近代化中的若干问题研究》,《蚌埠学院学报》2017年第2期。

吴兆民:《徽州民谣的地域生成与艺术价值》,《黄山学院学报》2017年第4期。

伍福生:《上海,昆曲与粤剧的对话》,《南国红豆》2017年第5期。

谢丽:《从传统救赎到商业消费——以〈小说月报〉(1910—1920)词作的考察为中心》,《河南大学学报(社会科学版)》2017年第3期。

徐贤卿:《从两件馆藏文物看紫柏大师与明末嘉兴佛教》,《东方博物》2017年第3期。

徐晓芳:《论江南地域文化视野下的清代女性弹词小说》,《浙江师范大学学报(社会科学版)》2017年第4期。

徐协:《多重语境下惠山泥人的传承与变迁》,《文化艺术研究》2017年第3期。

徐雁:《曾问劫灰搜坠简——嘉兴私人藏书的传承与民间古旧书源的断流》,《嘉兴学院学报》2017 年第 5 期。

徐亦然:《传义法与笃师说:桐城文派传衍初期的不同倾向》,《安徽师范大学学报(哲学社会科学版)》2017 年第 6 期。

许菁频:《明代江南文学世家文学活动的家族化特性》,《江苏社会科学》2017 年第 1 期。

杨惠玲:《从明清江南望族看昆曲的文化生态——兼谈昆曲衰落的原因》,《戏剧艺术》2017 年第 3 期。

杨洁艳:《评弹的创新发展研究》,《戏剧之家》2017 年第 22 期。

杨扬:《上海的文学经验——小说中的宏大叙述与日常生活叙事》,《天津师范大学学报(社会科学版)》2017 年第 2 期。

杨宗红:《"南风":地域文化与明清白话小说之男风叙事》,《上海师范大学学报(哲学社会科学版)》2017 年第 4 期。

叶佳佳:《徽州民俗演剧形态及功能研究》,《武汉纺织大学》2017 年第 1 期。

于博、张建华:《明代常、徽、杭州府刻帖特色》,《古籍整理研究学刊》2017 年第 3 期。

于婧:《明清时期扬州地区昆曲传播探析》,《艺术评鉴》2017 年第 21 期。

俞允海、赵贤德:《劳乃宣对汉字改革运动的贡献》,《湖州师范学院学报》2017 年第 3 期。

曾庆雨:《〈金瓶梅〉对中国"长篇小说精神"建构的贡献》,《河南理工大学学报(社会科学版)》2017 年第 2 期。

张金桐、张萌:《解读上海租界时期的新闻报刊事业》,《河北经贸大学学报(综合版)》2017 年第 2 期。

张凯:《"浙东学派"与民国新史学:何炳松"浙东学派"之旨趣》,《学术研究》2017 年第 4 期。

张丽霞:《浅谈平湖钹子书的起源、兴衰兼论其艺术手法》,《山西农经》2017 年第 15 期。

张彤彤:《著姓望族与明末词坛——以嘉兴钱氏为例》,《学术交流》2017 年第 3 期。

张武军:《训政理念下的革命文学——南京〈中央日报〉(1929—1930)文艺副刊之考察》,《中山大学学报(社会科学版)》2017 年第 1 期。

张延莉:《评弹流派生态的文化阐释》,《艺术阐释》2017 年第 4 期。

张祎:《"婺剧乱弹唱腔【三五七】源自【望江南】"驳议》,《南京艺术学院学报(音乐与表演)》,2017 年第 1 期。

张袁月:《从晚清小说中的道路看现代性转型——以上海和苏州为例》,《内江师范学院学报》2017 年第 11 期。

赵莉:《江南制造局翻译馆与西方航海书籍的译介》,《航海》2017 年第 4 期。

赵兴勤:《江苏地域文化生态与明清小说之发展》,《明清小说研究》2017 年第 2 期。

中村贵:《太湖流域春申君传说研究——以上海为例》,《荆楚学刊》2017 年第 4 期。

周蓉蓉:《徽州楹联的价值分析与传承思考》,《文化学刊》2017 年第 5 期。

周巍:《社群角色的多样书写:民国以来苏州评弹书场生活经验的文学再现》,《苏州教育学院学报》2017年第1期。

朱杭溢、胡滨、傅晓骏:《禁咒术在江南地区的演变——以浙江"婺州医学"为例》,《中医药文化》2017年第1期。

朱圣明:《〈世界召唤〉中张謇数据的分析与研究》,《档案与建设》2017年第2期。

朱伊革:《近代上海英文期刊与学术共同体的建构及中西文化交流》,《上海师范大学学报(哲学社会科学版)》2017年第4期。

朱振武、杨赫怡:《〈长恨歌〉的归异平衡与汉学家的上海想象》,《上海大学学报(社会科学版)》2017年第4期。

宗伟方、史月波:《陈鸣远家世生平小考》,《档案与建设》2017年第2期。

江南人物

汴东波:《移民之恨——南宋移民蔡正孙在宋元之际的诗学活动》,《华东师范大学学报(哲学社会科学版)》2017年第2期。

陈功文:《胡匡衷经学研究简论》,《镇江高专学报》2017年第2期。

陈功文:《清代经学家胡培翚与胡承珙交游考》,《社会科学论坛》2017年第10期。

陈卫卫:《南社传奇伉俪刘三与陆灵素》,《档案天地》2017年第8期。

董家魁:《朱熹六疏扳贪官》,《黑龙江史志》2017年第6期。

封树芬:《汲古主人毛晋著述散考略》,《古籍整理研究学刊》2017年第5期。

冯剑辉:《新安程氏始祖程元谭研究》,《黄山学院学报》2017年第4期。

郭月娟:《徐光启中西会通思想的社会学分析》,《南方论刊》2017年第8期。

何光全:《俞庆棠与中国近代民众教育》,《当代继续教育》2017年第5期。

贾庆军、徐厦:《章学诚"六经皆史"与阳明"五经皆史"之关系探究——兼论礼制儒学与心性儒学》,《宁波大学学报(人文科学版)》2017年第1期。

蒋威、侯林:《清中叶江南乡村塾师陈梓的无儿心理初探》,《江南大学学报(人文社会科学版)》2017年第2期。

金晓刚:《宋儒范浚的经世思想及其学派归属》,《温州大学学报(社会科学版)》2017年第2期。

李刚:《吴祖光与〈新民报〉副刊》,《档案与建设》2017年第8期。

林峰:《"重事":章学诚的文史统合之道》,《中南大学学报(社会科学版)》2017年第3期。

刘传吉:《陈仪与张謇关系考略》,《档案与建设》2017年第1期。

刘会军、蒋沫沫:《刘仲华任上海临时中央政局书记及相关史事考析》,《史学集刊》2017年第6期。

刘晓:《元末徽州将领朱文选事迹考》,《安徽史学》2017年第5期。

罗军凤:《王韬春秋历学的学术背景及其学术交往》,《中国史研究》2017年第4期。

牟振宇、陆源峰、宋海燕:《近代上海法租界的奠基人爱棠研究》,《史林》2017年第1期。
彭林:《唐文治先生学术中的汉、宋之辨》,《史林》2017年第5期。
任雪山:《方苞与万斯同交游及其学术史意义》,《宁波大学学报(人文科学版)》2017年第6期。
谭坤:《从传统到启蒙:李伯元的心路历程》,《档案与建设》2017年第4期。
万耀:《吴祖光及其先辈的家国情怀》,《档案与建设》2017年第10期。
汪荣祖:《高瞻远瞩者的寂寞:郭嵩焘与晚清政局》,《史林》2017年第2期。
王庆顺:《张仁奎与沪上三闻人》,《文史天地》2017年第11期。
王卫平:《晚清慈善家余治》,《史林》2017年第3期。
王焰:《清初常州画派女画家群体探微》,《艺术百家》2017年第4期。
肖建新:《许月卿的字号、贯里、生卒年三考》,《中国史研究》2017年第2期。
谢鹏鹏:《传奇女报人朱微明》,《档案与建设》2017年第9期。
徐秋霞:《清末黄以周礼学思想初探——以〈礼书通故〉为基本考察中心》,《西安文理学院学报(社会科学版)》2017年第2期。
徐艳文:《孙权与龙门古镇》,《中国地名》2017年第8期。
薛璞喆、贺淑红:《试论章学诚吏治改革思想与主张》,《湖州师范学院学报》2017年第1期。
易明:《"不容异己"别有所指:"人权运动"前胡适在上海》,《安徽史学》2017年第4期。
张建斌:《端方与复旦公学》,《史林》2017年第2期。
张之望、张峭珥:《状元宰相张之万与苏州》,《档案与建设》2017年第10期。
钟琪:《江南游子的壮志悲情——略论辛弃疾的民族心志与词风特色》,《名作欣赏》2017年第10期。
周亚、张祝平:《马和之身份考辨》,《美与时代(中)》2017年第9期。
朱恒夫、倪金艳:《论汤显祖与江南》,《东南大学学报(哲学社会科学版)》2017年第1期。

评论

阿风:《〈新安志〉的史源考察》,《安徽大学学报》2017年第2期。
包艳杰:《王建革环境史研究述评》,《鄱阳湖学刊》2017年第3期。
操宇晴:《徽州家谱史料价值探微——以〈谭渡孝里黄氏族谱〉为例》,《安徽广播电视大学学报》2017年第1期。
陈爱平:《城市史研究的新作——评王明德〈南京与北京:近代中国政治中心的互动空间〉》,《文化学刊》2017年第3期。
陈艳君、王纲:《明清徽州的劝善思想——以〈新编目连救母劝善戏文〉为例》,《四川戏剧》2017年第3期。
陈益:《〈快雪堂日记〉里的昆曲》,《书屋》2017年第11期。

程诚:《雷瑨〈近人词录〉考》,《南京师范大学文学院学报》2017年第3期。
储小旵、汪曼卿:《〈徽州文书〉契名考校四题》,《皖西学院学报》2017年第4期。
董建波、沈力行:《平湖〈老鼎丰酱园档案〉及其价值》,《浙江档案》2017年第4期。
龚缨晏:《徐光启未刊笔记〈开成纪要〉初考》,《复旦学报(社会科学版)》2017年第4期。
何灿:《〈江苏艺文志·常州卷〉订补》,《常州大学学报(社会科学版)》2017年第5期。
胡火金:《纵横通透见微知著——读王建革〈江南环境史研究〉》,《史学理论研究》2017年第4期。
江湄:《中国近世士人文化研究的"心史"倾向——评赵园"明清之际士大夫研究"系列著作》,《中国史研究动态》,2017年第2期。
凌焰:《社会经济史视野下的义图制研究述评》,《萍乡学院学报》2017年第5期。
彭勇:《学高为师,身正为范——读吴仁安教授〈明清史事与江南望族探微〉》,《江南大学学报(人文社会科学版)》2017年第6期。
史一丰:《徽州研究丛书出版的新星——评〈徽州民间信仰〉》,《中国出版》2017年第18期。
童岳敏:《美国国会图书馆藏〈新安女行录〉述略》,《安庆师范学院学报(社会科学版)》2017年第1期。
王兴:《日记与历史:〈夏鼐日记·温州篇〉的学术价值》,《华夏文化》2017年第3期。
王玉贵:《整体社会史如何呈现?——〈延续与断裂:徽州乡村的超稳定结构与社会变迁〉读后》,《安徽史学》2017年第5期。
吴悦:《歙县江村〈橙阳散志〉研究》,《巢湖学院学报》2017年第1期。
吴兆龙:《〈宋史〉汪氏义门补遗》,《黄山学院学报》2017年第1期。
徐大珍、汪庆元:《〈许承尧〈疑庵文剩〉所见近代徽州社会》,《黄山学院学报》2017年第2期。
杨蕾:《松浦章:〈温州海上交通史研究〉》,《海交史研究》2017年第2期。
杨焄:《叶长青〈文心雕龙杂记〉述略》,《古典文学知识》2017年第6期。
余新忠、郝晓丽:《在具象而个性的日常生活中发现历史——清代日常生活史研究述评》,《中国社会科学评价》2017年第2期。
张思瑶:《吴中盛文史,群彦今汪洋——从〈苏州藏书史〉到〈苏州传统藏书文化研究〉》,《图书馆》2017年第11期。
张笑川:《一部不应被忽视的苏州城市史研究著作——迈克尔·马默〈苏州:各省货物汇集之地〉述评》,《苏州科技大学学报(社会科学版)》2017年第1期。
郑雪巍:《论〈徽州文书〉第六辑的整理与价值》,《佳木斯大学社会科学学报》2017年第4期。
周育民:《也谈"嘉定之变"与上海小刀会起义——与戴海斌先生商榷》,《上海师范大学学报(哲学社会科学版)》2017年第1期。
周志强:《区域环境史的整体观照——读王建革〈江南环境史〉》,《鄱阳湖学刊》2017年第

3 期。

朱雄、纪丽真:《20世纪以来清代两淮盐业研究述评》,《扬州大学学报(人文社会科学版)》2017年第4期。

朱正青:《(道光)徽州府志初探》,《齐齐哈尔大学学报(哲学社会科学版)》2017年第9期。

综述

蔡迎春、段晓林:《上海地区民国文献整理现状与对策》,《出版发行研究》2017年第7期。

陈文联、张亚芳:《近二十年民国时期妇女职业问题研究回顾与思考》,《南昌航空大学学报(社会科学版)》2017年第3期。

程石磊:《清代民间罚戏研究回顾》,《长春师范大学学报》2017年第9期。

邓绍根、杨雅芸、尚旭旭:《媒介、交往与近代化中国——第四届传播视野下的中国研究论坛综述》,《学术月刊》2017年第1期。

李琳琦、孟颖佼:《20世纪80年代以来徽学研究的回顾与思考——以国家社会科学基金立项项目为中心》,《安徽师范大学学报(人文社会科学版)》2017年第2期。

李明奎:《近四十年来中国环境史史料研究的回顾与思考》,《鄱阳湖学刊》2017年第4期。

李沛霖:《中国近代城市公共交通研究的回顾与展望》,《武汉大学学报(人文科学版)》2017年第1期。

李长莉:《中国近代城市生活史研究热点与缺陷》,《武汉大学学报(人文科学版)》2017年第1期。

李长莉:《中国近代社会史研究三十年发展趋势与瓶颈》,《南京社会科学》2017年第1期。

林仪:《"海上丝绸之路历史上的移民与贸易"学术研讨会综述》,《海交史研究》2017年第1期。

刘俊峰、蒋梅:《区域史视野下的档案利用与民国史研究——"档案利用与民国区域史研究学术研讨会"综述》,《民国档案》2017年第1期。

刘文星:《明清以来湖州社会史研究总回顾——兼述海外学者相关论点》,《近代史学刊》2017年第1期。

刘雅媛:《"海关文献与近代中国"学术研讨会议综述》,《海关与经贸研究》2017年第2期。

马利华:《民国时期徽州图书馆事业发展回眸》,《大学图书情报学刊》2017年第2期。

邱耀、沈巧云:《浙东传统村落祠堂及文化研究综述》,《海峡科技与产业》2017年第4期。

沈婧:《关于明清时期苏州"三农"问题研究综述》,《安徽文学(下半月)》2017年第4期。

王振忠:《徽商与明清以来中国社会的新探讨(主持语)》,《安徽大学学报(哲学社会科学版)》2017年第6期。

徐东升、毛蕾、靳小龙:《推陈出新,探寻新的学术增长点——"唐代江南社会经济与海上丝绸之路"学术研讨会综述》,《中国经济史研究》2017年第1期。

余新忠、陈思言:《医学与社会文化之间——百年来清代医疗史研究述评》,《华中师范大学学报(人文社会科学版)》2017年第3期。

赵九洲、马斗成:《深入细部:中国微观环境史研究论纲》,《史林》2017年第4期。

赵凌飞、何爱国:《2016年中国经济史学研究综述》,《中国社会经济史研究》2017年第3期。

(本索引由刘梦婷、李培龙整理)